중국과 미국, 무역과 외교 전쟁의 역사

**일러두기**

1. 모든 주는 독자들의 이해를 돕기 위해 역자가 붙였음을 밝힙니다.
2. 단행본은 겹화살괄호(《 》)로 잡지, 신문, 지도, 그림, 영화 등은 홑화살괄호(〈 〉)로 표기했으며 인용문은 " "로
   강조 문구는 ' '로 표기했습니다.
3. 맞춤법과 외래어 표기는 2017년 개정된 한글 맞춤법, 표준어 규정, 외래어 표기법을 따랐습니다.
4. 본문 도판은 원출판사에서 자료를 제공받아 사용하였습니다.

개방과 배척, 패권과 공존의 100년

# 중국과 미국,
# 무역과 외교 전쟁의 역사

왕위안총 지음 | 이화승 옮김

행성B

# 차례

유행하는 중국 상품

# 추천의 글

멈추면 주변이 보인다는 말이 있다. 한 호흡 쉬거나 한 발자국 떨어질 때 오히려 핵심에 더 쉽고 가깝게 다가설 수 있다는 뜻일 게다. 패권 경쟁으로 치닫는 중미 관계의 현주소 또한 그렇다. 역사라는 긴 흐름의 무대에 올릴 때 그 관계의 본질이 더 선명하게 부각될 수 있다. 2021년 1월 중국에서 출간된 왕위안총王元崇의 저작 《중국과 미국, 무역과 외교 전쟁의 역사》가 바로 이 경우에 해당되는 것 같다. 현재 지구촌 최대 관심사인 중미 갈등의 요체를 제대로 이해하기 위해선 미국과 중국이 언제 어떻게 만나 어떤 궤적을 밟아왔는가를 반추해볼 필요가 있다.

혹자는 이 같은 방법을 중국 특유의 '전고典故 찾기'로 해석할 수도 있겠다. 과거의 일을 살펴 오늘 문제의 해법을 찾으려는 중국인의 심성이 또다시 발동한 게 아닌가 하고 말이다. 그러나 그런들 어떠한가.

정말로 괜찮은 시사를 얻을 수 있다면 이 또한 의미 있는 일이 아니겠나. 바로 이런 점에서 이 책은 적지 않은 성공을 거둔 것으로 보인다. 중국 내 최고의 미국 전문가 왕지쓰王緝思 교수와 중국의 한국 전쟁 연구 권위자 선즈화沈志華 교수 등이 책에 보내는 찬사가 괜한 게 아니라는 생각이 든다.

글은 곧 사람이라고 하는데 우선 글쓴이를 간략하게 살펴보자. 저자 왕위안총은 덩샤오핑이 1979년 역사적인 미국 방문을 하고 돌아온 지 닷새 만에 산둥성의 한 촌락에서 태어났다. 수도도 없고 전기도 들어오지 않는 낙후한 곳이었지만, 덩샤오핑의 개혁 개방 정책과 때맞춰 분 중미 협력의 훈풍을 타고 성장해 2007년 미국 유학에 나섰다. 중국인에게 해외 유학은 특별한 것이다. 왜? 역사상 세 차례의 국비 유학만이 있었기 때문이다.

중국은 기원전 221년 진秦에 의한 통일 이후 1871년까지 2,092년간 역대 어떤 조정에서도 외국에 유학생을 보낸 적이 없다. 중국이 천하의 문명 중심이라고 생각했기 때문이다. 1872년 청나라가 미국에 최초로 30명의 유학생을 보낼 때 증국번曾國藩이나 이홍장李鴻章 등과 같은 대신들은 천조대국天朝大國이 스스로 몸을 낮춰 다른 나라에 배움을 구하러 가다니 이는 "중화 문화가 생긴 이래 처음"이라며 흥분했을 정도다.

왕위안총은 미 코넬 대학교에서 근세 중국과 동아시아 외교사를 전공해 역사학 박사 학위를 받았다. 미국에서 중국사를 연구한 건 '시각이 다르면 서술도 달라진다'는 그의 판단에서였다. 왕위안총은 현재 미 델라웨어 대학교에서 역사학과 교수로 재직 중이다. 현재 델라웨어 대학교 졸업생 중 가장 유명한 이가 바로 조 바이든 미 대통령이다.

책은 크게 세 가지 장점을 갖고 있다. 첫 번째는 무엇보다 읽기 쉽다는 점이다. 전문적이고 학술적인 지식을 대중이 쉽고 편하게 습득할 수 있도록 대중적인 글쓰기 방식을 택했다. 델라웨어 대학교 고학년 학생을 대상으로 한 강의와 중국 매체에 기고한 글을 수정하고 보완하는 방식을 취해 1784년 미 상선 '중국황후Empress of China'호가 처음 중국에 도착했을 때부터, 1911년 청의 국운이 다할 시기까지의 약 130년에 걸친 중미 관계를 다뤘다.

두 번째 장점은 역사학도의 전문성이 유감없이 발휘되는 점이다. 일반인이나 외국인이 좀처럼 접근하기 어려운 중국과 미국의 많은 사료가 생동감 넘치게 등장해 독자의 눈길을 사로잡는다. 우리에겐 서태후로 더 잘 알려진 자희 태후는 흔히 부패와 무능, 독단, 권모술수 등 선진적인 서구와는 대비되는 낙후한 중국의 상징으로 묘사된다. 그러나 저자는 일흔 살이 넘은 여성 노인이 무너져가는 국가의 기둥을 바로 세우고자 베이징 주재 각국 공사의 부인들을 초대해 펼치는 '부인 외교夫人外交'의 세세한 장면을 그리는 방식으로 자희 태후에 대한 재평가를 시도한다.

그런가 하면 미 상선의 선원에게 과일을 팔다 비명횡사한 중국 여인 곽량郭梁이 중미 관계의 긴 호흡 속에서 어떤 의미를 갖는가에 대한 분석도 날카롭다. 중미 관계를 태평양과 같은 거대한 바다로 본다면 저자 왕위안충은 그 태평양 한가운데 떠 있는 이름 없는 작은 섬이나, 또는 그 섬에 핀 꽃에 대한 상세한 묘사를 통해 태평양의 한 단면을 보여주고 있다. 어떤 편향의 이념을 두드러지게 강조하지 않으면서도 역사의 거대한 서사에 밀려 그 누구의 주목도 받지 않던 작은 사건을 담담하게 그리는 방식으로 독자의 상상에 진한 여운을 남기는 글쓰기 방식은, 얼마 전 타계한 미국의 대표적 중국 연구자 중 한 사람인 조너선 스펜스의 대중적인 스토리텔링 방법을 떠올리게 한다.

그러나 이 책이 갖는 최대의 장점은 중미 관계에 대한 통찰력 제공이다. 발로 뛰어 자료를 수집하는 노력과 독자의 마음을 훔치는 글쓰기만으로 중국에서 베스트셀러가 될 수는 없었을 것이다. 왕위안총은 1784년 미 상선 중국황후호가 중국 광저우에 도착하며 시작된 중미 관계 200여 년 역사를 일관되게 관통하는 건 미국 입장에서 단 두 가지였다고 말한다. 하나는 상업적 이익을 얻는 것이고 다른 하나는 미국의 가치관 전파다.

중국에 대한 미국의 관심은 무역을 통한 이익 추구가 가장 먼저였다. 미 노스캐롤라이나의 담배 왕 제임스 듀크가 중국 지도 하단에 새겨진 인구 4억 3,000만 명을 보고선 "여기가 우리가 담배를 팔아야 할 곳"이라고 소리쳤다는 일화에서 알 수 있듯, 미국의 눈에 비친 중국은 돈을 벌어야 할 곳 그 이상도 이하도 아니었다. 2018년부터 본격화한 중미 무역 전쟁이 그리 새로운 일만도 아니란 이야기다. 그때나 이제나 이익을 둘러싼 충돌만이 있을 뿐이라는 게 저자의 시각이다.

두 번째는 미국이 탄생 때부터 갖고 있던 선진 문명 전파의 사명감이다. 제2차 아편 전쟁이 끝나 서구 각국이 베이징에 공관을 설치하고 파견한 최고위직 외교관은 대사가 아닌 공사에 머물렀다. 중국을 서구와 같은 급의 문명국으로 보지 않은 것이다. 1793년 청의 건륭乾隆 황제가 영국 왕 조지 3세가 보낸 매카트니 일행에 세 번 무릎을 꿇고 아홉 번 머리를 조아리는 삼궤구고두三跪九叩頭의 예를 요구했을 때와는 천양지차로 입장이 바뀐 것이다. 미국으로선 후진국 중국에 미국식 문명과 제도를 전파하는, 즉 하늘이 내린 사명인 '명백한 운명Manifest Destiny'에 충실하고자 했던 것이다.

왕위안총은 예나 지금이나 미국의 상업적 이익을 확대하고 미국 문명을 전파하려는 두 가지 목적에서 미국의 대중 정책이 벗어난 적이 없다고 말한다. 중국은 미국에 어떤 존재인가? 현재는 미국의 경쟁자나 적으로 간주되기도 하지만 수교 당시 양국은 전략적인 벗으로 존재했다. 역할은 변하기 마련이라고 본다. 또다시 일정 기간 세월이 지나면 중국은 다시 미국의 벗이 돼 있을 수 있다는 이야기다. 미국과 중국이 현재 갈등을 빚고 있는 게 처음은 아니며 또 마지막도 아닐 것이라고 저자는 말한다. 역사의 긴 호흡에서 보면 최근 벌어지는 중미 관계의 이런 일 저런 일을 두고 일희일비할 필요가 없다는 것이다.

중국인 학자답게 미국에 던지는 쓴소리 또한 음미할 만하다. 미국의 32대 대통령 프랭클린 델라노 루스벨트는 4차례 연임한 미 역사상 유일한 대통령으로 중국에 특별히 관심이 많았고 중국에서 사업을 했던 외조부 이야기를 자주 했다고 한다. 한데 그 사업이란 게 바로 아편 장사였다. 영국 동인도 회사는 중국 무역 적자를 만회하기 위해 아편 판매를 시작했고 여기엔 미 상인들도 동참했는데 루스벨트 대통령의 외조부 워런 델라노 주니어도 포함돼 있었던 것이다.

그렇게 중국인의 영혼을 아편 연기로 태워 번 돈으로 미국 상인들은 자국 내 자선 사업과 교육, 교통, 의료 방면에 아낌없이 투자해 미국의 꿈을 일궈냈다고 저자는 지적한다. "중국인의 영혼이 내뱉은 연기가 근대화된 미국을 건설했다고 할 수 있으니 이 얼마나 슬픈 역사의 아이러니인가"라고 탄식하기도 한다. 중국은 아편 전쟁에서 패배한 게 아니라 아편이 체제에 미치는 독성을 근원적으로 차단하지 못했다는 점에서 실패했다고 그는 말한다. "손안의 담뱃대가 천조의 꿈을 날려버렸다手中煙槍一杆 天朝夢歸何處"는 이야기다.

중미 관계는 비단 미국과 중국뿐 아니라 지구촌 모든 나라가 주의 깊게 지켜보는 초미의 관심사다. 중미 양국의 운명은 물론 세계 각국의 행과 불행에 커다란 영향을 미치기 때문이다. 당장 우리부터 그렇다. "중미 사이에서 어떻게 할 것인가?" 10여 년이 넘도록 우리 사회를 지배하고 있는 화두다. 그러나 머리를 싸매도 해법은 좀처럼 나오지 않는다. 한때 많이 쓰이던 '안보는 미국, 경제는 중국'이라는 '안미경중安美經中'이라는 말도 이젠 진부해졌다. 경제와 정치가 동전의 양면과 같아서 어느 하나를 선택할 수 없는 게 현실인 까닭이다. 한때 우리는 양쪽의 풀을 다 뜯는 소가 돼야 한다는 이야기도 있었다. 그러나 우리가 마주한 상황은 결코 녹록하지 않다. 이젠 어느 한쪽으로 줄을 서야만 하는 편 가르기의 시간이 다가오고 있다는 경고도 나온다. 눈을 돌려 밖을 봐도 중미 사이의 줄타기에서 좋은 방안을 찾았다는 나라를 찾아보기 어렵다.

그런 차에 중국에선 현재의 중미 갈등을 긴 호흡으로 보고 의연하게 대처하자는 왕위안총의 저작이 2021년 초에 나와 화제가 되고 있다. 중미가 현재 무역과 외교, 기술 등 각 방면에서 부닥치고 있지만 이는 중미 간 오랜 만남 중의 한 풍랑에 불과하고, 길게 보면 양국 관계의 지속적인 발전이 추세라는 이야기다. 우리 또한 어느 한 편에 서야 한다며 조바심을 낼 필요는 없어 보인다. 중미 갈등의 본질에 대한 우리의 이해를 넓히며 우리의 국익을 잣대로 중미 틈바구니에서 대한민국 생존의 길을 찾아야 할 것이다. 왕위안총의 《중국과 미국, 무역과 외교 전쟁의 역사》는 바로 이런 측면에서 우리에게 좋은 길라잡이 역할을 할 것으로 사료된다.

유상철, 〈중앙일보〉 중국연구소 소장

# 서문

1776년 청나라 건륭 41년에 미국이 건국됐다. 이후 240여 년간 미국은 서부 개척, 남북 전쟁, 두 차례 세계 대전과 냉전을 거치면서 본토 50여 개 주와 해외 미국령을 거느린 현대적 제국으로 성장했다. 많은 변화가 있었지만 국가 운영 원칙에 근본적인 변화는 없었다.

이 시기 중국 역시 많은 변화를 겪었다. 건륭 황제 시기의 중국 대통일, 아편 전쟁, 태평천국 운동, 청나라 멸망, 중화민국 수립과 패망, 항일 전쟁, 해방 전쟁(국공 내전)과 중화인민공화국 건립 등이 있었다. 중국은 근대를 지나며 기나긴 굴욕의 시기를 겪었다. 1949년 사회주의 혁명과 개혁 개방을 거치면서 최근 30년간 꾸준히 성장했고 아시아를 비롯한 국제 무대에서 중요한 역량을 쌓았다. 미국에 대한 인식이나 태도에도 큰 변화가 생겼다.

1784년 첫 번째 미국 상선商船이 광저우廣州에 도착한 이래 미국은 중국 역사에 직접적으로 참여했다. 때로는 중국과 운명 공동체로서 함께 비바람을 맞기도 했고, 때로는 성난 눈으로 서로 노려보기도 했다.

중국과 미국, 이 두 강대국은 지리상으로 바다를 사이에 두고 멀리 떨어져 있다. 그만큼 서로에 대해서 잘 모른다. 오늘날에도 상대 국가의 사회와 문화를 직접 보고 경험한 사람은 이들 나라의 인구에 비하면 새벽 별만큼이나 드물다. 양국 관계가 시작된 이후 서로에 대한 인식은 상상의 산물에 가깝다.

두 나라 국민의 삶은 출발부터 크게 달랐다. 중국의 근대가 다사다난한 굴욕의 시기였다면 미국은 신생 국가로서 활기찬 발전의 역사를 경험했다. 중국은 외부에서 온 식민주의자와 제국주의자들로부터 견디기 힘든 수난을 당했지만, 미국은 자신을 문명적 구원자로 인식했다. 그 결과 두 나라는 역사와 현실에 대한 인식, 이해, 해석에서 엄청난 차이를 보였다.

19세기 이래 두 나라가 걸어온 역사는 양국을 심리적으로 매우 요원하게 만들었다. 오늘날까지 색안경을 쓰거나 19세기의 눈으로 서로를 바라보면서 생긴 편견과 오해 때문에 진심으로 가까워지지 못하고 있다. 인터넷의 출현도 그 거리를 줄이지 못했다. 오히려 이전에 없던 여론이 생기면서 더욱 멀어져 가고 있다.

국제 정치 공간에서 양국은 이미 200여 년간 이웃으로 지냈다. 2차 세계 대전 이후 미국이 서태평양 지역 정치 질서를 주도하면서 중국은 물론 그 주변 지역과 관계가 밀접해졌으며 양국 관계는 여기에 큰 영향을 받았다.

오늘날 중국의 국력과 경제력은 갈수록 커지고 있다. 미국은 여전히 세계 최강국으로 우뚝 서 있으며 이로써 세계는 두 강대국의 시대로 진입하고 있다. 이는 완전히 새로운 국면이다. 미국은 건국 이래 유럽과 함께 구축한 국제 질서 속에서 이렇게 강한 중국을 만나본 적이 없다. 오늘날 중국이 가진 전례 없이 큰 시장과 세계에서 가장 많은 소비층은 미국은 물론 전 세계가 보지 못한 새로운 현상이다. 한편 중국은 자신만의 발전 방식을 고수하고 있다. 제2의 미국이 되지 않겠다며 미국을 혼란에 빠트리고 심지어 냉전 시대의 노선 투쟁으로 회귀할 뜻을 내비치기도 한다.

그렇다면 세계 경제를 이끄는 중국은 미국에게 어떤 의미인가? 또 전 세계 과학 기술을 선도하는 미국은 중국에게 어떤 의미인가? 냉전은 어떠한 방식으로 재연될 것인가? 이 두 강대국은 직접 충돌할 것인가? 어느 한쪽이 흥하면 다른 한쪽이 망하는 것이 역사 발전의 양상인가? 중국과 미국 두 나라에게 이러한 상황은 진정 무엇을 의미하는가?

나는 역사학자로서 이러한 문제들에 대해 신뢰할 만한 답을 가지고 있지 않다. 그러나 끊임없이 생각하고 있으며, 두 나라에서 많은 이도 같은 고민을 하고 있다고 믿는다. 우리는 두 강대국 관계에 대한 훌륭한 이론과 연구 분석을 알고 있다. 중국 외에 여러 나라의 다양한 형세 분석과 전략적 보고를 참고한다. 그러나 이러한 내용은 대중 매체에서 일상적으로 다루는 것과 크게 다르지 않다. 오늘날 중미 관계가 역사적 고비에 서 있는 것은 분명하지만 결코 처음이 아니고, 마지막도 아닐 것이다.

이 책은 중국과 미국 두 강대국이 역사적으로 처음 마주친 이후

100년간의 교류 과정을 다루고 있다. 나는 집필을 위해 역사적 사건과 자료를 살펴보면서 아무 관련 없어 보이는 사실들 사이에서 어떤 답을 찾을 수 있기를 기대했다. 그동안 청대 외교사와 근대 동아시아 국제 관계사를 연구해오면서 특히 중미 두 나라의 역사적인 접촉, 교류, 충돌에 관심이 많았기 때문이다.

나는 2007년 박사 과정을 시작한 이래 10여 년 넘게 미국에서 생활하고 있다. 몇 년 전, 재직 중인 대학에서 학생들의 흥미를 끌 새로운 교과 과정을 개설했다. 당시 중미 관계는 위기를 맞고 있었다. 트럼프 대통령이 당선되면서 전임인 오바마 대통령 시기의 우호적인 정책이 새로운 전기를 맞았던 것이다. 따라서 중국에 대해 전혀 모르는 젊은 미국 학생들과 양국 관계를 토론하는 것은 매우 시기적절한 일이 아닐 수 없었다.

일상에서 많은 사람이 나와 양국 관계에 관해 이야기하기를 즐긴다. 내 이웃이기도 한 그들은 1980년대 초 베이징, 쑤저우, 상하이를 방문한 경험을 말하며 현지에서 찍은 사진을 보여주거나, 소장 중인 중국과 동아시아 물건들을 소개하면서 멀리 떨어진 중국과 그 문화에 열정과 호기심을 보인다. 이처럼 양국의 관계사가 내 생활에서 큰 비중을 차지하면서 자연스럽게 중국 역사와 양국의 초기 교류에 대해 설명해보자는 생각을 하게 됐다. 교과 과정 개설은 이를 현실화하는 계기였다. 덕분에 미국 대학생들과 토론하면서 양국 교류의 역사를 정리할 수 있었다.

양국 관계사에 관한 주요 저작물 중 절대다수는 '문호 개방 정책',

윌슨주의, 2차 세계 대전, 냉전, 한국 전쟁, 핑퐁 외교, 중국의 세계무역기구 가입, 중미 무역 마찰 등 19세기 말에서 20세기 초에 벌어진 큰 사건을 다룬다. 그러나 19세기 초와 그 이전에 대해서는 설명이 부족하다. 또한 그들이 보기에 큰 영향을 준 것 같지 않은 역사적 사건은 언급조차 하지 않는다. 그럴 만도 하다. 미국이 서태평양 지역으로 세력을 확장하고 이곳이 전 세계 열강의 각축장이 된 것은 1898년 미국이 스페인으로부터 필리핀을 강탈한 뒤, 다시 말하면 미국이 일약 주요한 제국주의 국가로 성장한 이후이기 때문이다. 따라서 이 책은 양국 교류 초기, 의미 있는 사건에 주목하는 한편 상대적으로 소소해 보이는 사건들도 살펴보고자 한다.

2년 전 상하이 매체 〈The Paper澎湃〉 편집자 단쉐링單雪菱과 미국 메릴랜드 대학 송녠선宋念申 교수의 요청으로 〈중미부몽록中美浮夢錄〉을 연재한 바 있다. 여기서 '부몽록浮夢錄'이라는 제목은 전설 속 임금인 황제黃帝의 꿈에 등장하는 화서華胥국에서 따왔다.[1] 기록에 의하면 이 나라는 마치 뜬구름처럼 잡을 수 없는 이상향의 나라로 묘사된다.

중국과 미국은 지난 100년간 역사 속에서 서로에 대해 아름다운 꿈과 기대를 갖고 있었다. 이 중 어떤 것은 실현됐지만 대부분은 실현되지 않은 채 꿈으로 남았다. 19세기 전반에 많은 중국인 노동자華工가

---

1   화서(華胥)는 중국 상고 시대 화서국의 지도자로 복희와 여와의 어머니이며 염제와 황제(黃帝)의 직계 조상으로 '인조(人祖)'로 불린다. 중화 문명의 본원이며 모체로 중화 민족은 '시조모'로 추앙했다.《열자(列子)》황제 편에 그 기록이 전한다.

부푼 꿈을 안고 미국 캘리포니아의 '금광金山'으로 향했다. 그러나 그들은 돈을 벌기는커녕 차별과 학대 속에서 고통받았다. '주진산舊金山, 캘리포니아의 중국명'은 지금까지도 수많은 중국인과 노동자들에게 아픈 상처의 이름으로 남아 있다. 이뿐만이 아니다. 새로운 토지 개간을 목표로 많은 중국 노동자를 끌어들였던 미국은 1882년 중국인을 배척하는 법인 '배화법排華法, Chinese Exclusion Act'을 제정했다. 이는 지금까지도 양국 역사상 가장 참담한 사건이다. 기사는 이러한 이야기와 사진을 엮은 것이었다.

독자들의 반응은 뜨거웠다. 캘리포니아에 사는 한 독자는 청나라 때 용어들을 직접 해석하여 보내주기도 했다. 나는 이 원고들을 다시 세밀하게 교정, 보완하여 책으로 내기로 했다.

오늘날 중국 역사학자들은 대중적 글쓰기를 잘 하지 않는다. 학자들의 전문 지식이 대중에게 전해지지 않은 채, 둘 사이의 거리는 갈수록 멀어지고 있다. 중국은 전통적으로 지식인이 세상을 다스린다는 '경세經世 정신'을 강조해왔지만 지금은 그 의미가 퇴색했다. 학자들은 연구실에 숨어 자료에만 매달리고 있다. 일반적인 역사학자들에게 이러한 상황은 매우 익숙하지만 최근에는 다른 흐름도 나타나고 있다.

나는 한국, 일본, 미국 등지에서 우수한 학자들이 적극적으로 역사지식을 대중 독자들에게 소개하는 것을 보고 크게 고무됐다. 중국에서도 이런 시도가 있었고 성공하는 것도 보았다. 이 책은 대중 독자들과 소통하기 위해 얼굴을 마주하고 대화하는 형식을 취했다. 그러면서도 질적인 부분을 놓치지 않고자 학술적 시각을 유지했다.

중국과 미국 두 나라는 오랜 시간 교류하면서 서로를 알고 이해했지만 오해, 편견, 충돌의 과정을 경험했다. 이 이야기들은 편의상 전통적 역사 기록 방식인 편년체처럼 시간의 흐름에 따라 전개될 것이다. 18세기 후기부터 20세기 초기, 특히 19세기인 1800년에서 1900년까지가 주요 시대적 배경이다.

19세기에 세계는 유럽의 산업 혁명, 식민주의, 제국주의가 확장하면서 새로운 시대로 진입하고 있었다. 국제 정치도 격렬한 변동에 휩싸이면서 오래된 제국이 붕괴하고 신흥 제국이 성장했다. 세계사적으로 19세기 국가적 경쟁은 이후 민족 국가가 번성했던 20세기 중후반 세계 정치와 경제의 토대가 됐다. 많은 역사학자가 19세기를 "아주 긴 19세기"로 설명하는 것도 이런 이유이다.

이 시기 중국과 미국 역시 격렬한 변화를 경험한다. 두 나라는 정식으로 무역과 외교 관계를 맺었으며 오늘날 양국 관계의 상당 부분이 여기에 기반한다. 중국 입장에서 보면 긴 굴욕의 시기였던 그때 식민주의, 제국주의와의 긴밀한 관계 속에서 근대적 외교 시스템, 근대화의 기본 방향과 틀이 정해졌다.

이 책에서 미국과 중국 두 나라가 그 기나긴 19세기에 어떻게 서로 만나고 부딪쳤는지 역사적으로 세밀하게 살펴보고자 한다. 양국 교류의 이면에 있는 거대한 사회 변화 및 국제 질서, 특히 동아시아 지역의 변화를 알아보고 청나라 말기 중국이 어떻게 중흥을 시도하다가 멸망해갔는지 그 과정을 짚어볼 것이다. 이를 통해 우리는 중국이 어떻게 20세기 초에 혁명을 경험하고 미국을 포함한 세계 여러 나라에 대한 대외 정책에 변화를 꾀했는지도 이해할 수 있다.

역사는 어떤 제국도 영원하지 않다는 것을 이미 증명했다. 시대마다 안팎의 도전에 직면하는 일은 한 국가만의 경험이 아니다. 역사적 서술에는 한계가 있다. 학자들이 아무리 노력해도 모호하거나 무의미하게 느껴질 수 있다. 많은 이에게 역사는 실제로 경험했던 어떤 부분으로만 남는다. 중국은 인구, 지리, 민족, 문화 등에서 거대하고 다원화된 나라이다. 이 책이 그중 많은 부분을 놓치고 있을지도 모른다. 그럼에도 여기서 제공하는 작은 지식이나마 독자들의 지혜를 넓히는 자양분이 될 수 있기를 기대한다.

# 1부

# 천조와 외번:
# 청대 중국의 세계 질서

# 1장. 청대 중국의 외교 시스템

## 중국과 서양, '30년 전쟁'과 질서의 재정립

1618년 5월 17일 후금은 '7대 한恨'을 선포하고 명나라와 전쟁에 돌입한다. 여진족 추장 누르하치가 허투알라赫圖拉拉, 오늘날 랴오닝성 푸순시 지역에 나라를 세운 지 2년 만의 일이었다.[1]

전쟁이 발발하자 이를 동북부 여진족의 반란, 즉 내란으로 간주한

---

**1** 7대 한의 내용은 다음과 같다: 1. 명나라가 누르하치의 조부와 부친을 살해한 것 2. 명나라가 건주여진을 차별하고 예허와 하다(哈達)의 편의를 도운 것 3. 명나라가 누르하치와의 영토 협정을 파기하고 침공한 것 4. 명나라가 예허를 도와 건주여진을 탄압한 것 5. 명나라의 도움을 받은 예허가 누르하치의 약혼녀를 몽골인과 결혼시킨 것 6. 명나라가 누르하치에게 영토 할양(割讓)을 요구한 것 7. 명나라 관리인 랴오둥 총독이 민생을 파탄 나게 한 점 등이다.

명나라 조정은 인근의 예허葉赫², 조선 등과 함께 진압을 시도했으나 연합군이 사르후薩爾滸 전투에서 크게 패하면서 진저우錦州, 선양瀋陽 등 주요 지역을 잃는다.

1636년 선양에서 칸으로 등극한 홍타이지(누르하치의 8남)는 연호를 '숭덕崇德', 국호를 '대청大淸'으로 바꾼다. 제국으로 거듭난 청은 조선을 복속시키는 등 세력을 키워나간다. 국운이 기울어가던 명은 엎친 데 덮친 격으로 이자성을 주축으로 한 농민 반란에 휩싸인다. 1644년 여름에 농민군이 수도 베이징을 공격하고 17대 황제 숭정제가 메이산 별궁에서 스스로 목숨을 끊으면서 명나라는 패망한다. 이 기회를 틈타 누르하치의 아들 두얼쿤(누르하치의 14남)이 청에 투항한 명나라 장수 오삼계와 함께 군대를 이끌고 베이징으로 향한다. 이들은 농민군을 격파하고 베이징을 수도로 삼는다. 이로써 청은 명나라와의 전쟁에 돌입한 지 30여 년 만에 중국의 지배자가 된다.

이 시기 유럽은 어땠을까? 오늘날 체코 지역에 있었던 보헤미아 왕국으로 가보자. 중국에서 누르하치가 명과 전쟁을 선포한 날로부터 6일 후인 1618년 5월 23일 아침, 프라하에서는 분노한 개신교도들이 고위 관료 3명을 21미터 높이나 되는 성 바깥으로 내던져 버리는 사건이 발생한다. 비료 더미 위로 떨어져 가까스로 목숨을 건진 관료들은 당시 국왕이던 페르디난트 2세에게 이 사실을 알린다. 일명 '프라하 창문 투척 사건'으로 불리는 이 사건의 배경에는 신-구교 간 종교 갈등이 깔려 있다. 페르디난트 2세가 왕위에 오르면서 가톨릭을 국교

---

2  오래된 여진 부족 중 하나로 예허강 일대(지금의 지린성 쓰핑시 티에둥구)에 거주했다.

로 정하고 개신교를 탄압한 것이다. 이후 보헤미아 귀족들은 독립을 선언하고 군대를 조직했으며 이를 반란으로 간주한 가톨릭-신성로마제국 동맹은 곧 전쟁에 돌입한다.

이듬해에 페르디난트 2세가 신성로마제국 황제로 등극하면서 전쟁은 오스트리아, 프랑스, 덴마크, 스웨덴, 네덜란드 등 유럽 전역으로 확산된다. 이 '30년 전쟁'은 1648년 독일 베스트팔렌 지역에 있는 오스나브뤼크에서 평화 조약을 맺으면서 끝난다. 더불어 스페인과 네덜란드가 1568년부터 벌여온 '80년 전쟁'도 막을 내린다. 이때 맺은 '베스트팔렌 조약Peace of Westphalia'은 유럽 각국의 평등하고 독립적인 주권과 영토를 인정함으로써 주권 국가 체계에 기반하는 국제법의 시작이자 모범으로 평가받는다.[3]

아메리카 대륙은 사정이 어땠을까? 17세기 초, 영국은 북아메리카에 식민지를 건설하고 있었다. 1492년 스페인 왕실의 지원을 받은 콜럼버스가 대서양을 건너 아메리카 대륙에 도착한다. 2년 뒤 스페인과 포르투갈은 교황 알렉산더 6세의 조정 아래 카보베르데섬에서 약 1,500킬로미터 떨어진 지점을 기준으로 서쪽은 스페인령, 동쪽은 포르투갈령으로 하는 '토르데시야스 조약Treaty of Tordesillas'을 맺는다. 이 조약은 신대륙 식민지 경쟁에 교황이 조정자 역할을 했다는 데 의미가 있다. 당시 아메리카 대륙은 스페인을 필두로 영국, 프랑스, 네덜란

---

**3** 유럽에서 벌어진 구교 대 신교의 종교적·정치적 세력 전쟁이었다. 스웨덴 국왕 구스타프 2세 아돌프를 통령으로 하는 신교의 승리로 끝나면서 합스부르크가의 패권적 지위가 붕괴한다. 전쟁 후 스웨덴 및 프랑스가 유럽의 주도권을 차지하고 브란덴부르크-프로이센이 대두했다. 베스트팔렌 조약은 30년 전쟁의 총결산이었다.

드, 스웨덴 등 신흥 유럽 국가들이 각자 식민지 건설에 나서는 상황이었다.

1607년 5월에 영국은 1584년부터 건설하던 버지니아 지역의 최초 식민지 제임스타운을 세운다. 1619년 중국에서는 명과 청이 한창 전쟁 중이던 그때, 아프리카에서 처음으로 노예들이 이곳에 도착한다. 이후 200여 년에 걸친 노예 무역이 시작되는 순간이다.

1620년 11월에는 영국에서 102명의 청교도 신도들이 신앙의 자유를 찾아 메이플라워Mayflower호를 타고 제임스타운으로 향한다. 그러나 중간에 폭풍을 만나 코드곶Cape Cod에 정착하면서 이곳에 영국의 두 번째 식민지인 항구 도시 플리머스를 건설한다.[4] 이들의 자치 규약인 '메이플라워 서약'은 이후 미국의 정치, 사회, 문화에 깊은 영향을 미친다.

1648년 중국의 명·청 전쟁과 유럽의 30년 전쟁이 끝나던 해에 아메리카 대륙은 유럽 각국의 식민지 건설이 한창이었다. 영국, 네덜란드, 스웨덴 등 신흥 유럽 국가들은 매사추세츠, 버지니아 등 북아메리카 북동부 '뉴잉글랜드' 지역에 식민지를 건설하고 이곳에 정치, 사회, 종교, 문화적 토대를 마련한다. 한편 프랑스는 북미 원주민들에게서 퀘벡부터 오대호(Great Lakes, 五大湖) 지역에 이르는 방대한 토지를 빼앗아 자신의 땅으로 삼는다.

1620~40년 사이 대략 8만 명에 달하는 청교도 신도들이 동부 연

---

**4** 매사추세츠주 남동부 플리머스만 연안에 있으며 보스턴 남동쪽 60킬로미터 지점이다. 뉴잉글랜드에 최초로 세워진 유럽인 영구 정착지였다.

안에 도착한다. 2만 명의 이주자가 지금의 보스턴 지역에 도착하는 것을 시작으로 '대이민의 시대'가 열린다. 이후 유럽 각국에서 이주한 백인들은 이곳에 자신의 문명을 정착시켰으며 1776년 마침내 새로운 독립 국가 미국을 탄생시킨다.

1618~48년까지 30년 동안 중국과 유럽은 거대한 전쟁의 소용돌이 속에 있었다. 이 과정에서 새로운 정치 질서가 형성되는데, 그 시기는 비슷했지만 원칙은 완전히 달랐다. 1648년 체결된 베스트팔렌 조약은 유럽 사회에서 국제법과 주권 국가 개념을 확립했다. 이러한 개념은 19세기 유럽 식민주의를 통해 중국에도 영향을 끼쳤으며, 20세기 중반에는 전 세계 질서 수립의 기준이 됐다.

30년 전쟁 후 중국에는 새로운 왕조가 탄생했지만 정치 외교에 큰 변화가 없었다. 명나라는 무너졌지만 중국의 역대 왕조가 경험했던 일은 계속됐다. 청은 18세기 후반까지 영토 확장을 계속하여 다양한 민족을 포함하는 통일 국가를 건설했다. 그러나 유럽 국가들처럼 해외에 식민지를 개척하지는 않았다. 그들은 명의 외교 정책을 답습하면서 조선, 베트남, 류큐<sup>일본 오키나와</sup>, 시암<sup>태국</sup>, 술루<sup>필리핀 남서부 제도</sup>, 란쌍<sup>라오스</sup> 등 주변 국가는 물론 네덜란드 등 서양 나라와도 조공을 통해 교류했다. 중국의 역대 왕조는 자신이 국제 질서와 문명의 중심이고 주변 나라들은 속국이라 생각했다. 청도 마찬가지였다. 이러한 조공-종번朝貢宗藩 체제는 19세기 이래 아시아 국가들의 운명과 국제 질서에 큰 영향을 미쳤다.

## 중국과 서양의 만남

중국과 서양은 17세기 초까지 서로 만난 적이 없었다. 각자 자신들의 질서를 확립했으며 여기에 공통분모는 없었다. 중국의 전통적인 세계 인식은 동시대 서양의 그것과 확연히 달랐다. 유럽 중심의 세계 지리 속 '아시아' 혹은 '동아시아'라는 개념은 중국과 아무런 관련이 없었다.

그러다 100여 년 후인 1793년 중국과 서양의 세계관이 크게 충돌한다. 그 결과 19세기가 끝나기 전 중국식 국제 질서는 역사의 무대에서 완전히 사라진다. 마침내 중국이 서구 국가들이 정한 국제 질서를 받아들여 자신을 '아시아', '동아시아'로 규정하게 되는 것이다.

도대체 그 사이에 무슨 일이 벌어진 걸까? 이를 알아보려면 1793년으로 돌아가야 한다. 그 해에 청나라는 건륭제가 58년째 중국을 통치하고 있었으며 영국은 조지 3세가 재위한 지 34년째였고, 17년 전 영국으로부터 독립한 미국은 5년째 조지 워싱턴이 대통령직을 수행하고 있었다.

1793년 9월 14일, 건륭 황제는 베이징 외곽에 있는 여름 휴가지인 러허熱河 행궁에서 영국 왕 조지 3세가 파견한 조지 매카트니George Macartney 일행을 접견한다. 당시 영국의 사정은 좋지 않았다. 자신들이 한 세기 반 동안 구축한 식민지 미국을 잃었기 때문이다. 바로 전 해인 1792년 미국은 뉴잉글랜드에서 콜럼버스의 신대륙 발견 300주년을 기념하는 '콜럼버스 데이' 행사를 독자적으로 가졌다.

미국의 이탈로 영국 동인도 회사가 1600년 이후 전 세계에 구축한 방대한 사업 시스템에 균열이 생긴다. 충격은 여기서 그치지 않았다. 1773년 이후 영국 동인도 회사는 의회의 지원을 받으며 인도, 중국에서 적극적으로 사업을 펼쳐왔다. 그런 상황에서 독립한 미국이 직접 중국과의 교역에 뛰어든 것이다.

영국의 조지 3세는 건륭제의 생일을 맞아 중국과의 교역을 확대하고자 베이징에 대표부 설치 문제를 상의하려 했다. 이에 건륭제는 영국이 처음으로 파견하는 '조공 사절'을 맞아 과하지 않으나 품위 있는 접대로 '천조天朝'의 권위를 보이라는 명을 내렸다. 그러나 이는 뜻대로 되지 않았다.

의전 문제에서부터 마찰이 빚어졌다. 중국 관리들은 매카트니에게 세 번 무릎을 꿇고 절한 뒤, 아홉 번 머리를 조아리는 삼궤구고두三軌九叩頭의 예를 요구했다. 이는 중국 중심의 '천조 시스템'에서 오랜 전통이었다. 조선, 베트남, 시암의 공사들이 그러했듯, 영국 왕이 보낸 '조공 사신'은 황제 앞에서 무릎을 꿇어야 했다.

3년 전인 1790년 베트남 국왕 응우옌 꽝빈阮光平도 황제 앞에서 무릎을 꿇었는데, 하물며 멀고 먼 영국이란 나라의 공사라면 당연한 일이었다. 그러나 영국 측은 불평등한 예의로 나라의 위신을 손상시킬수 없다며 거절했다. 꼭 해야 한다면 중국 역시 매카트니와 급이 같은 고위 관리가 조지 3세의 초상화 앞에서 같은 형식의 예를 표하라고 요구했다. 왜 그랬을까? 영국으로서는 당연한 일이었다. 나라와 나라 사이에 주종 관계를 인정할 수 없었던 것이다. 당시 유럽은 베스트팔렌 조약 이후 주권 국가 간 평등 개념이 보편화되어 있었다.

의전을 둘러싸고 한바탕 논쟁이 있은 후 한쪽 무릎만 꿇는 절충안

1793년 9월 14일 건륭제가 러허에서 매카트니 사절단을 접견하고 있다.

이 제시됐지만 영국 특사의 임무는 결국 실패했다. 무역 확대 및 베이징 대표부 설치안 등을 모두 거절한 건륭제는 영국의 순종을 요구하는 서신을 조지 3세에게 보냈다.

　매카트니 이전에도 중국과의 교역을 위한 적극적인 시도가 있었다. 1757년 영국 상인 제임스 플린트가 중국 당국의 허가 없이 저장성浙江省 닝보항寧波港에 접근하여 교역을 요구했다. 1816년에는 애머스트 사절단이 왔지만 역시 뜻을 이루지 못했다. 플린트 사건 이후 청은 광저우 1곳에서만 서양과의 통상을 허가했다. 그러나 이때도 상품 거래는 반드시 중국 상인인 '십삼행十三行'을 통해야 했다.[5]

　매카트니 사절단의 실패는 단순한 의전 문제가 아니었다. 그것은

---

**5**　십삼행에 대해서는 리궈룽 지음, 이화승 옮김, 《제국의 상점》(소나무, 2008)을 참조할 것.

세계관의 충돌로, 중국은 자국 중심 세계 질서하에서 영국이 생각하듯이 동등한 국가 간 거래를 받아들일 수 없었던 것이다. 건륭제는 조지 3세에게 보낸 서신에서 이런 뜻을 상세히 설명한다.

사절단 일행에는 매카트니의 비서 조지 레오나드 스탠턴의 열두 살짜리 아들 조지 토머스 스탠턴도 있었다. 이 똑똑한 아이는 배를 타고 이동하는 동안 몇 마디 중국어를 배워 러허에 도착한 후 중국 관리들과 소통을 시도했다. 건륭제는 이를 기특하게 여겨 직접 선물을 하사하기도 했다. 이 아이는 훗날 동인도 회사에 들어가 홍콩, 광저우에서 근무하면서 청나라 법전인 《대청율례大淸律例》를 번역하는 등 중국 전문가로 성장했다. 1816년 조지 토머스 스탠턴은 윌리엄 애머스트의 비서로 다시 베이징을 방문했다. 그러나 1793년 처음 배를 타고 왔을 때처럼 의전 문제로 또 한번 실패를 경험했다. 건륭제의 아들 가경제嘉慶帝는 아예 만나주지도 않았다.

스탠턴은 이후에도 중국 문화에 깊은 관심을 보였다. 1821년 그는 청나라 관리 도리침圖理琛이 사신으로 러시아를 다녀온 과정을 기록한 《이역록異域錄》을 영문으로 번역했다. 그는 역자 서문에서 "세계 문명의 척도에서 본다면 중국은 매우 급이 낮은 나라"라고 말했다.

1840년 4월 환갑에 가까운 나이의 스탠턴은 중국 전문가 자격으로 영국 의회에 참석해 무력으로 중국의 무역 장벽을 제거하는 데 동의했다. 의회는 몇 표 차이로 무력 동원안을 통과시켰다. 이는 훗날 벌어질 아편 전쟁의 단초가 된다. 중국과 영국의 전쟁은 양국 관계뿐 아니라 중국의 세계관을 변화시켰다. 전쟁 후 중국은 '근대'에 진입했으며 이후 과거와 완전히 다른 상황에 직면했다.

오늘날 우리는 건륭제가 보인 폐쇄적 태도와 그가 서신에 썼듯 "천조에는 모든 것이 풍족하여 없는 것이 없다"는 인식을 비판한다. 그로 인해 중국이 '근대' 문명에 진입할 기회를 놓쳤다고 생각하기 때문이다. 현대 중국인의 시각은 베스트팔렌 조약의 언어와 판단 기준을 가졌던 영국 측 매카트니나 스탠턴과 비슷하다.

문명을 동양과 서양이라는 이분법으로 보면 20세기 이후의 중국은 의심할 여지 없이 후자에 속한다. 청의 쇄국 외교는 보수적이며 무능했다. 그러나 당시 청이 가지고 있던 세계관을 간과해서는 안 된다. 그들에게는 나름의 이유와 원칙이 있었다.

'중국과 그 주변국'이라는 세계 인식은 청 이전 명까지 수백 년 동안 유지됐으며 건륭제 시기도 마찬가지였다. 중국의 외교는 이러한 인식하에 운영됐다. 만약 유럽의 식민주의가 침투하지 않았다면 지금도 크게 다르지 않았을 것이다. 청대 중국의 세계 인식과 19세기 국제 질서의 격렬한 충돌을 이해하려면 당시 역사를 들여다보아야 한다.


## 근세 중국을 새로 세우다


먼저 중국 근세사를 살펴보도록 하자. 여기서 말하는 '근세사'는 영어로 'modern history'로 통용되지만 우리가 일반적으로 말하는 '근대사'와는 다르다. '근대'라는 용어는 '근대성', '근대화' 같은 유럽 중심 역사관을 떠오르게 한다. 중국은 아편 전쟁이 발생한 1840년을 근대사의 시작으로 보지만, 서양은 그보다 이른 1800년으로 본다. 그러나 이러한 구분은 모두 문명에 우열을 두는 인식에 기인한다.

'전근대'와 '근대'의 구분은 중국 외 아시아 국가의 역사 서술에서도 나타나는데 그 기점은 유럽 나라들과 맺은 불평등 조약이다. 나라별로 보면 일본은 1853년에 미국 함선과 체결한 가나가와神奈川 조약, 태국은 1855년에 영국과 체결한 보링Bowring 조약, 베트남은 1862년 프랑스와 체결한 1차 사이공 조약, 조선은 1876년 일본과 체결한 강화도 조약 등이다. 이로 인해 오랫동안 문을 걸어 잠근 나라들의 문호가 개방됐다는 것이다. 그러나 우리가 중국-서양 문명의 대립, 서양을 우위에 두는 문명 우열적 관점에서 벗어나 역사 변화 자체에 초점을 맞추면 전혀 다른 근세 중국을 보게 된다. 아편 전쟁 이후의 '근대사'를 이야기하려면 더 넓은 범위의 '근세사'를 이해해야 한다.

중국의 근세사는 아편 전쟁 발생보다 대략 2세기 반 정도 이른 시기인 17세기 초, 명나라 말기에서 시작한다. 당시 중국에서는 동북부에서 여진족이 빠르게 세력을 키워나갔다. 1620년 후금을 건국하고 1630년대에 대청으로 발전, 1644년 베이징에 들어와 중원 통치를 시작했다. 둥베이東北6, 몽골, 신장新疆, 티베트, 윈구이雲貴, 타이완 등 변방 지역이 중국 영토로 편입됐다.

건륭제 통치 말기인 1790년대에 청나라는 이미 다민족, 다문화의 통일 국가를 이루었고 유럽, 아시아 여러 나라와 접촉하며 20세기 현대 국가 형성의 기초를 마련했다. 17세기 초는 유럽인의 중국 왕래가 빈번해지는 시기였다. 정허성鄭鶴聲 교수는 1940년대에 이미 명말 청

---

6   랴오닝성, 지린성, 헤이룽장성 등을 포함하는 중국 동북부 지역을 일컫는다.

베이징 국자감에 있는 태학비. 1755년(건륭 20년) 중가르 부족 평정 후 세운 것으로 청대 중국이
다민족 국가로 가는 과정을 말해준다.

초를 근세의 시작으로 본 대표적인 학자이다. 중화민국 초기에는 '근
세'를 1644년부터 1911년까지로 해석하는 학자도 있었다. 일본의 기
시모토 미오, 미국의 조너선 스펜스를 비롯한 사학자들은 명말 청초를
중국 근세사 혹은 근대사의 시작으로 보았다. 중국 내부에서 시작된
변화를 근세 시기 판단의 중요한 척도로 본 것이다.

　왕조 교체로 시대를 구분하는 사람들은 중국 역사에서 청이 마지
막 왕조이지만, 명이나 그전 왕조와 본질적으로 큰 차이가 없다고 주
장한다. 문화적으로는 두 왕조가 일맥상통한다고 할 수는 있다. 그러
나 청대의 중국은 명대와 큰 차이가 있었다. 오늘날 우리는 20세기의
여러 변화를 거치며 건설된 중국이 이전과 별 차이가 없다고 여긴다.

이러한 인식은 많은 오해를 불러일으킨다. 역사 발전이라는 긴 흐름 속에서 과거의 역사, 특히 근세 중국사를 이해하기란 결코 쉬운 일이 아니다.

예를 들어 이 문제를 설명해보자. 청나라 황제는 만주족이었다. 현대인의 인식으로는 이들도 이전 중국 황제들처럼 '천하를 다스리는 군주'쯤으로 여기기 쉽다. 최근 청대 황실을 소재로 인기를 끈 한 드라마를 보아도 그렇다. 여기서 황제들은 모두 같은 모습의 천자天子로 묘사된다. 그러나 실제로는 그렇지 않았다. 청대 중국은 다양한 민족의 문화와 역사가 융합되어 있었으며, 황제에 대한 인식은 지역 간에 큰 차이가 있었다.

사극에 자주 등장하는 건륭제를 보자. 황제라는 이름하에 그는 적어도 네 가지 역할을 수행했다. 첫째로, 공자와 맹자를 숭배하는 지식인들에게는 천자이자 군주이며 아버지였다. 둘째로, 지배 계층인 만주족에게는 황제로서 군사 행정 조직을 총괄하는 통수권자이자 만주족 가문의 주인이었다. 셋째로, 몽골 부족에게는 제국의 통치자인 대칸大汗이었다. 넷째로, 장전불교 신자에게는 문수보살의 화신이었다.[7] 베이징의 유명한 장전불교 사원인 옹화궁雍和宮 내에 걸린 청나라 황제상은 문수보살의 모습이다.

---

**7** 장전불교는 라마교라고도 하며 티베트화 된 불교이다. 인도에서 티베트 지역에 전래된 불교가 당시 티베트 지역에서 성행하던 본교(本教)와 장기간 대립하는 과정에서 본교의 일부 신(神)과 의식, 내용을 흡수함으로써 새로운 형식으로 변화했다. 티베트족, 몽골족, 투족(土族), 위구족(裕固族), 먼바족(門巴族) 등이 믿고 인도, 네팔, 러시아 등에도 전파됐다. 주요 교파로는 격노파(格魯派), 영마파(寧瑪派), 살가파(薩迦派), 갈거파(噶擧派), 각낭파(覺囊派) 및 갈당파(噶當派) 등이 있다.

역대 달라이 라마는 황제를 만주어로 '만주시리 데르기 한manjusiri dergi han'이라고 불렀다. 이는 한자로 '문수사리대황제文殊師利大皇帝'로 번역할 수 있다. '문수사리'는 불교 4대 보살 중 하나인 문수보살로, 장전불교 최대 교파인 격로파格魯派, 황교黃敎라고도 함 창설자 총카파宗喀巴가 그 화신이다. 티베트 격로파를 신봉한 청나라 황실은 선양, 베이징, 러허 등지에 장전불교 사원을 많이 건설했다. 중국 산시성에 있는 우타이산五台山은 문수보살이 상주한다 하여 특히 번성했다.

청대 황제의 역할은 다양했다. 만주어, 한어漢語, 몽골어, 티베트어, 아랍어 등 여러 언어와 문자를 익히고 정치, 종교와 관련된 복잡한 문제를 처리했다. 청나라는 베이징에서 중국 통치를 시작한 후 마지막 황제인 선통제宣統帝, 푸이까지 10명의 황제가 대를 이어 다스렸다. 1대 순치제順治帝부터 9대 광서제光緖帝까지 모두 아침 일찍부터 밤늦게까지 부지런히 국사에 임했으며 누구 하나 어리석은 임금이 없었다.[8] 이전 어느 왕조에서도 볼 수 없었던 일이다. 그들의 다양한 역할은 서로 충돌하지 않고 완전히 하나로 합쳐졌다. 백성 역시 황제를 중국이라는 다민족 통일 국가를 다스리는 지도자로 받아들였다.

근세 중국 역사에서 문화적 차이를 이유로 다른 민족을 억압하거나 말살한 사례를 찾기는 쉽지 않다. 다문화 국가인 중국에서 다양성은 항상 존재해왔다. 송나라 황제 휘종은 도교에 심취하여 자신을 '도군황제道君皇帝'로 칭하고 교주가 되려 했다. 무예를 즐긴 명나라 황제

---

**8**　마지막 황제인 선통제는 세 살에 등극하여 3년 만에 신해혁명으로 퇴위하면서 실제 친정을 행하지 못했다.

허베이(河北) 청더(承德) 피서산장(러허행궁) 정문의 편액. 오른쪽으로부터 만주어, 티베트어, 위구르어(察合台文), 몽골어가 보인다. 이는 민족 간 서열이 아니라 통일 중국의 다원성을 보여준다. 청대 이래 이러한 민족 융합을 보여주는 사례는 매우 많다. 현재 인민폐에는 만주어, 티베트어, 위구르어, 몽골어, 장족 문자(壯文) 등 법정 5개 언어 문자가 새겨져 있다.

무종은 자신을 '위무대장군威武大將軍'에 봉하여 스스로 총사령관이 되려 했다. 그러나 이런 것들이 황제의 역할을 방해하지 않았다.

다양한 측면에서 근세 중국이 다원화된 사회라는 점을 발견할 수 있다. 근세는 단순히 '황제가 통치했던 과거'가 아니다. 이를 올바로 파악하려면 문화적 다양성이라는 측면에서 역사 발전의 궤적을 살펴보아야 한다. 동시에 주변 지역의 복잡한 문제들에 대해서도 알아야 근세 중국을 이해할 수 있다. 그래야 민족적 통일, 단결, 안정 유지가 오늘날 중국의 중요한 과제임을 이해할 수 있다.

20세기 말, 미국 역사학계에 새로운 청나라 역사 연구 경향이 나타났다. 만주어 자료를 이용하고 청이 만주족 왕조라는 점을 강조하는 이른바 '신청사新淸史'였다. 이러한 방식은 중국과 일본 학자들이 이미 100여 년 동안 연구해오던 것이라 '새로울 것'도 없었다. 그러나 많은 중국인은 '신청사'가 만주적 요소를 강조함으로써 중국 역사를 왜곡하려 한다고 우려했다. 청대 유명한 학자 공자진은 일찍이 "대청국은 요堯 임금 이래의 중국이었다"라고 했다. 어쩌면 이 말은 '신청사'적 관점에 대한 근본적인 반론일 수 있다.

만주어는 여전히 일부 중국인이 일상에서 사용한다. 오늘날 중국 북서부 신장 위구르 자치구의 차부차얼 시버 자치현 사람들이 쓰는 시버어錫伯語가 바로 만주어이다. 그들의 조상은 건륭 중기인 1764년 전후로 새롭게 편입된 신장 지역 수비를 위해 동북 지역에서 이주해왔다. 1949년 이후 베이징으로 초빙된 6명의 시버족 학자들의 노력 덕분에 만주어 사료들이 한어로 번역됐다.

중국 역사에서 청은 명을 이은 정통 왕조이다. 이 시기 본연의 변화는 있었지만, 중국이 본래 다민족, 다문화 나라였다는 점을 간과하고 일부만 본다면 편파적 판단을 피할 수 없다. 오늘날 일부 인사들이 한족 전통 의상 입기 등 복고적인 노력을 시도한다. 여기에는 청의 문화가 중국 전통에서 벗어난다는 함의가 깔려 있다. 하지만 이는 근시안적인 행동이다. 그들은 17세기 이래 중국 사회의 거대한 변화를 이해하지 못한다. 역사를 거꾸로 돌리는 움직임들은 오늘날 다민족 통일 국가와 다원화된 사회 문화의 융합에 어떤 도움도 되지 않는다.

## 중국 질서: 천조상국(天朝上國)과 외번 속국(外藩屬國)

청의 대외 업무는 이번원理藩院과 예부禮部에서 담당했다. 이번원의 전신은 1636년 전후에 세워진 몽골아문蒙古衙門으로 1638년 이번원으로 명칭을 바꾸고 몽골 등 소수 민족과 관련한 일을 처리했다. 베이징에 입성한 후에는 신장 회족回族, 2차 아편 전쟁 전까지는 러시아와의 교류를 담당했다. 중국 내 소수 민족 관련 업무를 주로 했는데 러시아를 제외하고는 외교 대상이 아니었다. '이번理藩'의 '번藩'은 '외번外藩'으로 청대에는 몽골 각 부족을 지칭하여 외번 몽골이라 했다. 한편 조선과 베트남 등은 외번 속국屬國으로 청나라 조정이나 담당 관리들은 이를 엄격히 구분했다.

당시 국가 간 외교는 예부가 담당했다. 예부는 의제儀制, 사제祠祭, 주객主客, 정선精膳 등 4개의 청리사淸吏司를 두어 여기서 의례, 제사, 교육, 과거 시험 등을 주관했다. 이 중 주객청리사에서 외번 속국 사무를 담당하여 조선, 류큐, 베트남, 미얀마, 술루, 영국, 프랑스, 네덜란드 등의 조공을 관리했다.

이번원과 예부는 주로 베이징이나 러허에서 해당 국가와 접촉했다. 1780년 건륭제의 일흔 살 생일을 축하하기 위해 조선 조공 사절단이 러허 행궁에 왔다. 이때 연암 박지원은 8촌 형인 박명원을 수행하면서 몽골과 회족 황공 귀족 6대 판첸라마를 만났다.

청나라 외교에서 외번에서 온 사절은 '멀리서 온 사람遠人'으로 불렸다. 이들은 조공과 함께 무역을 하며 '모든 나라가 조공을 오다萬國來朝', '진심을 다하다傾心向化' 등의 표현을 통해 중국이 문명의 중심임을 인정했다. '멀리서 온 사람'의 신분은 중국과의 지리적 거리가 아닌 해당국과의 정치·문화적 관계로 결정됐다. 이러한 맥락에서 청에게 가장 특별한 나라는 조선이었다. 중국은 조선을 '동이東夷'라 칭했다. 명·청 시대 중국을 세계의 중심에 놓는 종번 정치의 언어로 말하자면 이들은 '멀리서 온 사람', '먼 나라', '변두리'이다.

1392년 조선을 건국한 고려의 장군 이성계는 난징南京으로 사신을 보내 태조 주원장朱元璋을 알현한다. 명나라와 종번 관계를 맺어 정권의 정당성을 얻으려 한 것이다. 명 태조는 '조선朝鮮'이라는 국호를 주면서도 이성계의 왕위 찬탈이 마뜩잖았던 탓에 책봉을 내켜 하지 않았다. 그러나 태조의 뒤를 이은 건문제와 영락제가 각각 1401년, 1403년 두 번에 걸쳐 이성계의 아들 이방원을 조선의 국왕으로 책봉했다. 황제의 아들이나 형제가 입는 친왕 의복을 하사하여 양국 간 군신부자의 서열 관계를 확립하면서 정식으로 종번 관계를 맺은 것이다.

조선은 유교와 과거 시험, 천문역법 및 법률, 법령 등 명나라의 국가 운영 체제를 받아들여 작은 중국이라는 뜻의 '소중화小中華'를 자임했다. 두 나라의 관계는 임진왜란 시기에도 잘 드러난다. 1590년대 일본의 도요토미 히데요시가 조선을 침략하자 당시 명나라 만력제萬曆帝는 조선에 군대를 파견했다. 이후 조선은 '나라를 구해준 은혜再造之恩'의 나라에 매년 조공 사신단을 파견했다.

청·후금 정권은 베이징에 입성하기 전인 1627년 명과 전쟁을 벌이던 중 조선을 침공하여 형제 관계를 맺었다. 그러나 이 관계는 오래가지 않았다. 1636년 홍타이지가 스스로 황제의 자리에 오르자 문무 대신들은 가장 높은 수준의 예인 삼궤구고두를 행했다. 오직 2명의 조선 사신만이 무릎 꿇기를 거부했는데, 이는 황제의 지위를 인정하지 않겠다는 의지의 표현으로 조선 왕 인조의 뜻이기도 했다.

그러나 1637년 홍타이지가 조선 정벌에 나서면서 상황은 급속도로 변한다. 전쟁에 패한 인조가 한양 삼전도에서 무릎을 꿇음으로써 형제국이던 조선은 청의 번국이 된다. 두 나라가 군신부자의 관계가 된 것이다.

1644년 청이 베이징에서 통치를 시작하자, 조선은 매년 조공 사절단을 파견했는데, 외번 속국 중에서도 가장 빈번한 방문이었다. 이는 1895년 시모노세키 조약으로 종번 관계가 막을 내릴 때까지 계속됐다. 조공 사절단은 청 황제를 알현할 때 무릎을 꿇고 머리를 조아리며 존경을 표했다.

청은 만주족이 세운 왕조지만 이러한 의례를 더욱 중시했다. 또한 은사恩賜를 내리거나 다양한 회유책을 동원하면서 이러한 시스템을 강화했다. 청대의 종번 체제에서 조선은 거푸집과도 같은 중요한 척도였다.

청은 조선을 모범 삼아 다른 주변국들에도 문명의 중심인 자신들에 존경을 표하도록 요구했다. 이는 서양인들에게 매우 낯선 방식이었다. 1793년 영국 사신 매카트니가 건륭제를 알현했을 때 의전을 두고 충돌이 발생했던 것도 그런 이유에서다. 결국엔 한 발만 꿇는 것으로 절충하고자 했지만, 양국의 외교와 무역에 관한 현안은 전혀 해결되지 못했다.

청의 조정은 그때 사리를 모르는 것은 매카트니로, 자신들은 이 일로 잃을 것이 없다고 생각했다. 실제로 이후로도 조선 사절단은 매년

서울 교외 남한산성 남문 지화문과 성루.

조공을 왔다. 이러한 조공 외교는 양국을 군신 간 도의라는 끈으로 긴밀하게 묶어주었으며 중국을 중심으로 한 '천하의 질서'는 공고하기만 했다.

조선은 이러한 세계 질서에 대해 어떻게 생각했을까? 조선은 오랫동안 여진족을 오랑캐로 부르며 멸시했다. 그러다 청에 의해 명이 멸망하자 '소중화'를 자처하면서 조선만이 유일하게 천하의 문명을 대표한다고 여겼다. 심지어 어떤 이는 명나라를 되살리기 위해 북벌北伐을 감행하자는 주장까지 했다. 그러나 현실에서는 달랐다. 청과 교류하면서 공개적으로 불만을 노출하지 않고 빈번하게 조공 사절단을 파견했다. 중국 황제로부터 책봉을 받았고 정치적 정통성과 지지가 필요한 이상 청조를 부정하는 것은 현실과 맞지 않았기 때문이다.

조선이 빈번하게 조공 사절단을 파견한 데는 이유가 있었다. 작은 나라가 큰 나라를 섬기면 큰 나라는 작은 나라를 보살핀다는 '사대자소事大字小'의 호혜 의무를 실행하면서 문화적, 경제적 이익을 취했다. 조공과 무역, 예절과 은전, 정치와 경제는 동전의 양면이었다.

조선 사절단의 규모는 원래 30명으로 정해졌었다. 청은 다른 국가의 조공 사절단에 대해서는 엄격한 인원 제한을 두었지만 조선에 대해서만은 그러지 않았다. 사절단 정·부사 외에 친척, 지인은 물론 상인들도 수행원 신분으로 참여했다. 때로는 200~300명에 이르는 인원이 마차와 깃발을 앞세우고 다녔으며, 지나는 곳마다 교역과 관광이 활발히 이루어졌다.

1777년 조선이 보낸 사은謝恩 사절단에 310명, 1889년 경하慶賀 사절단에 311명이 명단에 이름을 올렸는데 그나마 하인들은 포함되지 않은 숫자였다. 방문 횟수 또한 빈번하여 먼저 간 사절단이 아직 베이징에 도착하지도 않은 상황에서 또 다른 사절단이 출발하기도 했다.

한양을 출발한 사절단은 평양을 지나 의주에서 압록강을 건너 수십 리를 걸었다. 국경을 지나 랴오닝성에 있는 평황성鳳凰城에 도착하면 중국 관리가 입국 절차를 확인한다. 이를 마치면 사절단은 다시 성징盛京, 선양의 옛 이름, 산하이관山海關, 퉁저우通州를 거치는데 목적지인 베이징까지 두 달이 소요되는 여정이었다. 청이 동북 지역을 봉쇄하고 평황성-성징-산하이관까지 2,000킬로미터에 달하는 지역에 방책을 설치해 한인漢人의 출입을 금지했을 때도 조선 사절단만은 예외였다.

번속국이 도착하면 해당 국경 관리자에게 이 사실을 알렸다. 류큐는 푸젠성福建省 총독에게, 베트남은 접경 지역인 광시성廣西省 지방관

18세기 조선 사절단 〈연행도〉. 베이징으로 향하는 조공 사절단 모습으로 오른쪽 상단에 '조공'이라고 쓰여 있다.

과 량광 총독兩廣總督(광둥성·광시성 관할)에게 보고하고 나서 병사들의 호위 아래 베이징으로 갔다. 그러나 조선의 사절단만은 '특별한 은전'을 받아 성징의 장군이나 즈리 총독直隸總督(베이징이 속한 즈리성과 허난성·산둥성 관할)에게 보고할 필요 없이 당당히 베이징에 입성했다. 이들의 방문은 너무도 익숙하여 중국 측에서 특별히 병사를 보내 호송하지도 않았다.

베이징에 도착한 사절단은 숙소인 회동사역관會同四譯館에 짐을 풀었다. 중국 측은 예부가 중심이 되어 호부, 공부, 병부, 내무부, 광록사, 도찰원, 순천부, 보군통령아문步軍統領衙門 등이 사절단의 체류 업무를 담당했다. 장비와 음식을 준비하고 때로는 임시 숙소를 지어 방문자를 접대했다. 청 조정으로서는 경비가 많이 들고 의례가 복잡한 일이라 부담감이 막중했다.

　원칙적으로는 사절단이 사역관에 머무는 동안 허가 없이 다닐 수 없었지만 조선 사절단은 자주 오다 보니 서로 익숙하여 어디든지 갈 수 있었다. 한때 조정에서 제한을 시도했으나 흐지부지됐다. 사절단원들과 중국 관리, 문인들이 시문을 지어 대화하는 등 양국 지식인 간 교제에 어떤 거리낌도 없었다.

　청나라 때 조선 사절단은 수백 권에 달하는 여행기《연행록燕行錄》을 남겼다. 초기에는 유교를 숭상하는 문사로서 '오랑캐가 세운' 청나라를 무시했다. 상당 기간 청의 인사들과 교류하지 않고 두문불출했다. 그러다가 청이 자신들 생각처럼 "백 년을 못 가서" 망하기는커녕 날로 번영, 강대해지는 것을 보고서 생각이 바뀌었다. 비로소 사절들은 숙소를 나와 민족 구분 없이 지식인들과의 교류하는 새로운 전통을 세웠다.

　당시 조선 사절단은 고급 한자를 구사했는데 중국과 음은 달라도 글자가 일치하니 필담에 문제가 없었다. 그들은 자신들이 본 것을 우아한 필체로 적어 방대한 자료로 남겼다. 남북한 모두 한글을 사용하는 지금, 중국인들은 한국인보다 이 기록에 훨씬 쉽게 접근할 수 있다.

　베이징에 체류하는 동안 사절단 대표들은 청 관리들과 교류를 갖고 의전을 연습하며 황제 알현을 준비했다. 다른 수행원과 상인들은 숙소에서 장을 열고 중국 상인들과 분주하게 거래했다. 이러한 시장은 다른 나라의 경우 3~5일간만 허가됐지만 조선과 류큐는 제한 없이 수십 일간 계속할 수 있었다. 거래 물품은 조선의 종이와 인삼, 중국의 비단과 도자기 등이었다. 상인들은 베이징의 관문 주변과 길에서도 물건을 팔았다. 청 조정은 여기에 세금을 매기지 않았으므로 시장은 어디서나 성황이었다. 사마천이 《사기. 화식열전》에서 말한 대로 "천하가 즐거운 것은 이익이 있기 때문이고, 천하가 흙먼지가 일 정도로 소란스러운 것은 이익을 찾아 떠나기" 때문이었다. 순치제 이전에는 청국 사절단도 조선에 갔을 때 장사를 했지만, 나중에 순치제가 상인 간거래를 금지하자 사절단 수가 20~30명가량 준 것도 이런 이유 때문이었다.

한편 청나라 측 사절단은 한양에 도착하면 모화관과 경복궁에서 의식을 치렀다. 이후 숙소인 남별궁(현재의 조선호텔 자리)에 머물면서 연회에 참석한 뒤 3~4일 후 베이징으로 돌아갔다.

조선 상인들이 한양-성징-베이징으로 연결되는 조공 길에서 활발하게 활동하면서 이 지역 상업이 크게 번성했다. 1870년대 항구가 개방되기 전 동아시아 근세사에서 가장 번성한 원거리 무역 노선이었다. 이 길은 남쪽으로 부산을 거쳐 일본의 대마도, 나가사키, 오사카, 교토, 에도(지금의 도쿄)까지 연결됐다. 일본에서 생산된 백은白銀은 대마도를 통해 조선에 들어왔고 다시 조공 사절단의 손을 거쳐 중국에 유입됐다. 한국 학자들은 18세기에 매년 50~60만 냥(약 19~23톤)의 은이 중국에 들어오면서 강희, 옹정, 건륭 시기의 번영에 큰 도움이 됐다고 주장한다.

청나라 옹정 시기 조선에 갔던 흠차칙사 아극돈(阿克敦)이 귀국 후 사람을 시켜 그린 〈봉사도(奉使圖)〉 중 한 폭으로 한양에서 조선 왕이 아극돈을 만나는 모습.

## 청대 '폐관쇄국(閉關鎖國)'을 다시 생각한다

중국은 종번 체제하에서 속국들과 상업적 왕래를 계속했다. 사람들은 아편 전쟁 전 청이 '폐관쇄국' 하여 오직 광저우 1곳만을 열어두는 통상 정책을 실시했다고 알고 있다. 그러나 여기에는 오해가 있다. 이러한 정책은 '서양'에만 해당하는 것으로, 모든 외국에 적용한 것이 아니었다.

종번 체제에서 중국은 조공과 교역에 있어 구체적인 장소와 노선을 지정했다. 영국, 프랑스 등 서양 나라들은 광저우에서 관이 지정한 상인인 '십삼행'을 통해서만 거래할 수 있었다. 류큐는 푸젠, 베트남은 광시廣西 등 정해진 노선과 장소에서 거래하도록 했다. 이는 영국, 프랑스, 네덜란드 등 유럽 국가들이 규정에 따라 광저우에서 교역했다는 뜻으로, 오직 광저우만을 개방한 것은 아니었다.

청은 조선과 그랬듯이 남쪽의 베트남, 시암, 류큐 등은 물론 서양 여러 나라와 빈번하게 교역했다. 이렇게 본다면 청대 중국의 외교 정책을 폐관이나 쇄국으로 단정하기 어렵다. 아편 전쟁 이후와 다른 점이 있다면, 서양 여러 나라가 다수의 항구에서 교역한 것이니 다만 지역이 확대됐을 뿐이다.

청 조정이 아편 전쟁에서 패했음에도 적극적으로 개방에 나서지 않은 것은 전통적인 조공 무역과 밀접한 관계가 있었다. 우리는 일반적으로 만청晚淸 시기[9]에 아편 전쟁 이후 서구식 조약 체제가 전통적인 종번 체제를 대체했다고 알고 있다. 그러나 실제로는 두 체제가 병존했으며 새로운 체제가 기존의 체제를 근본적으로 흔들지 못했다.

청나라 때 중국과 서양의 교류는 건국 초기부터 건륭제에 이르는 시기와 아편 전쟁 이후로 구분할 수 있다. 첫 번째 시기에는 송-원-명 때처럼 유럽 상인과 선교사들에 의해 선진적인 천문역법 등 과학 기술이 도입됐다. 특히 명나라 후기 중국에 온 예수회Society of Jesus 선교사들과 교류가 있었다. 프랑스 왕 루이 14세가 파견한 선교사는 키니

---

**9**  청나라 말기를 지칭하는 말로, 아편 전쟁으로 서양 열강에 의해 강제 개방된 이후부터 멸망에 이르는 시기(1840~1911)이다.

네라는 약으로 강희제가 앓던 말라리아를 치료하기도 했다. 그러나 뒤이어 즉위한 옹정제가 1724년 금교령을 내림으로써 이러한 교류는 멈추었다. 특히 정부 간 교류가 감소했는데, 주목할 만한 외교적 사건으로 러시아와의 국경 분쟁 끝에 1689년 맺은 네르친스크 조약과 건륭제 말기 매카트니 사절단의 방문 정도를 꼽을 수 있다. 선교사들은 황실 천문대인 흠천감欽天監에 과학 기술을 전수하는 등의 활동을 펼쳤다. 중국에서 반기독교 운동이 벌어지기 전이었다.

아편 전쟁을 기점으로 사정은 돌변했다. 전쟁 이후 유럽 각국이 자유 무역과 시장 확대를 강력하게 밀어붙이면서 중국과의 무력 충돌이 빈번하게 발생했다. 과거 외교적 다리 역할을 했던 선교사들은 제구실을 하지 못했다. 오히려 심각한 종교 갈등과 외교 분쟁을 불러왔다. 이전까지 중국은 서양과 대규모 접촉을 해본 경험이 없었다. 청나라 말기 양무운동10을 주도했던 이홍장李鴻章은 아편 전쟁 이후의 변화를 두고 "수천 년 동안 없었던 큰 충격"이라고 했다. 중국은 다양한 도전 속에서 근대화의 길에 들어섰다.

최근 미국 경제사학자 케네스 포메란츠의 주장이 많은 중국학자의 관심을 끌었다. 그는 세계 경제사에 1800년 전후로 중국과 유럽이 다른 방향으로 발전하여 격차가 커지는 '대분류大分流, the great divergence'가 출현했다고 말한다. 이는 경제적 관점에서 예리한 분석이지만 실제는 그렇게 간단하지 않다.

---

**10**　유럽의 과학 기술을 받아들여 근대화를 일으키자는 운동. 여기서 양무(洋務)는 서양의 선진 사무를 말한다. 이를 통해 스스로 강해지자는 의미의 자강 운동이라고도 했다.

1658년(순치 15년) 제작한 역법서인 《시헌력》 (건륭 시기 건륭제 홍력弘曆의 이름을 피하기 위해 이름을 '시헌력'으로 고침) 첫 쪽이다. 오른쪽에서 두 번째 열에 적힌 '도성순천부의신법추산절기시각(都城順天府依新法推算節氣時刻)'에서 '신법'은 '서양신법'을 말한다. 1629~34년(명나라 숭정제 2~7년)까지 서광계가 이끄는 베이징 역국(曆局)이 유럽 선교사 아담 샬 등의 협조 아래 《숭정역서(崇禎曆書)》를 만들어 유럽의 천문역법과 구면기하계산법(球面幾何計算法)을 소개했다. 명조는 이 '신법'을 인쇄하기 전에 멸망하고 말았다. 청군이 입성 후 제일 먼저 이 서양 역법으로 역서를 편찬하니 바로 《시헌력》이었다.

과학 기술사로 보면 '대분류'는 역사적 진실이 아니다. 중국은 1800년 이전부터 중앙아시아, 서유럽으로부터 선진 기술을 받아들이고 한층 발전시켰다. 대분류가 아닌 '대합류大合流'인 셈이다. 이런 상황에서 유럽과 중국의 과학 기술 간 우열을 가리는 것은 적절치 않다.

1800년은 유럽과 그들이 건설한 아메리카 식민지가 확장하는 시기였다. 그러나 오랜 역사 발전 과정에서 점차 국제 질서에 융합되어 가던 중국으로서는 특별히 의미 있는 때가 아니다. 1600년 이후를 중국 근세사의 시작으로 보자고 주장하는 이유가 바로 여기에 있다.

아편 전쟁은 강력한 군사·외교적 압박으로 중국이 문을 열도록 강요했다. 그러나 이로 인해 중국이 진보한 것도 아니고, 비로소 중국인들이 '눈을 부릅뜨고 세계를 보게 된' 것도 아니다. 역사를 제대로 알려면 맥락과 과정을 이해해야 한다. 특정 사건으로 전체를 설명하는 결과론적 해석을 경계해야 한다. 청나라 말기 외세에 저항했던 임칙서林則徐, 위원魏源 등의 편에 서면 아편 전쟁은 중국과 서양이 대립하는 결정적 사건이 된다.[11] 그러면 이전의 교류와 내적 발전을 간과할 위험이 있다. 또한 유럽식 근대화 개념으로 보면 중국의 폐쇄 정책이 성장을 정체시켰으며, 아편 전쟁이 서양과의 격차가 더욱 벌어지는 분기점이 됐다고 결론 내릴 수 있다. 그러면 장대한 중국과 서양의 교류는 물론 '대합류'라는 더 큰 역사를 볼 수 없다. 그러니 임칙서, 위원 이전의 중국을 먼저 살펴보도록 하자.

청나라 말기 중국은 외교 문제를 비롯해 사방에서 밀려오는 다양한 도전에 직면하고 있었다. 청나라 역사의 전반기는 강렬한 사건에 휩싸인 후반기에 묻혀 버렸다. 중국이 아편 전쟁 등 서양 여러 나라와의 충돌에서 패배하면서 엄청난 굴욕을 경험했다는 사실에 빠져 나머지 다른 것을 보지 못한다. 중국 근대사를 유럽이 세력을 넓혀 동쪽으로 진출한 결과로 파악하면 많은 부분을 놓친다. 또한 '서양'을 영국, 프랑스, 독일, 미국 등 몇 개 나라로 축소시키고 부국강병, 기술 발전

---

11   중국 남부에서 아편이 창궐하자 도광제는 임칙서를 흠차대신으로 임명하여 광저우에 파견했다. 임칙서는 광저우의 영국 상관을 압박하여 2만여 상자의 아편을 압수하여 불태웠다. 이 일은 훗날 영국에게 아편 전쟁의 빌미를 제공했다는 평가를 받는다. 한편 위원은 고전 해석과 고증보다는 사회, 정치에 실제적인 영향을 주어야 한다는 경세치용을 주장했다. 임칙서와 함께 아편 전쟁에도 참전한 바 있는 그는 당시 국제 정세를 담은 《해국도지(海國圖志)》를 저술했다.

을 핵심으로 하는 유럽 중심의 '근대화' 개념을 강조한다. 이러면 오래 전부터 중국 내부에서 진행된 복합적인 역사 과정을 소홀히 하게 된다. 단편적인 관찰로 19세기 중국이 외부의 압력에 의해 '전근대'에서 '근대'로 급속하게 이행했다고 결론짓는 것이다.

우리가 흔히 쓰는 '서구화'라는 말에는 중국/서양 이원 대립론이 자리하고 있다. 중국은 보수적이며 낙후됐고, 유럽은 개방적이며 선진적이라고 생각하는 것이다. 이러한 인식은 중국이 스스로 근대화라는 거대한 전환을 꾀했다는 사실과 함께 당시의 여러 외교적인 격변을 간과하게 했다. 이렇게 된 이유를 이해 못 할 바는 아니다. 20세기 이후 중국 사회는 사상적 측면에서 소용돌이 속에 있었다. 일부 지식인들이 전통적 사고에서 벗어나지 못하고 있었던 것도 사실이다.

중국의 근대화에 대한 이러한 인식은 과거 송나라를 패망시킨 정강의 난靖康之亂[12]에 대해 남송의 인사들이 보인 반응과 크게 다르지 않다. 또한 언론이 대중의 역사 인식에 영향을 미친 결과이기도 하다.

서구화나 근대화를 논하지 말자는 뜻이 아니다. 역사를 거시적으로 바라보자는 이야기이다. 청나라 말기 중국의 모습이 어떠했는지를 살펴보고 미국을 포함한 중국의 대외 정책과 근대 중국사를 비판적으로 바라보아야 발전이 있다.

동치제가 꾀했던 중흥에 대해 미국의 역사학자 메리 라이트는 다

---

**12**　1126년 금나라 군사가 북송의 수도 카이펑(開封)을 함락시키고 황제 휘종과 흠종을 비롯하여 관료 3,000여 명을 포로로 잡아간 사건을 말한다. 이로써 북송은 멸망하고, 흠종의 아우 고종이 임안에서 즉위하여 남송(南宋)을 세웠다. 정강(靖康)은 당시 북송의 연호이다.

음과 같이 지적한다. "중국이 신문물을 전혀 받아들이지 않았다는 지적은 잘못된 것이다. 그러나 이러한 신문물의 발전이 책상머리에서 나왔다는 생각도 틀린 것이다."

〈황청직공도(皇淸職貢圖)〉의 '영국 오랑캐', 청나라 정관붕 등이 그린 그림. 고궁박물원 소장.

우리는 청대 중국이 개방적이었다는 점을 강조하지만, 상대적으로 중국이 독립적인 사상·문화적 시스템을 갖고 있었으며 이것이 지식인들에게 깊은 영향을 미쳤다는 점도 간과해서는 안 된다.

옹정제가 천주교 선교를 금지하자 유럽 선교사들의 영향력은 약해지면서 중국이 서양을 이해할 기회도 줄어들었다. 강희, 옹정, 건륭 세 황제는 조정에서 일한 선교사들을 통해 새로운 지식을 접할 수 있었지만, 일반 백성은 달랐다. 과거 시험을 통해 관리가 된 대다수 지식인과 지방 관리는 사서오경을 줄줄이 외우면서도 세계 지리나 서양 역사에는 무지했다. 그들의 머릿속에서 중국은 세계의 중심이었으며 나머지는 오랑캐에 불과했다.

지배층의 인식과 현실 사이의 괴리는 청나라의 전성기였던 건륭제 후기에 이르러 더욱 명확해졌다. 1차 아편 전쟁 때 영국과의 담판에 참여한 고위 관리 기영耆英과 황은동黃恩彤, 그리고 훗날 이를 기록한

학자 위원魏源 같은 인물은 비교적 개명한 사람들이었다. 2차 아편 전쟁 중 영국군의 포로가 되어 인도에서 객사한 량광 총독 엽명침葉名琛은 전통 사상을 신앙처럼 받들었다. 당시 엽명침 같은 사람이 너무 많았고 기영, 황은동처럼 개방된 생각으로 외교에 임한 사람은 너무 적었다. 2차 아편 전쟁 때 영국·프랑스 연합군과의 담판에 실패하자 함풍제는 기영에게 사약을 내림으로써 아까운 신하를 잃고 말았다.

아편 전쟁 이후 중국은 서구 세계와의 소통과 교류에서 여전히 느리고 완만했지만 변화하는 모습을 보여주었다. 중국이 인구가 많고 인프라가 부족하다는 속설은 상당 부분 현실을 반영한 것이다. 이러한 역사 배경에서 볼 때 중국은 개방이라는 큰 틀에서 대외적으로 안정적이며 역동적인 소통을 유지해야 한다.

# 2장. 19세기 중반, 중미의 '중흥'

## 중미가 만났을 때의 중국 질서와 그 변천

미국은 건국 직후부터 중국과 교역을 시작했다. 1784년 2월 22일 미국 상선 중국황후Empress of China호가 뉴욕을 출발하여 8월에 광저우에 도착하면서 새로운 교역의 시대를 열었다. 이때부터 1844년 양국 사이에 최초로 체결된 왕샤望廈 조약 때까지 60년간을 '구 중국 무역Old China Trade' 시대로 부른다.

당시 교역은 정부 주도가 아니었으며 민간 상인들이 목숨을 걸고 부富를 좇아 중국에 갔다. 광저우에 도착한 미국 상선은 제도와 운영 등 여러 면에서 잘 정비된 중국의 대외 무역 시스템을 체감했다. 중국은 이미 영국, 프랑스, 네덜란드 등지의 상인들과 수십 년간 거래해오고 있었다. 명·청 시대 대외 무역 시스템을 연구한 중국 및 해외 학자들은 과거 중국이 무역과 외교 제도를 보완하면서 종번-조공 제도를 발전시켜 왔다는 점에 주목했다. 종번-조공 제도와 무역은 복잡하고 다양한 양상을 보이기에 부분적 사실을 일반화하는 오류를 범하기 쉽다.

당나라 때부터 중국은 해안 지역에 오늘날의 세관에 해당하는 시박사市舶司를 설치하여 해상 무역을 관리했다. 다른 나라의 배들이 항구에 들어오면 시박사를 통해 시장인 '호시互市'를 열고 거래했는데 이는 조공을 마친 뒤에 무역을 하는 고려, 베트남, 류큐 같은 외번 속국과는 다른 경우였다.

송나라 때는 안전을 이유로 내륙 무역은 제한했지만 해외 무역은 광저우, 밍저우明州(현재의 닝보시), 항저우杭州 등의 시박사를 통해 꾸준히 유지했다. 원나라 때는 국내 정치가 통일되자 내륙 무역이 크게 번성했고 송나라 때부터 이어진 해상 무역도 계속 진행됐다. 명나라 초기에는 반란 세력이 해상으로 도망가면서 해안 지역에서 밀수가 성행했다.

명 태조 주원장은 "한 조각의 나무판자도 바다에 띄우지 못하게 하라"며 해상 교류를 금지하는 해금海禁 정책을 엄격하게 실시했다. 1374년에는 당·송 이래 유지해오던 취안저우泉州, 밍저우, 광저우의 시박사를 폐지했는데 이는 외교, 무역에서 중요한 변곡점이 됐다. 이후 호시는 명이 지정한 인원, 시간, 지역에서만 열릴 수 있었다. 이때 적용된 문서나 의례 등 엄격한 규정은 조선, 베트남, 류큐 등 조공 무역과 유사했다.

호시와 조공은 함께 진행됐다. 외국 상인들은 중국과 교역하려면

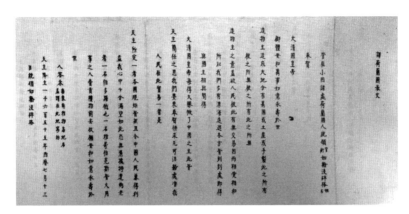

1655년(순치 12년), 청 조정이 받은 네덜란드 표문을 번역한 것. 대청 황제에게 무역 허가를 요청하고 '공물'을 진상한다는 내용으로 조정은 '8년 1공'을 허가했다. 이 사절단은 네덜란드 정부가 아니라 네덜란드 동인도 회사가 파견했다.

정치·문화적으로 조공 시스템을 받아들여야 했다. 세계의 중심으로서 중국의 우월적 지위를 인정하고 당국의 허가를 얻어야 비로소 피공아사彼貢我賜(조공을 오면 은혜를 베푼다) 방식으로 무역을 진행할 수 있었다. 조공 무역은 점차 중국 대외 무역의 주된 방식으로 자리 잡았다. 명나라가 고수한 이러한 정책은 대외 무역과 외교 발전에 큰 걸림돌이 됐다.

1498년 포르투갈 탐험가 바스쿠 다가마가 인도 남단 콜카타에 도착하여 인도와 동남아시아 지역에서 무역과 식민지 사업을 시작했다. 60년 후 포르투갈은 중국의 지방관으로부터 아오먼澳門(지금의 마카오)의 조차권租借權을 획득했다.

명의 3대 황제인 영락제는 90년 전인 1407년 환관 정화鄭和를 수차례에 걸쳐 아시아, 아프리카에 파견했다. 정화는 2차 항해 때 콜카타에 도착해서 그곳 국왕을 책봉하고 기념비를 세웠다. 그러나 명나라는 포르투갈처럼 식민지를 건설하지 않았고 인도양을 넘어 아랍, 지중해, 유럽으로 향하는 원양 무역에도 관심을 두지 않았다.

청나라는 베이징에 입성한 후 명의 해상 무역 금지 정책을 그대로 유지했다. 그러던 중 1684년 강희제가 과거 명나라 무장 세력이 주축이 된 삼번의 난三藩之亂[1]을 평정한 후에야 정식으로 해금령을 폐지했다. 그 후 광저우, 장저우漳州, 닝보, 윈타이산雲臺山(장쑤성 롄윈항)에 월해관粵海關, 민해관閩海關, 절해관浙海關, 강해관江海關을 설치하여 이곳에서 대외 무역을 담당했다.

당시 중국의 조공 무역 규정은 시기와 나라에 따라 달리 적용됐다. 청나라 초기에는 베이징에 와서 조공을 바치지 않아도 신하국임을 인정하면 교역할 수 있었다. 다만 서양에 대해서만은 지역, 시간, 방법 등을 상세하게 나누어 엄격하게 적용했다. 1757년 영국 상인 제임스 플린트가 닝보항에 무단 침입한 사건 이후로 서양 상인들은 오직 광저우 한곳에서 '십삼행'과만 거래할 수 있었으며 그곳에 머물 수도 없었다.

이러한 외교 시스템 속에서 다른 나라들이 중국과 교류하려면 외번 속국으로 인정받아야 했으며 베이징 예부에서 이를 관리했다. 아편

---

**1** 만주인이 세운 청나라가 중국 본토를 지배하자, 많은 한인이 난을 일으켰다. 오삼계, 상가희, 경중명 등 투항한 한인 장수들이 군대를 이끌고 나가 이들을 제압한다. 조정은 이를 치하하여 세 장수를 각각 윈난, 광둥, 푸젠의 왕으로 봉하고 번부(藩府)를 설치한다. 이들 삼번(三藩)은 후에 독립적인 군사·재정권을 갖고 세력을 확장하면서 조정과 대립한다. 결국 강희제가 번의 해체를 명했을 때 이들이 난을 일으켰다가 평정된 사건을 말한다.

전쟁 이전에는 조선, 류큐, 베트남, 란쌍, 시암, 미얀마, 네덜란드 등과 '서양 여러 나라'가 조공국에 포함됐다. '서양 여러 나라'에는 1727년 대표를 파견했던 포르투갈과 1793년 사신을 파견했던 영국 등 두 나라가 있었다.

서양 상인은 광저우에만 머물러야 했기에 량광 총독과 광둥 순무巡撫가 베이징을 대표하여 외교 절차를 진행했다. 영국과 미국은 2차 아편 전쟁이 끝난 1860년에야 비로소 정식으로 베이징에 갈 수 있었다. 그들은 1873년 동치제가 친정을 시작한 뒤 처음으로 중국 황제를 알현하며 "천자의 용안을 보았다."

미국은 영국, 프랑스, 네덜란드와 마찬가지로 교역 규칙을 지키며 십삼행 상인들과 무역을 시작했다. 미국 선교사들도 광저우 외의 다

1858년 10월 2일 잡지 〈일러스트레이티드 런던 뉴스(The Illustrated London News)〉에 실린 톈진 조약 서명 장면. 가운데 탁자에 앉은 사람이 영국 대표, 왼쪽이 중국 흠차대신 화사납, 오른쪽은 중국 흠차대신 계량이다.

른 지역은 갈 수 없었다. 아편 전쟁 이후 5군데 항구(광저우, 샤먼廈門, 푸저우福州, 닝보, 상하이)가 개방됐다. 1844년 중국과 미국은 왕샤 조약을 체결하여 무역을 확대했다. 2차 아편 전쟁 이후 미국, 영국, 프랑스, 러시아는 톈진 조약, 베이징 조약을 체결하고 타이완의 타이난台南·단수이淡水·가오슝高雄·지룽基隆과 본토 화난華南 지역의 충저우瓊州·차오저우潮州, 화둥華東 지역의 전장鎭江, 화중華中 지역의 한커우漢口·주장九江, 화베이華北 지역의 덩저우登州·톈진天津, 둥베이東北 지역의 뉴창牛莊까지 통상 무역 항구를 확대했다.

1861년까지 유럽 국가들은 엄청난 속도로 중국 내 교역망을 넓혀 갔다. 동북 지역에서 출발해 창장강長江 중하류를 거쳐 하이커우海口까지, 이어 동남부 주요 항구를 아우르면서 동-서에 이르는 중국 연해 지역을 반월형으로 에워쌌다. 이 교역망은 항구를 중심으로 했는데 이들은 모두 불평등 조약에 의해 개방됐다.

학계에서는 아편 전쟁 이후의 이러한 새로운 질서를 이전의 종번-조공 체제와 구분하여 '조약 체제' 혹은 '통상 항구 체제'라고 했다. 그러나 이 새로운 시스템이 하루아침에 종번-조공 체제를 대체한 것은 아니었다. 중국은 여전히 조선, 류큐, 베트남 등과 19세기 말까지 전통적인 관계를 유지했다. 이 시스템은 상업 무역이라는 경제적 기능 외에 국제 정치와 외교적 역할까지 수행했다.

반월형 교역망의 핵심은 상하이였다. 영국·프랑스·미국 3국은 1854년 상하이에 외국인 거주 지역인 조계租界를 설치하고 연합으로 '상하이 공무국'을 세워 도시를 관리했다. 1863년에 이를 다시 '공공조계公共租界'와 '프랑스 조계'로 분리했다. 조계는 중국 내에 있으면서도 중국 사법의 영향을 받지 않는 '나라 속의 나라'였다. 19세기 중반 이후 유럽은 조계를 대중국 무역의 교두보로 삼았다.

1854년에 미국 등은 상하이에서 중국의 세무 시스템을 바꾸는 대변혁을 일으켰다. 서양인이 중국의 세관 업무를 총괄하며 관세를 걷는 제도를 신설하고 이를 다른 통상 항구로 확대했다. 새로운 서양식 세관 제도로 인해 청나라 말기의 재정 상태가 악화됐다. 주된 세수인 농지세까지 줄면서 청은 관세를 담보로 유럽 국가로부터 엄청난 차관을 들여왔다.

청이 망하기 전까지 2명의

1880년(광서 6년), 상하이에서 출간한 〈상해현성상조계전도(上海縣城廂租界全圖)〉. 중간의 원형 부분이 상해현성이다. 그 위로 프랑스, 영국, 미국 조계가 있다. 1863년 영미 조계는 정식 합병하여 '공공 조계'가 됐다.

영국인이 베이징에서 총세무사로 일하면서 세관 업무를 총괄했다. 1860~63년간 재직한 허레이쇼 넬슨 레이중국명 李泰國와 1863~1911년간 재직한 로버트 하트중국명 赫德가 바로 그들이었다. 이들은 서양 직원들을 고용하고 베이징, 상하이, 전장, 광저우, 충칭에 새로운 세관 시스템을 도입하여 긴밀한 교역망을 구축했다. 중국은 재정, 외교, 행정적으로 유럽 각국에 종속됐으며 이런 상황에서 연해부터 내륙까지 근대화가 진행됐다. 이와 동시에 국제법, 주권, 국가, 국경 같은 개념이 유럽에서 도입됐다.

한편 일본, 조선, 베트남 등에서도 중국 중심의 전통적 세계관에 변화가 생기면서 국제 질서가 요동치기 시작했다. 16세기 후반 이탈리아 선교사 마테오 리치중국명 利瑪竇가 중국에 다녀간 이후 유럽인의 인식 속에 자리했던 '아시아', '동아시아' 등 전통적 지리 개념은 19세기 중반 새롭게 해석됐다. 이러한 변화는 여러 국제적 문제를 불러일으켰으며 이는 오늘날 국제 정세와도 밀접하다. 20세기 중반, 일부 미국학자들은 이를 "서구의 충격과 중국의 반응"으로 표현했다. 훗날 서구 중심주의 사관이라 비판받았지만 아편 전쟁 전후의 중국 역사를 본다면 이러한 해석이 완전히 잘못된 것은 아니었다. 중국은 변화를 거부하여 정체된 나라가 아니었지만, 아편 전쟁이 중국 중심의 국제 질서에 가져온 충격은 전대미문의 것이었다.

당시 중국이 직면했던 변화, 과도기적 시기의 도전은 중국 역사상 최초의 일이었다. 먼저 교역 방식에 엄청난 변화가 발생했다. '비단길'이 열린 한나라 이래로 중국과 서양의 무역은 장거리 육로 무역이었다. 이를 발판으로 원나라 시기에는 이탈리아 무역상 마르코 폴로가 보여주듯 중국과 서양의 교류가 다시 활발해졌고 해상 무역이 크게 발전했다. 명나라 건립 후, 몽골 세력이 만리장성 이북으로 물러나면서 내륙을 통한 교역은 정체 상태에 머물렀다.

1405~33년 사이 환관 정화鄭和는 7차례에 걸친 대항해로 중국과 동남아 사이의 해상 무역에 활기를 불어넣었다. 이 시기 많은 중국인이 믈라카 해협 일대로 대거 이주했지만 해금 정책으로 이러한 추세

는 지속되지 못했다. 명나라 시기 3대 영락제 이후 16대 숭정제에 이르는 동안 제2의 정화는 나타나지 않았으며 조정도 백성의 동남아 이주에 관심을 보이지 않았다.

2009년 1월 중국은 소말리아만에 자국 선박 보호를 위해 해군 함정을 파견했는데, 중국이 아프리카 동해안까지 간 것은 정화 여행 이후 실로 600년 만의 일이었다. 청나라 전기는 명나라 말기와 특별히 다르지 않아 조선, 베트남 등 번국과의 원거리 육로 무역에 집중했다. 산시성山西省 상인들이 장자커우張家口와 울란바토르를 오가며 유명한 '장고대도張庫大道'를 통해 중국차를 러시아와 유럽, 대양을 넘어 전 세계 무역망과 연결시키기도 했다.

아편 전쟁 이후 해상 무역이 점차 육로 무역을 대신하자 대량의 외국 상품이 중국 시장에 빠르게 유입됐다. 상품의 수량과 질, 종류, 운송 속도, 자본 등 모든 면에서 예전의 원거리 육로 무역과는 비교할 수 없을 정도로 규모가 커졌다. 통상 항구의 교역망은 하나의 거대한 상품 소비망이기도 했다. 당시 전장鎮江의 세관 보고서는 방직품 같은 서양 상품의 소비가 산둥 지난齊南 등의 지역으로 확산되는 양상을 보여준다.

19세기 이전에도 중국 국경 지대는 많은 위기를 겪었다. 진시황, 한무제가 세운 중원의 제국은 흉노, 돌궐, 몽골 등 북방·서북방 내륙 유목 민족들의 위협에 끊임없이 시달렸다. 명나라는 베이징 주변에 장성長城, 만리장성을 쌓아 이를 막으려 했다. 청나라 전반기에는 강희제, 옹정제, 건륭제에 이르는 3대 동안 몽골 부족이 중원을 위협했다. 이는 당시 많은 지식인에게 서북 지역의 역사와 지리를 새롭게 인식하는 계기가 됐다.

역대로 중원을 장악한 왕조를 흔든 것은 만리장성 이북, 서쪽 세력이었기에 변방 정책 역시 이 부분에 집중됐다. 바다 쪽에서 발생한 소요는 명나라 때 왜구들의 침입을 제외하고는 극히 적었을 뿐만 아니라 위협적이지도 않았다. 훗날 청은 몽골 부족들을 통일했으며 1759년에는 서몽골 부족국 '중가르'를 제압하여 신장 지역을 영토에 편입시켰다. 이는 중국을 다민족 통일 국가로 완성하고 역대 왕조를 괴롭혔던 변방 위기를 해결한 위대한 공적이었다. 그러나 불과 80년 후에 발발한 아편 전쟁으로 변방의 위협은

청나라 때 서역을 평정한 50 공신 중 1명인 3등 시위 극십극파도노오극십이(克什克巴圖魯伍克什爾, uksilto)의 모습으로 자광각(紫光閣)에 걸린 그림 일부이다. 당시 팔기 정병은 활 등 비화약 무기를 사용했다.

서북방에서 동남 연해로 옮겨오더니 빠르게 연해 전 지역으로 확산됐다. 1,000년도 넘게 중원 왕조를 괴롭힌 강적은 말을 타는 유목 부족이었는데, 어느 날 갑자기 철선鐵船에 대포를 장착한 서양 나라로 바뀐 것이다. 여기에 북방의 위협적인 나라 러시아까지 가세해 중국 서북 내륙과 동북 지역을 잠식했다.

1870년대에 러시아가 신장의 이리伊犁 지역을, 일본이 타이완을 침범하자 청 조정은 동남 해안과 서북 변방 중 어디가 더 중요한가를 두고 논쟁을 벌였다. 19세기 후반 이후 중국은 2,000년 동안 내려온 내륙 변방에 대한 전통적인 회유 정책을 거둔다. 해양 방위와 새로운 국제 외교라는 도전에 직면한 상황에서 서양과의 교류가 중국 대외 정책의 중심이 된 것이다. 수백 년을 유지해온 종번 시스템 내의 중국-외번 간 교류보다 중국-서양(유럽 각국)의 관계가 우선이었다. 외번 속국은 더 이상 중요한 외교 대상이 아니었다. 서구 여러 나라와의 외교에서 과거 외번 속국에 큰 힘을 발휘했던 공맹 윤리나, 내륙 유목 지역과의 교류에 기여했던 장전불교는 더 이상 역할을 하지 못했다.

19세기 중국은 새로운 도전에 직면하면서 조직을 개혁하는, 이른바 '근대화'를 추진했지만 그 속도는 매우 느렸다. 청은 많은 노력을 기울였음에도 도전에 성공적으로 대응하지 못했고 그 결과 중국 역사에서 왕조의 시대는 막을 내린다.


## 19세기 중미 양국의 내부 중흥

1844년에 중미 양국은 왕샤 조약에 서명하고 정식으로 외교 관계를 수립했다. 얼마 후 중국과 미국은 각각 태평천국太平天國 운동[2](1851~64)

---

**2**  광시성 진톈(金田)에서 유생 홍수전(洪秀全)이 일으킨 난으로, 그는 상제(上帝)로부터 중국을 구제하라는 명령을 받았다고 주장했다. 전통적인 개념인 '태평'과 서양 종교의 '천국'을 가미하여

과 남북 전쟁(1861~65)이라는 격렬한 내홍에 휩싸인다. 전쟁이 끝나자 양국은 새로운 에너지로 '중흥'이라는 목표를 향해 나아갔다.

동치제가 실시한 개혁 '동치중흥'은 중국으로서는 절박한 자구책이었다. 태평천국이 평정되고 2차 아편 전쟁이 끝난 후 청은 행정·관료·군사·세무·사법·교육 제도 등에서 엄청난 변화를 겪었다. 특히 사상적 측면에서 서학 도입과 기술적 측면에서 양무洋務 사업이라는 전대미문의 대변화를 겪었다.

청 조정은 외교를 담당할 임시 행정 기구인 '총리각국사무아문(總理各國事務衙門, 여러 외국 관련 사무를 총괄하는 곳이라는 의미)'을 설치했다. 원래는 2차 아편 전쟁 이후 밀려드는 외교 문제를 처리하는 임시 조직이었으나 전쟁 후 외국 공사들이 베이징에 머물게 되자 이들을 담당하는 가장 중요한 외교 조직이 된다. 1901년 외무부外務部로 이름을 바꾸었다. 태평천국을 진압한 이후 많은 한인漢人 관료가 지방에서 총독, 순무로 등용되고 그들을 보좌한 막료幕僚도 관료 조직에 들어와 정치 자원을 장악했다. 관료 조직에서 만주족과 한인 비율에도 커다란 변화가 생겼다. 전통의 팔기군(八旗軍, 만주족·몽골족으로 편성된 주력 부대)과 녹영병(綠營兵, 한인으로 편성되어 지방에 배치된 부대)은 완전히 몰락했다.

후난성湖南省의 유명 신사紳士인 증국번曾國蕃은 군대를 조직하여 태평천국의 난을 평정하는 데 기여했다. 그는 "사대부를 뽑아 백성을 이

---

태평천국이라 했다. 그들은 중국 역사상 최초로 우상을 부정하고 유교를 비판하는 주장을 펼쳤다. 1851~60년까지 창장강 이남 지역에서 백성의 광범위한 지지를 받으며 세력을 확장하다가 증국번, 이홍장 등에게 진압됐다.

끈다選士人 領山農"는 기치 아래 고향에서 상군湘軍을 일으켰다. 한편 제자 이홍장 역시 고향 안후이성安徽省에서 서양식 전법과 무기로 무장한 회군淮軍을 이끌었다. 이들 군대에서 배출한 장군 중 유금당劉錦棠과 유명전劉銘傳은 각각 신장성 순무와 타이완 순무 등 지방 최고 관리로 등용됐다.

같은 시기 거국적으로 서양의 과학 기술을 배우자는 '양무운동'이 시작됐다. 무기 제작 공장과 군사 학교가 설립됐고, 서양식 선박과 대포로 무장한 근대 해군이 창설됐다. 베이징, 광저우에 통·번역과 외교 인재를 양성하는 동문관同文館을 열어 개혁적인 지식인을 다수 배출했다. 국가 재정을 담당하는 세제 개편도 실시하여 내륙 지역에서 '상품통과세厘金'를 징수하고 영국, 프랑스, 미국 주도하에 근대 서양식 세관인 총세무사가 상하이에 신설됐다.

미국은 건국 당시 대서양 연안 13개 주의 연합에 불과했으나 1800년도 중반부터 비약적으로 발전했다. 1803년 프랑스에서 루이지애나를 사들여 애팔래치아산맥을 넘어 서부로 영토를 넓힌다. 1845년에는 텍사스를 편입시켰다. 이는 단순히 지리적 확장만을 의미하는 것이 아니었다. 여기에는 강렬한 종교적 색채가 포함되어 있었다. '서점 운동 Westward Movement' 혹은 '서부 개척Westward Expansion'으로 불리는 이 시기를 미국 역사 교과서는 '명백한 운명Manifest Destiny'으로 표현한다. 즉, 미국식 문명과 제도의 전파가 하늘이 내린 사명이라는 것이다.

1839년 뉴욕 〈데모크라틱 리뷰Democratic Review〉 편집장 존 설리번은 칼럼에 다음과 같이 썼다. "미국의 탄생은 새로운 역사의 시작이며 한 번도 시험해보지 못한 정치 체제의 형성과 발전이다. 우리는 과거에서 벗어나 미래로 나아가야 한다. (…) 미래에 우리는 위대한 국가가 될 것이라고 자신한다."

텍사스를 편입한 이후 이러한 논조는 더욱 두드러졌다. '명백한 운명'이라는 개념은 미국의 영토 확장을 합리화했다. 새로운 영토는 미국 문명의 시혜를 입는 것이었다.

1848년 캘리포니아에서 금광이 발견되자 서부 개척은 더욱 힘을 얻었다. 캘리포니아는 1850년 미연방 서른한 번째 주로 편입됐다. 1859년에는 인접한 오리건주도 연방에 가입했다. 그리고 얼마 후 내전(남북 전쟁)이 발발했다. 1861~65년까지 사회, 경제 분위기가 전혀 다른 남부와 북부는 전쟁을 벌였다. 북부의 승리로 뉴잉글랜드의 정치 이념이 주도적 지위를 확보하면서 전후 미국은 더욱 큰 공간에서 발전 기회를 얻었다. 또한 미국 헌법 13·14·15조 수정 법안으로 노예제가 폐지되고 노예들도 선거권을 가지면서 이른바 '재건 시대 Reconstruction Era'로 진입할 에너지를 얻었다. 링컨 대통령은 노예제 폐지를 통해 사회 조직, 경제 형태, 지리·인구 분포를 전면적으로 바꾸어 미국에 새로운 생명을 부여했다.

남북 전쟁 이전에 우편 업무만 담당했던 연방 정부는 권력이 크게 확대됐다. 그러나 남부 여러 주가 계속 저항했으며 인종 차별 역시 변형된 모습으로 20세기 후반기까지 계속됐다. 여성들은 1920년 헌법 19조 수정안이 나오고서야 비로소 전면적인 선거권을 가질 수 있었다.

노예제 폐지 이후 노동력이 크게 부족해지자 개방적인 이민 정책이 대대적으로 실시됐다. 이민 활성화로 중국과 아일랜드 등지에서 많은 노동력이 유입되어 동부의 매사추세츠에서 서부의 캘리포니아에 이르기까지 다원화된 미국에 견고한 인적 토대를 제공했다. 대륙을 동서로 횡단하는 철로가 건설되어 신흥 대국의 지리적, 시간적 거리를 단축시켰다. 다양한 천연자원은 물론 풍부한 인적 자원이 국내 시장에 공급됐으며 이는 다시 국제 시장과 연결됐다.

미국은 지리, 경제, 사상, 문화, 사회 각 측면에서 약진하는 이른바 '황금시대golded age'를 맞아 공업이 발달하고 산업 기반 시설이 확충됐다. 막대한 부를 축적하면서 해외 진출에 필요한 자본이 마련됐다.

미국은 유럽이 주도하던 문화 예술계에도 진출했다. 1872년 미국 화가 존 게스트는 유화 〈전진하는 미국American Progress〉을 발표했다. 이 그림은 '명백한 운명' 개념에 힘을 보태면서 서점 운동의 상징적인 작품이 됐다.

그림에는 멀리 생기 넘치는 항구와 도시, 선박과 기차가 등장한다. 중앙에는 미국을 상징하는 여신 컬럼비아가 오른손에는 책, 왼손에는 전신주와 이어진 전선을 잡은 채 하늘을 날고 있다. 그 아래 새롭게 개척한 식민지 초원을 배경으로 말을 탄 정착민과 황망하게 도망치는 인디언이 등장한다. 이는 망설임 없는 전진을 의미했다. 그림에서 멈추지 않는 미국 산업 문명은 모든 것을 휩쓸 듯 강력한 에너지를 발산한다. 또한 완전히 다른 두 문명을 대립시켜 여신 컬럼비아를 앞세운 새로운 문명이 다른 문명을 대체할 것임을 암시한다. 영국이 아메리카 식민지를 운영하던 시대에 출현했던 여신 컬럼비아는 이 무렵부터 미국 문명의 대명사가 되어 다양한 책자와 선전물에 그 모습을 드러냈다.

1893년 미국 역사학자 프레더릭 잭슨 터너는 '미국 역사에서 프론티어의 의미'라는 강연에서 미국사의 발전과 미국의 공동체 의식 형성은 서부 개척과 불가분의 관계에 있으며, 캘리포니아가 미국을 유럽과 차별화했다는 '프론티어 이론frontier thesis'을 제기했다. 이로써 미국 서진의 역사를 합리화하고 나아가 서부 확장이 '명백한 운명'이라는 논리에 학술적 근거를 제공했다.

터너의 연구는 지리적으로 대륙의 서쪽 끝인 캘리포니아에서 마무리됐지만 뉴잉글랜드 지역을 중심으로 확장해나가는 문명 개척의 추세는 태평양 너머로 향하고 있었다.

19세기 중반 찰스 다윈의 생물학적 진화론과 허버트 스펜서의 사회론이 결합하여 생존 경쟁과 자연 도태가 사회 진화의 기본 동력이라고 보는 '사회 진화론'이 식민주의 국가에 퍼졌다. 밀림에서나 적용

1872년 존 게스트 작 〈미국의 전진(American Progress)〉 유화를 기초로 이듬해 조지 크로푸트가 제작한 컬러 석판화. 미국 의회 도서관 소장. 게스트의 그림은 로스앤젤레스 오트리 웨스턴 박물관에 소장되어 있다.

되는 약육강식의 법칙이 국제 정치에 재현된 것이다. 이는 훗날 세계사에 거대하고 심각한 영향을 미쳤다. 오늘날까지도 우리는 그 영향권 안에서 살고 있다.

당시 미국도 이러한 국제 정치 게임에 뛰어들어 다양한 방법으로 식민지 정책을 추진했다. 여기에는 다른 나라의 식민주의 방법들, 예컨대 러시아의 직접적 영토 점유나 영국의 '상업·문명·기독교'라는 세 가지 지배 도구 활용, 프랑스의 문명화 미션civilizing mission 등이 고루 섞여 있었다.

이러한 배경 속에서 19세기 많은 미국 선교사가 "중국을 구하기 위해" 몰려들었다. 이들은 "기독교를 숭배하는 새로운 중국 건설이 세계 문명의 발전"이자 하늘이 자신들에게 내린 사명이라고 믿었다.

20세기 전후 미국은 식민주의와 제국주의가 혼합된 상태에서 해외 시장 개척에 나섰다. 중국과 일본에 진출했으며 하와이를 합병하고 쿠바, 푸에르토리코, 괌, 필리핀 제도, 사모아 제도 일부 등을 점령하며 지구의 절반을 무대로 활동했다. 미국은 세계사에 커다란 분수령을 만들었다. 미국은 격렬한 논쟁 끝에 결국 제국주의라는 무기를 손에 들기로 했다. 이는 '미국 유일주의' 혹은 전통 유럽 제국주의와는 다른 형태의 제국주의로 해석됐다.

당시 계속되는 위기 속에서 위태롭게 흔들리던 청 왕조는 1912년 초 결국 역사의 마침표를 찍고 말았다. 청이 멸망하자 미국은 일본 등 제국주의 나라들과 경쟁하다가 1949년 중국에서 완전히 물러났다. 그러나 1784년 상선 도착 후 1949년 퇴출 때까지 165년 동안 대중국 무역으로 막대한 이익을 챙겼다. 또한 그들은 문명을 중국에 전파했다고 자평했지만 중국을 개종시키려던 몽상만큼은 철저하게 실패했다.

1972년 마오쩌둥-닉슨 회담으로 중미 관계가 정상화됐을 때 양국은 한반도에서 이미 한 번의 전쟁을 치른 후 중국 남쪽 인도차이나 반도에서도 힘겨루기를 하고 있었다. 냉전 시기를 거치면서 양국은 서로에게 낯선 존재가 됐다. 마오쩌둥 주석과 닉슨 대통령은 새로운 역사 속에서 조우했다. 그로부터 반세기가 지난 오늘날은 어떤가? 최근의 무역 마찰은 일시적인 파도일 뿐이며 양국 관계의 발전이라는 큰 흐름은 바뀌지 않을 것이다. 중국은 오랫

1869년 9월 25일 발간한 뉴욕 〈하퍼스 위클리〉 624쪽에 게재된 헝크 도어의 삽화로 제목은 '새 식구(The Last Addition to the Family)'이다. 미국을 의인화한 컬럼비아(Lady Columbia)가 과장된 모습의 중국 아기를 안고 있는 모습이다. 기독교 국가 미국이 유치하고 미개한 중국을 구해 유럽 중심의 국제 대가족에 들여야 한다는 의미를 담고 있다. 문명 우열주의, 기독교 구세주의, 미국의 중국에 대한 인식과 중국의 전망 등을 한눈에 볼 수 있다.

동안 양국이 협력하면 서로 이익이지만 다투면 모두 피해를 입는다고 강조해왔다. 그런 의미에서 중미 양국이 처음 만났을 때를 복기하는 작업은 오늘날 양국 관계를 이해하는 데 큰 도움이 될 것이다.

# 2부

# 영혼과 은(銀):
# '중국풍', 차와 아편

# 3장. '중국풍'과 유럽의 중국몽

## 마르코 폴로와 유럽 '동인도 회사'

1296년 이탈리아 상인 마르코 폴로는 오랜 중국 생활을 마치고 고향인 베네치아로 돌아간다. 이후 그의 삶은 파란만장했다. 제노바-베네치아 전쟁에 참전했다가 제노바의 포로로 감옥에 갇힌다. 그곳에서 이탈리아 피사 출신의 정열적인 낭만주의 작가 루스티켈로를 만나는데, 그가 바로 마르코 폴로에게 들은 여행담을 《동방견문록Divisament dou Monde》이라는 제목의 책으로 묶어 출판한 장본인이다. 이 책은 유럽 독자들에게 큰 호응을 얻었다. 새로운 무역 대상지를 찾던 유럽인에게 마르코 폴로가 말한 번화하고 인구가 조밀하며 안정되고 질서가 잡힌 중국은 커다란 유혹이 아닐 수 없었다. 많은 사람이 중국으로 가는 꿈을 꾸기 시작했다.

그로부터 200년이 흐른 뒤에도 서양의 여러 나라는 여전히 동방에서 새로운 무역 대상을 찾았다. 모험가들은 동인도에 닻을 내리고 교역하는 꿈을 꾸었고, 각국 왕실도 탐험을 떠나는 모험가들에게 지원을 아끼지 않았다.

1451년 크리스토퍼 콜럼버스가 한때 마르코 폴로가 억류됐던 도시 제노바에서 태어났다. 그는 40년 뒤인 1491년에 인도로 가는 새 항로를 찾고자 항해를 떠났다. 동방 무역을 열렬히 원하던 스페인 국왕은 이를 전폭적으로 지원했다.

역사학자들에 의하면 대서양을 건넌 콜럼버스는 1492년 10월 12일 새벽 2시, 미국 플로리다주 동남 방향 바하마 제도의 작은 섬 산살바도르에 도착했다. 선원들은 섬에서 독특한 나무와 알아들을 수 없는 언어를 구사하는 원주민을 보았는데, 과거 동방의 역사를 기술했던 고대 그리스의 헤로도토스나 마르코 폴로도 언급한 적 없는 새로운 발견이었다. 이곳이 중국일까? 아니라면 얼마나 더 가야 할까? 누구도 진실을 알 수 없었다.

콜럼버스는 섬의 원주민이 인도 사람이며 이들이 자신을 '일본 Cipangu'이나 '중국Cathay'에 데려다줄 것으로 믿었다. 항해를 계속한 콜럼버스는 바하마 제도를 지나 현재의 쿠바 북부에 도착했다. 통역을 대동하고 부족 추장을 만난 콜럼버스는 처음에는 그를 '중국 황제'로 오해했다. 그러나 섬에는 마르코 폴로가 베이징에서 쿠빌라이를 알현하면서 보았던 웅장함과 화려함이 없었다. 콜럼버스는 곧 그곳이 중국이 아님을 깨달았다.

'신대륙을 발견'한 그는 1493년 3월 15일 스페인 항구로 돌아오자 영웅이 됐고 극진한 환대를 받았다. 스페인과 포르투갈은 빠르게 이 지역에 식민지를 확대하기 시작했다.

콜럼버스는 자신이 발견한 '동인도'가 인도, 일본은 물론 마르코 폴로가 묘사했던 중국이 아니어서 실망했다. 스페인 국왕이 꿈꾸던 동방으로 가는 새로운 해상 교역로 개척도 실패로 돌아갔다. 당시 스페인은 새로운 식민지 건설을 통해 자원과 시장을 확보하고 노예 무역을 활성화하고자 했다. 신항로 개척도 이러한 의도에서 추진됐다. 그리고 이 목적은 뜻밖의 방식으로 달성됐다. 무심코 심은 버들이 어느날 무성한 그늘을 이루듯, 신대륙 발견은 서양 국가들에 새로운 기회가 되고 결과적으로 세계사에 큰 영향을 미쳤다.

5년 뒤 포르투갈 탐험가 바스쿠 다가마가 인도 코지코드에 도착했다. 유럽 각국이 그 뒤를 이었고, 마침내 중국을 찾았다. 아시아 교역과 식민지 확보라는 성과를 눈앞에 둔 순간이었다. 17세기 전반 유럽 각국은 아시아 무역을 담당하는 '동인도 회사East India Company'를 세웠다. '동인도'라는 이름은 오랫동안 품어온 중국을 향한 욕망의 표현이었다.

1600년 가장 먼저 영국이 동인도 회사를 설립하고 대서양, 인도양 무역을 시작했다. 엘리자베스 여왕은 이 회사에 인도, 동아시아 무역 독점권을 하사했다. 뒤이어 네덜란드가 1602년에 동인도 회사와 1621년에 서인도 회사를 각각 세웠다. 프랑스는 1664년 동인도 회사를, 스웨덴은 1731년 동인도 회사를 세웠다. 이후 유럽과 이들이 경영하는 아메리카 식민지에서 동양 상품 소비가 급증하면서 '중국풍'이라는

1707~1801년 시기 영국 동인도 회사 깃발. 미국 독립 전쟁 기간 1775~77년까지 사용됐던 '최초의 성조기(Grand Union Flag)'와 비율이 조금 다를 뿐 모양은 완전히 일치한다. 독립 후 미국이 쓴 새로운 국기도 이와 매우 유사했다.

새로운 유행이 시작됐다.

유럽의 왕실과 귀족들은 동인도 회사를 통해 들어온 차, 비단, 자기, 칠기 등을 통해 멀고 먼 지역 '동방'을 이해했다. 새로운 지식으로 무장한 이들은 중개 무역과 이와 연결된 자본으로 전 세계 식민지를 긴밀하게 결합시키기 시작했다.

유럽이 동인도 회사를 출범시키던 시기, 중국은 청나라 전기에 접어들고 있었다. 사회는 안정적이어서, 1680년대 강희제가 해금령을 풀자 유럽 상인들이 광저우, 아오먼 등 화난華南 일대에 물밀듯이 모여들어 대외 무역이 번성했다. 1687년 전후에 광둥 판위番禺 출신 학자 굴대균屈大均은 〈광주죽지사廣州竹枝詞〉에서 유럽 상인과 거래하던 '십삼행'의 번화한 모습을 이렇게 묘사했다.

서양 배들은 앞다투어 십삼행 상점을 찾고
사방의 문이 동서양 바다를 향해 열렸네.
오사, 팔사 같은 광저우 비단이 잘 팔리니
십삼행에 은전이 가득하구나.

건륭제 때 광둥 지역에서 교육 관료인 학정學政을 역임한 이조원李調元도 굴대균을 모방하여 〈남해죽지사南海竹枝詞〉를 지어 지역의 번영을 노래했다.

희귀한 물건들은 대부분 서양에서 오고
그 배들이 돌아갈 때 역시 가득 채워 가네.
새로 온 젊은이가 비단을 몽땅 챙겨 가니
십삼행에 은전이 가득하구나.

청나라 중후반까지 광저우 일대 무역은 번성했다. 마르코 폴로의 《동방견문록》이 묘사한 바로 그 모습이었다. 유럽 동인도 회사 상선이 줄지어 광저우 입구 주장강珠江에 도착했다. 이들은 중국 비단, 칠기, 자기와 차, 동남아의 향료 등을 유럽 대륙과 식민지로 싣고 갔다. 유럽, 아프리카 식민지, 아메리카 식민지와 중국, 일본 및 인도양 국가들이 원양 무역을 통해 긴밀하게 연결됐다. 이 시기 세계는 하나의 무역 시스템 속에서 발전했다. 당시 유럽에는 칠기와 자기 등 정교한 제품을 만들 수 있는 곳이 없었다. 동인도 회사들이 들여온 이들 중국 상품은 유럽 사치품 시장에서 크게 유행했다. 막대한 이윤을 얻은 회사들은 중국 무역에 더욱 집중했다.

## 예수회 선교사의 방문과 '중국'이라는 낯선 지역

15세기 이후 유럽 각국이 해외 무역 항로 개척에 나서자 선교사들이 뒤를 이었다. 유럽 상인들이 중국과 동방 시장에서 이윤 추구에 열중할 때, 선교사들은 중국 선교를 갈망했다. 예수회가 가장 먼저 나섰다. 예수회는 1540년 교황이 승인한 로마 천주교 수사회로 전 세계에 널리 퍼져 있었다. 당시 유럽 각국이 중국에 호기심과 열망을 품게 된 데는 이들의 역할이 컸다.

예수회 수사 중 처음으로 중국에 온 사람은 이탈리아 선교사 마테오 리치였다. 명나라 후기 1584년 광둥 자오칭肇慶에 도착해 선교를 시작한 그는 현지에 적응하고자 먼저 공자와 맹자를 배우며 유학자들이 입는 옷과 두건을 썼다. 또한 서광계徐光啟 등 당시 지식인, 정부 관리 등과 교우하며 입지를 마련한 후 점차 일반 백성에게 선교를 확대했다.

마테오 리치는 중국의 지리학, 지도학에 중요한 업적을 남겼다. 1601년에는 만력제萬曆帝의 윤허를 받아 《곤여만국전도坤輿萬國全圖》를 제작했는데, 당시 중국인의 세계관을 잘 반영했다. 위치상 중국은 세계의 중심으로, 태평양을 사이에 두고 아메리카와 마주하고 있으며 대서양과는 떨어져 있었다. 지도에서 유럽은 '태서泰西'로 북아메리카는 '원동遠東'으로 표기된다. 이러한 지리적 서술은 오랜 역사를 가진 중국의 자기중심적 인식에 부합하는 것이었다. 다만 중국 일대를 '아주

亞洲, Asia'로 표기하고 있는 것처럼 어느 정도 유럽 중심의 지리 개념도 포함되어 있었다.

오늘날까지도 중국에서 제작되는 모든 세계 지도는 마테오 리치의 《곤여만국전도》를 기초로 한다. 이것은 무슨 의미인가? 중국의 13억 인구가 초등학교부터 배우는 지리가 이 지도에서 시작한다는 뜻이다. 근 300년간 마테오 리치의 고향인 유럽과 아메리카 식민지에서 제작한 지도는 유럽을 중심에 두었다. 왼쪽에 대서양이 아메리카 대륙까지 펼쳐지고 거

1667년 출판된 《중국도설(中國圖說, China Illustrata)》 그림 왼쪽이 마테오 리치, 오른쪽이 서광계이다. 서광계는 천주교 신자로 세례명은 바오로(Paul)였다.

기서 맞은편인 인도를 지나면 '아시아'까지 연결된다. 오른쪽 끝에 태평양이 있는데 지도상 유럽과의 거리에 따라 근동the Near East, 중동the Middle East, 원동the Far East, '극동'이라고도 함이 일목요연하게 나뉜다. 대서양은 온전한 모습이지만, 태평양은 나누어져 있다. 미국은 지금껏 이 지도를 사용함으로써 중국인과는 완전히 다른 세계 지리관을 가지게 됐다. 중국인은 태평양 지역을, 미국인들은 대서양 지역을 잘 안다. 그러나 중국과 미국의 초등학생이 세계 지리를 두고 토론한다면 서로 많이 놀랄 것이다.

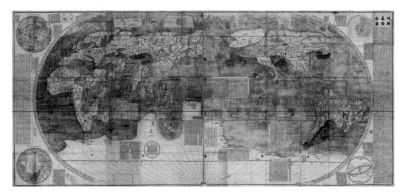

〈곤여만국전도(坤與萬國全圖)〉채색본이 일본에 전해진 이후 만들어진 사본. 미국 의회 도서관에는 1602년 베이징에서 출판한 부본이 소장되어 있다.

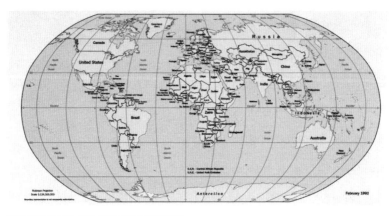

미국 의회 도서관 소장 〈세계 지도〉 1992년판.

중국에서 활동한 예수회 선교사들은 유럽에 보내는 서신에서 중국을 '지혜로운 사람을 숭상하는 위대한 나라'로 묘사했다. 마테오 리치는 "이 나라의 현자가 모두 정치 지도자라고 할 수는 없지만 정치 지도자들은 현자의 가르침에 복종한다"라고 말했다. 그는 중국을 예지로 가득 찬 이상 국가로 소개했다.

1585년 마테오 리치가 도착한 얼마 후 교황 그레고리오 13세는 예수회에 중국, 일본 선교를 명했다. 이에 아담 샬중국명 湯若望을 비롯해서 스페인, 포르투갈, 이탈리아, 독일, 네덜란드 등지에서 선교사들이 몰려들었다. 대부분 베이징에 거주하면서 명에서 청으로 왕조가 바뀐 뒤에도 조정의 지원 속에서 천문, 수학 등 근대 유럽 과학 기술을 선보이며 선교 활동을 했다. 이들이 중국 과학 기술사에 미친 영향은 종교, 정치 영역보다 훨씬 컸으며 지금까지도 계속되고 있다.

1684년 프랑스 국왕 루이 14세가 6명의 선교사를 청나라로 파견했다. 이 중 조아킴 부베중국명 白晉, 장 프랑수아중국명 張誠는 강희제 측근에서 프랑스가 다른 유럽 국가들보다 외교적으로 우위를 점하는 데 기여했다. 1693년 강희제는 부베를 특사로 임명하여 프랑스로 보냈다. 그는 중국 황제, 관리, 여성의 모습을 그린 43장의 정교한 판화를 가지고 파리에 도착했다. 훗날 화가 피에르 지파르는 여기에 색을 입혀 《인물화 속의 현대 중국L'Estat present de la Chine en figures》이라는 책을 출간했다.

유럽인들은 그림 속에 표현된 중국 여성들의 온화함과 아름다운 의복에 깊이 빠져들었다. 더 많은 유럽인이 중국 선교를 갈망하게 됐다. 역설적으로, 유럽이 중국을 이해하기 어려워진 것도 바로 이 무렵이었다. 당시 중국과 서양에서 전통 제사 같은 의례가 종교적으로 올바른가를 두고 논쟁이 시작됐고, 중국 황제와 로마 교황도 여기에 뛰어들었다.[1]

---

1    예수회는 중국의 전통 의례를 인정했지만 다른 교파인 프란치스코회나 도미니크회는 용인할

1716년 강희제는 유럽 상인 편에 교황 클레멘스 11세에게 서신을 보내 이 문제의 해결을 희망한다는 뜻을 전했다. 이 서신은 주홍색 글자로 써서 '홍표紅票'라 했는데 한어, 만주어, 라틴어로 작성됐으며, 청 조정에서 일하던 마테오 리파중국명 馬國賢, 도미니크 파르냉중국명 巴多明, 주세페 카스틸리오네중국명 郎世寧 등 16명의 선교사들이 서명했다. 1720년 교황은 답례로 특사 카를로 메차바르바를 중국에 파견했다. 강희제는 우호적으로 특사를 대접했지만, 이

프랑스 화가 피에르 지파르가 그린 '중국 관리 부인' 그림 중 하나로 조아킴 부베의 그림을 근거로 재창작한 것이다. 부베의 원작은 흑백이었으나 지파르는 색을 더했다. 초판은 프랑스 국립 도서관에 소장되어 있다.

듬해 서양인의 중국 선교를 금지했다. 이후 예수회를 비롯한 다른 교파의 선교도 금지되면서 마테오 리치의 아름다운 꿈은 사라져버렸다.

1742년 교황 베네딕토 14세는 정식으로 논쟁을 금지했다. 선교가 어려워지자 중국에 대한 관심도 크게 줄어들었다. 평가도 돌변하여 중

---

수 없다고 맞섰다. 결국 1715년 교황 클레멘스 11세가 선교사의 중국 의례를 금하는 칙령을 발표하나 1742년 베네딕토 14세가 다시 이를 허용함으로써 논쟁은 끝난다. 의례 논쟁, 전례 논쟁 등으로 불린다.

국은 과거 '현자가 통치하는 국가'에서 '부패·정체·유약·교활하며 죽음을 마주한 나라'가 됐다. 중국을 "윤리 도덕과 이성이 통치하는 나라"라며 열정적으로 칭송했던 프랑스 사상가 볼테르도 그랬다. 선교 금지 조치 이후 그는 중국의 철학과 문학 수준이 200년 전 마테오 리치가 도착했을 당시와 다르지 않으며 "2,000여 년 동안 폐쇄되고 정체하여 어떤 과학적 발전도 없었다"고 혹독하게 평가 절하했다.

1721년 1월 18일(강희 59년 12월 21일), 강희제가 서양인의 선교를 금지하는 내용을 적은 문서(朱批). "이후 서양인은 중국에서 일이 벌어지지 않도록 선교를 금지한다."

　유럽에 계몽주의가 성행하면서 선교사들이 수십 년간 공들여 쌓아 온 아름다운 중국 이미지는 완전히 사라졌다. 중국 상품에 대한 불매 운동도 시작됐다. 지식인들은 중국 상품이 여성적이고 유약하며 고리타분한 구식 골동품에 불과하다고 깎아내렸다. 프랑스 계몽주의 사상가 몽테스키외는 중국이 황제가 국민의 생사여탈권을 행사하는 전제주의 국가라면서, 특권주의에 반대하는 계몽 운동의 깃발을 높이 들었다.

　프랑스 대혁명 이후 유럽 사상계에서 중국에 대한 인식은 더욱 부정적인 방향으로 흘렀다. 철학자 헤겔은 역사 철학 강연에서 문명 단계론을 제기했다. 몽골·중국·인도 등 아시아는 유년기로, 로마·그리스는 성년기, 근대 유럽은 원숙기로 각각 구분했다. 이러한 사회 진화론적 역사관은 중국은 물론 다른 비서양 지역 역사 서술에 깊은 영향을 미쳤다.

## 유럽을 풍미한 '중국풍'

유럽 상류층은 계몽 운동과 상관없이 중국 상품을 꾸준히 선호했다. 특히 몽테스키외의 조국인 프랑스 국왕 루이 14세는 놀라울 정도로 중국 상품에 집착했다. 그가 통치했던 72년 동안 파리는 유럽 유행의 전초기지가 됐다. 프랑스는 스페인을 제치고 유행의 최첨단 국가로 인정을 받았다. 루이 14세는 경제 발전을 위해 공장을 세워 사치품을 생산하고 소비를 장려했다. 심지어 아들에게 프랑스산이 아닌 옷은 태우라고 명할 정도였다. 그러나 한편으로는 스스로 '태양왕太陽王, Le Roi Soleil'이라 칭하며 수많은 중국 상품을 소장했는데, 중국풍 수공예품 같은 모방품들이었다.

1836년 프랑스 극작가 발자크는 소설 《금지L'Interdiction》에서 이런 수공예품에 '시누아즈리chinoiserie'라고 이름 붙였다. '중국풍'이라 해석되는 이 말은 유럽인이 이해하고 상상하는 중국적인 분위기를 말한다. 발자크 이후 사람들은 중국 스타일의 상품을 모두 '중국풍'이라 불렀다. 처음에는 유럽 상인이나 여행가들이 광저우에서 가져온 중국 물품에 유럽 본토 예술이 가미되는 식이었다. 그러다 바로크, 로코코, 고딕 등 예술 형식에 이국적 풍미, 즉 동방의 품격이 더해졌다.

16세기 유럽에서 이러한 '중국풍'이 성행했다. 18세기에는 그들의 식민지까지 광범위하게 유행했고 유럽 본토에서 유행한 로코코 예술 형태와 서로 영향을 주고받으며 장식품, 건축, 무용, 가구, 회화 등 다방면으로 독특한 '로코코 중국풍'을 창조했다. 계몽 운동의 영향으로 중국에 대한 인식은 좋지 않았지만 중국풍 유행은 멈추지 않았다.

유럽인은 중국 예술과 '동방' 예술을 구별하지 못했다. 그들 눈에는 모두 이국적인 분위기일 뿐이었다. 1684년과 1686년 시암의 아유타야 왕조 국왕 나라이는 유럽 출신 재상 콘스탄틴 파울콘의 건의로 루이 14세에게 사절단을 파견했다. 이들은 동맹을 맺어 영국의 확장을 저지하자고 제의했지만 성과를 거두지는 못했다. 대신 마르세유 궁에서 국왕 접견 시 입었던 복장과 예물이 파리 사교계를 사로잡았다. 중국에 다녀온 예수회 선교사들이 이를 알아보고 그것들이 시암이 아닌 중국에서 온 물건이라는 사실을 알렸다. 프랑스인들은 이국적 분위기를 풍기는 중국 예술품의 품격에 매혹됐던 것이다.

1700년 루이 14세는 궁중에서 '중국 축하' 파티를 열고 다양한 중국풍을 선보였다. 스스로 강희제로 분장하고 나타났을 때는 분위기가 최고조에 달했다. 중국풍은 옷차림에서 그치지 않았다. 중농주의의 영향을 받은 루이 15세는 중국 황제의 '친경親耕' 의식을 모방했다. 백성이 보는 앞에서 손수 쟁기질을 하면서 농업을 장려했다. 유럽의 다른 왕실도 프랑스처럼 적극적으로 중국풍을 받아들였다. 1753년은 청나라에 주목할 만한 사건이 없었고 유럽 또한 평범한 해였다. 그해 7월 스웨덴 왕후 루이자 울리카는 멀리 고향에 있는 어머니 조피 도로테아에게 다음과 같은 서신을 보낸다. 그녀는 남편인 아돌프 프레드리크

프로이센 화가 베른하르트 로데가 1770년 전후 그린 〈중국 황제의 친경(親耕)〉. 원작은 베를린 국립 회화관에 소장되어 있다.

국왕 생일에 목격한 바를 흥분된 어조로 써 내려갔다.

놀랍도록 잘 꾸며진 신화 같은 정원을 보았습니다. 국왕께서 세운 중국식 망루는 지금껏 제가 본 건물 중 가장 아름다웠습니다. 병사는 중국옷을, 근위 시종은 만주식 갑옷을 입고 중국식 훈련법을 선보였습니다. 황태자인 큰아들(미래의 스웨덴 국왕 구스타프 3세. 1771~92 재위)은 중국 황태자 옷을 입고 신하들과 망루에 서 있었습니다. 그 아이는 제게 시를 읊으며 망루를 소개했습니다. 망루는 겉모습도 놀라웠지만 내부는 더욱 경탄을 자아냈어요. (…) 큰 방은 정교한 인도풍으로 꾸며졌고 모서리마다 큰 자기 화병이 놓여 있었습니다. 다른 방에 놓인 일본식 칠기 장과 인도풍 소파는 정교함의 극치였습니다. 침실 벽과 침대는 인도 풍 자기, 화병이 있고 일본식 칠기 장에는 중국 자수가 가득 새겨져 있었습니다. 사랑방에는 드레스덴Dresden, 독일 동남부 바로크 예술 도시과 중국에서 온 탁자가 있었는데 경이로운 그 모습에 탄성이 절로 나왔습니다. 곧 국왕께서 중국 무용을 시작하라고 명했습니다.

1731년에 동인도 회사를 설립하고 중국과 무역을 시작한 스웨덴은 광저우에서 차와 자기를 수입했다. 울리카 왕후가 이 편지를 썼을 때는 무역을 개시한 지 20여 년이 흐른 뒤였다. 당시 편지에 등장하는 화병, 자기, 탁자, 자수, 신하들의 복장은 물론 망루와 군사 훈련법 등 다양한 중국 문물이 전해졌다. 다만 여기 언급된 '중국 무용'이 무엇인지는 구체적으로 알 수가 없다. 추측건대, 스웨덴 상인들이 광저우성 주변에서 배워온 지방 희극일 가능성이 있다. 프랑스에서도 중국 무용극이 유행했는데 1755년 파리에서 '중국의 변환'이라는 희극 발레가 공연된 바 있다.

무대에 거리가 등장했다. 높은 계단은 궁전과 이어져 있다. 갑자기 배경이 바뀌며 광장이 나타나고 명절 분위기로 떠들썩해졌다. 광장 뒤편 원형 극장에 앉아 있던 중국인이 16명이다가 2배인 32명으로 빠르게 늘었다. 관리, 쿨리苦力, 하층 노동자 등 16명이 방에서 걸어 나왔다. (…) 이들은 엎드렸다가 곧 파도처럼 물결을 만들었다. (…) 원형 극장은 갑자기 자기 상점으로 변했다. 사람들이 32개의 화병으로 변하면서 하나둘 사라졌다.

프랑수아 부셰의 〈중국 낚시(Chinese Fishing)〉, 1742년 작품으로 추정.

이 공연은 도버 해협을 건너 11월 18일 런던에서 상연됐으며 영국 국왕 조지 2세도 관람했다. 당시 프랑스와 전쟁을 앞두고 있던 영국에는 반프랑스 정서가 고조되고 있었다. 사람들은 프랑스에서 건너온 작품이라며 반대했다. 일부 학자들은 중국 등 이질적인 문화의 유럽 침투에 우려를 표했지만, 무용극에 등장하는 중국을 싫어하지는 않았다. 실제로 희극은 성공적이었다. 국왕 등을 비롯한 런던의 관객들, 무대 위 배우들, 프랑스인 연출자, 멀리 스웨덴의 울리카 왕후 등 모두 중국 차를 즐기고 중국 비단, 자기, 칠기 등에 심취했다. 앞서 울리카 왕후의 편지에 '중국 무용'이 언급된 게 2년 전인 1753년이니, 이와 유사했을 가능성이 크다.

일부 반발에도 불구하고 교황부터 추기경까지 중국 문물에 대한 선호는 줄지 않았다. 1742년에 중국 의례 논쟁을 종결시킨 베네딕토 14세는 중국, 일본의 칠·자기를 좋아해서 소장 작품을 전시하기도 했다. 1762년 전후 이탈리아 베네치아에서는 극작가 카를로 고치가 페르시아 민담 《천일야화》를 배경으로 희곡 〈투란도트Turandot〉를 썼다. 그 후 여러 사람의 손을 거쳐 삼부작 오페라로 꾸며졌으며, 1926년에 밀라노의 유명한 스칼라 극장에서 초연됐다. 중국 원나라 시대를 배경으로 투란도트 공주와 망명 중인 타타르 왕자 칼라프의 사랑을 그린 이야기였다. 카를로 고치가 중국을 배경으로 한 데는 아마도 당시 유행하던 중국풍의 영향이 있었을 것이다.

이 아름다운 오페라는 최근 20년 동안 중국 영화감독 장이머우張藝謀 연출로 베이징 자금성, 태묘太廟, 냐오차오鳥巢, 국가체육관 등은 물론 프랑스, 독일 등지에서도 공연됐다. 그가 연출한 〈투란도트〉는 중국인 특유의 열정과 강렬함은 물론 다채롭고 웅장한 모습을 보여준다.

투란도트에는 다양한 중국풍이 등장한다. 18세기 중국에서 들여온 은은한 곡조 등이 대표적이다. 그러나 이러한 장치들은 서구 관중에게 이국적 정취를 느끼게 하려는 것일 뿐, 중국인들 마음속에 있는 진정한 중국 문화의 표현은 아니었다. 중국에서 서양 작품인 〈투란도트〉가 연출된 것도 국경을 뛰어넘는 무대 예술 정도의 의미였다.

유럽의 중국풍은 회화 예술에도 영향을 미쳤다. 여러 작품에서 '중국', '동방'의 이국적 열정이 표출됐는데, 특히 18세기 프랑스의 유명한 로코코 화가 프랑수아 부세는 중국풍 인물, 복장, 건축물, 자연 경관과 생활상을 소재로 그림을 그렸다. 그의 작품은 유럽인의 상상력을 자극했다. 그러나 실제와는 거리가 있어서, 그림에 등장하는 젊은 중국 여성의 자태는 오히려 프랑스 여성과 비슷했다.

중국풍이 유행하자 많은 학자와 박물관에서 이 역사적 현상에 주목했다. 중국풍은 유럽이 인도, 중국 등 해외 시장을 개척하는 과정에서 상업과 예술이 융합하면서 나타난 현상이었다. 선교사들은 유럽에 다양한 중국 관련 기록을 보냈는데 이는 광저우의 차, 자기와 함께 유럽인의 중국 인식에 상상력과 새로운 에너지를 불어넣었다. 이는 국제적 경제·문화 교류의 산물로, 중국풍이 유럽에서 성행한 것처럼 청나라 황실도 예수회 선교사들이 전해온 '서양풍'에 호기심을 보였다.

## 대청 황실의 '서양풍'

예수회가 중국에 들여온 서양풍은 어떤 것이었을까? 마테오 리치가 중국에 온 지 얼마 안 되어 왕조가 바뀌었다. 다행히 새 왕조도 선교사들을 신임했기에 더 많은 선교사가 먼 길을 마다하지 않고 중국에 왔다. 이들은 근대 유럽의 발전된 천문, 역법, 지도 제작법, 회화 예술 등을 선보이며, 중국 사회 전반에 그 효과가 전달되기를 기대했다. 대표적인 인물로 천문을 주재하는 관청인 흠천감欽天監에서 일한 독일 선교사 요한 아담 샬과 페르디난트 할레르슈타인중국명 劉松齡이 있다. 이탈리아 선교사 주세페 카스틸리오네와 프랑스 선교사 미셸 베누아중국명 蔣友仁는 황실 화가였다. 청 조정은 이들이 선보이는 천문역법 외에도 이국적 예술에 큰 호감을 보였다. 옹정제는 주세페 카스틸리오네에게 유럽풍 가발을 쓴 자신의 초상화를 그리게 했는데 얼핏 보면 루이 14세 같았다.

선교사들은 흠천감 소속 기상대와 교회 등 황궁인 자금성 주변에서 활동하며 강희제 말년과 옹정제 통치 기간에 조성된 황실 정원 원명원圓明園의 새 단장에도 참여했다. 건륭제 즉위 후에는 원명원 내에 유럽식 정원을 조성했는데, 주세페 카스틸리오네와 미셸 베누아가

서양 복장을 한 옹정제.

설계와 감독을 맡았다. 1751년에는 이곳에 역사상 처음으로 분수대가 설치되어 눈길을 끌었다.

1783년에 선법교線法橋, 해안당海晏堂, 원영관遠瀛觀 등 10여 개의 건축물이 들어섰는데 이를 '서양루西洋樓'라 했다. 이들은 한백옥석漢白玉石, 유리 기와 등 중국산 재료를 사용해 유럽 바로크 양식으로 지어졌다. 중국과 서양의 건축 양식이 혼합된 이 건물들은 규모는 작지만 이국적이었으며, 유럽-아시아를 초월하여 통일로 가는 다민족 대국을 상징했다.

청나라 황실 사료를 보면 건륭제는 당시 스웨덴 국왕과 왕후가 그랬던 것과 달리 '서양루'를 서양식 카펫, 벽화, 가구 등으로 장식하지 않았다. 만주족은 전통적으로 검소함과 소박함을 숭상했다. 서양루 역시 외관만 제왕의 호기심을 만족시켰을 뿐이었다. 만滿·한漢·몽蒙·회回·장朏 등 다민족이 통일을 이룬 역사적 환경에서 '이국적 풍모'는 특

별한 의미가 없었다. 이는 황실뿐만이 아니었다. 당시 중국 사회는 서양에 특별히 관심을 두거나 소비와 연결 짓지 않았다.

건륭제는 신장 지역에서 생산되는 힌두스탄 옥으로 만든 물건을 좋아하여 내무부에 명해 별궁인 원명원에 이것으로 만든 서역 물품들을 배치하도록 했다. 강희제 때 서북 몽골 지역의 부족 국가 중가르를 평정하고 건륭제에 이르러 톈산天山 남북 지역까지 통일하자 힌두스탄 옥으로 만든 물품들이 대량으로 유입됐다. 이슬람 문화권 사람들은 이 옥을 지니면 평안하다고 믿는다. 이러한 풍습은 중국의 옥기玉器 제작에 영감을 불어넣었다. 원나라 때는 중앙아시아, 특히 이란의 이슬람 예술 작품인 사직絲織 카펫 등에 중국풍 그림이 스며들었다.

이러한 국제적 교류의 결과로 18세기에는 유럽과 중국 황실에서 로코코 예술이 가미된 중국풍과 서양풍이 환영받았다. 국경과 대양을 넘은 무역이 소비문화와 긴밀하게 연결된 것이다.


## 북아메리카의 '중국풍'

당시 경제·문화 교류가 전 세계적으로 이루어지면서 중국풍은 유럽 식민지를 따라 북아메리카, 특히 미국 뉴잉글랜드 지역에 전해졌다. 가장 먼저 환영받은 것은 칠기漆器였다. 유럽 각국과 북아메리카 식민지에서는 칠기 제작에 쓸 원자재가 부족했다. 그래서 17세기 이래 중국 무역을 해온 네덜란드, 영국의 동인도 회사가 독점으로 중국 모방품을 제작했다. 그러나 정교한 세공이 필요하고 가격도 비싸서 북

〈원명원동장춘궁서양루도·해안당서면(圓明園東長春宮西洋樓圖·海晏堂西面)〉, 동양문고 소장.

아메리카의 폭발적인 시장 수요를 만족시키지 못했다. 그러자 기술자들은 제작 방식을 대폭 간소화하여 단풍나무나 소나무에 바로 유약을 입히는 방식을 택했다. 공정이 간단해지자 더 많은 제품이 빠르게 유럽으로 퍼져 나갔다. 이들 모방품은 가격이 싸면서도 중국 분위기를 낼 수 있어 인기가 좋았다.

18세기 중반 미국 보스턴에서는 12명의 유명한 기술자가 칠기 수요를 감당하고 있었다. 중국풍의 영향력은 날로 증가했다. 이들 제품은 실제 중국에서 만들어진 상품과 비교할 수 있을 수준은 아니었지만, 대중의 욕구에 맞추어 현지화하면서 일반 가정에까지 파고들었다. 오늘날 미국 소비 시장에서 중국풍은 여전히 유행하고 있다. 가정집 벽이나 장식장에 놓인 청화접시靑花瓷蝶, 찻잔 등은 과거 뉴잉글랜드 지역에서 유행한 중국풍의 유산이다.

박물관에서도 중국풍은 중요하게 취급된다. 미 동북부 델라웨어주

빈터투어 박물관의 중국 벽화실 모습. 그림에 중국 농촌, 도시, 산수, 정자와 여러 인물이 보인다.

빈터투어 박물관의 중국 벽화실 모습. 그림 중 편액에 '태사제(太史第)' 세 글자가 적혀 있는데 이는 그곳이 청나라 한림학사의 저택임을 보여준다.

에는 세계적인 화학 기업인 듀폰의 본사가 있다. 창업자의 후손인 헨리 듀폰은 유명한 예술품 소장가로, 1951년 자신의 집을 개조하여 빈터투어 박물관을 설립했다. 이 박물관은 뉴욕 메트로폴리탄 박물관, 워싱턴 국립 미술관, 보스턴 미술관 등 전문적인 예술 박물관과 달리 미국 상류층이 일상에서 즐긴 중국풍 물건을 전시했다. 이는 헨리 듀폰이 중국, 더 나아가 동방 문물에 얼마나 심취했는지를 잘 보여준다. 박물관에는 많은 중국 자기, 가구가 전시되어 있는데 특히 대연회실은 전부 청대 인물 벽화로 장식되어 매우 아름답고 독특한 분위기를 연출한다.

중국에서는 '골동품古董'이라 하면 당·송 시대 그릇이나 명·청 시대 회화 등 높은 가치를 가진 옛 물건을 말한다. 그런데 미국에서는 그 의미가 조금 다르다. 미국인은 앤티크 상점에서 일상에 필요한 '옛날 물건'을 사면서 소소한 즐거움을 느낀다. 앤티크 상점은 미국 어디에나 있는데 규모가 큰 곳이면 중국풍 가구, 장식품, 자기, 도기 등을 손쉽게 구할 수 있다. 중국 본토 문화가 몸에 밴 중국인이라면 이런 방식이 전통 중국 문화와 큰 차이가 있다고 느낄 것이다. 이는 모두 '중국풍'의 산물이다. 중국풍의 역사는 명말 청초 중국-서양 간 교류 시기로 거슬러 올라간다. 이때는 역사적으로 중국-서양 간 교류와 중미 관계가 만나는 지점이기도 하다.

# 4장. 중국차와 미국 영혼

## 북아메리카의 중국차

몇 년 전에 나는 뉴욕에서 지금의 작은 마을로 이사했다. 새로운 이웃과 인사하면서 중국에서 생산된 르자오日照 녹차를 선물했는데 반응이 아주 좋았다. 이틀 후 이웃 아주머니는 지난 수십 년간 티백 차를 마시다가 난생처음 직접 찻잎을 우려낸 차를 마셔보았다며 흥분했다. 중국에서는 상상도 할 수 없는 일이다. 어떤 중국인도 그렇게 오랫동안 티백 차를 마시지 않는다. 그랬다면 중국의 차 문화에도 큰 변화가 있었을 것이다.

당·송 시대에는 차를 달여서 마셨는데, 찻잎을 갈아 분말을 만들어 물에 탄 후 생강, 귤껍질 등과 섞어 마셨다. 이런 방식이 일본에 전해졌는데, 순서가 복잡하고 예절도 매우 까다롭게 변했다. 중국에서는 원나라 이후 다도茶道가 점차 사라졌고, 명나라 이래로 가공한 찻잎을 직접 물에 넣고 끓여 마신다.

미국인의 일상에서 티백 차는 차를 마시는 가장 손쉬운 방법이다. 립턴 홍차에서 시즈오카 녹차까지 브랜드는 달라도 티백 차는 편리한 커피 대용품으로 현대 생활 속에 녹아 있다. 상품화된 티백 차에서는 찻잎의 원래 모습을 볼 수 없다. 오랜 차·한약 문화를 가진 중국, 한국, 일본에서는 상상할 수 없는 일로 고단수 판매 전략이다. 물론 미국에도 찻잎을 끓여 마시는 사람이 있기는 하지만 매우 드물다.

미국도 차를 마시는 역사가 오래됐다. 과거 영국 식민지였을 때부터 유럽이 북아메리카와 아시아-유럽 사이의 국제 무역을 개척한 결과이다. 처음 중국차를 북아메리카 식민지에 가져온 장본인은 영국 동인도 회사였다.

1698년 영국 동인도 회사는 차 수입 독점권을 획득했다. 그러나 직접 팔지는 않았다. 광저우에서 구입한 차는 영국으로 갔다가 중간상에 의해 북아메리카로 왔다. 중국에서 유럽으로 가는 해상 운송은 오랜 시간이 걸렸기에 장기 보관이 가능한 발효차(홍차, 흑차)만 들여왔는데, 이는 유럽인의 차 문화에 영향을 미쳤다. 오늘날까지도 미국인은 녹차보다는 주로 '블랙 티black tea'라 부르는 홍차를 즐겨 마신다.

영국 동인도 회사가 독점 수입한 차는 북아메리카 식민지에서 매우 비싸게 팔렸다. 무거운 세금 때문이었다. 그러다 네덜란드, 프랑스, 덴마크, 스웨덴 등이 몰래 들여온 차를 저렴한 가격에 공급하는 밀무역이 성행하면서 영국 동인도 회사는 큰 위협을 받았다.

1760년대 후반 북아메리카 뉴잉글랜드 지역은 매년 차 소비에 100~200만 파운드, 많을 때는 600만 파운드까지 지출했다. 그런데 전체 소비량의 3분의 2, 심할 때는 90%가량의 차가 밀수로 들어왔다. 정식으로 영국에서 수입된 차는 10%도 되지 않았다. 사정이 이렇게 되자 영국 정부가 나섰다. 1773년 5월 10일 영국 의회는 '차 조례Tea Act'를 통과시켜 동인도 회사가 직접 북아메리카에 차를 판매할 수 있도록 허가했다. 이는 북아메리카 식민지 역사의 큰 변화를 알리는 사건이었다.

1767년 영국 의회는 식민지에 세금을 부과하는 내용의 '톤젠드 조례Townshend Act'[1]을 제정했다. 그런데 6년 만에 다시 '차 조례'를 통과시킨 것이다. 이는 나중에 "대표가 없으면 세금도 없다No taxation without representation"는 슬로건을 내세운 미국 독립운동의 계기가 된다.

차 조례 이후 영국 동인도 회사의 차 가격은 밀수품보다 저렴해졌다. 북아메리카 시장을 휩쓴 우이산武夷山 홍차는 원래 3펜스의 세금을 포함해 파운드당 3실링이었다. 네덜란드 등이 들여온 밀수품 가격은 2실링 1페니였다. 밀수품이 질은 떨어져도 11펜스나 쌌기에 시장에서는 우위를 점했다. 그런데 '차 조례' 통과 이후 사정이 달라졌다. 영국 동인도 회사 홍차 가격이 파운드당 2실링으로 떨어져 밀수품보다 1페니가 싸졌다.

영국 의회가 이 법안을 통과시킨 목적은 온건한 방법으로 차 가격을 조절하여 동인도 회사의 재정 위기를 해결하려는 것이었다. 소비자

---

**1**  영국 재무장관 찰스 톤젠드는 북아메리카 식민지에 불리한 여러 건의 재정 법안을 통과시켰는데 이를 '톤젠드 조례'라 부른다.

는 동인도 회사의 차를 싸게 살 수 있으니, 회사와 소비자 모두에게 이득이었다. 그러나 식민지 주민들은 영국 의회와 동인도 회사의 바람과는 완전히 다르게 움직였다.

　그날 보스턴항에는 영국 동인도 회사가 확보한 약 1,700만 파운드의 차가 하역을 기다리고 있었다. 한편 영국 동인도 회사와 소비자 사이에서 이득을 취하던 중간상, 네덜란드 동인도 회사와 손잡은 밀무역 상인들은 절망적인 상태에 빠져 있었다. 북아메리카 시장에서 약 2~5년간 소비할 수 있는 엄청난 양이 밀수품보다 1페니나 싼 가격으로 시

미국 판화가 나다니엘 커리어가 1846년 발표한 〈보스턴 차 사건(The Destruction of Tes at Boston Harbor)〉 그림으로 1773년 12월 16일 인디언처럼 치장한 '자유의 아들'들이 차를 항구에 내다 버리는 모습을 묘사했다. 매우 질서 있게 배 위의 자기 등 수입 물품을 파괴하고 있다. 매사추세츠 미셸앤도널드다로르 미술관(Michele and Donald D'Amour Museum of Fine Arts, Springfield, Massachusetts), 소장품이며 Lenore B.와 Sidney A. Alpert가 기증했다(Gift of Lenore B. and Sidney A. Alpert, supplemented with Museum Acquisition Funds). 데이비드 스탠스버리가 촬영했다. (박물관으로부터 사용 허락을 받았음.)

장에 풀린다면 어떻게 될까? 생존에 직접적인 압박을 받은 중간상과 밀무역 상인들은 힘을 합쳐 저항했다.

1773년 12월 16일 '자유의 아들Son of Liberty'이라는 결사 단체가 유명한 '보스턴 차 사건'을 일으킨다. 이날 밤 340상자, 9만 2,000파운드에 해당하는 차가 불에 탔다. 여기에는 중국 푸젠에서 온 우이산 홍차가 다량 포함되어 있었다. 그리고 2년이 안 되어 미국 독립 혁명이 폭발했다. 범위를 좁혀서 보면, 혁명의 출발점이 차 중간상과 밀수업자들의 반란이었던 셈이다.


## 동방의 차와 전제주의, 북아메리카의 독립 영혼


상인들의 반란 행위가 있자 때맞춰 중국차에 관한 황당한 이야기가 돌았다. 내용은 다음과 같았다. 차는 중국 땅에서 자란 것이고 중국은 무서운 동방의 전제주의 국가이다. 이런 나라의 노동자 손에서 생산된 차가 악랄한 영국 동인도 회사의 손을 거쳐 뉴잉글랜드로 왔다. 이런 차를 마시면 동방의 전제주의가 북아메리카 식민지 주민의 몸속에 들어와 자유를 열망하는 영혼을 빼앗는다. 이는 마치 중국차를 재배하는 노동자들이 그들의 황제에게 그러는 것처럼, 식민지 주민이 영원히 영국 군주의 발밑에 무릎 꿇는 것이나 다름없다.

이런 황당한 해석은 동시대 중국 청대 사회에 유행한 '영혼을 훔치는 귀신' 이야기처럼 공포심에 소름이 돋게 했다.[2] 차에 대한 이러한 주관적 억측은 우스운 일이 아닐 수 없었다. 중국에서는 황궁에서 백성이 사는 마을 골목에 이르기까지 어디에서도 차와 영혼을 연결 짓는 말이 흘러나오지 않았다. 심지어 영국 동인도 회사도 그런 인식을 가져본 적이 없다. 그렇지만 이와는 별개로 영국의 과도한 세금 징수가 촉발한 식민지 미국의 독립 혁명은 거스를 수 없는 흐름이었다.

최근 미국 역사학자 캐롤라인 프랭크는 미국 독립 시기 벌어진 차 반대 현상에 주목했다. 그녀의 연구는 중미 관계 연구와 세계사에서 차가 차지하는 지위에 관해 시사하는 바가 크다. 중국차에 독이 있다는 선동은 영국 동인도 회사가 재정 위기를 벗어나려던 민감한 시기에 터져 나왔다. 이로써 동인도 회사는 억압적이며 지역에 피해를 주는 회사로 인식됐다. '차 조례'가 상인은 물론 식민지 주민 모두의 삶을 깊은 나락으로 떨어뜨릴 것으로 여겨졌다.

영국 동인도 회사의 배가 차를 가득 싣고 대서양에서 북아메리카를 향해 항해하고 있을 때, 뉴욕의 한 신문에 다음과 같은 기사가 실렸다. "차를 가득 실은 배가 우리 항구를 향해 다가오고 있다. 그것은 우리 미국인을 노예로 만들고 독살하려 한다." 비난의 화살은 차, 특히 영국 동인도 회사가 싣고 오는 중국차에게 향했다. 차가 영혼에 전제주의를 침투시킨다는 여론이 들끓기 시작했다.

시기와 장소를 불문하고, 북아메리카에 팔려 온 차는 식민지 애국

---

**2**    이에 관해서는 필립 쿤 지음, 이영옥 옮김, 《영혼을 훔치는 사람들(soul stealers)》 (책과함께, 2004)을 참고할 것.

자들의 표적이 됐다. 1773년 12월 보스턴 차 사건 발생 4일 후 〈보스턴 가제트Boston Gazette〉 신문은 다음과 같이 보도했다. "렉싱턴의 애국 시민들이 집회를 열어 네덜란드, 영국이 수입한 어떤 종류의 우이산 홍차 소비도 반대한다고 결정했다. 시민들은 마을에 있는 차도 수거하여 태워버렸다." 뒤이어 찰스턴에서도 중국차를 소각했다. 이 두 지역은 모두 차 사건이 있은 보스턴 외곽에 있었다. 렉싱턴은 1775년 4월 19일 독립 전쟁의 첫 총탄을 쏘아 올린 곳으로 그보다 1년 반 앞서 중국차의 운명에 불을 붙인 최초의 마을이기도 했다.

중국차에 화살이 집중되자 작은 마을, 사교 모임, 심지어 개인도 차를 불태우며 '차 조례'에 대한 불만을 드러냈다. 중국차는 이제 단순한 기호품이 아니었다. 동인도 회사로 대표되는 영국 군주의 폭정에 맞서 정치·경제적 자유와 권리를 쟁취하기 위한 투쟁의 상징이었다. 언론이 퍼뜨리는 "차가 당신의 몸속에 전제주의를 주입한다"는 식의 논리에 신비적인 색채가 더해지면서 식민지 주민의 중국 인식은 더욱 왜곡됐다.

유럽에서 계몽 운동이 일어나자 중국 이미지는 갈수록 나빠졌는데, 이는 중국차를 악마화하는 여론의 영향이 컸다. 계몽 운동은 전제주의에 반대하고 중국차를 악마화하는 정치 세력과 손발이 맞았다. 프랑스 계몽사상가 몽테스키외가 중국을 전제주의의 대명사로 꼽은 것은 "차가 영혼을 빨아들인다"는 논리의 고상한 표현이었다.

여기에는 당시 서구 사회의 심리 상태도 한몫했다. 1450~1750년 사이 유럽은 300여 년에 걸쳐 마녀재판이 횡행하면서 무고한 희생자가 많이 생겼다. 광기는 유럽 식민지인 북아메리카까지 번지면서

5,000여 건에 달하는 마녀재판으로 2,000여 명이 목숨을 잃었다.

마녀재판은 종교, 사회, 정신적으로 매우 불안했던 사회상을 반영한다. 이는 차 속에 독이 있다는 말이 퍼지던 때와 불과 20여 년밖에 차이가 나지 않는다. 마녀재판 때의 사회 분위기가 고스란히 '차 사냥'으로 이어진 것이다. 식민지 미국 렉싱턴에서 벌어진 차 소각은 마녀 화형식과 다르지 않았다. 미국에서 정치인들은 다른 사람이 자신을 비판할 때 '마녀사냥witch-hunt'이라는 표현을 쓰는데, 이는 단순한 수사를 넘어 역사적 경험이기도 했다.

중국차의 악마화는 북아메리카 식민지 주민의 삶에 어떤 영향을 미쳤을까?

독립 혁명 전에는 모두 중국차를 좋아했다. 매사추세츠 고위 관료들이 출처 불명의 네덜란드 차 밀수에 투자할 정도였다. 뉴욕 등 대도시에서는 여성들을 중심으로 오후 차afternoon tea를 마시는 사교 모임이 크게 유행했다. 보스턴에서 남쪽으로 뉴욕과 필라델피아까지, 동부 연안 지역은 일찍부터 중국차의 매력에 흠뻑 빠져 있었다. 1730년대에는 이런 차 문화에 대해 우려를 표하는 목소리도 있었는데 보스턴 차 사건이 있기 40여 년 전이었다.

1731년 뉴욕의 한 신문에 다음과 같은 기사가 실린다. "차를 마시면 치명적 후유증이 있을 수 있으니 이런 습관을 고쳐야 한다. 재력, 건강, 행복에 위협이 될 수 있으니 주의해야 한다. (…) (차를 마시는 습관은) 몸에 해로울 뿐 아니라 영혼의 자유도 방해받고 문란해진다."

차를 마시는 행위가 본인은 물론이고 자신이 죽은 뒤에 가족들에게도 치명적인 영향을 미친다는 것이다. 글쓴이는 또 차가 이역만리 동방에서 왔으니 두렵다고 했다. 무지는 공포를 만들고 유언비어를 생산한다. 군중 심리에 공황과 히스테리를 불러왔는데, 이러한 현상은 세계 역사 곳곳에서 여러 번 있었다.

차를 마시려면 차와 다구茶具 같은 물품 외에도 예절이 필요하다. 유럽 사람들은 동방식, 중국식 예절이 여성성이 강하여 남성을 나약하게 만든다고 경계했다. 1757년 영국 여행가 조나스 한웨이는《차에 관한 에세이An Essay on Tea》에서 다음과 같이 말했다. "귀족 여성들의 차 모임은 많은 사람을 해친다. 그들은 자신에게 닥친 재앙이 차를 마시는 습관에서 시작됐다는 것을 모른다. 차는 분명하게 사람을 해친다."

차를 마시면 아편에 중독된 터키 사람들처럼 남성의 진취적 정신을 잃게 된다는 것이다. 강한 음기가 양기를 눌러 북아메리카 식민지가 계속 영국의 통제를 받게 된다는 주장도 제기됐다. 조나스 한웨이의 책은 영국의 여러 식민지에서 유행했다. 중국인들은 아편으로 인해 아픈 역사를 경험했으니 한웨이의 우려를 이해할 수 있을 것이다.

이러한 논리는 유럽 계몽 운동과 관련 지어 생각해볼 필요가 있다. 유럽은 중국이 여성화되어 허약해졌다고 비판했고, 중국 남성의 이미지도 왜곡했다. 루이 14세 때의 뜨겁던 중국 열기가 사라진 프랑스는 루이 15세가 중국을 심하게 희화화하기에 이른다. 한웨이의 책은 '중국풍'에 대한 재평가 과정에서 나타난 여러 비판 중 하나였다.

북아메리카는 차, 다구, 차 예절과 사교 활동이 유행했지만, 한편으로는 동방에서 온 외래문화 침투에 거듭 경계심을 보였다. 차 마시는 습관을 반대하는 목소리는 '차 조례' 통과 전후로 더욱 커졌는데, 특히 뉴잉글랜드 지역에서 격렬하고 첨예했다. 일부에서는 차를 '전염병

plague'에 비유하며 비난했다.

차 사건이 일어나기 며칠 전, 영국 동인도 회사 선박이 보스턴 항구에서 출하를 기다리고 있을 때 누군가 익명으로 〈보스턴 가제트〉에 기고문을 싣는다. "동인도 회사의 배가 전염병(차)뿐만 아니라 천연두도 싣고 왔다"는 내용이었다. 식민지 애국 시민들은 영국 동인도 회사의 차 판매를 반대하고 영국과 싸우자고 선동했다. 차는 동방의 전제주의를 실어 나르는 사악한 물건이자 혁명의 대상이 됐다. 차는 영국의 북아메리카 통치를 지속시키는 공포의 물건이었다.

독립 혁명 전에는 분위기가 달랐다. 자료를 보면 보스턴 차 사건 때 개인이 차를 소유하다 발각되면 비난받기는 했지만, 차 자체를 악마화하는 목소리가 주류는 아니었다. 반대 여론이 중국 비단, 자기 등 다른 상품으로 확대되지도 않았다.

차 사건이 일어나기 전 결사단원들이 〈보스턴 가제트〉 발행인 벤저민 에데스의 집을 방문했을 때, 그들은 중국에서 만든 잔 하이완海碗에 럼주를 담아 마셨다. 잔에는 중국인의 생활상이 선명하게 그려져 있었다. 이때만 해도 중국차를 반대하는 목소리는 식민지 해방 투쟁의 일환이었을 뿐 더 확대되지는 않았다. 차 외에 중국풍 짙은 칠기, 자기 등은 수요를 쫓아가지 못할 정도로 잘 팔리는 인기 상품이었다.

1775년 4월 19일, 1년 전 중국차를 불살랐던 렉싱턴에서 미국 독립 혁명을 향한 첫 번째 총성이 울렸다. 차에 대한 분노는 대영 제국에 대한 무장 투쟁으로 바뀌었다. 그러나 독립 혁명이 끝나자, '악마 같았던' 중국차 소비는 아무 일 없었다는 듯이 활기를 되찾았다.

1784년 1월 14일, 미국 의회는 영국과 맺은 '파리 조약Treaty of Paris'

을 비준하고 국제 사회에 독립 주권국임을 천명했다. 그러나 영국의 경제 봉쇄로 미국 상인들은 서인도 제도에서 무역 활동을 할 수 없었다. 그들은 동인도 무역이라는 새로운 목표를 찾는다.

1784년 2월 22일 워싱턴 대통령의 생일날, 신생 독립 국가인 미국의 뉴욕항에서 중국황후호가 광저우를 향해 출항했다. 중국차를 사기 위해서였다. 독약, 전염병, 전제주의 화신이라는 비난은 이제 흔적도 찾아볼 수 없었다. 미국 상인과 밀수업자들이 영국 동인도 회사를 끌어내리자 차는 다시 부와 자본, 국제 무역이라는 출발점으로 돌아왔다. 미국은 차를 포함해 북아메리카에서 진행되는 모든 무역의 중심에 섰다.

# 5장. 중국으로 가자!

## 어렴풋하게 알다

미국인은 독립 시기부터 중국을 신비롭고 두려운 곳이라 여겼는데 지금도 별반 다르지 않다. 오늘날 중국과 미국의 무역 마찰이 심해지면서 두 나라는 앞으로 벌어질 사태를 예의주시하고 있다. 그러나 안타깝게도 미국인은 현재의 중국을 잘 모른다. 중국에 한 번도 가보지 않은 사람이 많고, 굳이 그럴 만큼 관심이 있지도 않다.

미국인은 소설 같은 예술 작품이나 신문, 방송 등 대중 매체와 자신의 상상을 통해 중국을 이해한다. 한 미국 친구는 자신이 아는 중국은 미국 작가 펄 벅의 장편 소설 《대지The Good Earth》에서 비롯한다고 말했다. 1931년 출간된 이 작품은 서양에 중국 농촌의 현실을 소개한 고전이다. 펄 벅은 당대 중국 농민의 생활상을 사실적으로 그린 소설을 썼고 1932년에 퓰리처상을, 1938년에는 노벨 문학상을 각각 받았다.

그녀는 평범한 중국 농민들의 삶을 세밀하게 묘사한 위대한 작가였다. 나는 어렸을 때 고향 산둥에서 소설에 나오는 삶을 직접 두 눈으로 보면서 자랐다. 그러나 그것은 이미 지나간 역사이다. 1930년대의 시각으

펜실베이니아 퍼카시에 있는 펄 벅 묘소. 펄 벅의 중국 이름 '賽珍珠' 세 글자가 새겨져 있다.

로 오늘날 중국을 이해하기는 어렵다. 그만큼 차이가 크기 때문이다. 미국인이 과거의 눈으로 중국을 보듯 중국인이 미국을 보거나, 혹은 중국인의 눈으로만 세계를 해석하는 일도 옳지 않다.

미국은 2차 세계 대전이 끝나고 국제 정치 질서를 주도하기 전까지는 중국과의 교류에 신경 쓰지 않았다. 그러다 냉전 이후 두 나라 지도층은 정치적으로 서로에 많은 관심을 보였다. 그렇지만 이때도 학계와 일반 국민은 양국 간 교류에 관심이 없었다.

미국인은 여섯 살에 초등학교에 입학하여 열일곱 살인 12학년까지 고등 교육을 받는다. 이러한 교육 시스템 속에 중국은 잘 등장하지 않는다. 학교마다 사용하는 교재는 다르지만 일반적으로 중국과의 교류는 소홀하게 다루어진다. (물론 유럽 등 다른 나라들에 대해서도 그렇다고

는 하지만) 오랫동안 미국 교육을 연구하고 교사 양성·평가 작업을 해온 동료는 전문가로서 이 부분에 큰 아쉬움을 토로했다.

나는 미국에서 생활하면서 11~12학년생부터 대학 3~4학년 학생들을 가르쳐보았다. 경험상 학생들은 두 나라 교류의 역사를 잘 알지 못할뿐더러, 중국이 21세기에 초강대국 미국의 지위에 도전하고 있다고는 상상도 못 했다. 내가 가르쳤던 대학생들은 중국과 미국의 교류에 무지했다. 중국황후호가 미국을 떠나 광저우에 갔던 일은 물론 다음과 같은 역사적 사실도 몰랐다. 중미가 서명한 최초의 조약인 왕샤조약, 상하이 영미 공공 조계 설치, 아편 전쟁 이후 중국이 미국을 포함한 서구 국가에 처음으로 보낸 전권 외교 공사가 미국인이었다는 사실, 중국의 어린 학생들이 의화단 사건[1] 배상금으로 조성한 '경관庚款 장학금'으로 미국에 유학 갔던 일 등 말이다.

심지어 학생들은 선교사이자 중화민국 미국 대사를 지낸 존 레이턴 스튜어트의 이름을 들어본 적이 없었다(그의 중국식 이름은 司徒雷登으로 중국인에게는 매우 친숙한 인물이다). 1949년 이후 들어본 중국 지도자는 마오쩌둥이 유일했다. 이는 아편 전쟁 당시 중국의 상황과 흡사하다. 자신이 세계의 중심이며 모두가 와서 머리를 조아리니, 대외 교류는커녕 다른 나라 자체에 관심이 없다. 이런 현실은 오래전 품었던 "중국으로 가자!" 정신의 상실과 관련이 깊다. 왜 이렇게 됐을까? 역

---

**1** 1899년부터 1901년까지 있었던 외세 배척 운동. 경자년에 결사 조직인 의화단이 일으켰다 하여 경자교난이라고도 한다. 난은 진압됐으나 이 일로 피해를 본 영국, 미국 등이 청에 배상금을 요구한다.

사에는 많은 요인이 복합적으로 작용한다. 미국은 지난 20세기 동안 자신을 세계적인 제국으로 단련시킨 경험이 있다.

## 중국으로 항해하다: 미국 독립 후의 선택

미국은 독립 후 신속하게 광저우에 배를 보내 중국 무역을 개척했다. 이 상업적 모험은 커다란 성공을 거두었고, 광저우 상인들도 흔쾌히 '오랑캐 상인夷商' 명단에 미국이라는 이름을 추가했다.

1783년 9월 3일 영국이 미국의 독립을 승인하는 파리 조약을 체결함으로써 독립 전쟁은 위대한 승리를 거두었다. 그러나 영국은 바로 미국에 대한 경제 봉쇄를 시행했고 이 바람에 미국 상인들은 서인도제도를 통과할 수 없었다. 신생 국가 미국의 활동 영역은 미시시피강 동쪽에서 대서양 연안으로 제한됐다. 서북 방향으로 나아가려는 서진 무역도 진전을 보지 못했다. 미국 상인들은 경제적 난국을 타개하고자 멀리 중국으로 눈을 돌려 국제 원양 무역을 계획했다. 중국행은 망명과도 같은 어려운 선택이었지만, 미국이 국제 무역 역사에서 가장 훌륭한 전통을 세우는 출발점이기도 했다.

신생 국가인 미국이 중국으로 먼 항해를 떠난 것은 큰 모험이었다. 영국은 중국과 200년에 걸친 교역 경험이 있었지만, 미국은 항해 경험이 있는 선장은 물론 항해 지도조차 없었다.

미국 역사학자 타일러 데닛은 자신의 책《동아시아의 미국인들 Americans in Eastern Asia》에서 독립 이전의 미국인 중 지구 저편의 아시아

재봉사 벳시 로스가 워싱턴(의자에 앉은 사람) 등이 지켜보는 가운데 자신이 만든 성조기를 설명하고 있다. 로스는 미국 역사에서 매우 상징적인 인물로, 그녀가 디자인한 성조기는 미국 국경일에 그녀의 고향인 펜실베이니아의 국제공항에서 여행객들에게 무료로 나누어 주곤 한다. 미국 의회 도서관 소장.

상황을 이해하는 사람은 6명이 채 안 됐으며 북아메리카에서 태어나 성장한 사람 중 중국에 가본 사람은 버지니아주의 존 고어와 코네티컷주의 존 레드야드, 둘뿐이었다고 했다. 이런 상황에서 중국과의 직접 무역은 매우 무모한 일이었다.

## 미국판 마르코 폴로

존 고어와 존 레드야드는 1776에서 1781년 사이 중국에 갔다. 영국 왕립 해군 대위이자 유명한 탐험가인 제임스 쿡을 따라 레졸루션

HMS Resolution 호를 타고 영국에서 태평양을 횡단하는 탐험에 나선 것이었다. 이때 고어는 장교로, 레드야드는 하사관으로 각각 참여했다. 이 항해 이후 고어의 행적은 알 수 없지만 레드야드는 흥미로운 기록을 남겼다.

1772년 다트머스 대학에서 신학을 공부한 그는 선교사가 되려다가 포기하고 쿡 선장의 태평양 탐험대에 합류했다. 1782년 코네티컷주에 돌아온 레드야드는 사람들에게 중국 무역을 권한다. 아메리카 서부 해안에서 6펜스에 구입한 모피를 광저우에서 100달러에 파는 것을 직접 보았다며 설득했는데, 영국 돈 6펜스는 당시 미국 돈 6.25센트에 해당했고 100달러면 약 1만 센트이니 무려 1,600배나 이익을 얻는 엄청난 장사인 셈이다. 사람들은 《아라비안나이트》 같은 그의 이야기를 믿지 않았다. 보스턴, 필라델피아 등지를 돌며 함께할 상인들을 모았지만 허황되고 터무니없다는 반응을 보일 뿐이었다.

레드야드는 방법을 찾아 나섰다. 고향 코네티컷주의 항구 도시 뉴런던에서 3개 돛을 단 전투용 범선 트렘벨호 선장이 나섰으나 전쟁이 임박하면서 계획은 물거품이 됐다. 뉴욕에서 필라델피아 상인 로버트 모리스를 만났지만 서로 의견이 맞지 않았다. 모리스는 그때 이미 중국 무역에 투입할 선박 중국황후호를 준비하고 있었다.

## 미국의 서진(西進)과 대중국 무역

중미 관계사를 연구하는 역사학자 리딩이李定一 교수는 좌절을 겪은 레드야드가 포기하지 않았으며, 대서양 건너 프랑스 파리에서 토머스 제퍼슨을 만나 계속 중국 무역을 설파했다고 했다. 제퍼슨은 '미국 건국의 아버지' 중 1명으로 이때 프랑스 주재 공사였으며 신생 국가인 미국으로서는 대외 무역이 절실하다는 사실을 잘 알고 있었다.

앞서 레드야드가 말했던 모피는 태평양 연안, 현재의 오리건주와 캘리포니아주 일대에서 생산됐는데 당시는 아직 미시시피강을 건너 서쪽으로 영토를 확장하기 전이었다. 제퍼슨은 원정대를 보내 미시시피강에서 캘리포니아에 이르는 광대한 서부 지역을 탐험하게 했다. 이들은 미주리강을 건너 태평양으로 이어지는 항로도 탐색했다.

제퍼슨은 레드야드의 열정을 높이 평가했지만 환상이 지나치다고 보았다. 그는 미국의 3대 대통령으로 취임한 지 2년 만인 1803년 프랑스에서 당시 미국 영토 크기와 맞먹는 루이지애나 땅을 사들였다. 하룻밤 사이에 2배로 늘어난 미국의 영토는 이제 미주리강 유역에 달했다. 당시 제퍼슨은 프랑스와 스페인이 비밀리에 땅을 교환하려 한다는 것을 알고 급히 사들였는데, 아마도 여기에는 서부 지역의 풍부한 자원을 강조한 레드야드의 영향도 있었을 것이다.

레드야드는 중국 무역이라는 뜻을 이루지 못한 채 세상을 떠났다. 리딩이 교수는 레드야드에 대해 "중미 간 직접 교류를 낳은 산파였으며, 특히 미국 서부 개척 운동에 중요한 업적을 남겼다"고 평가했다. 보통 중국인은 서점 운동이 중국과 관계없다고 생각한다. 하지만 레드야드의 이야기를 들은 미국 대통령이 서북 인디언 지역으로 영토를 확장하고 중국 무역에 필요한 자원(모피, 미국 인삼 등)을 확보했으니 중국 무역과 서점 운동이 깊은 관계가 있다고 할 수 있다.

2015년 할리우드에서 제작된 영화 〈레버넌트-죽음에서 돌아온 자〉는 인디언 땅에서 모피를 구했던 펜실베이니아주의 사냥꾼 휴 글래스의 실화를 다루었다. 1823년에 글래스는 로키마운틴 모피 회사의 모험가 윌리엄 애슐리를 따라 인디언 땅에서 모피를 수집하다가 곰의 습격을 받는다. 궁지에 몰린 그는 끝까지 포기하지 않고 200마일(약 320킬로미터) 떨어진 사우스다코타주의 카이오와 요새까지 가서 목숨을 구한다.

영화를 보면 당시 많은 모험가와 망명객이 인디언 땅에서 모피 사냥을 했다는 사실을 알 수 있다. 이들은 무역으로 모피를 팔아 엄청난 이익을 얻었는데 그 주요 고객이 지구 반대편에 있는 나라, 중국이었다.

13세기에 아시아를 탐험했던 마르코 폴로처럼 레드야드도 고향으로 돌아와 동방 무역에서 엄청난 이익을 얻을 수 있다고 주장했지만 사람들은 믿지 않았다. 두 사람의 차이점은 더 있다. 마르코 폴로는 생전에 많은 부를 쌓았고, 감옥에서 만난 루스티켈로의 책을 통해 자신의 경험을 널리 알렸다. 그러나 레드야드는 빈손으로 죽었고 그의 경험과 주장은 역사 속에 묻혀버렸다.

제퍼슨 대통령 생각처럼 레드야드의 환상이 너무 컸을지 모르나, 상당 부분 그의 주장은 실제와 부합했다. 갓 독립한 신생국 미국에게는 이런 환상과 이를 실현할 에너지가 필요했다. 당시 미국은 생활필수품들을 직접 생산할 수 없었기에 반드시 교역이 필요했다. 중국을 포함해, 갈 수만 있다면 어디든지 가야 했다. 이와 같은 간절한 수요가 없었다면 미국 상인들은 본국에서 사업을 했을 것이며 굳이 해외로 나가지 않았을 것이다.

중국으로 가는 것이 불가능한 꿈만은 아니었다. 북아메리카에서는 이미 중국풍이 유행했다. 중국차, 자기 등이 많은 이익을 보장했고 상인들은 미국 인삼이 중국에서 큰 환영을 받는다는 것도 알고 있었다. 이런 배경이 그들로 하여금 국제 무역에 뛰어드는 모험을 가능하게 했던 것이다.

## 천지개벽, 중국황후호의 여행

미국 역사학자 새뮤얼 모리슨과 헨리 코메이저에 따르면 파리 조약 체결 후 미국 보스턴 주변 상인들은 중국 무역을 준비한다. 그리고 1783년 12월 보스턴에서 55톤급 외돛 선박 해리엇호가 중국으로 향한다. 이 배는 중국인들이 화기삼花旗蔘이라고 부르는 미국 인삼을 싣고 있었다. 광저우에서 미국 인삼이 크게 환영받은 것을 알았던 상인들은 희망에 부풀었다. 그런데 배가 아프리카 케이프타운에 도착했을 때, 동인도 회사가 끼어들어 2배나 많은 양의 희춘熙春 녹차와 미국 인삼의 교환을 제의한다. 해리엇호는 높은 이윤에 끌려 차를 가지고 회항한다. 비록 이번에는 중간에 돌아왔지만 중국으로 가는 꿈은 여전히 많은 미국인을 흥분시켰다.

1784년 2월 22일 해리엇호가 항해에서 돌아오고 나서 얼마 후, 중국황후호가 뉴욕항을 출발하여 광저우로 향한다. 이날은 독립 혁명 지도자인 조지 워싱턴 장군의 생일이었다. 중국식으로 말하자면 길일吉日이었다. 이날의 행운은 훗날 증명된다.

미국은 그전까지 단독으로 중국과 교류한 경험이 없었다. 의회는 선박 증명서customary sea letter, 항해 여권를 발행하면서 혹시 모를 상황에 대비해 다음과 같이 적었다.

종교나 세속적으로 훌륭한 도시의 지고무상하고, 존경받고, 존귀하며, 고귀하며, 권위 있는, 영명한 군주, 황제, 국왕, 공화 군주, 친왕, 공작, 백작, 남작, 귀족, 시장, 의원, 법관, 장관, 사법 대표와 섭정 대표들께.
most Serene, most Puissant, High Illustrious, Noble, Honorable, Venerable, Wise and Prudent, Lords, Emperors, Kings, Republicks, Princes, Duckes, Earls, Barons, Lords, Burgomasters, Councillors, as also Judges, Dfficers, Justiciaries and Regents of all the good cities and places, whether

최초로 중국에 도착한 미국 상선 중국황후호.

ecclesiastical or secular

　도입부의 이 긴 문장은 당시 미국이 중국과 얼마나 멀리 떨어져 있었는지를 상징적으로 보여준다. 중국에 대해 전혀 몰랐던 글쓴이는 유럽 역사에 등장하는 높은 지위를 모두 나열함으로써, 누군지 모를 상대 중국인에 대한 예우에 부족함이 없도록 했다.

　중국황후호는 3개의 돛을 가진 중량 360톤짜리 선박으로 제작에 12만 달러가 소요됐다. 선장은 존 그린이었으며, 관리자는 독립 전쟁 당시 포병 장교로 활약했고 훗날 미국 초대 광저우 영사로 부임하는 새뮤얼 쇼였다. 이 배에는 대서양을 항해하는 다른 상선들처럼 출몰하는 해적과 맞서기 위해 대포가 장착됐으며, 그만큼 새뮤얼 쇼의 군대 경험이 중요했다.

　배에는 면화 361단擔, 납 476단, 후추 26단, 얇은 비단인 우사羽紗 1270필疋, 가죽 제품 2600건件, 인삼 473단이 실렸다. 항해는 용감한 시도였고 행운도 많이 따랐다. 배가 인도네시아 자바섬과 수마트라섬을 가르는 순다 해협에 도착했을 때, 마침 중국으로 향하던 프랑스 군함을 만났다. 독립 전쟁 시기 양국 관계는 우호적이었다. 덕분에 프랑스 군함의 호위를 받으며 1784년 8월 말 아오먼을 지나 무사히 광저우에 도착했다. 파리에 근무하던 미국 공사 제퍼슨은 프랑스 정부의 호의에 감사를 표했다.

　중국황후호는 광저우에 도착한 뒤, 미국 13개 주를 대표하여 13발의 축포를 쏘아 올리며 중국과 이곳에서 무역하는 여러 나라에 경의를 표했다. 축포의 수는 공교롭게도 광저우에서 중국과 서양의 무역을 중개하는 13개의 상점, 즉 십삼행과 일치했다. 미국은 싣고 온 물건을 순식간에 다 팔고 홍차 2,460단, 녹차 562단, 면포 864단, 자기 962단, 견직물 490필, 계피 21단을 구매했다. 교역을 마친 중국황후호는 네덜란드 상선과 함께 귀국길에 올랐다. 자세한 항해 지도도 없이 올랐던 중국행은 여러모로 행운이 따랐다. 덕분에 그들은 광저우에서 끊임없이 오가는 유럽의 상선들을 목격할 수 있었다.

1785년 5월 11일 무사히 뉴욕에 도착한 중국황후호는 싣고 온 물건들을 모두 팔아 3만 7,727달러를 벌어들여 25%의 이익을 남겼다. 이후에 들어온 상선들에 비하면 그다지 큰 이익은 아니었지만, 최초의 중미 무역은 커다란 성공을 거두어 양측 모두에게 기쁨을 안겨주었다.


## 중국으로 가자: 미국에서 유행하는 중국 상품

3개월 후인 1785년 8월 12일, 또 다른 미국 상선 팔라스호가 볼티모어항에 도착했다. 선주 존 오도넬은 광저우에서 싣고 온 안후이安徽차, 난징 면포, 청화자기 등을 10월 1일부터 판매한다고 대대적으로 광고하면서 소비자들을 끌어모았다. 그는 영국 동인도 회사에서 16년 동안 배를 몰아 동서양 뱃길에 익숙했다.

8월 17일 조지 워싱턴은 텐치 틸먼 대령을 통해 난징 차탁, 청화자기, 청화 그릇, 난징 면포 등 12건의 주문서를 보냈다. 시장가보다 저렴하게 준다면 전부 사겠지만 가격이 맞지 않으면 사지 않겠다는 말도 덧붙였다. 다른 소비자들도 비슷했는데, 틸먼 대령은 그중 자신이 가장 좋은 조건을 제시받았다고 전했다.

필라스호에는 화물 외에 4명의 중국 선원이 타고 있었다. 이들은 미국 독립 후 최초로 미국 땅을 밟은 중국인들이었다. 틸먼은 워싱턴에게 보낸 서신에서 "그들은 피부부터 머리카락, 외모 등이 인디언과 꼭 닮았다"고 했다. 훗날 미국 의회는 이들을 중국으로 돌려보낼지를 두고 골머리를 앓는다.

미국 연방 정부는 각종 보고서에서 중국 무역이 가져오는 엄청난 이익을 언급했는데, 신생 국가로서는 매우 중요한 일이었다. 1789년 조지 워싱턴은 미국 초대 대통령으로 부임하자 대중국 무역에 더욱 심혈을 기울였다. 2년 동안 뉴욕, 펜실베이니아주, 연방 정부는 각자 대중국 무역 특별 보호법을 만들어 중국 화물에 저렴한 수입 관세를 부과했다. 이러한 정책에 힘입어 미국의 대중국 무역량은 급격히 늘어났다.

이후 여러 배들이 앞다투어 광저우로 향했다. 1785년 엑스페리먼트호는 뉴욕 올버니에서 7명의 성인 남자, 2명의 남자아이를 태우고 출발해 18개월 만에 차, 자기 등 중국 물건을 싣고 돌아왔다. 1797~98년 사이 93톤급 선박 벳시호는 뉴욕을 출발해 남아메리카를 돌아 남중국해를 거쳐 광저우에 도착했다. 배는 아프리카 케이프타운, 대서양을 거쳐 23개월 만에 뉴욕으로 돌아왔다. 이 항해의 수익은 선장과 선원들 월급, 투자비와 관세 등을 제외하고도 5만 3,118달러에 달했다. 이에 발맞추어 미국 조선업이 빠르게 발전하면서 중국으로 가는 선박 중량도 250톤~300톤으로 증가했다.

1813년 광저우 황푸黃浦에 도착한 미국 배는 493톤급에 달했다. 영국의 600~1,400톤급 선박과는 차이가 컸다. 배가 작다 보니 선원 수도 많지 않았으나 일반적으로 교육 수준이 높아 무례한 영국인 선박이 도착했을 때보다 더 환영받았다고 한다.

미국이 대중국 무역에 심혈을 기울이던 1789~99년 무렵 프랑스 대혁명은 유럽 지역을 전쟁의 소용돌이에 휘말리게 했으며 식민지에도 직접적으로 영향을 미쳤다. 미국은 유럽과 지리적으로 멀리 떨어져 있어 전쟁의 영향권에서 벗어나 있었다. 국제 무역에서 유리한 기회를 잡은 미국은 유럽 경쟁자들을 제치고 차 등 교역 상품을 유럽 각지에 운송하여 많은 이익을 얻었다.

1784에서 1814년에 이르기까지 30년간 미국에서 광저우, 아오먼으로 간 선박은 491척에서 618척으로 증가했다. 1790년대 미국 상인은 매년 광저우에서 300~500만 파운드(약 1,360~2,267톤)의 차를 수입하면서 프랑스, 네덜란드를 앞지르고 영국을 압박했다. 1806년 미국은 매년 광저우에서 1,200만 파운드(약 5,443톤)의 차를 수입했고, 이는 영국령 인도 시장과 대서양 시장에서 영국 동인도 회사를 뛰어넘은 실적이었다. 여기에 더해 남아메리카 등에 상품을 파는 중간 교역도 하면서 미국은 대서양 국제 무역에서도 새로운 강자가 됐다.

프랑스가 혁명의 소용돌이에 빠져 있는 동안 미국은 서인도 제도, 아메리카 스페인 식민지로 시선을 돌려 쿠바, 멕시코와의 무역에서도 강력한 힘을 발휘했다. 그들은 여기서 얻은 막대한 스페인 은화를 중국으로 가져갔다. 중국황후호 이후 미국은 대중국 무역에서 수출보다 수입이 많은 상황이었다. 상인들은 중국에서 가져온 상품을 모두 팔아도 자금이 넉넉지 못했다. 돈이 부족해 스페인 식민지 등에서 획득한 은화를 보태야 중국과 거래가 가능했다.

스페인 은화는 커다란 혜택이었다. 1800년 유럽 및 아메리카 신대륙의 은 중 75%에 달하는 양이 중국에 갔다. 1806년 미국은 영국을 추월하여 대중국 은 수출 1위 국가가 됐다. 명·청 이래 중국은 포르투갈, 스페인을 '불랑기佛朗機'라고 불렀다. 이에 미국이 가져온 은화는 불양佛洋, 불은佛銀 혹은 본양本洋으로 불리며 중국에서 널리 사용됐다.

미국은 중국에서 차와 면포를 가장 많이 수입했다. 1790년에 차 5,575단, 면포 16만 6,700필을 수입했는데 10년 후인 1801년에는 면포가 140만 필로 8배나 증가했다. 다만 이 시기 미국은 혁명적인 산업 구조 조정으로 면화 생산량이 비약적으로 늘고 있었는데, 멀리 중국에서는 이런 거대한 변화를 전혀 감지할 수 없었다.

1792년 존 레드야드의 고향인 코네티컷에서 새로운 조면기軋花機가 개발됐다. 일라이 휘트니라는 발명가가 조지아주 면화 재배 농장을 둘러본 후 제작한 이 조면기는 면화에서 면화씨를 효율적으로 제거했는데, 작업 속도가 사람보다 8배나 빨랐다.

휘트니의 조면기가 남부 지역 면화 농장으로 퍼지면서 미국의 면방 산업은 빠르게 발전했다. 1790년에 4,000베일(bale, 1베일≒170킬로그램)이던 연간 생산량이 1840년 아편 전쟁 시에는 100만 베일을 초과한다. 면이 수출의 절반을 차지하고, 전 세계 소비량의 약 60%를 공급하면서 미국은 명실상부한 면화 수출 대국이 된다. 남부 면화 산업의 성장은 북부의 은행, 운송업 발전으로 이어지고, 이는 다시 남부에서 북부 공산품, 중서부 농산물 수요를 늘리는 효과를 낳는다.

이러한 변화는 차 무역에 영향을 미친다. 과거 해상 무역에서 차는

1884년 미시시피 하류 지역 면화 재배 농장의 모습을 담은 석판화. 미국 의회 도서관 소장.

대대로 인기 품목이었다. 미국 상인들은 산지와 소비 지역 간 가격 차
이로 큰 이익을 얻었다. 그러다가 면화 무역이 성장하면서 차 무역이
미국 경제와 세수에서 차지하는 비중이 줄어든다. 그러다가 중국으로
부터 면사, 면포 수입이 줄면서 다시 차 무역 비중이 높아진다. 1822
년에 36%, 1828년에 45%, 1837년에는 65%, 1840년 아편 전쟁 시기
에는 81%까지 급상승한다. 중국이 미국 내 면방직 제품 시장에서 주
도권을 잃고, 대신 차 수출이 늘어나는 양상은 중국이 이때부터 유럽
산업 혁명에 큰 영향을 받았다는 사실을 나타낸다. 한편 미국의 비단,
면방직품 소비는 1820년부터 차를 추월한다.

　1820년 가을, 중국에서는 새로운 황제가 등극했다. 가경제가 세상
을 떠나자 차남 금녕錦寧, 즉 도광제道光帝가 왕위를 이은 것이다. 이 시
기 광저우에서는 차, 자기, 비단 무역이 여전히 성행했지만 영국 여행

가 조나스 한웨이가 말한 것처럼, 터키 사람들이 즐기던 특수 상품인 아편에게 조용히 자리를 내주고 있었다.

미국 32대 대통령 프랭클린 델라노 루스벨트는 중국인이 잘 아는 미국 대통령 중 한 사람으로 1933년 3월 4일 부임하여 1945년 4월 12일 사망했다. 2차 대전이라는 특수한 환경에서 네 차례 연임한, 미국 역사상 유일한 대통령이었다. 미국 관리들은 그가 중국에 특별히 관심을 두었으며 중국에서 사업을 했던 외조부 이야기를 자주 했다고 회고한다. 그러나 그 사업이 바로 아편 장사였고 이 아편이 미국의 꿈을 현실화했다는 사실까지는 말하지 않는다. 그의 중간 이름 '델라노 Delano'는 외가 쪽 성을 이어받은 것이고, 이 집안은 중국 아편 무역으로 막대한 부를 축적한 상인 가족 중 하나였다.

18세기 말 영국 동인도 회사는 중국 무역 적자를 만회하고자 아편 판매를 시작했다. 아편은 국적을 묻지 않고 많은 이익을 가져다주었으

링딩양(伶仃洋)에 정박한 서양 아편 선박. 영국 해양 화가 윌리엄 허긴스의 1820년작. 그림에서 가장 큰 배가 영국 배이다. 그 뒷줄 선박은 아마도 미국 국기를 달고 있는 듯하다.

며 미국 상인들도 기꺼이 여기에 동참했다. 초창기 아편 무역에는 존 퍼킨스 쿠싱, 새뮤얼 워즈워스 러셀, 앞서 말한 루스벨트 대통령의 외조부 워런 델라노 주니어 등이 참여했다.

혈기 왕성한 젊은 시절에 중국에 온 그들은 광저우 십삼행의 거부巨富 오병감伍秉鑒의 보호를 받는다. 아편 무역으로 큰돈을 벌어들인 후 예외 없이 모두 조국인 미국으로 돌아가는데, 그곳에서 국가 번영에 견실한 물질적 기초를 제공하고 부에 대한 정신적 가치 형성에 큰 영향을 미친다.

## 기창양행(旗昌洋行), 아편으로 벼락부자가 되다

새뮤얼 러셀은 코네티컷주의 미들타운에서 출생했다. 이곳은 코네티컷강의 항구 마을로 상선들은 강을 따라 내려가 뉴욕 롱아일랜드섬 동쪽을 거쳐 대서양으로 빠져나갔다. 18세기에는 마을 주민 중 3분의 1 이상이 무역이나 기타 해양 관련된 일에 종사했는데, 덕분에 미들타운은 코네티컷주에서 제일 번화하고 부유한 마을로 성장했다. 러셀의 부친도 그런 이들 중 1명이었다. 그러나 불행히도 러셀은 열두 살 때 부모를 잃고 생계를 위해 휘틀시앤알솝사Whittlesey&Alsop에 인턴 사원으로 들어간다. 그는 대학을 나오지 않았지만 무역에 소질이 있었다. 인턴 기간이 끝나자 뉴욕으로 가서 고향 사람이 세운 헐앤그리즈월드사Hull&Griswold에 화물 감독관으로 취직하여 바다에서 새 인생을 시작했다. 업무에 익숙할 무렵, 고향으로 돌아가서 자신의 이름을 딴 러셀사Russel&Company를 세웠다. 오늘날 기준으로 보자면 헐앤그리즈월드사의 무역 영업을 대리하는 명목상의 회사, 즉 페이퍼컴퍼니였다.

중국과의 무역이 빠르게 성장하자, 미국 동부 연안으로 산업 벨트가 형성됐다. 보스턴 동북부의 항구 도시 세일럼에서 남쪽으로 보스턴, 로드아일랜드주, 코네티컷주, 다시 남쪽의 뉴욕, 신시내티, 펜실베이니아주의 필라델피아, 델라웨어강 일대를 거쳐 볼티모어, 워싱턴 주변을 잇는 지역이었다.

이곳이 중국 무역의 상품 집산지가 되자 규모가 큰 가족 중심 무역회사와 상인들이 모여들었다. 창고마다 자기, 칠기, 차, 비단 등 중국, 일본, 인도에서 온 화물들로 가득했다. 그 영향으로 오늘날 이 지역 박물관에는 중국 자기, 칠기가 많이 전시되어 있다.

보스턴 북쪽 메인주에는 '중국China'이라는 작은 마을과 '베이징로Peking Street', '광둥로Canton Street'가 있었다. 큰 호수 이름을 '중국호China Lake'로 지을 정도로 이 지역에서 중국 무역은 매우 중요했다. 주변에 좋은 대학도 많아서 북아메리카 중국 연구의 핵심 지역이었다. 이런 환경에서 자란 러셀은 자연스레 중국에 가서 무역 일을 하기를 꿈꾸었다.

중국 상인과 마찬가지로 러셀의 성공도 고향 사람들의 도움을 빼놓고 이야기할 수 없다. 그는 중국에 가려고 고향 사람 에드워드 캐링턴의 도움을 받았다. 캐링턴은 코네티컷주 뉴헤븐 출신이지만 인접한 로드아일랜드주의 중심 도시 프로비던스에 있는 해외 무역 회사 화물감독관으로 일했다. 1802~10년 사이, 캐링턴은 광저우에서 사업을 하며 상인 모임인 미국 상인회의 회장과 비공식 미국 영사 업무를 맡아 다른 미국 회사들을 도왔다. 1811년 다시 프로비던스로 돌아와 에드워드캐링턴사Edward Carrington&Company를 세워 중국 무역을 계속했는데, 얼마 후 러셀이 여기에 입사하면서 무역 일을 배우기 시작했다.

1819년 30세의 러셀은 캐링턴 회사의 광저우 지사에서 아편 사업 등을 맡았다. 그는 10여 년의 경험을 통해 아편 사업이 높은 수익을 보장한다는 것을 알았다. 중국 정부는 금지령을 내렸지만 각국 회사들은 다양한 경로로 아편 무역을 하면서 큰돈을 벌었다. 1824년 러셀은 기창양행旗昌洋行이라는 우아한 중국식 이름의 페이퍼컴퍼니를 세우고 비단, 차, 아편 거래를 시작했는데 이 중에서 단연 아편이 주를 이루었다.

## 미국 상인의 대부: 거상 오병감

새뮤얼 러셀이 기창양행을 세웠을 때, 매사추세츠 출신 존 퍼킨스 쿠싱이 그에게 깊은 관심을 보였다. 쿠싱은 광저우에서도 전도양양한 미국 상인이었다. 어렸을 때 어머니를 여의고 숙부인 토머스 퍼킨스의 보호 아래 성장한 그는 1803년 열여섯 살이 되던 해에 숙부가 운영하는 광저우 회계사무소에 들어갔다. 여기서 경험을 쌓은 쿠싱은 3년 후 퍼킨스사Perkins&Co를 세워 새로운 사업을 시작했고 이 회사는 30년 후 광저우 내 미국 회사 중 가장 큰 규모로 성장한다. 그런데 이러한 쿠싱의 성공 뒤에는 오병감의 지원이 있었다.

오병감은 당시 세계 최대 부호 중 1명이었다. 1834년 개인 자산이 2,600만 은화(지금 가치로 수십억 달러)에 이르렀다. 그의 상점 이화행怡和行은 영미 회사들과 무역했는데 특히 미국 상인에게 지원과 보호를 아끼지 않았다. 오병감의 지원을 받은 미국 상인 중에 존 머레이 포브스와 그의 형 로버트 베넷 포브스도 있었다. 존 머레이 포브스는 러셀이 세운 기창양행에서 분사하여 미국으로 돌아간 뒤 철도 부자가 된 인물이기도 하다.

1827년 오병감은 미국에서 자신의 사업을 돕던 벤저민 윌콕스가 빚을 지고 난처한 상황에 빠지자 아무 조건 없이 그의 부채 7만 2,000달러를 대신 갚아주었다. 윌콕스는 무한한 감동을 안고 고향 필라델피아로 돌아갔다.

그의 재력이 어느 정도였는지 알 수 있는 일화가 있다. 아편 전쟁 후 중국은 영국과 난징 조약을 맺으면서, 전쟁으로 피해를 본 영국 상인들에게 300만 위안을 배상하기로 했다. 당시 십삼행 중 가장 세력이 컸던 오병감은 혼자 3분의 1에 해당하는 100만 위안을 부담할 정도로 재력이 막강했다.

오병감은 대외 거래에서 곤란을 겪기도 했다. 그가 거래한 영국 동인도 회사의 경우 대량 구매를 빌미로 터무니없이 낮은 가격을 제시했다. 과도한 뇌물 요구 등 청나라 관리들의 탐욕도 골칫거리였다. 이런 상황에서 존 퍼킨스 쿠싱을 포함한 젊은 미국 상인들은 신선하게 다가왔으며 오병감은 실제로 이들에게 특별한 호감을 표했다.

1812~15년 사이 영미 전쟁이 발생하여 영국 군함이 미국 상선의 중국행을 막자 쿠싱의 사업은 어려움에 봉착했다. 그러자 오병감은 그에게 자신의 해외 사업을 맡겼다. 얼마 후 쿠싱은 오병감의 투자를 받아 터키산 아편 거래를 독점했다. 영국 동인도 회사는 인도에서 아편을 수입했는데 미국 상인이 끼어들 틈이 없자 터키로 눈을 돌린 것이다. 터키에서 가져온 아편은 약 37.5%의 높은 수익을 냈다. 1827년 러셀의 기창양행이 파트너 자격으로 합류하면서 이 회사는 중국 내 최대 규모의 터키 아편 판매사로 고속 성장한다.


## 금을 캐는 델라노의 아편 사업

기창양행은 미국 상인들을 주주로 참여시켜 새로운 왕국을 형성했는데 이 중에는 워런 델라노 주니어도 있었다. 그는 매사추세츠 남쪽 항구 페어헤이븐에서 태어났다. 그의 집안은 유럽에서 맨 처음 매사추세츠에 도착한 이민자 그룹이었다. 부친은 옥수수, 식염, 콩 등을 뉴올리언스를 거쳐 대서양 너머 잉글랜드와 카나리아 제도에까지 팔아서 많은 돈을 벌었다.

그는 쿠싱, 러셀과 달리 가정환경이 윤택하여 페어헤이븐 대학 문학원을 졸업했다. 매사추세츠 보스턴의 상업은행과 해운 회사에 근무하면서 여러 국제 원양 무역 회사와 접촉하며 경험을 쌓았다. 1833년 부친의 영향을 받은 스물네 살의 젊은이는 매사추세츠를 떠나 황금을 쫓는 여행을 시작했다. 남아프리카를 거쳐 태평양 섬들을 지나 중국에 도착한 이후에도 그의 인생은 무역을 벗어나지 않았다. 그 결과 엄청난 부를 이루어 미국에서 400대 부자 반열에 올랐다.

델라노의 첫 번째 정착지는 아오먼이었다. 여기서 마침 인재를 찾던 기창양행의 러셀을 만나 일을 배웠다. 러셀은 이 영민한 청년을 매우 좋아해서 광저우성 외곽에 있는 회사 창고 관리와 화물 유통을 맡겼다.

1833년 델라노가 광저우에 도착했을 때 그보다 두 살 어렸던 애비엘 애벗 로도 기창양행에서 일을 시작했다. 그곳에서 일하던 숙부 윌리엄 헨리 로가 퇴직하면서 조카를 광저우로 부른 것이다. 젊은 로는 숙부의 기대를 저버리지 않고 델라노와 함께 기창양행의 주요 멤버가 됐다.

델라노와 로는 회사의 아편 사업을 크게 확장시켰다. 아편 거래는 불법이라 백주대낮에는 불가능했다. 사람들 눈을 피해 밤에 주장강 입구 해상에서 거래했다. 무장한 중국 선박이 도착하면 기창양행 사람들이 배에 올라 신속하게 은과 아편을 교환한 뒤 어둠 속으로 사라졌다.

중국 쪽은 방회幇會, 일종의 비밀 조직 사람들이라 이런 거래에 양측 배후를 절대 개입시키지 않았다.

베이징에서도 이런 사정을 알고 있었다. 1838년 홍려사경鴻臚寺卿, 대외 업무를 관장하는 관직 황작자黃爵滋는 다음과 같이 아편 단속을 요구하는 상소문을 올렸다.

"외부에서 들어오는 아편이 점점 증가하자 서양 상인들은 링딩양零丁洋의 라오완산老萬山, 다위산大嶼山에 돈선躉船, 부두에서 잔교로 쓰이는 배을 설치합니다. 그 뒤 광둥의 간사한 상인들이 경비병들에게 뇌물을 주고 쾌속선으로 은을 싣고 가서 아편을 운반해 오곤 합니다."

중국과 서양 상인이 공모한 아편 무역은 서구와 아프리카 노예상이 합작한 대서양 노예 무역과 다를 바 없었다. 미국 선교사 새뮤얼 윌리엄스는 량광 총독 등연정鄧延楨의 아들도 아편 판매자라고 증언했다. 불법 판매로 돈을 버는 데 국가, 민족의 구분이 있을 리 없었다. 자본은 도덕심이 있기는커녕 필요하다면 모든 것을 짓밟을 만큼 잔인했다.

기창양행 한 회사만 이런 것은 아니었다. 미국의 대중국 무역에서 아편이 차지하는 비중이 가장 크지는 않았다. 그러나 기창양행 같은 회사들은 영국 동인도 회사와 달리 회색지대에서 부도덕하지만 자유롭게 행동하며 엄청난 이익을 얻었다.

아편 사업은 젊은 백만장자를 탄생시켰다. 미국 역사학자 제임스 브래들리는 중국 무역으로 백만장자가 된 사람들을 조사했더니 평균 서른 살 나이에 10만 달러 상당의 재산을 소유했다고 밝혔다. 지금으로 따지면 대학 졸업하고 6년 만에 수백만 달러를 번 것과 비슷하다. 쿠싱, 러셀, 델라노, 그리고 오병감이 직접 도움을 주었던 포브스 형제,

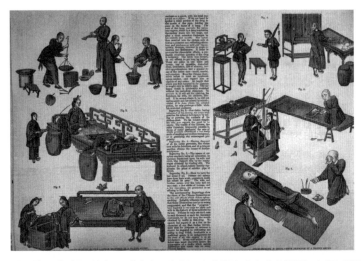

1858년 12월 18일 영국 〈일러스트레이티드 런던 뉴스〉에 실린 아편 패가망신담. 마지막에 "한 중국 동포는 빈곤과 죽음을 안겨준 아편 밀수를 진심으로 물리치고 싶다고 했다"고 적혀 있다. 모든 사람이 아편의 해로움을 알았지만 현실에서 어떤 아편 상인도 이 거래를 포기하지 않았다.

애비엘 로·윌리엄 로 숙질 등이 바로 이런 사람들이다. 중국에서 아편을 팔아 아메리칸드림을 이룬 것이다.

반면에 중국 사정은 매우 심각했다. 사람들 사이에 아편 남용이 만연했으며 통제가 불가능했다. 청나라 말기인 1838년 고위 관료였던 황작자는 아편의 심각성을 다음과 같이 묘사했다.

"처음에는 철없는 부잣집 자제들이 시작하여 크게 염려할 정도는 아니었다. 나중에 고급 관리, 사대부로부터 수공업자, 상인, 하인들은 물론 부녀자, 승려, 도사들까지 피웠다. 어디서나 흔하게 아편을 피우는 담뱃대를 살 수 있었다. 이는 나라의 근본인 성징(후금의 수도)까지 만연했다."

1858년 2차 아편 전쟁 기간에 영국은 중국을 압박하여 새로운 무역 규제 조약인 '통상장정 선후조약通商章程善後條約, Treaty on the aftermath of the articles of Commerce'을 맺는다. 내용을 보면, 5조에서 중국 내 통상 항구에서 아편을 수입할 때 100근당 30냥의 세금을 매겼다. 아편을 합법적인 상품으로 취급한 것이다. 중국에 넘겨버리면 그만인 영국으로서는 상관없는 일이었다. 이 조약의 중문본은 '아편'을 '서양 약품洋藥'으로 표기했지만, 영문본은 여전히 마약인 '아편opium'으로 표기했다.

## 아편 자금의 세탁과 근대 미국의 건설

부자가 된 존 쿠싱은 1830년 미국 보스턴으로 돌아가고 그곳에서 성공회聖公會 교구 목사의 외동딸과 결혼해서 살다가 1862년 사망했다. 새뮤얼 러셀은 1836년 중국 조정이 강력한 아편 단속책을 마련할 때 기창양행을 떠나 미국 고향에서 노후를 보내다가 역시 1862년에 세상을 떠났다.

기창양행은 날로 번창하여 1842년 아편 전쟁이 끝날 무렵에는 광저우에서 가장 큰 미국 회사가 됐다. 난징 조약 체결 후 회사는 새롭게 개방된 상하이로 근거지를 옮겼다. 상하이가 중국 근대화를 이끄는 중심 지역으로 자리 잡을 때 기창양행도 사업을 다방면으로 확장했다. 이들은 창장강長江 해운업을 독점하면서 또다시 엄청난 성공을 거두었다. 1891년 영업을 마무리할 때까지 기창양행은 근대 중국 해운업과 미국의 대중국 외교에 커다란 영향을 미쳤다.

광저우에 있던 미국 가족 회사들은 대부분 아편 무역에 종사했다.

이들은 누구보다 아편의 유해성을 잘 알았고, 이 무역이 윤리·도덕적으로 옳지 않다는 점도 깊이 인식했다. 그러나 미국 본토에 보내는 보고서에는 아편 사업을 전혀 언급하지 않았다. 미국 역사학자 제임스 브래들리는 로버트 베넷 포브스가 자신의 아편 사업에 대해 다음과 같이 변호했다고 기록했다. "(아편 사업을 하는) 가족 중에는 나를 포함해 다방면으로 존경받아온 퍼킨스, 피바디, 러셀, 로 일가가 있었다." 이 말에는 사업 선택에 잘못이 있었다 해도 비난받을 일이 아니라는 생각이 깔려 있다. 자기만 그런 것도 아니고 심지어 존경받는 가문들도 했으니 말이다.

미국 가족 회사들은 오병감의 비호 아래 아편 거래로 엄청난 부를 축적했다. 한편으론 미국에서 오병감의 대외 투자를 도우며 수수료와

19세기 후반 샌프란시스코 차이나타운의 한 아편관에서 중국 노동자들이 아편을 피우고 있다. 당시 중국, 동남아, 북아메리카, 유럽 등지에 이런 아편관이 있었고 중국인 노동자나 이민자들만 피우는 것은 아니었다. 그러나 중국인들은 오랜 시간 피워서 피해가 더욱 컸다. 미국 의회 도서관 소장.

투자 이익까지 챙겼다. 회사의 자본은 급격하게 늘었다. 그렇게 번 돈으로 그들은 미국 내 자선 사업과 교육, 교통, 의료 방면에 아낌없이 투자했다. 에이브러햄 링컨 대통령은 포브스 일가를 '미국의 공자孔子로 추켜세웠으며 미국 초월주의의 창시자인 랠프 월도 에머슨은 '미국 문명의 아버지'로 격찬했다. 포브스는 전화 회사 벨Bell에도 투자했다. 로 일가는 여성 교육과 도서관, 병원 건립, 대서양 횡단 케이블 설치 사업 등에 투자했다.

대학에도 기부했는데, 러셀 일가의 경우 예일 대학에 부지를 제공했으며 이 대학의 유명한 학생 조직 해골단Skull&Bones에도 자금을 댔다. 1875년 애비엘 애벗 로의 아들은 컬럼비아 대학에 로 기념관을 지어 기부했는데, 1934년 새로운 도서관 건립 이전까지 도서관으로 쓰였다. 델라노의 기창양행 후계자였던 존 클리브 그린은 프린스턴 대학에 가장 많이 기부한 인물로 약 200만 달러를 들여 세 동의 건물을 지었다. 유산은 뉴욕 대학과 뉴욕의 여러 병원에 기부했다. 뉴잉글랜드 지역에는 지금도 이들의 이름을 딴 거리가 있다.

이들 가족 회사가 중국의 아편 사업으로 벌어들인 돈은 미국 사회 건설에 다양하게 쓰였다. 이런 관점에서 보면 아편 중독으로 죽어간 수많은 중국인의 영혼이 내뱉은 연기가 부강하고 근대화된 미국을 건설했다고 할 수 있으니, 이 얼마나 슬픈 역사의 아이러니인가!

## 위대한 대통령의 탄생

워런 델라노 주니어는 아편 사업으로 벼락부자가 되자, 1830년대 미국으로 돌아가 결혼을 하고 다시 광저우로 와서 사업을 계속했다. 1866년에는 완전히 미국으로 돌아가 광산 등 사업에 투자했다. 1880년 작은딸 사라 앤 델라노는 먼 친척인 제임스 루스벨트 1세와 결혼하고 2년 뒤, 아들 프랭클린 델라노 루스벨트를 낳았다. 어린 루스벨트는 외조부와 많은 시간을 보내면서 중국에 관한 여러 이야기를 들었다.

1898년 워런 델라노 주니어는 세상을 떠나면서 아들 6명과 딸 2명에게 유산을 남겼다. 루스벨트의 어머니 사라도 133만 8,000달러를 받았다. 당시 미국 보통 가정의 1년 수입이 650달러 정도였으니 엄청난 거금이었다. 이 돈은 루스벨트의 교육비와 뉴욕 허드슨강 주변 자산 매입에 쓰였다. 무엇보다 중요한 점은 그가 1932년 제32대 미국 대통령에 당선됐다는 사실이다. 그의 집안에는 큰돈이 있었다. 그리고 그 돈의 흐름을 쫓다 보면 광저우에서 벌인 아편 사업과 마주하게 된다.

물론 이 가족과 중국의 관계가 루스벨트 대통령의 위대한 업적에 영향을 미치는 것은 아니다. 그는 재임 중 2차 세계 대전의 파도 속에서 중미 양국의 동맹을 구축했고, 그 도움으로 중국은 일본 파시스트들의 침략을 막아냈다. 덕분에 전후 세계 정치 질서 속에서 국제적 지위를 공고히 할 수 있었음을 잊을 수는 없다.

1938년 백악관의 대통령 일가. 왼쪽에서 세 번째가 대통령의 어머니 사라 여사, 네 번째가 루스벨트 대통령이다. 미국 의회 도서관 소장.

## 아편 윤리, 자본주의 정신

우리는 지금까지 특수한 각도에서 아편 무역이 미국 상인들, 미국 자본주의, 근대화 과정과 어떤 관계에 있는지를 살펴보았다. 여기서 중요한 것은 독일 사회학자 막스 베버가 강조한 종교 개혁 사상, 즉 프로테스탄티즘protestantism이다. 베버는 이러한 윤리가 서구에서 자본주의를 발전시켰다고 보고 있다. 그는 애초에 자본주의가 추구한 것은 폭력 등 비도덕적인 수단으로 한 이윤 축적이 아니라고 했다. 이상적인 자본주의는 합리적인 경영 활동으로 이윤이 발생하는 것으로 보았다. 그러나 안타깝게도 현실은 달랐다. 앞서 이야기했듯이 19세기 미국의 가족 회사들이 축적한 자본은 중국에서 추악하고 부도덕한 아편 거래로 얻은 것이었다. 카를 마르크스가 말했듯이 자본의 욕심은 끝이 없다. 청나라 말기 아편 무역은 근대 유럽의 식민지 확장과 긴밀하게 엮이면서 베버가 말한 '자본주의 정신'을 짓밟았다.

아편은 중국에 어떤 결과를 가져왔는가? 은화 유출, 무역 적자, 사회 빈곤, 무력해진 남성성, 퇴폐한 국민정신…. 결과적으로 이 모든 일이 중국에서 벌어졌다. 물론 중국인도 아편의 위해성을 심각하게 인식하고 있었다. 1838년 황작자는 많은 성에서 아편이 범람하여 매년 3,000~4,000만 냥의 백은 적자가 발생하는데 이는 "(백은이) 내지에서 유통되는 것이 아니라 외국 오랑캐에게 흘러가기 때문"이라고 지적했다.

결과적으로 아편에 중독된 수많은 영혼이 마시고 뿜어낸 연기가 10여 명의 미국 백만장자와 미국 근대화를 도왔다. 이와 함께 자신의 육체, 가정, 사회, 국가도 허공에 날려버렸다. 중국은 아편 전쟁에서 패배한 것이 아니다. 아편이 체제에 미치는 독성을 근원적으로 차단하지 못했다는 점에서 실패했다. 이후 중국은 수십 년간 연전연패하여 수습 불가능한 상태에 빠졌다. 오죽하면 "손안의 담뱃대가 천조의 꿈을 날려버렸다手中煙槍一杆, 天朝夢歸何處"는 말이 나올 정도였다.

한편 쿠싱, 러셀, 포브스, 델라노 등 미국 상인들이 대부로 추앙했던 오병감은 어떻게 됐을까? 아편 전쟁 전후로 오씨 집안의 재력은 나라에 버금갈 정도로 대단했다. 중국의 주요 상인들도 사정은 마찬가지였다. 그러나 오병감을 비롯한 십삼행 상인들은 쿠싱·러셀·포브스 일가처럼 인문 교육, 의료 및 보건, 건설, 전기, 기계 같은 근대 사업에 투자하지 않았다. 오병감이 미국인 안과 의사 피터 파커가 광저우에서 의료 사업을 할 수 있도록 많은 지원을 했지만, 정작 유럽의 의료 기술을 중국에 들여오려는 어떤 시도도 하지 않았다. 중국의 교육은 과거 시험을 위한 공맹 윤리와 사서오경에 함몰되어 있었다. 중국 최초의 근대화 고등 교육 기관인 경사대학당京師大學堂을 예로 보자. 1898년 무술변법戊戌變法[1] 시기에 설립된 이 학교가 개혁이 실패했음에도 살아남을 수 있었던 것은 그나마 실권을 잡은 자희 태후慈禧太后[2]의 시혜 덕분이었다.

청나라 말기, 중국의 진정한 실패는 유럽과 미국의 자본주의 혹은 상업 정신과 맞서, 자본을 개인이 아닌 사회로 회귀시켜 민생 복리를 꾀해야 한다는 인문주의 정신을 출현시키지 못한 데에 있다. 이런 상황에서 중국에 더 많은 오병감과 거부들이 있었다 한들 달리 무슨 방법이 있었겠는가? 중국이 꼭 유럽, 미국의 길을 걸었어야 했다는 뜻은 아니다. 그러나 어떤 길이든 시도해야 국가, 사회, 국민의 복지가 향상될 수 있다.

---

**1**  광서제가 강유위의 권유로 추진한 정치 개혁 운동. 1898년 6월 11일 교육, 관료, 조세 및 각종 경제 제도 개혁 조치를 공포했으나 반개혁 세력의 정변(무술정변)으로 1898년 9월 21일 100여 일 만에 실패로 돌아간다.

**2**  함풍제의 황후이자 동치제의 생모. 2차 아편 전쟁 후 함풍제가 사망하고 아들 동치제가 즉위하자 섭정으로 실권을 장악한다. 자금성 서궁에 머물렀다 하여 서태후(西太后)고도 불린다.

## 구 대중국 무역의 역사적 기억

1844년 왕샤 조약 체결 이전에 아편은 중미 무역에서 중요한 위치를 차지한다. 이 불법 무역의 운송 경로는 미국 본토와 직접적인 관계가 없고, 미국 상인들도 자국에서 이 사업을 언급한 적이 없다. 미국에서는 오랫동안 '구 대중국 무역'을 통해 미국 인삼·가죽·방직품과 중국의 비단·차·자기가 교환됐다고만 알려졌다. 20세기 많은 미국인은 청화자기 찻잔으로 '구 대중국 무역' 시대를 기억했다. 그것이 유럽과 미국에서 가장 환영받은 상품이었기 때문이다.

1932년 루스벨트 대통령이 당선되던 해에 화가 그랜트 우드는 〈혁명의 딸들Daughters of Revolution〉을 그렸는데 여기에는 사연이 있다. 문제의 사건은 그가 1927년 아이오와주 시더래피즈에 있는 참전용사기념관Veterans Memorial Building 실내 유리창 설계를 의뢰받으면서 시작된다.

기념 유리창에 쓸 유리 재질이 만족스럽지 못했던 우드는 미국산 대신 독일산을 쓰기로 한다. 예술가는 자신이 원하는 자재를 선택했을 뿐이지만 다른 시각도 있었다. '혁명의 딸들Daughters of Revolution, DAR'이라는 단체가 이의를 제기한 것이다. 이들은 우드가 1차 세계 대전 때 적국이던 독일에서 생산한 유리를 참전 용사를 기념하는 건물에 쓰려 한다고 비난했다.

우드는 훗날 그의 1930년 작 〈아메리칸 고딕American Gothic〉이 미국 역사상 가장 위대한 작품 중 하나로 칭송받을 정도로 유명해지지만 당시에는 아직 무명이었다. '혁명의 딸들'은 1890년 미국 독립 혁명에 참여한 인물들의 후손이 결성한 전국적인 보수 단체로 혈통을 중시하

미국 화가 그랜트 우드가 1932년에 그린 유화 〈혁명의 딸들〉. 원작은 신시내티 예술 박물관에 소장되어 있다.

고 하나님, 가정, 국가에 대한 사랑을 강조했다. 반대에 부딪히자 우드가 설계한 유리창은 설치가 유보되다가 1955년이 되어서야 겨우 제 모습을 찾았다. 우드는 당시 사건을 풍자하려 〈혁명의 딸들〉을 그렸던 것이다.

그림에는 '혁명의 딸들'을 대표하는 서로 다른 연령대의 세 사람이 명화 〈델라웨어강을 건너는 워싱턴Washington Crossing the Delaware〉을 배경으로 서 있다. 〈델라웨어강을 건너는 워싱턴〉은 미국에서 성장한 독일 예술가 이마누엘 로이체가 1851년 독일에서 그린 작품이다. 미국 독립 혁명 정신을 선양하여 유럽 혁명을 고취하고자 제작된 이 그림의 두 가지 버전 중 하나는 뉴욕 메트로폴리탄 박물관에, 다른 하나는 백악관 서쪽 리셉션 구역에 걸려 있다.

그림 〈혁명의 딸들〉에서 가장 오른쪽에 있는 여성은 레이스 장식 칼라 사이에 호박琥珀 브로치를 달고 있는데, 실제로 작가가 독일에서 어머니께 사드린 것이었다. 우드는 이런 상징을 은밀하게 드러냄으로써 모순적인 보수 단체의 행태를 풍자했다. 더욱 재미있는 것은 가운데 '혁명의 딸'이 들고 있는 청화자기 찻잔이다. 화가는 특별히 찻잔을 든 손가락을 길게 그려 이 부분을 강조했다. 청화자기 찻잔은 미국인에게 익숙한 '구 대중국 무역'의 상징이었다. 그 역사는 배경 그림인 〈델라웨어강을 건너는 워싱턴〉보다 오래됐다. 미국을 열렬히 사랑한다는 '혁명의 딸들'은 생활의 일부가 되어버린 중국산 찻잔을 전혀 의식하지 못한다. 그런 사람들이 독일산 유리를 썼다고 비난하는 데 대한 신랄한 풍자였던 것이다.

우드의 유화에 등장하는 청화자기 찻잔은 미국의 '구 대중국 무역'이 어떻게 예술에서 미국 정치를 풍자했는지를 보여준다. 동시에 '구 대중국 무역'이 어떻게 대중의 인식에서 지워졌는지를 일정 부분 설명해준다.

# 3부

## 체제와 체면:
## 조약, 친구, 예의

# 7장. 곽량(郭梁)의 죽음

## 사건: 갑판에서 벌어진 어이없는 재앙

1821년 9월 23일 오후 1시 30분 전후, 햇빛 찬란하던 광저우성 외곽 주장강에서 예상치 못한 일이 발생했다.

광저우의 여성 곽량郭梁[1]은 작은 배에 딸 곽아두郭亞鬥를 싣고 서양 선박 주변에서 과일을 팔았다. 매일 주장강에서는 외국에서 온 '오랑캐 선박夷船'들이 오병감의 이화행 등 십삼행과 거래를 했다. 현지 주민들은 배에서 내릴 수 없는 선원들에게 일상생활에 필요한 물품을

---

**1** 이 여성은 량(梁)씨 성에 이름은 미상일 확률이 높다. 결혼한 중국 여성은 남편 성 뒤에 결혼 전 자신의 성을 붙여 이름으로 쓰곤 한다.

1830년대 십삼행의 외국 상점. 덴마크, 스페인, 미국, 스웨덴, 영국, 네덜란드 국기가 보인다. 주장 강(珠江) 작은 배에서 일반 백성이 생활용품을 팔았다.

공급했다. 곽량도 그런 사람 중 하나였다. 갈모(끝이 뾰족한 고깔 형태의 모자)를 쓰고 간단한 영어로 선원들에게 과일을 팔았다. 남편 곽소제郭蘇娣는 하구 부근에서 아내와 딸이 돌아오기를 기다렸다.

미국의 에밀리Emily호는 볼티모어 선박으로 터키 아편을 싣고 왔다. 선주는 존 도넬, 선장은 윌리엄 코플랜드였다. 아편은 거의 다 팔았고 해적의 습격이나 세관의 간섭도 없어서 모든 것이 순조롭고 지갑은 두둑해졌다.

이탈리아 출신 선원 프랜시스 테라노바는 곽량에게 과일을 사려고 했다. 또 다른 여성 진려陳黎의 작은 배는 세관 소속으로 해상 질서를 유지하는 관리 엽수葉秀를 태우고 그 주위에 떠 있었다. 곽량의 배가 에밀리호와 거래하는 순간에도 엽수는 무료하게 앉아 있었다. 외국 선원이 영어로 말을 건네며 민간 여성에게 물건을 사고, 관리는 또 다른 배에 앉아서 그 모습을 바라보았다. 외국인과의 사소한 거래에 굳이 엄격한 법적 잣대를 적용하기란 애매했다. 주장강에서는 익숙한 풍경이었다.

곽량의 작은 배가 에밀리호에 접근하자 선원 테라노바는 습관처럼 돈을 물통에 넣어 내려보내는 듯했다. 그때 갑자기 항아리 깨지는 소리가 평범한 오후의 정적을 깼다. 순간 곽량이 바다로 떨어졌고 어린 딸이 도와달라고 소리치며 큰 소리로 울기 시작했다. 진려와 엽수가 급히 다가갔지만, 곽량은 보이지 않았다. 하구에서 기다리고 있던 곽량의 남편 곽소제도 사태를 파악하고는 놀라 아우성을 쳤다. 얼마 후 곽량을 건져 올렸을 때는 이미 숨이 멎은 뒤였다. 그녀가 쓰고 있던 갈모만 물 위를 떠다닐 뿐이었다. 시신을 확인하니 곽량의 머리 오른쪽에 큰 상처가 보였다. 갈모에도 구멍이 나 있었으며, 배에는 항아리 파편이 널려 있었다. 사람들은 선원이 던진 항아리에 머리를 맞은 곽량이 물에 빠져 숨진 것이라고 수군댔다.

## 조사: 누가 범인인가?

사건 발생 3일 후 남편 곽소제는 판위현番禺縣 아문에 고발장을 제출했다. '에밀리호 사건'은 광저우 주재 미국 영사 벤저민 와일리에게도 보고됐다. 영사는 사건의 심각성을 인식했지만 자국민인 테라노바 보호가 우선이었다. 영사는 더 이상 사건이 확대되지 않도록 십삼행 오병감에게 중재를 부탁하는 한편, 먼저 선박 회사가 피해자에게 합의금으로 1만 5,000달러를 지불할 것을 제의했다. 이틀 뒤 윌리엄 코플랜드 선장은 영사를 방문해서 중국 측 일 처리에 불만을 표시했다. 또한 테라노바는 죄가 없으니 공개 수사로 결백을 밝혀달라고 요구했다. 이로써 영사가 회사와 사망자 가족 간 진행하려던 중재안은 없던 일이 됐다.

당시 중국과 미국 사이에는 어떤 외교 조약도 없었다. 정식으로 외교 관계를 맺지 않았기에 와일리는 비공식 외교관으로 활동했다. 행정·사법적 권한이 없고 경비도 미국 정부가 아닌 상인들이 낸 회비에서 받았다. 따지고 보면 상인회 회장과 비슷한 지위였다.

중국은 그를 '대반大班'이라고 불렀다. 그도 역시 암암리에 아편 장사로 돈을 벌고 있었기 때문이다. 원래 '대반'은 광저우의 외국 상인들과 십삼행이 자금을 운용했던 영국 상인 윌리엄 자딘을 부르던 말로, 오늘날 'CEO' 혹은 '지점장' 등에 해당하는 호칭이었다. 자딘은 중국 무역을 하면서 한편으로 사법적 분규도 처리했다. 어쨌든 와일리에게는 에밀리호 사건을 처리할 실질적 권한이 없었다. 이런 이유로 에밀리호 선장이 직접 나선 것이다.

사건이 발생한 판위현의 지현知縣 왕운임汪雲任은 황푸 부두에 나가 와일리, 에밀리호 선장, 미국 상인 그리핀 스티스와 함께 현장을 둘러보고 시신을 살폈다. 왕 지현의 검시 결과 곽량은 머리 오른쪽에 길이 1촌 4분(약 4.25센티미터), 넓이 3분(약 9밀리미터) 크기의 상처가 머리뼈 깊은 곳까지 나 있었다. 흉기는 항아리였고 상처의 형태가 갈모 파손 부분과 일치했다. 목격자들은 그 항아리가 에밀리호에서 던져진 것이라고 증언했다. 시신은 물에 빠진 지 하루가 지나 많이 부풀어 있었으나, 와일리는 머리 상처가 물에 빠지기 전에 입은 것이라는 점을 인정했다. 왕 지현은 곽량이 테라노바가 던진 항아리에 맞고 물에 빠져 사망한 것이 분명하다고 결론짓고 선장에게 범인 인도를 요구했다. 와일리 영사는 자체적으로 조사한 후에 결정하겠다고 답했다.

며칠 동안 중미 양측은 각자 증거를 찾는 작업을 계속했다. 왕 지현, 와일리 영사, 에밀리호 선장 등이 바삐 움직였다. 에밀리호의 보증을 섰던 십삼행 상인 여광원黎光遠과 오병감이 통역과 중재를 담당했다. 쌍방은 피의자, 목격자, 증거 등에 관해 각자 다른 해석을 내놓았다.

에밀리호의 윌리엄 코플랜드 선장은 사건이 발생하자 신속하게 당사자인 테라노바를 포함한 선원들의 결백을 주장하는 12장의 진술서를 제시했다. 테라노바의 증언은 다음과 같았다.

나, 프랜시스 테라로바는 선서하고 다음과 같이 진술한다. 1821년 9월 23일, 일요일 오후 대략 1시 30분 전후 나는 미국 선박 에밀리호 위에서 중국 여성이 과일을 팔고 있는 것을 보았다. 그녀는 작은 배를 타고 우리 배에 다가왔는데 나는 과일을 사려고 1전鐩을 항아리에 넣어 전해주었고 항아리를 받은 그녀는 과일을 그 안에 넣었다. 그녀가 항아리를 건네려 했으나 배가 작아서 우리 배를 쫓아오지 못했다. 나는 그냥 저녁 식사를 하러 갔다. 나중에 다시 돌아와서 과일을 받으려는 생각이었다. 그러나 그사이 그녀의 배는 파도에 휩쓸렸다. 그녀는 우리 배를 잡으려다가 그만 물에 빠지고 말았다. 나는 그녀에게 해를 입히지 않았으며 그럴 의도도 전혀 없었다.

테라노바는 글을 쓸 줄 몰라서 다른 선원이 진술서를 대필했다. 이 진술서 외에 선장은 선원 20여 명이 서명한 탄원서를 첨부했다. 곽량이 배에서 떨어지기 전에 에밀리호에서 어떤 상해도 입히지 않았으며 스스로 조심하지 않아 물에 빠졌다는 내용이었다. 곽량의 배에서 발견된 항아리가 테라노바와 관련 있다는 것이 증명됐지만, 테라노바는 곽량과 어떤 마찰도 없었으며 항아리를 던지지도 않았다고 했다.

미국 영사 와일리는 목격자와 사건 당사자들을 면담하여 13건의 진술서를 받았다. 에밀리호에서 제출한 선원들의 진술과 마찬가지로 테라노바의 결백을 뒷받침하는 내용이었다. 3명의 증인은 중국 여성이 에밀리호에 접근하다가 물속으로 빠지는 것을 보았지만 선박에서 물체가 떨어지는 것은 보지 못했으니 이는 불행한 사건일 뿐이라고 했다.

모든 진술이 다 일치한 것은 아니었다. 부근에 있던 알렉산더Alexander호의 윌리엄 로슨은 에밀리호에서 누군가 작은 배의 여자에게 항아리를 던졌으며, 그것에 머리를 맞고 물에 빠지는 것을 보았다고 했다. 영국 선박 헬렌Helen호의 토머스 크레스웰은 에밀리호에서 한 사람이 항아리를 들어 바다 쪽으로 던지려는 모습을 보았다고 했다. 이 두 진술은 다른 각도에서 본 것으로 테라노바에게 매우 불리했다. 그러나 얼마 후 두 선원은 에밀리호 선원과 중국인 여성 사이에 적대적인 행위는 없었다며 애초의 진술을 뒤집었다.

왕 지현은 현장을 조사한 뒤 내심 테라노바가 던진 항아리에 중국 여성이 사망했다는 생각을 굳혔다. 사건 현장 주변에 있던 진려와 곽량의 딸도 곽량이 항아리에 머리를 맞았다고 증언했다. 미국 측은 곽량의 남편도 증인에 포함시켰는데 사건 당시에는 현장에 없었다. 중국 관리들은 남편의 진술에 주목했다. 그는 가장 먼저 현장에 도착해서 아내의 사체를 건져 올렸으며 몸의 상처를 발견했다. 파손된 갈모와 배 위에 있던 항아리 손잡이를 찾아낸 것도 곽량의 남편이었다.

와일리 영사는 테라노바의 결백을 주장하는 30장의 진술서를 량광 총독 완원阮元과 왕 지현에게 전달했다. 중국 관리들은 와일리가 사건을 모호하게 처리하면서 선원을 비호한다며 신뢰하지 않았다. 완원이 와일리에게 범인은 중국 법에 의해 광저우에서 교수형에 처할 것이라고 통보하자 미국 측은 바짝 긴장했다.

완원은 장쑤성江蘇省 이정儀征 사람으로 산둥 학정, 저장 순무, 후광 총독湖廣總督, 후베이성·후난성 관할, 윈구이 총독雲貴總督, 윈난성·구이저우성 관할을 역임한 대학사大學士로 건가고증학파乾嘉考據學派[2]의 대표 인물이자 1817~26년까지 량광 총독을 역임한 전형적인 과거 출신 고위 관료였다.

그의 통보는 사태의 심각성을 보여주었다. 청나라 법전인《대청율례》 중 외국인 관련 조항인 '화외인유범化外人有犯' 부분은 "외국인化外人 범죄자는 법에 의해 처단한다"고 규정한다. 즉, 외국인이 중국 영토 안에서 죄를 저지르면 중국 법으로 판결한다는 것이다. 또한 형법 인명刑律·人命 항에서는 "싸움 중 살인한 자는 흉기와 관계없이 교수형에, 고의로 살인한 자는 참수형에 처한다"고 되어 있다.

광저우는 유일한 개항 항구로 선원들의 매춘, 음주 등 사건이 빈번

---

**2**　청나라 전기 학술 모임으로 고대 사회에 대한 고증을 중시했다. 건륭·가경제 시기에 활동하여 건가파로 불렸으며 이론보다 증거를 중시했다.

1823년(도광 3년)에 인쇄된 《대청율례중정통찬집성(大淸律例重訂統纂集成)》이다. 일본 동경 대학 동양 문화 연구소 도서실에 소장되어 있다. 《대청율례》는 지방에서도 인쇄해서 지역마다 이름이 달랐지만 핵심 부분은 조정이 반포한 내용 그대로였다.

하게 발생했고, 중국인과의 다툼, 구타 사건도 많아서 사법 당국이 주목하고 있었다. 이에 량광 총독 책릉策楞이 외국인에게 교수형이 내려졌을 때 관할 지현이 피고인인 외국인의 상관과 같이 이를 심리하고, 상주하면서 형을 집행하는 내용으로 건륭제의 제가를 받았다. 이것이 1743년의 일이었다.

원래 민간에서 사망 사건이 발생하면 지방관-관할 성의 독무-중앙 형부까지 3단계 심리를 거쳐 최후에 황제가 제가하면 형이 집행됐다. 그러나 1743년 이후 외국인은 광저우 지방관인 지현과 총독의 재심을 거쳐 현지에서 형을 집행했다. 베이징 형부나 황제의 지시가 없어도 처벌이 가능해진 것이다. 제가를 받고 3년 뒤 량광 총독은 광저우 구시가지에서 신시가지로 거처를 옮겼다. 1746년 이후 광저우성 주변에 지방관인 지현부터 총독까지 관리들이 한곳에 모이게 됐다. 이로써 공문이 오가는 시간이 단축되고 사형 재심 건도 신속하게 진행됐다. 현지에서 처리한다고 해도 오늘날 청나라를 배경으로 한 드라마처럼 체포하는 즉시 사형시키는 것은 아니었다.

현지에서 형을 집행하고 후에 조정에 보고하는 사례가 부쩍 늘어난 것은 1853년 이후였다. 당시 태평천국의 난으로 지방의 사태가 긴박해지자 조정은 현지 관리에게 결정권을 주었다. 그러나 난이 진압된 이후로는 지방의 사형 집행 역시 재심을 거쳐야 하는 신중한 일이었다.

현지에서 외국인을 교수형에 처한 사례를 보자. 1784년 중국황후호가 최초로 광저우에 도착했을 때 영국 선박 레이디 휴스Lady Hughes 호의 선원이 환영의 의미로 예포를 쏘았는데 부근의 다른 중국 선박 선원 2명이 여기에 맞아 사망했다. 중국 관리들은 선원의 인도를 요구했다. 영국은 처음에는 거부했지만 중국이 무역을 금지시키자 이에 응했다. 중국 관리들은 조사 후 죄가 확정되자 광저우에서 교수형을 집행했다.

광둥성 당국은 외국과 관련된 중국인 범법자 역시 엄중하게 처벌했다. 1817년 5월 26일 미국 볼티모어에서 온 미국 선박 와바시Wabash호가 아오먼에서 아편 거래를 하다가 중국 해적들의 습격을 받았다. 해적들은 1등 항해사와 선원을 살해하고 은화, 아편 35상자, 기타 물품을 약탈했다. 도망가던 선원 2명이 익사했고 2등 항해사는 중상을 입고 이틀 후 사망했다. 와일리 영사는 범인들을 신속하게 엄벌에 처하라고 요구했지만 자국 선박이 아편을 뺏겼다는 이야기는 하지 않았다.

한 달이 안 되어 당국은 해적들을 체포하고 아편 일부를 회수했다. 일주일의 조사를 거쳐 그해 6월 13일, 많은 외국인이 보는 가운데에서 5명의 주범이 형장의 이슬로 사라졌다. 종범들은 4,000리나 떨어진 곳으로 유배 보내졌다. 사건 처리 과정에서 중국 관리들이 아편을 회수하자 미국 상인들은 급히 사건을 마무리 지으면서 문제가 생기지는 않았다. 당시 중국 사법 당국의 공정한 일 처리와 형장에서 머리가 땅에 떨어지는 참혹한 광경은 미국인들에게 깊은 인상을 남겼다.

이러한 기억 때문에, 1821년 에밀리호 선주와 선장은 자신의 선원이 광저우의 교수대에서 죽을지도 모른다는 공포를 느꼈다. 게다가 터키에서 실어 온 아편이 적발되면서 상황은 더욱 난처해지고 말았다.


## 중국의 판결: 미국 측의 결정

9월 28일 코플랜드 선장은 미국 상인 5명, 화물 관리인 5명을 포함한 위원회를 구성하여 사건 처리 방안을 논의했다. 와일리는 영사라는 신분이 위원회에 부담을 줄 것을 우려하여 참가하지 않았다. 오랜 논의 끝에 중국 관리가 주재하는 공개 심리를 통해 모든 증거를 살펴보자는 결정을 내렸다. 이는 치외 법권을 주장하지 않겠다는 의미였다.

미국 측은 1807년 영국 국적 선원 에드워드 신 사건 때 영국 관리들이 참관한 전례를 들어 심리 현장 참가를 요구했다. (1807년 술 취한 영국 선원이 중국인 1명을 때려 사망케 했다. 영국은 결국 에드워드 신을 중국에

인도한다. 범인은 교수형에 처해졌고, 유가족에게 백은白銀 12냥을 배상했다.) 와일리는 십삼행 상인을 통해 이 내용을 중국 관리에게 전했다. 공개 심리는 에밀리호 선상에서 열렸다.

와일리는 영국인 목사 모리슨에게 통역을 요청했다. 그는 런던 선교사회 소속으로 1807년 중국에 파견된 선교사였다. 1815년 아오먼에서 중국어 사전인《중영자전華英字典》을 편찬하는 등 한학에 깊은 조예가 있었다. 미국 측에는 중국어로 대화할 수 있는 사람이 거의 없었다. 거래할 때는 오병감 등 상인이나 광저우의 통역사를 대동했으나 이들의 영어 실력이 형편없어서 재판같이 중요한 일은 모리슨 같은 사람에 맡겨야 했다.

그러나 중국 관리들은 모리슨이 영국인이므로 중미 양국 간 사건에 관여할 수 없으며, 중국 관리 외에 누구도 법정에 앉을 수 없다고 단호하게 거절했다. 그러자 와일리도 참여를 거부했다. 이로써 미국 측 위원회의 요구는 거부됐지만 공개 심리만큼은 받아들여져서 10월 6일 마침내 심리가 열렸다.


## 왕 지현의 법정: 에밀리호 선상의 판결

10월 6일 오전 8시, 판위현 지현 왕운임이 탄 배가 호위를 받으며 도착했다. 코플랜드 선장이 통역을 대동하고 지현의 배에 올라 환영을 표했다. 지현은 중국 법에 따라 테라노바의 신분을 확인하겠다고 밝혔다. 선장은 중국 측이 강제로 테라노바를 끌고 가 임의로 처리할지도 모른다고 의심했으나 오병감의 보증하에 동의했다. 중국 측은 테라노바에게 쇠고랑을 채우려 했다. 선장은 미국 선박에서 심리 중이니 유죄 확정 전까지 기다려달라고 요청했다. 테라노바는 심리에 순순히 협조하기로 했다.

왕 지현은 수하 관리들, 상인, 목격자들과 같이 에밀리호에 올랐다. 배 위에는 40여 명의 미국인들이 기다리고 있었다. 1,000여 명의 백성과 중국 병선兵船들이 에밀리호를 둘러쌌고, 미국 선박들은 멀리 격리됐다. 이는 미국 선원의 생사가 중국 측에 달렸다는 의미였다.

왕 지현이 자리에 앉자 미국 상인들로 구성된 미국 측 위원회 명단이 전달됐다. 지현은 심리를 시작하여 선박 보증인 여광원과 통역을 통해 선장 등의 신분을 확인했다. 테라노바도 지현 앞으로 불려 나왔다. 지현 앞 탁자에는 곽량의 배에서 발견된 손잡이가 떨어진 항아리와 갈모가 있었다. 테라노바는 항아리가 선상에 있던 것이며 곽량에게 과일값으로 그 안에 1전을 넣어 전달했다고 진술했다. 테라노바가 자기변호를 했지만 왕 지현은 듣지 않았다. 오병감과 통역이 그의 진술을 전할 때마다 지현은 말을 끊었다. 테라노바의 운명은 이미 결정된 듯 보였다.

지현이 곽량의 남편, 진려, 2명의 어린아이 등 중국 측 목격자들을 소환했다. 그들은 고개를 숙인 채 걸어 나왔다. 지현은 진려에게 고개를 들어 범인을 지명하도록 했다. 그녀는 오직 테라노바만 쳐다보았고 통역이 손으로 그를 지목했다. 테라노바는 통역을 통해 항의하려 했지만 지현이 가로막았다. 진려는 오병감이나 통역보다도 영어를 잘했다. 미국 측이 영어로 진술하라고 요구했지만 역시 지현이 반대했다.

진려는 에밀리호에서 누군가 항아리를 곽량에게 던졌으며 이를 맞고 바다로 떨어진 후 다시는 떠오르지 않았다고, 테라노바가 바로 그 사람이라고 진술했다. 지현이 오병감에게 통역을 지시하자 미국인들은 거친 통역을 통해 테라노바가 범인으로 지목됐다는 것을 알았다.

코플랜드 선장이 반박했다. 사건 당일 오후와 다음 날, 진려가 자신을 포함해 다른 4명의 미국 선장들에게 한 진술을 상기시켰다. 그때 진려는 다음과 같이 말했었다. "나는 에밀리호 반대편에 있어 구체적으로 무슨 일이 일어났는지 알 수 없었다. 곽아두의 울음소리가 들려 그때서야 다가가 보니, 곽량의 갈모는 멀쩡했으며 배 위에 있는 항아리도 깨지지 않은 채 온전했다."

선장은 진려가 진술을 뒤집었으며 곽소제는 범죄 현장을 날조하여 테라노바에게 죄를 뒤집어씌우려 한다고 반박했다. 지현은 형벌 도구 刑具를 가리키며 진려에게 경각심을 주고 다시 한번 물었다. 그녀는 동요 없이 방금 한 진술을 재확인했다. 목격자인 어린아이의 진술이 이어졌으나 통역은 없었다. 미국 측은 아이가 당시 다른 배에 있어 아무것도 볼 수 없었을 것이라고 짐작할 뿐이었다.

지현은 목격자들의 증언과 검시 당시 상황이 완전히 부합하고 증인·증거가 확실하니 테라노바를 압송하여 처벌하겠노라고 통보했다. 지현이 말을 마치고 떠나려 하자, 미국 측은 남은 의혹이 많다고 반박했지만 소용없었다. 그들이 보기에 곽량의 죽음에는 여러 다른 가능성이 있었다. 선미의 튀어나온 못 등 돌출된 부분에 머리를 부딪쳤을 수도 있고, 그녀의 남편이 돈을 뜯어내기 위해 꾸며낸 일일 수도 있었다. 미국 측은 오병감을 통해 이러한 의견을 밝혔다.

1804년 한 영국인이 그린 중국 지방관의 기생 심문 장면. 윌리엄 알렉산더와 조지 헨리 메이슨이 쓴 책 《18세기 중국 풍경(Views of 18th Century China: Costumes, History, Customs)》에 실렸다.

우리는 당사자(테라노바)가 중국 법의 처벌을 받게 할 수 없다. 미국 법은 피의자의 죄가 명확해지기 전까지 무죄로 본다. 진상을 밝히려면 시간이 더 필요하다. 죄가 밝혀진다면 우리가 그를 성문 앞으로 데려가겠다. 한 목격자는 테라노바가 항아리를 곽량의 배까지 전달했고, 그녀는 우리 배와 멀리 떨어진 곳에서 바다에 빠졌다고 증언했다. 그의 증언을 들어야 하지 않겠는가. 당신들이 듣고 싶은 증언만 채택하는 데에 동의할 수 없다. 우리는 중국 법에 저항하지 않겠다. 공정한 심리 후에 유죄가 증명되면 그를 넘기겠다. 하지만 입증 못 하거나 우리 측 증거를 무시한다면 그를 데려갈 수 없다. 우리는 아무런 저항도 하지 않겠다. 당신들 마음대로 하라.

왕 지현은 미국 측의 감정이 격해지는 것을 보고 자세를 고쳐 앉았다. 그러나 미국 측 증인의 진술이 시작된 지 얼마 후 다시 통역을 중지시켰다. 그러고는 자신은 테라노바가 범인임을 확신하며 만약 여기에 잘못이 있다면 하늘이 자신을 용서하지 않을 것이라는 말을 남긴 채 배를 떠났다. 상인과 통역이 난감해하자, 미국 측은 다시 오병감에게 복잡한 입장을 토로했다.

지현은 공평무사한 심리를 약속했지만 우리에게 의견을 말할 기회조차 주지 않았다. 이 심리는 편파적이다. 우리가 중국 영토 내에 있고 중국 법을 따라야 하니 불공정해도 저항하지 않겠다. 여러 의심스러운 문제들이 해결되지 않았는데 지현은 이미 판결을 내렸다. 미국 국기는 모욕당할 수 없다. 우리는 그저 지켜보겠다. 중국 병사들이 포위하고 있어 머리를 숙인다고 해도 부끄럽지는 않다. 중국은 위대한 나라이고, 우리를 굴복시킬 힘을 가지고 있다. 우리는 선원 테라노바가 결백하다고 믿는다. 그가 이 배에서 끌려 나가도 우리는 움직이지 않겠지만, 선장은 깃발을 내려 그에게 경의를 표할 것이다.

쌍방이 팽팽하게 맞서며 결론을 내지 못하자 왕 지현은 갑자기 통역에게 형구를 씌웠다. 놀란 상인들이 코플랜드 선장에게 일단 테라노바를 광저우성에 데려가 심리하거나, 잠시 여광원의 상점에 구금할 것을 제안했다. 고위 관리가 오면 재심리하도록 하자는 것이었다. 미국 측은 이 제안을 거절했다. 중국 측이 이미 결론을 내린 상태에서 재심은 의미가 없다고 생각했다. 대치가 계속되자 중국 측은 범인을 내놓지 않으면 배에 올라 체포하겠다고 으름장을 놓았다. 미국 측은 막지는 않겠지만 직접 내줄 수 없다고 맞섰다. 선박 보증인인 여광원이 양측을 오갔지만 별 성과가 없었다. 세 시간이 지나자 지현은 인내심을 잃었다. 상인들을 질타한 뒤 여광원과 통역을 체포하여 판위현 감옥으로 끌고 갔다.

## 배를 봉쇄하다: 무역 제재와 테라노바의 죽음

다음 날 중국 측은 미국 선박에 엄격한 무역 제재를 내렸다. 월해관 감독관 아이방아阿爾邦阿는 항구에 있는 모든 미국 선박을 봉쇄했다. 무역은 중지되고 에밀리호는 발이 묶였다. 이는 중국 측이 외국 상인에게 취할 수 있는 가장 치명적인 조치였지만, 문제를 근본적으로 해결하려는 고육책이기도 했다. 미국 측은 여전히 중국 측과 심리에 대해 나름의 논리를 펼치며 버텼지만 3주일을 넘기지 못했다. 손해가 막심했다. 이러다가는 투자자들이 본전도 못 건질 수 있었다. 게다가 배를 수색당해 아편이라도 발각되는 날엔 살인 사건을 넘어 문제가 커질지도 모른다고 걱정했다.

10월 24일 중국 병사들은 에밀리호에서 테라노바를 압송하여 광저우성에 있는 한 무역상 건물에 구금하고 면회를 금지시켰다. 다음 날 테라노바에 대한 심리는 외국인 참석자 없이 진행됐다. 광저우현 지현 종영, 난하이현 지현 길안, 판위현 지현 왕운임 등은 진려, 곽아두 등 증인들을 소환했다.

량광 총독 완원은 도광제에게 보낸 보고서에서 테라노바가 혐의를 부인하다가 진려가 영어로 질책하자 "더 이상 버티지 못하고 앞선 진술이 잘못됐다는 것을 인정"했다고 기술했다. "두 손으로 항아리를 잡고 위에서 던지는 자세를 취하며 통역을 부탁했다"고도 했다. 사법 관리인 안찰사와 관리 등은 모두 "자백이 명확하니 교수형에 처한다"는 결론을 내렸다. 결국 테라노바는 《대청율례》의 형법·인명 규정에 근거해 교수형이 결정됐다.

10월 28일 이른 아침, 광저우현 지현 종영, 난하이현 지현 길안, 판위현 지현 왕운임 등의 참관하에 테라노바의 교수형이 집행됐다. 시신은 에밀리호로 보내져 선상에서 장례식이 진행됐다.

다음 날 중국 측은 무역을 허가했다. 이로써 에밀리호가 겪었던 모든 사법적, 상업적 악몽은 끝났다. 곽량, 테라노바가 죽었지만 성조기는 여전히 주장강과 화물 창고 창공에서 휘날렸다. 십삼행 상인과 통역사들은 다시 양측을 바삐 오가며 새로운 거래를 진행시켰다. 양국은 사회·사법 제도에서 커다란 차이가 있었지만, 적어도 사업에서는 서로 좋은 파트너라는 사실을 조금도 의심하지 않았다.


## 종결: 천조 법의 존엄

테라노바 사건 이후 량광 총독 완원은 도광제에게 "미국 선원이 부녀를 살해한 사건"에 대해 다음과 같이 보고를 올렸다.

테라노바는 에밀리호 선상에서 50전이 든 물통을 밧줄에 매어 곽량의 작은 배에 내려 보내 바나나와 귤을 사려 했습니다. 곽량은 돈을 확인한 후 10여 개의 바나나, 귤을 물통에 넣어 올려보냈습니다. 테라노바는 과일이 적다며 불평했고, 곽량은 돈을 더 내라고 영어로 답했습니다. 두 사람의 말다툼이 시작되고 곽량의 목소리가 커지자 테라노바는 선장의 질책이 두려워 옆에 있던 항아리를 집어던졌습니다. 머리 오른쪽에 항아리를 맞은 곽량은 바다에 빠졌습니다. 어린 딸은 엄마가 물속에 빠지자 큰소리로 도움을 청했습니다. 엽수, 진려 등이 달려왔으며 남편은 하구에서 사체와 갈모만 건져 올렸습니다.

완원의 지나치게 생생하고 구체적인 묘사는 오히려 의구심을 불러일으켰다. 예를 들어, 테라노바와 양측 증인 누구도 '물통'을 언급하지 않았다. 테라노바는 항아리를 이용하여 과일을 샀고 이 항아리를 그녀의 머리로 던졌을 가능성이 있었다. 두 사람의 말다툼도 들은 증인이 없었는데, 만약 중국어와 영어로 다퉜다면 주변에 있던 엽수, 진려가 들었을 것이다. 테라노바가 선장의 '질책이 무서워' 항아리를 던졌다는 것도 중국식 신분 관념에서 온 무리한 해석일 수 있다. 그러나 완원 총독의 설명은 논리적으로 모순이 없다. 사건 발생 시간, 지점, 피해자, 범인, 사건 원인, 경과, 흉기, 목격자 등 인증·물증이 모두 분명했다. 지방관이 조정에 보고해야 할 모든 격식을 다 갖추고 있었던 것이다.

완원 총독은 판위현 왕 지현이 현명하게 미국 영사를 몰아붙여 굴복시켰고 범인 심판도 마쳤다고 했다. 그는 지현에 대한 표창을 건의하며 다음과 같이 결론지었다.

첫째, 외국인이 식품을 구매할 때 본래 정부가 지정한 매판買辦[3]을 통해야 한다. 민간인 곽량에게 사적으로 구입한 것은 잘못이다. 그러나 당사자가 사망했으니 더 이상 추궁하지 않는다.

둘째, 월해관 관리 엽수는 업무를 잘 처리하지 못했으므로 곤장 80대에 처한다.

셋째, 미국 선주는 사건 해결에 협조했으니 '상속공순외법向屬恭順畏法, 중국 법을 존중하고 잘 지킨 점'을 적용하고 보증인 여광원, 통역에게는 책임을 묻지 않는다.

넷째, 여광원과 통역은 바로 석방한다.

다섯째, 미국 선박의 거래는 허가하지만 백성이 사적으로 외국 선박에 식품을 파는 행위는 엄격하게 금지한다.

완 총독은 오병감과 영사 와일리에게 "천조 법률의 존엄"을 알리고 무역을 위해 왔으니 "당연히 법을 잘 지켜" 선원들에게 나쁜 짓을 저지르지 못하도록 주지시키라고 명했다. 일이 생기면 영사는 "바로 당사자를 확정하여 지방관에게 넘겨 심리를 기다릴 것"이며 "절대 비호하거나 시간을 끌지 말고 천조가 베푸는 회유의 의미를 존중할 것"도 지시했다. 곽량 사건은 이렇게 마무리됐다.

---

**3**　매판은 중국에 있는 외국 상인들의 거래와 생활을 돌봐주는 중국인을 말했다. 이에 대해서는 하오옌핑 지음, 이화승 옮김, 《동양과 서양, 전통과 근대를 잇는 상인, 매판-중국 최초의 근대식 상인을 찾아서》(씨앗을 뿌리는 사람, 2002)를 참고할 것.

## 후속편: 미국 영사 재판권의 취득

1784년 미국 상선이 최초로 중국에 도착한 이후, 1844년 중미 간 왕샤 조약이 체결될 때까지 60년간 곽량 사건 혹은 테라노바 사건은 유일하게 치외 법권에 관련된 사건이었다. 중국 측은 현장 조사, 증거 수집, 혐의자 색출에서 심리와 집행까지 완전하게 사법 주권을 행사했고 중국 법률에 의해 외국 국적 선원을 처벌했다. 미국 측은 광둥성 당국이 공개한 조정 보고서를 보았으므로, 양국 간에 숨겨진 내용 없이 투명하게 처리됐다. 미국 측은 중국 측 관리들의 권한 행사나 중국 사법에 공감을 표하지는 않았지만, 광저우 영사와 선원 모두 신중하게 중국 법을 준수했으며 사법 과정에 간섭하지 않았다. 사건 이후로도 중미 무역은 계속 발전하여 미국도 이 문제에 더 이상 관심을 두지 않았다.

테라노바 사건 이듬해인 1822년 당시 대통령이던 제임스 먼로와 국무장관 존 퀸시 애덤스(훗날 6대 대통령으로 취임)가 도광제, 량광 총독에게 서신을 보냈으나 전달되지는 않았다. 미국은 더 이상의 노력을 기울이지 않았다. 광저우에 정식 영사를 파견하는 것을 포함해, 어떤 시도도 하지 않았다. 당시 미국은 '먼로주의' 정책으로 아메리카 일에 바빠서 동아시아에는 별다른 관심이 없었다. 어떤 사람은 당시 미국의 동아시아 외교에 대해 '정책이 없는 것이 정책'이라고 비평했다.

오히려 영국이 관심을 보였는데, 이 사건이 영국의 중국 내 치외 법권과 연관될 수 있기 때문이었다. 1821년 12월 15일, 사건 후 한 달 여가 지난 뒤 영국 군함 토파즈HMS Topaze호가 주장강 입구 링딩양伶仃

洋에 닻을 내렸다. 비무장한 병사들이 식수를 구하기 위해 링딩섬伶仃島에 상륙했다. 그러나 창과 곤봉으로 무장한 현지 주민들에게 구타를 당하자, 영국군은 무장 소대를 보내 이들을 데려갔다. 이 사태로 영국군 14명이 다쳤고, 중국 주민 2명이 죽었으며 4명이 부상당했다.

토파즈호 선장 리처드슨은 완 총독에게 서신을 보내 폭력을 행사한 주민의 처벌을 요구했다. 한편 총독은 부상 선원들을 중국 측에 넘겨 조사에 응하라고 요구했는데, 양측 모두 서로의 요구를 거절했다. 리처드슨 선장은 중국 관리 1명이 배에 올라 조사하는 것 외에 영국 왕의 배에서 정식 조사를 할 수 없다고 했다. 미국 에밀리호가 판위 지현의 공개 심리를 받아들인 것과는 달랐다.

선장은 군인 2명에 대한 심리와 사망한 중국인에 대해 배상하라는 완 총독의 요구를 모두 거절했다. 대신 상해를 입힌 군인을 영국 법으로 처벌하겠다고 했지만, 완 총독은 받아들이지 않았다. 중국 측은 영국 상인 대표와 임시로 구성된 영국 측 위원회에서 책임을 지도록 하고, 1월 11일 영국과 무역을 중지시켰다. 완 총독은 영국 상인 대표가 영국 군함을 통제할 수 없다는 것을 인식하고, 영국과 협의를 통해 중국 관리를 배에 파견하는 비공식 교류를 진행했다. 2월 23일 마침내 무역이 재개됐고 사건은 흐지부지됐다. 당시 영국은 전 세계에서 식민지를 개척하는 중이었다.

중미·중영 간 살인·상해 사건을 계기로 중국에서의 치외 법권 문제가 중요해졌다. 영국 왕립 해군은 중국 관리들이 배에 올라 정식으로 조사하는 것을 허락하지 않으며 광저우 당국과 대립각을 세웠다. 그러나 미국 상선들은 교섭 과정에서 치외 법권 문제로 중국 측과 마찰을 빚지 않았다. 중국이 미국 선박, 성조기 아래서 법정을 열고 미국 영사도 모든 과정을 지켜보았지만, 미국 법으로 처리하겠다는 요구도 하지 않았다. 영국인들로선 상상도 할 수 없는 일이었다. 이는 양국 정부의 대아시아 정책의 차이에서 왔다. 그러나 이후 두 나라의 정책은 점차 같은 방향을 향하게 된다.

1826년 6월 영국은 1차 영국-미얀마 전쟁에서 승리를 거둔다. 이어 영국 동인도 회사 대표 헨리 버니가 주변국인 시암(태국)의 국왕 라마 3세와 버니Burney 조약을 맺어 동맹 관계를 형성하고 식민지의 경계를 명확하게 한다. 이 조약 2조는 다음과 같이 명시한다.

"영국령의 어떤 지역이나 국가가 시암인을 공격하면 시암인은 직접 대응하는 대신 먼저 영국에 사유를 통보해야 한다. 영국이 조사하여 영국인에게 잘못이 있으면 영국법에 의거 처벌한다. 시암령의 어떤 지역이나 국가가 영국인을 공격하면 영국은 직접 대응하는 대신 먼저 시암에 사유를 통보해야 한다. 시암이 조사하여 시암인에게 잘못이 있으면 시암법에 의거 처벌한다."

표면적으로 동등한 것처럼 보이는 이 조항에서 중요한 것은 시암에서 영국의 치외 법권을 인정했다는 점이다. 시암으로서는 그럴 만했다. 영국군이 미얀마를 공격할 때, 시암 국왕 라마 3세는 함대와 코끼리 부대를 파견하여 협조했다. 버니는 영국을 동맹으로 생각하여 버니 조약 체결 시 과다한 요구를 하지 않았다. 그러나 영국 식민지 관리들은 버니 조약이 시암에게 너무 많은 권리를 주어 아시아 여러 식민지에서 영국이 큰 손실을 보았다고 불만을 토로했다.

1833년 3월 미국은 시암국에 에드먼드 로버츠를 파견하여 라마 3

1833년 미국과 시암이 맺은 조약. 시암어, 영어, 중어, 포르투갈어 등 네 가지 언어로 구성됐다. 서로 상대방 언어를 몰랐기에 중국어와 포르투갈어로 소통했다. 시암은 청조의 조공 외번국이었지만 여기에 대한 인식은 양국이 서로 달랐다.

세와 최초로 '시암 국왕-아메리카 합중국 우호 통상 조약 10조'를 맺었다. 이 조약 9조는 "시암에 온 미국 상인들은 반드시 시암의 법을 준수해야 한다"고 명시한다. 영국과 달리 미국은 시암에서 치외 법권을 얻으려는 노력을 하지 않았던 것이다.

1834년 영국이 테라노바 사건을 다시 끄집어냈다. 런던의 〈쿼털리 리뷰Quarterly Review〉는 미국이 중국 법을 침해하자 중국이 다양한 수단을 동원해서 범법자를 잡았다고 전했다. 잡지는 테라노바 사건을 언급하며 미국이 이 불쌍한 이탈리아인을 희생양 삼아 다른 미국인 범인의 목숨을 구했다며 비난했다. 미국은 강력히 반발했다. 1835년 1월 〈노스 아메리칸 리뷰North American Review〉는 미국이 자국 선원을 보호하려고 테라노바를 희생양 삼지 않았으며 〈쿼털리 리뷰〉의 주장은 사실이 아닌 허구라고 반박했다. 또한 1834년 1월 〈차이니스 리포지터리Chinese Repository〉의 보도를 인용하여 사건 경과를 설명하고 미국은 자국민이라고 해서 범법자를 비호하지 않는다고 강조했다.

우리 독자들은 중국 법이 메디아Medes, 고대 이란나 페르시아 법처럼 사람을 죽이면 역시 목숨으로 배상해야 한다는 것을 잘 알고 있다. 중국 법에 대해 더 많은 지면을 낭비할 필요가 없다. 사람들이 추앙하는 국제법에서는 외국인이 그 나라 관할지에 들어오면 반드시 그 나라의 법을 지켜야 할 의무가 있다.

5년 후 영국은 아편 전쟁을 일으키고, 1843년 '오구통상五口通商 조약'(5개의 항구를 개방하는 조약)을 맺어 영사 재판권을 얻어냈다. 영국인이 중국에서 범죄를 일으키면 영국 관리(영사)가 영국 법에 의해 처벌한다는 것으로, 치외 법권을 실현했으나 중국으로서는 사법권이 심각하게 침해당했다.

1844년 7월 미국 대표 칼렙 쿠싱Caleb Cushing은 량광 총독 기영과 아오먼 왕샤에서 '아메리카 합중국-중화 제국 평화·우호·통상 조약'을 맺었다. 21항에서 "중국인과 합중국인 사이에 소송이 발생하면 중국인은 중국 지방관이 중국 법에 의해, 합중국인은 영사관에서 본국 법에 의해 처벌한다"고 규정했다. 이 영사 재판권으로 인해 미국 국민도 중국에서 치외 법권을 누릴 수 있게 됐다. 미국 정부는 이 규정을 지시하지 않았으나 쿠싱 본인이 정치적 야심으로 담판 지어 얻은 성과였다.

쿠싱은 기독교 국가들은 공동 원칙인 국제법을 지키지만 대부분 이슬람교 국가·이교도 국가는 이를 인정하지 않아, 실제로는 국제법이 기독교 국가들만의 법이 되어버렸다고 생각했다. 그는 또 중국이 기독교를 믿지 않는 이교도 국가이므로 터키 등 이슬람 국가처럼 자기 법률로 기독교 국가 국민을 처벌하는 것을 막아야 한다고 주장했다. 종교적 신념으로 국가와 법을 논하는 쿠싱의 궤변은 많은 사람의 반발을 불러일으켰다.

치외 법권 인정은 중국에게는 치욕이었고 훗날 매우 큰 경각심을 불러일으켰다. 그러나 쿠싱이 아니었어도, 아편 전쟁 이후 미국이 다른 서구 국가들처럼 중국에서 치외 법권을 얻는 것은 단지 시간문제였다. 결국 미국은 이때부터 1943년 5월 '중국에서 미국 치외 법권 처리의 취소에 관한 문제 조약Treaty for Relinquishment of Extraterritorial Rights in China'이 발효되어 폐지될 때까지 100여 년 동안 치외 법권을 누린다.

## 치외 법권과 '문명 세계'

1821년 곽량이 불행하게 죽자, 광저우 당국은 범인을 찾아 엄벌에 처했다. 아편 전쟁이 발발하기 20여 년 전의 일이다. 그런데 아편 전쟁 이후 사정이 달라졌다. 영미 등 국가들이 중국에서 영사 재판권을 획득하면서 곽량 같은 사례가 발생했을 때 중국 사법권으로는 범인을 처벌할 방법이 없어졌다. 근대 중국 사회는 영사 재판권으로 대표되는

치외 법권과 행정, 입법, 사법이
일체화된 외국 조계租界의 설치
로 인해 '반식민 반봉건' 상태
에서 '반식민지'로 전락하고 말
았다. 영국·프랑스·미국 3국은
상하이에 최초로 조계를 설립
했다. 특히 영미가 연합하여 세
운 공공 조계公共租界는 이 모든
특권을 향유하며 '나라 속 나
라'로 불렸다.

태국 방콕의 차이나타운 모습

배후에 더 큰 그림이 있었
다. 유럽은 무력을 앞세운 함포
艦砲 외교, 식민주의 및 제국주의, 근대 과학 기술, 무역 자본과 국제법
시스템을 앞세워 중국을 포함한 오스만 제국과 아프리카의 많은 비기
독교 국가를 침략했다. '문명civilization'이란 서구 언어는 '식민자'와 '피
식민자'를 계급화시켰다. 이런 계급화는 치외 법권에 합법성을 제공했
다. 미국 대표 쿠싱이 기독교와 비기독교라는 잣대로 치외 법권을 갈
취한 것이 좋은 예이다.

쿠싱의 논리에 의하면 중국, 터키, 이집트, 인도 등 이교도 국가는
기독교를 믿는 나라로 변해야만 기독교 국가들과 대등한 사법권과 국
제법 권리를 향유할 수 있다고 했다. 그 배후에는 유럽의 오만한 '문
명' 논리가 있었다. 19세기 이래 많은 유럽 사상가가 자유주의 관점에
서 제국과 제국 확장을 설명했다. 18세기 때와는 달리, 그들은 유럽 문

명의 해외 확장과 식민지 개척을 합리화했다.

중국 등은 이러한 문명론 속에서 사법권 독립을 상실했다. 시암도 마찬가지였다. 1855년 영국 주홍콩 총독 존 보링은 시암 국왕 라마 4세와 보링 조약을 체결했다. 이는 불평등 조약이던 난징 조약을 모방한 것으로, 영국은 두 번째 조항에 영사 재판권을 포함시켜 시암의 사법권을 심각하게 침해했다. 태국학자들은 이 조약으로 시암이 반식민지 국가로 전락했다고 비판했다. 1856년 미국도 영국을 따라 1833년 시암과 맺은 우호 조약을 수정하여 영사 재판권을 획득했다. 시암은 1932년 혁명이 발생한 후 이들 치외 법권을 폐지했다.

근대사의 거대한 흐름에서 본다면, 중국이 곽량 사건에서 사법 주권을 실현한 것은 특별한 의미가 있다. 이후 중국 사법 주권과 국가 주권의 독립은 마치 유성처럼 역사의 밤하늘로 사라지는 듯했다. 그러나 손을 내밀면 닿을 듯한 곳에서 여전히 반짝이며 빛을 발하고 있었다.

# 8장. 황제를 만나다: 중미 왕샤 조약의 체결

 

 

1839년에서 1842년 사이, 미국은 중영 1차 아편 전쟁과 난징 조약의 체결을 보면서 중국에 대한 인식이 크게 변했다. 중국을 동정하고 영국을 질책하는 여론도 있었지만, 한편에서는 중국이 국제 사회 규칙을 무시한다며 영국을 지지했다. 미국은 중국의 운명, 중국 외교에는 관심이 없었다. 대통령부터 정치인, 그 배후의 수많은 거부는 오로지 영국이 열어놓은 샤먼, 푸저우, 닝보, 상하이 등 통상 항구에서 사업하기를 원할 뿐이었다. 그들에게 중요한 것은 오직 중국의 엄청난 부와 무한한 시장이었다.

## 쿠싱의 임명: 미국 초대 대표가 부임하다

1843년 미국 대통령 존 타일러는 칼렙 쿠싱을 전권 외교 대표로 임명하고 중국과 통상 조약 협상에 나섰다. 쿠싱의 임명은 당시 국내의 여러 정치 요인이 빚은 결과였다.

타일러는 1841년 3월 4일 9대 대통령 윌리엄 해리슨과 함께 부통령으로 취임했는데, 그해 4월 4일 갑자기 대통령이 폐렴으로 사망하는 사건이 발생한다. 이에 타일러는 미국 역사상 최초로 부통령으로서 대통령직을 승계한다. 예상치 못한 상황에서 타일러는 새로운 정치 환경에 직면했다. 앞서 중국과의 통상 조약에 파견할 대표로 처음 물망에 오른 사람은 버몬트주 하원 의원인 호러스 에버렛이었으나 본인이 사양하여 매사추세츠 하원 대표인 칼렙 쿠싱으로 교체된 것이다.

쿠싱은 부유한 가정에서 출생하여 엘리트 코스를 밟았다. 1813년 열세 살에 하버드 대학에 입학하고 1817년 졸업 후 모교에서 2년 동안 수학을 가르쳤다. 이후 법학을 공부해 1824년 변호사 자격을 얻어 정계에 입문했고, 1826년 매사추세츠주 상원 의원이 됐으며, 1841~42년 하원 외교 위원회 위원장을 지냈다.[1] 1843년 초, 타일러 대통령은 쿠싱에게 재무장관을 맡기려 했지만 상원의 반대에 부닥쳤다. 대통령은 하루에 세 번이나 쿠싱을 지명했는데 상원은 모두 부결시켰다. 타일러 대통령은 생각을 바꿔 그를 재무장관에 임명하는 대신 중국에

---

[1] 타일러는 원래 민주당 당원이다가 나중에 휘그당으로 소속을 옮겼다. 대통령이 된 후 휘그당과 사이가 나빠지면서 제명당한다. 쿠싱은 제명된 타일러를 도왔다.

칼렙 쿠싱 모습. 미국 의회 도서관 소장.

파견하기로 했다. 쿠싱도 이 기회에 자신의 평판과 이미지를 바꾸려 했다.

5월 8일 국무장관 대니얼 웹스터는 쿠싱에게 정식 외교 훈령을 전달했다. 훈령에는 2년 전 발생한 중영 전쟁으로 영국이 새롭게 4곳의 통상 항구를 열었으니 미국은 이곳에서 영국과 동일한 무역 권리를 얻어야 한다고 강조했다.

훈령은 미국도 중국과 조약을 맺어 상인과 국민들이 이 항구에서 상업 활동을 할 수 있게끔 협상하라고 명시했다. 또한 베이징으로 가 중국 황제에 대통령의 친서를 전달할 것과, 만약 베이징에 가지 못하면 그 측근에게 전달해서라도 황제의 회신을 받을 것을 명했다. 강압이 아닌 평화적 방법으로 교섭을 진행하되, 미국의 위신과 힘을 보여주라는 말도 잊지 않았다.

훈령은 중국이 외국 대표를 조공 공사로 여겨, 황제 알현 시 의전 문제를 제기하는 것(1793년 매카트니 사절단, 1816년 애머스트 사절단 방문 사례)에 대해서도 언급했다. 미국 대표는 중국과 대등, 평등, 존엄하므로 국격을 훼손하는 일이 없도록 하라고 강조했다. 미국은 젊은 나라인 만큼 쿠싱이 중국 조공 무역이라는 상투적인 패턴에 빠지지 말라는 것이었다. 그러나 광둥성 관리들은 조정에 보낸 공문에서 미국을 또 하나의 번국으로 표기했으며 거기에 특별한 의미를 두지 않았다.

국무부의 외교 훈령은 미국이 중국을 이해하는 척도가 됐다. 미국의 목적은 간단했다. 영국이 열어놓은 4곳의 항구를 통해 대중국 무역을 확대하고 이를 조약으로 규범화하는 것이었다. 무력으로 목적을 달성할 여건이 되지 않았던 미국은 쿠싱의 개인적 외교 역량에 의지할 수밖에 없었다. 외교적 노력을 통해 중국이 자신을 조공국이 아닌 대등한 모습으로 대우해주기를 기대했다.

## 미국 선박의 북상 압력: 쿠싱의 문제와 중국 관리의 임무

1844년 2월 25일 중국은 새해 분위기로 들떠 있었다. 아오먼의 지방관 사목지謝牧之는 서양 배 한 척이 주저우만九州灣에 정박해 있다는 보고를 받았다. 미국 선박으로 선원 500여 명과 대포 64문이 실려 있었다. 사목지는 신속하게 광둥 순무 정율채程喬采에게 보고했다. 정율채는 광저우 미국 영사 폴 포브스로부터 그 배에 미국 대표 쿠싱이 타고 있다는 소리를 듣고 왠지 모를 불안감에 빠져들었다.

지난 가을(1843년), 포브스는 흠차대신(황제가 중요 사건을 처리하기 위하여 둔 관직) 기영과 량광 총독 기강祈扛에게 미국의 사신 파견 의사를 전했다가 거절당했다. 중국 측은 또다시 미국이 사신을 파견하려 한다는 사실에 놀라워했다. 1842년에 량장의 총독이었던 기영은 흠차대신 신분으로 영국 대표 헨리 포팅거와 교섭을 벌여 난징 조약에 서명했었다.

정율채는 신속하게 융안현永安縣 지현 전연고錢燕誥에게 명했다. 중국어에 능한 미국인 의사 피터 파커를 데리고 포브스를 만나 중국에 온 이유를 탐문하고 행동을 저지하도록 지시한 것이다.[2] 쿠싱은 사신이 "베이징에 가서 황제를 알현할 것"이라고 했다. 그는 비서 엘리샤 케인를 통해 자신이 온 목적이 적힌 공문을 전했다.

정율채는 공문 번역본을 보고 비로소 쿠싱이 '아메리카 합중국'의 '대통령'이 임명한 '전권 공사全權善定事宜公使大臣'이며 베이징에 가서 황제에게 대통령의 친서를 전달하고 중국과 상업 조약을 체결하려 한다는 것을 알았다. 대략 한 달 후에 톈진 베이허커우北河口로 간다

---

**2** 미국 선교사이며 의사인 피터 파커는 중국 이름 보허(伯駕) , 바허(巴駕)' 바커(帕克) 등으로 불린다. 1834년 광저우에 와서 박제의원(博濟醫院)을 세워 서양식 진료를 시작했다. 1838년에는 중화의약(中華醫藥) 선교회를 창설했고 아오먼에 안과 의원을 열어 무료 치료를 했다. 1839년 아편전쟁 전에 임칙서를 치료하기도 했다. 1844년 미국 대표를 도와 왕샤 조약 체결에 참여했다. 1855년 주중 전권 공사가 되어 다른 나라들과 연합하여 중국에 조약을 수정하도록 압력을 넣었다.

고 했다. 정율채는 광저우 지부知府 유개역劉開域에게 쿠싱의 비서 케인을 만나 북상하지 말 것과 "법과 사정을 지키도록 설명하고 완곡한 거절 의사"를 전하도록 했다. 중국 측은 조공 방식에 대해 다음과 같이 설명했다. 미국을 포함한 모든 외국 업무에 관한 사항은 광둥 독무가 "(황제) 대신 처리"하며, 사신이 직접 조정에 갈 수 없다.

케인은 미국 대표가 9개월여의 오랜 항해를 거쳐 "8만여 리의 바다를 건너왔으며", "진심을 다하여" "황제를 알현할 것이니" 포기할 수 없다는 뜻을 밝혔다. 자신은 결정권이 없으니 아오먼에 돌아가서 쿠싱에게 전하겠다는 말만 남겼다.

정율채는 급히 도광제에게 보고했다. 미국은 "지난 100여 년 동안 조공을 한 적이 없었다"며 쿠싱이 갑자기 전권 공사라는 이름으로 와서 조약을 체결하자는 것은 영국을 따라 하는 것이라 했다. 미국인들은 "성격이 조급해서" 곧 북상할 것이니 연해 각 지방관들이 미국 선박의 동향에 주의하는 한편, 계속 접촉을 통해 북상을 막아보겠다고 덧붙였다.

정율채는 쿠싱이 보낸 공문의 한역본을 첨부했다. 쿠싱이 '전권 공사'로서 '흠차대신'과 "조약에 관해 상의하기를 원하며, 중국 황제의 평안과 만수무강을 빈다"는 내용이었다. 정율채도 쿠싱에게 보낸 회신에서 이러한 말들이 "공손하고 예의가 있지만", "외국 사신들이 황제를 알현하려면 반드시 국경 지역에서 허가 여부를 기다려야 한다"고 했다. 미국 선박이 바로 톈진 외곽까지 북상하는 것은 "격식에 맞지 않는 일"임을 지적한 것이다. 또한 톈진에는 (광저우의 십삼행과 같은) 상인과 통역사가 없어 도울 수 없으니 광저우에서 먼저 흠차대신과 상의해야 한다고 전했다.

정율채는 중미 양국은 "200여 년 동안 통상을 해왔고 미국 상인들이 중국 법을 잘 준수하므로 별도의 통상 조약이 필요 없다"고 했다. 영국은 중국과 불화하여 조약을 체결했지만 미국은 다르다는 설명이었다. 미국이 요구하는 통상 장정 내용은 세금과 수속비를 줄이자는 것으로 영국과 맺은 조약 내용과 별반 다르지 않다고 지적했다. 그는 또한 미국 상인들이 "황제의 은덕을 잘 받들어" 본분을 지키며, 사업을 하면 "공동 이익은 이루어지는 것"이므로 유명무실한 문서는 필요치 않다고 강조했다.

정율채는 중미 교류에 대해 잘 알지 못했다. 건국한 지 불과 68년 된 미국에게 양국 통상의 역사가 200여 년이라 말한 것은 영국과 혼동한 것이었다. 조공 시스템 내에서만 살아온 그의 눈에는 미국도 이익을 좇아 중국에 온 다른 조공국들과 다르지 않았다. 따라서 중국이 은혜를 베푼다고만 생각했지 근대적 외교에 대한 인식은 없었다.

도광제는 그의 처리 방식을 높이 평가했다. 황제는 량장 총독 기영을 흠차대신 겸 량광 총독으로 임명하여 광저우에 파견했다. 기영이 "다른 오랑캐들이 신뢰하는 신하"이니 미국인들을 "완곡하게 개도하고 이치를 설명하여 적절하게 처리함으로써 다른 문제를 만들지 말 것"을 명했다.

도광제는 즈리 총독 납이경액納爾經額에게 미국 배가 도착하면 광저우로 돌아가 기영과 회담하도록 명했다. 아울러 "천조가 외국 오랑캐를 다스리는 데는 엄격한 규칙이 있어 직접 대면할 수 없다. 완곡하게 개도하고 이치를 들어 거절하여 어떤 혼란도 없게 하라"고 강조했다. 도광제는 미국이 중국과 장정章程, 조약을 체결하려는 이유나 미국 대표가 제시하는 구체적 문제에는 전혀 관심을 두지 않았다. 오직 기영, 정율채, 황은동, 납이경액 등 지방관들이 모든 방법을 동원하여 미국 사신을 광저우에 머물게 하는 데에만 집중했다.

미국 한학자 겸 외교관 새뮤얼 윌리엄스가 1848년 출간한 《중국총론》에 등장하는 기영의 모습.

쿠싱은 중국의 체제를 이해하지 못했다. 그는 베이징에 가서 회담하겠다는 목표를 포기하지 않았다. 황제를 알현하여 대통령의 친서를 전달하겠으며, 바닷길이 불편하다면 육로 등 다른 길을 모색하겠다고 고집을 부렸다. 조정은 벌집을 쑤신 듯 발칵 뒤집혔다. 도광제는 기영, 정율채를 엄히 질책하고 황은동에게 쿠싱은 절대 베이징에 들어올 수 없다는 것을 다시 주지시켰다. 그의 북상을 저지하기 위해 황제부터 흠차대신, 량광 총독부터 광저우 지부까지 난리를 피웠지만 정작 누구도 통상 장정과 조약의 내용에는 관심을 보이지 않았다. 기영이 광저우에서 쿠싱의 북상을 두고 회담을 시작했다. 기영은 황제에게 여러 차례에 걸쳐 필히 쿠싱의 북상을 저지하겠다는 보고를 올렸다.

외국 공사가 베이징에 오는 것이 그처럼 심각한 문제였을까? 지금은 웃어넘길 일이지만 당시 도광제와 대신들에게는 매우 엄중한 일이었다. 건륭제 말기 베이징에서 일하는 외국 선교사들은 점차 줄어서 도광제 후기에는 흠천감에서도 외국인들을 찾아볼 수 없었다. 강희제 시기 아담 샬 등 선교사들이 서양 과학을 이야기하던 광경은 이미 격세지감의 일이 되어 상상조차 못 했다. 건륭 말년에 대청 제국이 외번들에게 포위되자 화이華夷, 중국과 오랑캐 구분은 엄격해졌고 외부에 대한 경계가 심해졌다. 비조공 국가의 사신이 베이징에 들어오려면 먼저 삼궤구고두의 의전 문제가 해결되어야 했다. 이는 천조의 체면, 존엄과 관계되는 중요한 문제로 베이징 입장에서는 타협이 불가했다. 도광제와 기영은 쿠싱의 북상을 막는 것이 중요했지, 조약 내용은 회유 수단일 뿐이니 관심을 두지 않았다.

결국 쿠싱은 그 틈새를 알아차리고 기영이 대신 '국서國書'를 황제에게 전하는 것으로 타협하면서 조약 체결을 이끌어냈다. 1844년 7월 3일 중미 양국은 아오먼 왕샤촌望夏村 보제선원普濟禪院에서 '중미 평화·우호·통상 조약中美和平, 友好和通商條約', 즉 왕샤 조약에 서명했다. 기영은 마음속의 돌을 내려놓은 듯 개운했다. 그는 근대식 유럽 외교를 잘 몰랐지만 탁상공론만 일삼는 관리는 아니어서 시대 변화를 쫓아가려 노력했다.

왕샤 조약 전문은 34조로 이루어졌는데, 미국 측은 2조에서 관세권과 최혜국 대우를 보장받았다. 3조에서 광저우, 푸저우, 샤먼, 닝보, 상하이 등 다섯 항구의 무역 허가권을 얻었다. 4조에서 5곳에 영사를 설치하는 권리, 17조에서 5곳에 건물을 짓거나 임대하고 교회, 묘지를 지을 권리, 21조에서 영사 재판권을 얻었다. 34조에서는 조약 유효 기간 12년을 확보하는 성과를 거두었다. 쿠싱은 외교 업무 외에 치외 법권까지 확보하여 커다란 성공을 거두며 임무를 마쳤다.

중국은 쿠싱의 베이징행을 막았기 때문에 미국과의 조약 협상에서 승리를 거두었다고 생각했다. 기영은 기쁜 마음으로 미국의 '국서'를 황제에게 보고했다. 도광제는 기영이 자신의 기대에 부응하여 오랑캐 업무를 성공적으로 처리했다고 생각하여 이를 치하했다. (그러나 14년 후인 1858년 기영은 영국과의 협상에 실패했다는 이유로 도광제의 아들 함풍제에게 사약을 받아 사망한다.) 군기대신과 형부가 영사 재판권에 대해 이의를 제기하지 않았으므로 왕샤 조약은 그대로 비준됐다.

이로써 미국의 "구 대중국 무역 시대"는 막을 내린다. 중미 양국은 조약과 국제법에 기초한 새로운 시대로 접어들었다. 그러나 중국은 이 거대한 시류 변화를 분명히 인식하지 못하고 있었다.


## "당신의 좋은 친구": 타일러 대통령이 도광제에게 보낸 서신

기영은 자신이 한 도박의 의미를 알지 못했다. 쿠싱은 모두 2통의 대통령 서신을 가져왔지만 그중 1통은 황제에게 전달되지 않았다. 기영이 받은 이들 서신은 타일러 대통령이 도광제에게 보낸 것으로 국무장관 아벨 파커 업셔가 대신 작성했다. 정식 국서는 아니었지만 당시 환경에서는 국서로 보아도 무방했다. 이 서신의 중문 번역본은 조공국이 중국 황제에게 보내는 표문表文[3]과 다름없었다. 그만큼 본래 영

---

**3** 표문이란 신료나 백성이 임금에게 올리거나, 혹은 주변 속국들이 중국의 황제에게 보내던 외

문본과는 용어와 의미에서 큰 차이가 있었다.

　미국 대통령은 역사상 처음으로 직접 중국 황제에게 서신을 보냈고 중국 황제도 미국에 답신을 보냈다. 중미 역사상 최초로 예를 갖춘 최고위층 간 움직임이었다. 비록 중국이 상대국을 이해하는 데 큰 편차를 보였지만, 미국도 여러 면에서 중국을 알지 못한 것은 같다. 먼저 영어로 된 원문을 보고 다음에 기영이 번역한 문장을 보자.

〔TO THE EMPEROR OF CHINA〕

I, John Tyler, President of the United States of America—which States are: Maine, New Hampshire, Massachusetts, Rhode Island, Connecticut, Vermont, New York, New Jersey, Pennsylvania, Delaware, Maryland, Virginia, North Carolina, South Carolina, Georgia, Kentucky, Tennessee, Ohio, Louisiana, Indiana, Mississippi, Illinois, Alabama, Missouri, Arkansas, and Michigan—send you this letter of peace and friendship, signed by my own hand.

I hope your health is good. China is a great empire, extending over a great part of the world. The Chinese are numerous. You have millions and millions of subjects. The twenty-six United States are as large as China, though our people are not so numerous. The rising sun looks upon the great mountains and great rivers of China. When he sets, he looks upon

---

교 문서를 말한다.

186

rivers and mountains equally large in the United States. Our territories extend from one great ocean to the other; and on the west we are divided from your dominions only by the sea. Leaving the mouth of one of our great rivers, and going constantly towards the setting sun, we sail to Japan and to the Yellow sea.

Now, my words are, that the Governments of two such great countries should be at peace. It is proper, and according to the will of Heaven, that they should respect each other, and act wisely. I therefore send to your Court Caleb Cushing, one of the wise and learned men of this country. On his first arrival in China, he will inquire for your health. He has then strict orders to go to your great city of Peking, and there to deliver this letter. He will have with him secretaries and interpreters.

The Chinese love to trade with our people, and to sell them tea and silk, for which our people pay silver, and sometimes other articles. But the Chinese and the Americans will trade, there should be rules, so that they shall not break your laws nor our laws. Our minister, Caleb Cushing, is authorized to make a treaty to regulate trade. Let it be just. Let there be no unfair advantage on either side. Let the people trade not only at Canton, but also at Amoy, Ning-po, Shang-hai, Fu-chow, and all such other places as may offer profitable exchanges both to China and the United States, provided they do not break your laws nor our laws. We shall not take the part of evil-doers. We shall not uphold them that break your laws. Therefore, we doubt not that you will be pleased that our messenger of peace, with this letter in his hand, shall come to Peking, and there deliver it; and that your great officers will, by your order, make a treaty with him to regulate affairs of trade—so that nothing may happen to disturb the peace between China and America. Let the treaty be signed by your own imperial hand. It shall be signed by mine, by the authority of our great council, the Senate.

And so may your health be good, and may peace reign.

Written at Washington, this twelfth day of July, in the year of our Lord one thousand eight hundred and forty-three.


Your good friend,


JOHN TYLER.


이 서신을 중국의 일상 구어체인 백화문白話文으로 번역하면 다음과 같다:


〔중국 황제에게〕

본인은 미 아메리카 합중국 대통령 존 타일러입니다. 미합중국은 메인주, 뉴햄프셔주, 매사추세츠주, 로드아일랜드주, 코네티컷주, 버몬트주, 뉴욕주, 뉴저지주, 펜실베이니아주, 델라웨어주, 메릴랜드주, 버지니아주, 노스캐롤라이나주, 사우스캐롤라이나주, 조지아주, 켄터키주, 테네시주, 오하이오주, 루이지애나주, 인디애나주, 미시시피주, 일리노이주, 앨라배마주, 미주리주, 아칸소주, 미시간주를 포함하고 있습니다. 당신에게 평화와 우의의 의미를 담아 이 글을 보냅니다.

당신의 건강을 기원합니다. 중국은 위대한 제국으로 넓은 영토에 많은 인구를 가지고 있습니다. 당신은 많은 신하를 거느리고 있습니다. 미합중국은 26개 주로 구성됐고 영토는 중국처럼 크지만 인구는 그만큼 많지 않습니다. 아침 해가 중국의 명산대천名山大川을 비추다가, 해가 지면 아메리카의 대하고산大河高山을 비춥니다. 우리 두 나라는 큰 바다로 연결되어 서로를 바라보고 있습니다. 서쪽에서 해지는 방향으로 바다를 건너가면 일본과 황해에 도착합니다.

이제, 우리 두 나라 정부는 평화롭게 지내야 합니다. 하늘의 뜻에 따라 서로 존중하고 지혜롭게 행동해야 합니다. 나는 정식으로 칼렙 쿠싱을 귀국 조정에 파견하는데, 그는 현명하고 지혜로운 사람입니다. 중국에 도착해서 당신을 방문할 것입니다. 그에게 베이징성을 방문하라는 훈령을 내렸고 이 서신을 전할 것입니다. 그는 비서와 통역을 대동할 것입니다.

중국인은 우리 국민과 거래를 좋아하여 차, 비단을 팔고 은과 다른 물품으로 결제합니다. 중미 간 무역 거래에는 당연히 규칙이 있어야 서로의 법을 위반하지 않을 것입니다. 우리 공사 칼렙 쿠싱은 상무 조약을 체결할 전권을 가지고 있습니다. 이 조약이 공평하게 이루어지도록 합시다. 이 조약이 어느 한쪽에 불공평하지 않도록 합시다. 광저우뿐 아니라 샤먼, 닝보, 상하이, 푸저우 및 다른 지역에서도 양국 국민에 이익을 가져오는 거래를 합시다. 국민들은 양국의 법을 해치지 않을 것입니다. 우리는 나쁜 사람들과 같이하지 않을 것이고, 귀국 법을 해치는 사람들을 비호하지 않겠습니다. 나는 공사가 이 서신을 가지고 베이징에 들어갈 것이라 믿으며, 당신과 대신들도 당신의 명에 따라 조약을 체결하고 무역을 진행함으로써 미중 평화를 해치는 일은 없을 것이라 기대합니다. 이 조약을 체결해 주시기 바랍니다. 나도 우리 의회에서 위임받은 권한으로 이 조약에 서명합니다.

건강과 평화로운 통치를 기원합니다.


내 주主가 탄생한 지 1843년 7월 12일, 워싱턴에서 씀.


당신의 좋은 친구

존 타일러


1844년 기영의 번역은 당연히 우리가 한 이런 번역과 달랐다. 그는 중국어로 번역한 후 '아메리카 한자 국서美利堅漢字國書'라는 제목으로 도광제에게 보고했는데, 이 공문은 조정이 편찬한 《주판이무시말籌辦夷務始末》에 수록되어 있다.

이 책은 1930년대 고궁박물원故宮博物院에서 출판한 이래 1964년 치쓰허齊思和 등 역사학자들의 정리를 거쳐 중화서국에서 출간했다. 만청 외교 연구의 핵심 사료로, 쿠싱의 조약 체결을 연구하는 학자들은 이 책에 기록된 미국 '국서'를 기준으로 삼았다.

기영이 조정에 보낸 번역문은 "마음을 다하여 적절하게 의논悉心酌議"을 거친 산물이었다. 기영은 중문본을 지방 독무들이 상주할 때 쓰는 종이에 싸서, 협상을 돕던 미국 의사 피터 파커에게 주었다. '파커에게 보내는 글'이라는 제목이 달린 이 문서의 원본은 미국 예일 대학 의학사 도서관에 소장되어 있다. 이 번역본과 대조해보면 기영이 황제에게 보낸 번역본은 정교하게 수정됐으며, 타일러 대통령이 보낸 국서가 조공 국가들이 중화 문명과 그 풍요로움을 흠모하며 바치는 표문처럼 바뀌었다는 것을 알 수 있다.

다음은 기영이 도광제에게 보고한 번역본을 중심으로, 예일대 소장본을 참고하여 정리한 것이다. 이를 통해 미국이 보낸 '국서'의 의미를 중국이 어떻게 받아들였는지 살펴보자. 아래 본문은 기영이 황제에 보고한 한역본 원문이고 괄호 부분은 내가 이를 해석한 것이다.

亞美理駕合衆國 ['United States of America'의 음역, 오늘날은 대부분 '美利堅合衆國'이라 부르고 줄여서 '美國'이라 한다.] 伯理璽天德 ['president'의 음역] 玉罕泰祿 ['John Tyler'의 음역, 오늘날은 대부분 '約翰泰勒'이라 한다. '옥한玉罕'은 히브리어 이름 '요한'의 음역이다.] 恭函 ['공恭'자는 원래 원본에는 없었는데 첨가했다. 윗사람에 공경을 표하게 함으로써 청나라 외교 체제에 부합하게 했다.] 專致 ['치致' 자는 기영이 번역하여 도광제에게 보낸 국서에서는 '달達'로 고쳐졌다.] 於大淸大皇帝陛下 [영문 원본에는 없었는데 청나라 외교 체제에 맞추고자 첨가했다. 중국어 한역본에서는 당시의 격식에 맞게 '대청' 앞에 두 칸을 떼고 '대황제' 앞에 세 칸을 뗐다. 또한 '황제', '덕승건건德承乾健', '황여皇輿', '근관近觀', '황도皇都', '용광龍光', '안강安康' 등 황제와 관련된 말 앞은 모두 두 칸을 떼고 '천심天心' 앞은 세 칸을 뗐다. 글자 앞에 칸을 떼는 것은 존경의 표시로, 이는 매우 엄격한 상하 존비의 정치 질서를 의미한다.] 孤 ['고孤'는 중국 고대 군왕이 자신을 칭할 때 쓰는 말로 청나라는 이 글자 대신 '짐朕'을 사용했다. 당시 번역자가 일부러 영문 'I'를 '고'

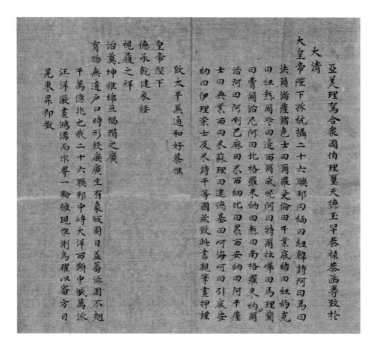

기영이 파커에게 보낸 미국 국서 한역본. 형식이 조공 표문과 일치했다.

로 번역한 것은 '군君, 미국 대통령'과 '제帝, 중국 황제'의 계급적 차이를 보이려는 것이었다.] 統攝二十六聯邦 ['연방'은 미국의 주, 즉 'state'로 오늘날 '연방'이란 의미의 'the federal government' 혹은 'the Union'이 아니다. 당시 미국은 26개 주로 구성됐다.] 緬 [Maine, 오늘날에는 '緬因'으로 번역] 紐韓詩阿 [New Hampshire, '新罕布什爾'] 法爾滿 [Vermont , '佛蒙特'] 馬薩諸色士 [Massachusetts, '馬薩諸塞州', 중국인들은 주로 '麻省'이라고 한다] 爾羅受倫 [Rhode Island, '羅德島'] 幹業底結 [Connecticut, '康涅狄格'] 紐約克 [New York, '紐約'] 紐熱爾些 [New Jersey , '新澤西'] 邊西爾威呢阿 [Pennsylvania, '賓夕法尼亞'] 特爾拉華 [Delaware , '特拉華'] 馬理蘭 [Maryland, '馬裏蘭'] 費爾治尼阿

192

[Virginia, '弗吉尼亞'] 北格羅來納 [North Carolina, '北卡萊羅納'] 南格羅來納 [South Carolina, '南卡萊羅納'] 熱爾治阿 [Georgia, '喬治亞'] 阿喇巴麻 [Alabama, '阿拉巴馬'] 米細細比 [Mississippi, '密西西比'] 累西安納 [Louisiana, '路易斯安那'] 阿幹薩士 [Arkansas, '阿肯色'] 典業西 [Tennessee, '田納西'] 米蘇理 [Missouri, '密蘇裏'] 建德基 [Kentucky, '肯塔基'] 呵海呵 [Ohio, '俄亥俄'] 引底安納 [Indiana, '印第安納'] 伊理奈士 [Illinois, '伊利諾斯'] 米詩幹 [Michigan, '密歇根'] 等國 [이곳의 '국國'은 미국의 주state를 가리키며 나라의 뜻이 아니다.] 玆此書親筆畫押, 謹致太平, 兼通和好. 恭維 [손바닥을 인주에 찍어 공경을 표함] 大皇帝陛下 [이 말도 청나라 외교 체제에 부합하기 위해 첨가했다.]

德承乾健, 永綏視履之祥; 治奠坤維, 綿亙幅員之廣; 育物無遺, 戶口時形殷庶; 廣生有象, 版圖日益蕃滋, 固不趐千萬億兆也 [이 말은 다음을 번역한 것이다: "I hope your health is good. China is a great empire, extending over a great part of the world. The Chinese are numerous. You have millions and millions of subjects." 번역문은 오랑캐 변두리 국가가 부유한 중국에 대해 진심으로 존경과 찬사를 표한다는 내용으로 원뜻과 의미가 크게 다르다.]

我二十六聯邦, 中峙大洋 [미국이 태평양과 대서양 사이에 있다는 의미] 西瀬中域 [기영은 중국을 '중성中城'이라 썼으나 피터 파커 번역문에는 '중역中域'이라 했다. 기영은 이를 잘못 쓴 걸로 여겼는데, 중국을 지칭했다.] 萬派汪洋, 儼畫鴻溝而作界 ["Our territories extend from one great ocean to the other; and on the west we are divided from your dominions only by the sea."] 一輪擁現, 愉測烏曜 ['오요烏曜'는 태양으로 중국 고대

전설에 태양에는 삼족새三足鳥가 있다고 했다] 以審方 [방향을 판단] 日晃東升, 即散皇輿之彩; 陽光西下, 甫生敝域之輝 ["The rising sun looks upon the great mountains and great rivers of China. When he sets, he looks upon rivers and mountains equally large in the United States"를 번역한 말이다. 이 중 'great mountains and great rivers of China'를 '皇輿', 즉 중국 황제의 땅이라 번역하여 중국이 천하의 중심임을 드러냈다. 뒷부분의 '(중국 땅처럼) 장엄한 미국 땅'도 역시 고의로 '저의 지역敝域'으로 번역했다. 원문은 큰 바다를 사이에 두고 중국과 미국 두 나라가 동서로 마주한다는 뜻이었다. 그러나 번역문에서는 중국은 기운이 좋아 빛이 사방을 비추지만 미국은 일몰 때 빛이 난다 하여 하나는 아침, 하나는 저녁으로 표현하면서 존비의 의미로 대비시켰다.]

均同覆載 [《예기》와 《중용》에 나오는 말로 '복재覆載'는 천지를 지칭]之中, 自分扞格之勢, 惟廣狹或可相儕, 而衆寡則難比較 ["The twenty-six United States are as large as China, though our people are not so numerous."] 至我國來程 ['래來' 자의 의미가 매우 깊다. "모든 나라가 조공을 온다萬邦來朝", '중국화來化'와 같은 쓰임이니 매우 독창적인 구상이었다.] 當離河口, 辨道於日入之方, 滿曳帆檣, 直抵乎日本之國, 再循赤道 [원본에는 '적도'가 없었다.] 乃達黃河 [황하는 'Yellow sea'를 번역한 것으로 '황해'의 오역] 今兩國均承景運, 須共升平, 仁民愛物, 道本大公, 推己及人, 理歸一致, 允宜上體天心, 下盡人事 ["Now, my words are, that the Governments of two such great countries should be at peace. It is proper, and according to the will of Heaven, that they should respect each other, and act wisely." '경운景運', '승평升平'은 모두 'peace'를 해석한 것

이다. "백성을 아끼고 사물을 사랑하라仁民愛物"는《맹자》진심 상에 나오는 말이다. "도는 원래 공정하다道本大公"는 사대부들이 공맹의 도를 해석할 때 했던 말이다. 의리義理를 "제 마음으로 남의 마음을 추측하니, 이치는 같다推己及人, 理歸一致"로 번역했다. "the will of Heaven"을 '천심'으로 번역했다. '천명天命'과 거의 같은 의미이나, '천명'은 황제를 지칭했기에 번역자는 '천심'으로 하고 '하늘의 뜻과 사람의 마음에 부합한다上體天心, 下盡人事'로 절묘하게 번역했다.] 是以孤於本國中, 選准才識可任之人加勒顧盛 [기영은 쿠싱의 원문 '加勒顧盛' 네 글자에 모두 '입 구口 방'을 더했는데 이는 중국 조정에서 쓰는 문서 양식으로 외국인들이 미개하여 '개나 양犬羊'과 같다는 것을 표시했다. 그러나 기영이 의사 파커에게 준 한역본에는 '입 구口 방'이 없었으니 위아래를 구분하는 당시 청나라 관리들의 민첩함을 볼 수 있다.] 特命偕副佐司員及諸傳譯, 就覲皇都 ['취근황도就覲皇都'는 영문 "go to your great city of Pekin"의 번역으로 '근覲'은 글자에서 상하 위계를 나타내고 '황도皇都' 역시 중국이 천하의 중심임을 인정하는 것이다.] 懷龍光於咫尺, 首祝安康; 獻鯉信之殷勤, 次陳款瀆 [이 문장에는 많은 글자가 첨가됐다. '용광龍光'은 도광제를 직접 알현한다는 의미이다. '수축안강首祝安康'은 "in inquire for your health"의 번역이다. '헌이신獻鯉信'은 "deliver this letter"의 번역이다. '이신鯉信'이라는 말은《고악부古樂府》[4]에 수록된 〈음마장성굴행飲馬長城窟行〉의 "멀리서 온 손님이 잉어 2마리를 선물로 주었다. 사람을 시켜

---

**4** 중국 고대부터 진·수나라 때까지의 악곡을 수록한 책. 총 10권으로 서민의 삶을 다룬 노래가 많이 실려 있다.

요리하라 했더니, 그 안에서 서신이 나왔다"는 가사에서 나왔다. 옛날
에는 서신을 잉어 모양의 나무 상자에 넣어 보냈다. 그래서 이 부분은
'멀리서 서신이 왔는데 사람을 시켜 나무 상자를 열어보니 서신이 나왔
다客從遠方來, 遺我雙鯉魚. 呼童烹鯉魚, 中有尺素書'는 뜻이다. '차진관독次陳款
瀆'은 아랫사람이 윗사람에게 주제넘게 아뢴다는 의미로 위계가 분명한
표현이었다.]

誠以爲中華 ['중화中華'는 미국의 중국 문명에 대한 흠모를 표한 것이
다.] 之輻輳, 如甘徠我國之梯航 ['제항梯航'은 조공 외번들이 중국에 와
서 성황을 이룬다는 표현으로 미국도 이들 국가에 포함된다는 의미이
다.] 所最要者, 浮梁 [선박을 운행] 萬裏, 端因選茗 [차를 선택해서 구
매] 而來, 抱布千緡 ['포布'는 도포, 천포 등 중국 고대 화폐를 지칭한다.
'포민布緡'은 돈 묶음을 의미한다. "our people pay silver" 미국 상인들이
많은 돈을 가지고 중국에 왔다.《시경》위풍 맹에 나오는 "돈을 싸 들
고 실을 사러 왔다氓之蚩蚩, 抱布貿絲"의 의미이다.] 特爲質絲而至, 無非以
有易無, 計償酬直. 惟是欲立市塵之政 [무역 규칙을 말한다.] 須詳貿易
之經, 兩國商人, 方不致各乖憲典 ['law'를 '헌전憲典'으로 번역했다.] 孤
於遣大臣加勒顧盛 [기영이 황제에게 보낸 번역본에는 여전히 '입 구口
방'이 있다.] 時, 已畀以便宜之權 [여기의 '편의便宜'는 통상적으로 청 조
정이 흠차대신을 임명하는 것을 말하지만, 실제로는 쿠싱의 정식 직위
명칭은 "envoy extraordinary and minister plenipotentiary" 특사 겸 전권
공사이다.] 令按公平之義, 同參條約, 調處經商, 冀能兩國有益皆均, 無利
不遍. 至於彈貨殖之精, 盡人逐末, 溥乾元之美, 遷地爲良. 若得准我國商
民, 不獨在於廣東, 兼在廈門, 寧波, 上海, 福州等處貿易, 我國商民, 斷不

蔑視 [파커에게 준 번역본에는 '멸시蔑視'를 경멸하다는 뜻의 '막배藐壞' 로 표기했다.] 典章, 孤亦斷不肯偏袒庇縱 [파커에게 준 번역본에는 '임 기막배야任其藐壞也'로 되어 있다.] 孤臨軒遣使, 赴闕陳書 ['부궐진서赴闕 陳書'는 "with this letter in his hand, shall come to Peking, and there deliver it"의 번역인데. 강력한 계급 질서를 담는 표현이다.] 謹致太平之意, 兼 通和好之誠, 遙度宸衷 ['신충宸衷'은 제왕이나 제왕의 마음을 의미한 다.] 必不致因此稍有不懌矣 [파커에게 준 번역본에는 "遙度宸衷必不致 因此稍有不懌矣"를 "決無致疑於宸衷之因此稍有不懌矣"로 표기했다.] 惟祈萬畿偶暇, 特簡下頒, 派一大臣, 會商條約, 條分縷析, 調劑商賈之 宜, 法立弊除, 共享平安之福 [파커에게 준 번역본에는 "法立弊除"의 다 음은 "並得止息太平之害, 他時條約定議繕成, 即請濡蘸丹豪, 判施朱 押, 孤亦當按本國公會及各議政所奉之權畫押, 以憑互換"로 썼는데, 영 어 원문은 "Let the treaty be signed by your own imperial hand. It shall be signed by mine, by the authority of our great council, the Senate"이다. 기 영이 황제에 보고할 때는 이미 쌍방이 조약에 서명한 상태였으므로 이 를 '모두 평안의 복을 누린다共享平安之福'로 고쳤다.]

伏願 [엎드려 머리를 조아리는 모습을 말한다.] 九重宵旰 [제왕을 지 칭한다.] 長歌日月, 升恒萬載, 太平永固, 山河帶礪 ["And so may your health be good, and may peace reign"의 번역이다. '산하대여山河帶礪', 혹 은 '대하려산帶河礪山'은 태산과 황하로 칼을 간다는 말로 영원한 시간을 묘사한 것이다. 이는 청나라가 외번에게 공지할 때 쓰는 용어이다.]

이 번역본은 마지막에 타일러가 사용한 서력, 즉 1843년을 고의로 번역하지 않았다. 타일러가 중국 황제에게 보낸 "당신의 좋은 친구your good friend"라는 말도 번역하지 않았다.

이 '국서'에 대해 도광제는 '보았다覽' 한 글자로 답변하고 별다른 말이 없었다. 이는 조선, 베트남 등 나라가 올린 표문 등에 대한 반응과 다르지 않아, 미국을 이들 나라와 조금도 다르게 취급하지 않았다는 것을 의미한다.

타일러 대통령의 두 번째 서신은 매우 짧고 말투도 아주 평범했다.

(TO THE EMPEROR OF CHINA)

Great and Good Friend: I have made choice of Caleb Cushing, one of our distinguished citizens, to reside near your Majesty in the quality of envoy extraordinary and minister plenipotentiary of the United States of America. He is well informed of the relative interests of the two countries, and our sincere desire to cultivate friendship and good correspondence between us; and, from a knowledge of his fidelity and good conduct, I have entire confidence that he will render himself acceptable to your Majesty, by his constant endeavors to preserve and advance the interests and happiness of both nations. I therefore request your Majesty to receive him favorably, and to give fall credence to whatever he shall say on the part of the United States, and most of all when he shall assure you of their friendship and wishes for your prosperity. And I pray God to have you in His safe and holy keeping.

Written at the city of Washington, the twelfth day of July, in the year of our Lord one thousand eight hundred and forty-three.

Your good friend,

JOHN TYLER.


쿠싱이 이 서신을 황제에게 전하지 않은 것은 아마도 말투가 너무 일상적이었기 때문이었을 것이다. 오늘날 말투로 번역한다면 다음과 같다.


〔중국 황제에게〕

위대한 좋은 친구. 나는 이미 우리나라에서 가장 걸출한 인물인 쿠싱을 미국 특사 겸 전권 공사로 임명하여 귀국으로 파견했습니다. 그는 양국의 상호 이익에 대해 알고 있고 쌍방 우의, 우호적 왕래에 대한 진정한 기대를 높일 것입니다. 그가 충성과 훌륭한 행동으로 기울이는 상호 이익과 복지를 유지하기 위한 부단한 노력을 폐하도 받아들이실 것이라 믿습니다. 폐하께서 열렬히 대접해주시기를 요청합니다. 특히 그가 해온 상호 우의와 폐하의 복록에 대한 축원을 믿어주시기 바랍니다. 하느님께 당신의 평안 무사를 기도합니다.


서기 1843년 7월 12일, 워싱턴에서 씀.

당신의 좋은 친구

존 타일러

도광제가 만약 자신을 '친구'라고 부르는 서신을 보았다면 어떤 생각이 들었을까? 아마도 서신을 올린 사람은 엄청난 화를 당했을 것이다. 물론 이 서신이 설사 광저우 당국에 전해졌더라도 기영 등이 절대 그대로 번역해서 보고하지 못했을 것이다. '위대한 좋은 친구'는 아마 '중국 대황제 폐하'로 바뀌었을 것이며, 이 서신은 결국 외번이 황제에게 올리는 1통의 표문으로 변했을 것이다.

## 천자의 조서(詔書): 상상 속의 미국 외번 조공 신분

기영은 도광제에게 "방문에 대해 회답하지 않으면 예가 아니다"며 회답을 요청했다. 국서가 아닌 천자가 외번에게 주는 '조서' 형식을 제안하자 도광제는 흔연히 허락했다. 기영은 "천조의 은덕을 보기 위해 사신이 국서를 가지고 대양을 건너왔는데 매우 공손하다"며 황제가 "옥새가 찍힌 문서"를 내리면, 미국은 중국이 책봉한 신하가 되어 "대대손손 받들 것"이라고 했다.

중국이 전통적으로 외번 조공 국가를 대하는 방식을 택한 것은 미국을 전혀 이해하지 못한 철저히 주관적인 판단이었음을 보여준다. 도광제는 미국이 "중국 범위 바깥에 있고 언어가 통하지 않으니" 조서 작성 방법을 고려해보라고 명했다. 도광과 기영 두 사람은 오로지 조공 무역 시스템의 시각으로 미국을 인식했다. "국서를 내려주는 것"이 조약 내용을 따져 담판하는 것보다 훨씬 중요하다고 본 것이다.

기영은 상상 속에서 미국을 그려보았다. "아메리카는 서쪽 변두리의 멀고 황량한 지역에 있지만 황제의 은혜를 입어 특별히 조서를 내린다. 황제를 흠모하는 마음이 갸륵하니 중국에 대한 의지를 굳건히 하면 황제의 은전에 감동할 것이다." 기영은 미국이 편벽한 곳에 있어 천조 조서의 심오한 내용을 이해하지 못하니, 간단하게 '천조 체제'를 수호하라고 했다. 건륭제 이래 천자부터 지방관까지 '천조 체제'라는 용어가 사용됐지만 이 체제가 무엇을 의미하는지 누구도 명확한 정의를 내리지 못했다. 중국의 국가 운영 시스템을 모호하게 묘사한 것이다. 기영은 청나라가 만주어를 사용하니 조공국에게 내리는 조서 역시 만주어로 쓰는 '주도면밀한 모습'을 보여주었다. 기영은 한어와 만주어로 조서를 써서 황제에게 보고했다.

대청 황제는 존 타일러伯理璽天德에게 안부를 묻는다.

짐은 하늘의 명을 받아, 중화와 다른 나라들을 정성을 다해 모두 한 가족처럼 다스린다. 봄에 귀국 사신 쿠싱이 왔는데 먼 길에 고생이 많았다. 그 노고를 고려하여 베이징에 와서 알현하는 것을 생략했다. 대신 기영을 특명 흠차대신에 임명하여 위로하며 모든 일을 상의토록 했다. 전해온 글을 보니 진심이 담겨 있어 마음이 기뻤다. 무역 장정은 내용이 상세하고 타당하여 오랫동안 잘 준수하기 바란다. 합중국 국민들에게 광저우, 샤먼, 푸저우, 닝보, 상하이에서 조약대로 교역하는 것을 허가한다. 부디 화합하여 양국 백성에 도움이 되면 존 타일러도 기뻐할 것이라 생각한다.

도광 24년 11월 초 7일

이 '조서' 위에 찍힌 도장은 '칙명지보勅命之寶'로 황제가 조서에
만 찍는 특별한 옥새였다. '칙명지보'의 만주어 도장은 'hesei tacibure
boobai'라 하는데, 현재 베이징 고궁박물원에 소장되어 있다. 기영은
이 조서를 자신의 계획대로 만문 행서滿文行書로 작성했다.

이 만문본은 한문본과 의미가 같았다. 첫 구절 "daicing gurun-i
hūwangdi fonjime, be lii hi tiyan de saiyūn"는 "대청 황제가 존 타일러
에게 안부를 묻는다"의 뜻이었다. 대체적으로 만어는 한어에 비해 솔
직했다. 두 번째 구절 "bi amba doro be sirame alifi"의 의미는 "내가 하
늘의 명의 받아"인데 한문으로는 "짐은 하늘의 명을 받들어서"이다.
다음의 "tumen irgen be bilume dasara de"는 "정성껏 만민을 통치한다"
로 한문의 "무어중화撫馭中華"에 해당한다. 다음의 "gubci mederi tulergi
be emu booi gese gūnime"는 "해외 전부를 한 가족으로 본다薄海內外, 視
同一家"였다. 이어지는 부분도 이런 방식이었다. 만문은 여러 경우 한
문이 내포하고 있는 강렬한 정치적 함의를 표현하지 못한다. '짐'은 한
문에서는 오직 황제만이 쓸 수 있는 글자지만 만문의 'bi'는 누구나 쓸
수 있는 1인칭 호칭으로 배타성이 없다. '앙승경명仰承景命' 등의 용어
도 만문으로는 그 배후에 포함된 정치적 함의를 표현할 수 없었다.

미국 역사학계에서 '신청사新淸史'의 영향을 받은 연구자들은 만문
사료를 이용한다. 만문 사료를 이해하는 것이 학문적으로 깊이가 있다
는 인상을 주기도 한다. 그러나 이러한 연구 방식은 연구 주제가 구체
적이고 미세하며 그 범위도 특정 시기에 한정되어 있다. 연구자들은

기영이 도광제를 대신하여 미국 대통령에게 써 보낸 '조서'의 한문본. 낙관을 찍은 날짜는 양력으로 1844년 12월 16일이다.

기영이 도광제를 대신하여 미국 대통령에게 써 보낸 '조서'의 만문본(왼쪽에서 오른쪽으로, 위에서 아래로 읽는다). 원래는 해서(楷書)로 쓰지만 기영은 도광제에게 자신은 행서(行書)로만 써왔다고 하여 도광제가 이를 허가했다.

만한滿漢 사료 대조를 통해 한 걸음 더 나아가 문체에 담긴 역사, 문화, 정치적 정보를 찾아야 한다. 한쪽 사료에만 의지한다면 편파적인 시각을 피할 수 없다.

도광제는 기영이 기초한 '조서'에 만족을 표하고 이를 미국 측에 전하도록 했다. 1844년 말 기영은 황제의 회신을 피터 파커에게 전했고 그가 이를 다시 영어로 번역하여 쿠싱에게 전달했다. 1845년 1월 23일 워싱턴으로 돌아간 쿠싱은 원본 2부와 번역본을 1845년 6월 21일 국무부를 통해 대통령에게 전했다. 타일러 대통령은 3월 4일 임기를 마쳐 내려오고, 후임 제임스 녹스 포크 대통령이 취임했다. 미국 대통령은 파커의 영어 번역본을 보았는데 그 내용이 다음과 같았다.

His Imperial Majesty hopes the President is well. WE have graciously commanded that the Imperial middle flowery (kingdom) and (the countries of) the inner and outer seas are to be regarded as one family. Early in the Spring the Commissioner of your honorable country, Caleb Cushing, presented his credentials. He came from a great distance to Our Province of Kwangtung, passing through many seas and suffering many hardships before arriving at his destination. We could not bear to order him to submit to the hardships of further travel (and thus) he was prevented from coming to Peking and being received in audience. WE specially appointed as Imperial Commissioner Ch"i Ying (Kiying), an Imperial Clansman, to receive him and to negotiate all business. Subsequently the Imperial Commissioner submitted to US your letter, respectfully petitioning that the contents be noted. It was read with much pleasure and gratification. The regulations of trade which have been agreed to have received OUR careful consideration. They are carefully and minutely drawn up and are satisfactory. They are to be eternally respected. Citizens of the United States are permitted to proceed to Canton, Amoy, Foochow, Ningpo and Shanghai and are free to engage in trade at these places in accordance with the articles (of the regulations). This will promote friendly relations for all time and be of mutual benefit to the peoples of our two countries. It is expected that the President will also be much gratified.

Tao Kuang 24th year, 11th month, 7th day (Dec. 16, 1844).

파커의 번역을 거치면서 원본의 맥락은 완전히 달라졌다. 도광제의 '조서'는 미국 대통령에게 보내는 '국서'로 변했다. 문장에서는 위계를 반영한 상하 차이도 없었으며 '칙명지보' 같은 청나라 특유의 정치적 함의를 담은 용어도 없었다. 조공 무역의 흔적은 전혀 나타나지 않았다. 미국 대통령은 이 서신을 읽고 중국 황제가 친절한 '좋은 친구'라고 생각했다. 베이징에서 자신들을 중국 바깥의 오랑캐로 취급한다는 사실을 전혀 알 수 없었다.

중국이 외국과 완전히 격리된 시대에 기영, 피터 파커 같은 중간 번역자들은 상대방 나라의 정치·문화 환경을 이해하고 있었다. 그래서 여기에 맞춰 새롭게 해석해 원문을 재구성했다. 청조와 시암의 교류에서도 이러한 일이 발생했다. 시암 국왕이 건륭제에게 보낸 '서신'

도 광둥에서 번역을 거치면 '표문'으로 바뀌었다. 시암 국왕이 청나라 황제에게 전한 사정과 말투는 통역을 거치면서 외번 조공 신하가 황제에게 아첨하는 듯한 어조로 바뀌었다. 역사상 어느 방면을 막론하고 통역사들의 역할을 간과해서는 안 된다.

1844년 후반기는 미국과 중국 두 나라 모두 만족한 시기였다. 미국은 중국과 조약을 체결하여 교역 범위를 넓혔고, 중국은 오랑캐를 다독여 통제했다고 여겼다. 실제로 양국은 상상 속에서 상대를 그려 나갔다. 12년간의 왕샤 조약 유효 기간이 끝나면서 이러한 "상상 속의 상대"는 엄청난 충돌을 불러왔고 양국 관계는 새로운 국면으로 접어들었다.

# 9장. 미국, 구석에 숨다

2차 아편 전쟁 시기에 황실 정원인 원명원이 영국·프랑스 연합군의 공격을 받았다. 약탈과 방화가 이어진 끝에 분수와 허물어진 담, 끊긴 벽만이 남았다. 석양이 비추면 그 휘황찬란하게 빛나던 세월은 사라지고, 쓸쓸한 처량함만이 전해진다. 화려했던 황실 정원은 현대 중국인들의 가슴속에 역사의 아픈 흔적으로 남아 애국심을 기르는 교육 장소로 바뀌었다.

2차 아편 전쟁은 영국과 프랑스가 침략의 주인공이었다. 프랑스 작가 빅토르 위고는 '버틀러 대위에게 보내는 서신Lettre au capitaine Butler'에서 다음과 같이 기록했다. "러시아는 기회를 틈타 중국 동북의 광대한 영토를 약탈했으니 침략자임이 분명하다. 영국, 프랑스의 파트너인 미국은 구석에 조용히 숨어 잘 보이지도 않는다. 그러나 미국은 2차 아편 전쟁의 발발에 다른 세 나라보다도 더 직접적인 영향을 미쳤다."

## 왕샤 조약과 2차 아편 전쟁의 발발

2차 아편 전쟁은 1844년 중미 간 체결한 왕샤 조약을 수정하면서 발생한 충돌이었다. 왕샤 조약의 마지막 조항인 34조는 "양국은 조약을 준수하여 내용을 수정하지 않는다. 각 항구의 사정이 일정하지 않으므로 모든 조항에 변화가 없을 수 없으니, 12년 후 양국은 사신을 파견하여 공평하게 협의한다"라고 쓰여 있다. 영국과 프랑스 등은 중국과 체결한 조약에 이익을 균점하는 최혜국 대우 항목이 있었다. 즉, 다른 나라가 중국에서 권익을 취하면 자동적으로 그 권익을 같이 향유한다. 따라서 미국이 12년 후에 중국과 조약을 수정할 권리를 획득하자 영국도 1854년 난징 조약의 수정을 요구했다. 프랑스 역시 1856년 조약의 수정을 요구했다. 러시아가 크림 전쟁에서 패해 전략을 바꿔 동쪽으로 세력을 확장하면서 영국, 프랑스, 러시아

원명원의 서양식 분수인 대수법(大水法) 유적.

세 나라는 공동으로 조약의 수정을 요구했다.

1856년은 영국·프랑스·러시아의 식민지 침탈이 최고조에 달했다. 그해 10월 광저우에서 '애로Arrow호 사건'이 발생한다.[1] 량광 총독 엽명침이 이를 강경하게 처리하자 영국이 반발하며 광둥성을 공격하여 전쟁이 벌어졌다.

중국은 처음으로 서구의 식민주의 연합 세력과 부닥치며 더 심각한 상황으로 빠져들었다. 이 전쟁이 1차 아편 전쟁보다 중요한 이유이다. 영국과 프랑스 연합군은 주력 부대를 파견하여 광저우, 톈진에서 청군

량광 총독 엽명침은 포로로 잡혀 인도 콜카타로 압송됐다가 1859년 4월 현지에서 사망했다. 청나라 외교관이자 양무운동을 주도한 설복성(薛福成)은 그를 "不戰(싸우지 않고), 不和(협상하지 않고), 不守(지키지 않고), 不死(죽지 않고), 不降(항복하지 않고), 不走(도망가지 않는다)" 등 '5不'을 실행한 위인으로 전무후무한 신하라 평했다. 이 각박한 평가 때문에 후세 사람들이 엽명침을 객관적으로 평가하는 데 많은 어려움을 겪었다.

과 전투를 벌였고 미국과 러시아는 측면에서 연합군을 도왔다.

1857년 12월 29일 연합군은 광저우성을 공격하고, 1월 5일 총독 엽명침 등을 포로로 잡아 인도 콜카타로 압송했다. 영국, 프랑스, 미국,

---

**1** 중국 관리들이 광저우항에 정박해 있던 애로호를 검문하여 밀수 혐의로 중국인 선원을 체포하고 영국기를 내렸다. 이 배는 중국 배였지만 영국 국적이어서 문제가 확대됐다.

러시아 공사들은 톈진 다구커우大沽口에서 청과 협상을 벌였으나 실패했다. 연합군은 5월 20일 다구커우를 함락시키고 조정을 압박했다. 대학사大學士 계량計量, 이부상서吏部尙書 화사납花沙納 등이 6월 13일에서 27일까지 2주일간 각 나라들과 평화 조약에 서명했다. 중영, 중프, 중러가 맺은 조약의 마지막 조항에는 본국 비준 다음 해, 즉 1859년 베이징에서 조약을 수정하기로 했다. 6월 18일 서명한 중미 조약에서 미국은 최혜국 대우를 얻었다. 다만 다음 해에 조약을 수정하기로 했으나, 다른 나라들과 달리 장소를 특정하지 않았고 미국은 여기에 이의를 제기하지 않았다.

## 미국의 중립 정책: 자유 무역을 찾아서

1857년에 미국 주중 공사 윌리엄 리드가 부임했다. 그는 중국에 오기 전 5년 동안 필라델피아에서 검사로 지내 중국 사정에는 밝지 않았다. 다만 대중국 정책에서 무역이 중요하다는 것을 알고 있어 외교에서 중립 노선을 유지하며 러시아와 함께 영·프와 중국 간 조정자 역할을 했다.

1858년 2월 10일 리드가 광저우에서 베이징으로 보낸 문서에서 미국의 입장이 분명하게 나타났다. 당시는 광저우성이 연합군에 공격당해 위급한 상황이었다. 리드는 베이징이 흠차대신을 상하이로 보내 4개국과 조약 수정에 대해 상의해야 한다고 압박했다. 그는 또 총독 엽명침의 부당한 일 처리를 지적하고 연합군이 부득이하게 무력을 사용했지만 미국의 입장은 다르다는 것을 강조했다. "평화와 중립은 미국의 전통으로 중국과 적이 되는 어떠한 대열에도 서지 않겠다"는 것이다.

리드는 각국과 조약을 수정해서 평화를 찾는 것이 급선무라며 다음과 같은 의견을 베이징에 전했다. "가장 중요한 것은 평화이며, 미국은 중화 제국의 완전함을 간절하게 추구한다. 또한 미국은 외국의 차독茶毒으로 인해 중국 사회가 혼란에 빠지는 것을 원하지 않는다. (…) 무역의 자유를 보장하는 것이 중요하다." 그의 목적은 중국에서의 완전한 자유 무역이었다. 이것이 정말 평화를 사랑하는 마음에서 비롯했을까? 아니면 기독교에서 말하는 "어짊으로 타인을 사랑하는 것仁而愛人"이었을까? 진실을 알려면 광저우에서 아편 사업에 열중하던 미국 상인들에게 물어보아야 할 것이다.

41년 후, 즉 1899년 9월에서 1900년 3월 사이 미국 국무장관 존 헤이는 미국이 중국에서 힘을 잃을 것을 우려하여, '문호 개방 정책'을 제의했다. 중국 '세력 범위' 내의 열강과 함께 이익, 기회 균등, 호혜 균점을 노린 것이다. 사실 '문호 개방' 정책은 하룻밤 사이에 탄생한 것이 아니다. 이를 알려면 1858년 윌리엄 리드의 대중국 정책까지 거슬러 올라가야 한다.

미국은 1858년의 주중 공사 리드이든 1899년의 국무장관 헤이이든, 대중국 정책의 목적에 근본적으로 변함이 없었다. 오직 최대한도로 자유 무역을 이끌어내어 상업적 이익을 얻는 것이었다. 미국은 영국, 프랑스처럼 이 지역에 군사력이 없었고 아시아 태평양 지역이 미국 외교의 주요 무대도 아니었다.

1858년 5월 24일 윌리엄 리드와 중국 흠차대신의 회담 장면. 미국 잡지 〈하퍼스 위클리〉 1858년 9월 4일판.

1898년 스페인에게서 필리핀 섬들을 뺏은 뒤 근본적인 변화가 발생했다. 이전에 미국은 습관적으로 다른 국가들과 연합하여 입으로는 좋은 사람인 척하면서 실제로는 이기적인 자세를 취했다. 리드가 베이징에 문서를 보낸 것도 단독 행위라기보다 영국·프랑스·러시아 3국과 함께한 것이었다. 즉, 훗날의 '문호 개방' 정책은 중국의 '세력 범위' 내 식민지 확장 세력과의 연합을 의미했다.

중국 근대사를 돌아보면 리드의 정책이 다른 3개국의 중국 침략과 잠식을 저지하는 데 조금의 역량도 발휘하지 못했다는 것을 알게 된다. 헤이의 정책 역시 열강의 세력 균형과 풍전등화 같은 중국 주권을 변화시키는 데 작동하지 못했다는 것이 증명됐다. 미국은 오직 자신의 이익 확보에만 충실했다.

2018년 10월 4일 윌리엄 리드가 대중국 정책을 표명한 지 160년이 흐른 뒤에 미국 부통령 마이크 펜스는 워싱턴의 보수파 싱크탱크인 허드슨 연구소Hudson Institute에서 연설을 통해 트럼프 대통령의 대중국 정책을 설명했다. 펜스는 역사상 중미 관계를 회고하며 중국이 '100년의 치욕(아편 전쟁부터 중화 인민 공화국 수립까지)' 기간에 서구 열강에게 온갖 침략과 수치를 당했을 때 미국은 (가해자 대열에) 합류를 거부하고 '문호 개방' 정책을 추진하여 "중국과 더욱 자유로운 무역을 유지하고 중국의 주권을 보호했다"고 강조했다.

양국 역사에 대한 이와 같은 시각은 매우 '교만한' 것으로 리드와 헤이 정책의 재탕이었다. 물론 이는 미국이 지난 100년간 중국에서 '자유 무역'을 추구해왔다는 주장과 완전히 일치한다. 펜스는 미국 건국 초기 있었던 중국과의 인삼·모피 무역을 강조하면서도 그들이 했던 아편 무역에 대해서는 한마디도 언급하지 않았다.

다시 1858년으로 돌아가 보자. 리드의 문서는 량장 총독 하계청何桂清, 장쑤江蘇 순무 조덕철趙德轍을 통해 영·프·러의 문서와 함께 1858년 3월 10일 대학사 유성裕誠에게 전달됐다. 두 사람은 엽명침이 일 처리를 잘못한 것은 인정했지만 "오랑캐의 야만적인 행동에 대해 머리털이 곤두설 정도로" 분노했다. 베이징은 리드의 상투적인 표현에 동의할 수 없었다. 중국을 완전하게 유지해야 한다는 부분은 번역조차 하지 않았다. 베이징 입장에서 '미국 오랑캐美夷', '영국 오랑캐英夷', '러시아 오랑캐俄夷'는 조금도 다르지 않았다. 그저 천조의 문 앞에 쳐들어와 먹을 것을 빼앗으려 미쳐 날뛰는 무리일 뿐이었다.

## 전쟁의 재발과 미국의 역할

1858년 6월 톈진 조약 체결 후, 4개국 공사들은 남쪽으로 철수했고 미국 공사 윌리엄 리드도 미국으로 돌아갔다. 1년 뒤인 1859년 6월 20일 영국·프랑스·미국 3국 공사는 본국이 비준한 조약을 가지고 다구커우에 도착하여 베이징 당국에 조약 수정을 요구했다. 베이징 당국은 3국 공사에게 외곽의 베이탕北堂에 와서 청군 호위하에 입경하도록 했다. 미국 신임 공사 존 엘리엇 워드는 지시를 따르겠다고 했으나 영국과 프랑스 공사는 이를 거절하고 다구커우를 거쳐 베이징으로 들어가기를 고집했다. 결국 6월 25일 영국과 프랑스 공사는 다구커우 외곽에서 승격림심僧格林沁 부대의 공격을 받고 사상자가 발생하자 상하이로 도망쳤다.

영·프 양국 정부는 분노하여 엘긴 백작Earl of Elgin(본명은 James Bruce)을 사령관으로 하는 연합군을 파견했다. 1860년 8월 베이탕과 다구커우 포대를 공격하고 10월 13일 베이징으로 진격했다. 10일 후 중국은 이들과 톈진 조약이 유효함을 확인하고 새로운 부대 조항이 포함된 중영, 중프, 중러 베이징 조약에 서명했다.

이 사이 18, 19일 이틀 동안 연합군은 엘긴의 명령으로 원명원에 침범하여 약탈과 방화를 자행했다. 엘긴의 개인 비서인 헨리 로크는 1869년 런던에서 출간된 엘긴 백작의 자서전에서 간단하고 분명하게 이 약탈을 승격림심이 영·프 포로들을 학대한 데 대한 보복으로 기술했다. 그 자신이 살아남은 포로 중 한 사람이었다. 청나라가 보낸 영·프 사병의 사체는 감금과 학대로 훼손되어 차마 볼 수 없을 지경이었

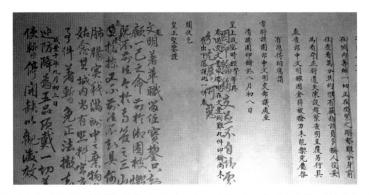

함풍제가 쓴 장문의 문서(朱批). 황제는 원명원이 영·프 연합군에 의해 파괴됐다는 호부상서 보윤의 상소문에 대해 "왜 빨리 달려가 구하지 않았는가. 만주족 중 가장 쓸모없는 인간이구나"라며 크게 화를 냈다. 베이징 중국 제일역사당안관 소장.

다. 엘긴은 이를 응징한다며 황실 정원 원명원을 약탈하고 방화했다.

원명원의 하늘이 검은 연기로 뒤덮이자 청군은 항복했다. 함풍제咸豊帝는 러허 행궁으로 몸을 피하고 여섯째 동생 공친왕 혁흔奕訢이 베이징을 지켰다. 1년도 안 되어 함풍제는 위기만 남겨 놓은 채 러허에서 사망했다. 공친왕 혁흔은 동생 혁환奕譞, 광서제의 생부, 두 사람의 형수 자안·자희와 함께 남은 숙제를 처리해야 했다. 이들은 정변을 일으켜 8명의 보정대신輔政大臣을 몰아내고 자희의 다섯 살 난 아들을 새로운 황제로 등극시켰다. 바로 동치제同治帝였다.

이후 청나라는 많은 개혁 개방 정책을 실시했다. 무기를 만드는 강남제조국江南製造局과 새로운 세관稅關을 세우고 서양식 외교, 국제법을 배우기 위해 근대식 교육 기관인 동문관同文館을 만드는 '동치중흥同治中興'을 펼쳤다. 미국, 영국, 프랑스에서 많은 사람이 적극적으로 참여했다.

2차 아편 전쟁 후반기에 미국은 중국과 조약을 체결하지 않았고 톈진에서의 군사 행동에도 참여하지 않았다. 미국의 신임 공사 존 워드가 베이징의 요구대로 순조롭게 교섭을 진행했기 때문이었다. 이 시기 미국은 내전(남북 전쟁)에 빠져들고 있었다. 교섭이 순조롭지 않았다면 미국 역시 영국, 프랑스처럼 베이징 조약의 테이블에 앉았을 것이다.

모든 것이 순조로웠지만 워드는 함풍제를 알현하지 못했다. 베이징에서 조약을 바꾸지도 못한 채 국서를 흠차대신에게 전한 그는 즈리 총독 항복恒福이 베이탕 역참驛站, 외국 사신을 접대하는 건물에서 거행한 간단한 예식에만 참석했다. 왜 그랬을까? 중국 황제를 알현하려면 삼궤구고두 의전을 행해야 했기 때문이었다.

# 10장. 무릎을 꿇는 문제

18세기부터 19세기까지 중국에 온 서양 사절단들은 황제를 알현할 때, 먼저 무릎을 꿇고 머리를 땅에 조아리는 궤배고두跪拜叩頭를 행해야 했다. 사절단들은 강렬한 정치적 서열 의미가 내포된 이 행위를 받아들일 수 없었다. 청 조정은 중국인에게 너무도 당연한 의전 문제가 심각한 논쟁을 불러일으킬 줄 상상하지 못했으며, 심지어 충돌이 발생하리라고는 더욱 예상하지 못했다. 1859년 베이징에서 조약을 담판 짓던 미국 공사 존 워드도 이 뜨거운 문제에 직면했다.

1897년에 미국의 저명한 한학자이며 주중 외교관을 역임한 윌리엄 록힐이 이 문제에 깊은 관심을 보였다. 당시 중국 관리들은 황제, 황태후皇太后를 알현할 때 반드시 머리를 조아렸는데, 자희 태후와 광서제는 아직 외국 공사를 접견하기 전이었다. 록힐의 관찰을 통해 청나라 중서 교류에서 궤배고두의 역사를 간단하게 살펴보자.


## 청대 서양 사절단의 고두(叩頭) 이야기


청나라 때 의전 문제로 가장 시끄러웠던 것은 앞서 언급한 1793년 영국 매카트니 사절단 방문이었다. 그러나 매카트니가 처음으로 이의를 제기하지도, 유럽 사절단이 모두 다 의전을 거부하지도 않았다.

이 문제를 처음 제기한 것은 1656년 베이징에 온 러시아 사절단이었다. 알렉세이 미하일로비치 황제가 파견한 사절단은 표도르 이스코위츠 베코프를 대표로 내몽고 궤이화성歸化城을 거쳐 1656년 3월 3일 베이징에 도착했다. 중국이 궤배고두를 요구하자 표도르는 러시아에서도 황제에게 이런 예를 표하지 않는다며 모자를 벗고 깊이 허리를 숙이는 예를 고집했다. 이들은 8월 21일 청 조정의 재차 요구에도 거절했다. 러시아 사절단은 결국 순치제를 알현하지 못하고 8월 31일 본국으로 쫓겨갔다.

1656년 7월 네덜란드 동인도 회사 사절단이 베이징에 도착했다. 이들은 광저우를 출발하여 표도르보다 4개월 뒤에 베이징에 왔는데 교역을 확대하기 위해서였다. 이들은 베이징이 요구하는 궤배고두에 순순히 응했다. 8월 14일 예부는 사람을 보내 연습을 시켰다. 명대 이래 조선, 류큐 등 공사들이 행하던 행사 모습 그대로였다. 이는 천조가 "주변 오랑캐들을 교화하기 위한 것"이었다.

먼저 예관이 큰소리로 "궤跪"를 외치면 무릎을 꿇었다. "고두叩頭"

를 외치면 세 차례 머리를 조아렸다 "기ਠ"를 외치면 일어났다. 이렇게 세 차례를 하여 '삼궤구배고두'라 했으며, 천자에게 행하는 대례大禮였다.

사절단은 10월 2일 새벽 2시에 순치제를 알현하고 연습대로 고두례를 행했다. 황제는 8년마다 한 차례, 100명씩 오도록 하고 그중 20명에게만 입경을 허락했다. 네덜란드 사절단은 성공적으로 청의 정식 조공 국가 명단에 올랐다. 조정은 1794년부터는 방문 간격을 5년으로 단축해주었다. 교역이 목적인 나라에 더 자주 방문할 수 있게 했으니 베이징으로서는 큰 은전을 베푼 것이었다.

1689년 중국과 러시아 간 네르친스크 조약이 체결됐다. 3년 뒤 러시아는 덴마크 여행가 겸 외교관 에베르트 이스브란트 이데스를 대사로 임명하여 베이징에 보냈다. 이 당시 강희제를 알현했을 때 어떤 의전을 행했는지는 기록이 남아 있지 않다.

1719년 표트르 대제가 다시 레오프 이스마일로프 사절단을 파견했다. 1720년 11월 29일 이들이 흥분된 모습으로 베이징에 도착하자 청 조정은 고두례를 요구했다. 이스마일로프는 자신이 러시아 군주를 대표하고 두 군주는 평등하니 고두례는 할 수 없다고 거절했다. 또 자신이 직접 국서를 강희제에게 전달하겠다고 했는데 이것 역시 청의 예의에 맞지 않았다.

강희제가 파격적인 제안을 하여 갈등이 해결됐다. 황제는 청나라 신하들도 러시아 황제에게 같은 의전을 행하겠다고 약속했다. 예수회 신부 마테오 리파는 강희제가 사람을 보내 그에게 이스마일로프가 가져온 러시아 황제 서신 앞에 고두례를 행하게 하자 이를 본 러시아 사절단도 같은 예를 행했다고 기록했다. 12월 9일 원명원에서 이스마일로프는 강희제를 알현하고 고두례를 행한 뒤 국서를 직접 전했다.

윌리엄 록힐은 언급하지 않았지만 1720년 말 로마 교황 특사 카를로 메차바르바도 베이징에 와서 강희제를 알현했다. 기록은 이들이 고두례를 행했는지 언급하지 않았지만, 논쟁이 있었다는 기록도 없으니 예를 행했으리라 짐작할 수 있다.

1727년 5월 러시아 사절단이 베이징을 떠난 지 7년 후에 포르투갈이 파견한 알렉상드르 메텔로 드 수사 메네제스 사절단이 베이징에 도착했다. 이들은 1720년 러시아의 이스마일로프 전례에 따라 고두례를 행했고 옹정제에게 직접 국서를 전했다.

서양 사절단이 청나라 황제에게 고두례를 행하는 것은 단지 의전 차원이니 못 할 일도 아니었다. 그러나 1793년 러허에 온 매카트니는 융통성이 부족한 중국 관리들로 인해 돌아올 수 없는 다리를 건너고 말았다. 매카트니는 자신이 가져온 영국 국왕 조지 3세의 초상 앞에서 같은 예를 취하라고 요구했다. 이는 1720년 러시아 사신인 이스마일로프가 했던 요구와 일치했다. 마테오 리파는 강희제가 이 요구를 받아들임으로써 문제가 원만하게 해결됐다고 했다.

매카트니가 왔을 때(1793년 건륭 58), 청나라는 중가르 부족을 평정하고 톈산 남북을 통일한 뒤였다. 서역의 콧대 높은 왕공 귀족들은 물론 심지어 베트남 국왕도 러허나 베이징에 왔을 때 고두례를 행했다. 건륭제가 스스로 '십전노인十全老人'[1]을 칭하며 명성을 떨치던 청나라

---

1    십전이란 열 번의 원정(중가르 2회, 위구르·다진촨(大金川)·샤오진촨(小金川)·타이완·미얀마

최고 전성기였다. 청나라 관리들에게 어디인지도 모르는 먼바다 너머 영국 국왕의 화상에 고두례를 하라는 것은 터무니없는 이야기였다. 이 스마일로프와 달리 매카트니가 천하 통일을 이룬 전성기의 대청 제국을 만났다는 것이 불행이었다.

매카트니는 영국 국왕을 알현할 때처럼 한쪽 무릎을 꿇겠다는 타협안을 제시했다. 수행원에 있던 열두 살짜리 어린아이 스탠턴의 일기와 이후 중국과 서양의 많은 논문이 이를 증명한다. 건륭제는 내심 불쾌했지만 이를 허락하여 접견은 진행됐다. 접견 후 황제는 일을 처리한 군기대신과 영국 사절단을 접대한 지방관들을 꾸짖었다. 영국이 제의한 통상 지역 확대와 공사의 베이징 주재 등 모든 요구를 거절하고 서둘러 영국 왕에게 보내는 서신을 주어 광저우로 돌려보냈다. 영국의 요구는 중국의 국제 질서관에 부합하지 않았기 때문이었다.

의전에 관한 이런 경험 때문에 매카트니 사절단은 중국을 완고하고 폐쇄적인 늙은 제국으로 묘사했다. 이러한 묘사는 유럽과 문명 시각으로 세계사를 해석하는 사람들에게 청나라 중국이 편협했다는 인상을 주는 데 큰 영향을 미쳤다.

매카트니가 고두례를 행하지 않은 것은 자신이 영국 군주를 대표하므로 중국 황제 발밑에 엎드리는 것은 영국의 주권, 국체, 군주의 체면을 훼손한다고 믿었기 때문이었다. 그러나 모든 유럽인이 이렇게 생각한 것은 아니었다. 매카트니가 다녀가고 2년 후인 1795년 1월 건륭

---

·베트남 각 1회, 네팔 2회)에서 모두 승리할 만큼 완전한 지도자로서, 중국뿐 아니라 주변 지역까지 자신의 위엄과 덕이 펼쳐졌다는 자화자찬의 의미였다.

59년 음력 섣달, 광저우를 거쳐 베이징에 도착한 네덜란드 사절단이 조선 공사, 몽골 왕공들과 함께 건륭제에게 고두례를 행했다. 사절단은 소박하고 실용적이었는데, 베이징의 추운 날씨로 고생했지만 의전 때문에 불쾌했다는 어떤 기록도 남기지 않았다.

1806년 러시아 외교관 유리 알렉산드로비치 골로프킨이 이끄는 사절단이 쿠룬庫倫, 지금의 울란바토르에 도착했다. 청 조정은 1761년 이곳에 지방관을 배치했고, 골로프킨은 이들을 통해 베이징과 연락을 주고받았다. 골로프킨은 매카트니의 예를 들어 고두례를 거절했으니,

1989년 프랑스 외교관 겸 학자인 알랭 페르피트는 매카트니 방중 사건을 다룬 《The Immobile Empire》를 프랑스에서 출간했다. 1992년 미국에서 영문판, 1998년 중문판 《정체된 제국: 두 세계의 충격(停滯的帝國:兩個世界的撞擊)》이 나왔다. 이 책은 청 제국이 과연 정체됐는지를 두고 큰 논쟁을 불러일으켰다. 핵심은 유럽 중심주의였다. 현대 학계에서는 더 이상 청대 중국을 정체된 제국이라고 보지 않는다.

매카트니가 유럽 국가의 대중국 외교에 미친 영향을 알 수 있다.

쿠룬 지방관은 연회를 베풀고, 골로프킨에게 황제를 상징하는 병풍과 황색 천이 깔린 탁자를 향해 고두례를 요구했으나 거절당했다. 연회는 불쾌함을 남기고 끝났다. 한 달 후 청은 이들에게 귀국을 명했다. 당시 청은 골로프킨이 누구인지 잘 몰랐을 것이다. 그의 증조부 가

브릴라 이바노비치 골로프킨은 표트르 대제의 최측근으로 1707년에 신성 로마 제국의 백작, 1710년 러시아 제국의 백작으로 봉해져 오랜 기간 러시아 외교 정책을 담당한 매우 오만한 사람이었다. 이러한 집안에서 성장한 증손자가 중국 황제에게 무릎 꿇고 머리를 조아리는 고두례를 행하는 게 오히려 놀라운 일이었다.

10년 후인 1816년, 영국은 다시 윌리엄 애머스트를 베이징에 파견하여 교섭을 시작했다. 애머스트도 매카트니가 그랬던 것처럼 중국 신하가 영국 군주에게 고두례를 행한다면 자신도 하겠다고 건의했다. 당연히 청은 이를 받아들이지 않았고 가경제는 격노했다. 사절단은 베이징에 왔지만 황제의 얼굴도 보지 못했다.[2]

유럽에서 애머스트의 실패를 두고 많은 토론이 있었다. 사절단은 본국 국왕을 대표한 것으로 대청국 황제와 평등하니 그의 발밑에 엎드릴 필요가 없다는 의견이 주를 이루었다. 1793년 열두 살의 어린 나이에 매카트니 옆에서 건륭제를 알현하고 많은 선물을 받았던 어린 스탠턴은 훗날 동인도 회사에서 근무하다가 1816년 애머스트의 측근이 되어 다시 베이징을 방문했다. 그는 영국에서 중국어를 구사하고 중국을 이해하는 전문가로 성장하여 중국에 많은 호감을 가지고 있었다. 그러나 그는 중국은 문명 단계에서 저층에 속한다고 명확하게 표현했다. 이런 평가는 귀족 출신의 영국, 유럽 외교관들에게 큰 영향을 미쳐 중국 황제의 발밑에 엎드리는 것을 더욱 불가능하게 했다.

---

**2**    이에 관한 최근의 연구서로 헨리에타 해리슨, 《The Perils of Interpreting》(프린스턴 대학 출판부, 2021)이 있다.

당시 전쟁에 패해 섬에 갇혀 있던 나폴레옹은 중국 의전에 대해 다른 평가를 했다. 그는 말한다.

대사들은 군주와 평등하지 않고 군주를 대표하지도 않는다. 군주는 그들을 평등하게 대한 적이 없다. 대사가 군주를 대표한다는 것은 봉건 풍습의 전통이지만, 잘못된 개념이다.

이 전통은 강한 나라 군주의 대사를 군주와의 인연 때문에 존대하는 것뿐이다. (…) 중국 황제는 사절단에게 고두를 요구할 수 있다. 당신들은 영국 왕실 입장에서 베이징 궁정의 예의를 평가한다. 그러나 가장 간단한 원칙은 교섭과 의전 측면에서 대사는 군주를 대표하지 않으며, 현지에서 관리들과 동등하게 문제를 처리, 해결하는 권한을 가진다는 것이다. 러시아와 영국은 사절단에게 베이징에서 고두를 행하도록 명하고, 중국 대사는 런던과 상트페테르부르크에서 본국 왕공 대신들이 행하는 예법을 따르라고 요구하면 된다. 다른 나라의 관습을 존중해야만 당신의 관습도 존중받는다. 외국에서 그 나라 군주에게 공손한 예의를 표하는 것은 적절하고 존경받을 만하다. 어떤 고지식한 사람 때문에 당신 나라가 부당하고 불행한 후유증을 겪어도 된다면 고두를 거절해도 된다.

만약 나폴레옹이 패하지 않고 계속 통치해서 중국에 사절단을 파견했다면 그의 대사는 중국 황제에게 고두를 행하고 이후 중국과 서양의 관계는 달라졌을 것이다. 그러나 유럽에 나폴레옹은 오직 1명뿐이었고 게다가 그는 전쟁에 패해 실권을 잃은 상태였다.

1842년 청조는 아편 전쟁에서 패한 후 영국과 난징 조약을 체결했다. 이때는 다른 조약에서도 유럽 공사들이 베이징에 오는 문제를 언급하지 않아 의전 문제가 발생하기 전이었다.

## 미국 공사 로한의 태도

1859년 5월 28일 로한은 주중 신임 공사로 부임하기 위해 증기 호위함 포와탄Powhatan 호를 타고 상하이에 도착했다. 베이징 당국과 톈진 조약 교체 협의와 제임스 뷰캐넌 대통령의 친서 전달이 목적이었다. 흠차대신 계량과 화사납은 로한 공사, 영국·프랑스 공사와 교섭 과정을 상의했다. 공사들은 서둘러 베이징에 가려 했지만 두 흠차대신이 미지근한 태도로 시간을 끌었다.

1848년 출간된 새뮤얼 윌리엄스의 《중국총론》에 실린 삽화. 관리, 수행원, 소매상, 나그네와 여성이 보인다. 상단에 '중국총론'과 'The Middle Kingdom' 글자가 적혀 있다. 입구 좌우에 푯말이 있는데 "어진 자는 남을 사랑한다(仁者愛人由親及疎)", "서쪽 지방에 성인이 있다(西方之人有聖者)"라고 적혀 있다. 모두 공자, 맹자의 말씀으로 이를 인용한 데는 깊은 의미가 있었다.

로한의 비서 새뮤얼 윌리엄스중국명 偉三畏는 중국이 조약 교체 시한의 중요성을 모르고 국제 외교 규칙을 무시한다고 생각했다. 그는 1848년 뉴욕에서 《중국총론The Middle Kingdom》을 출간한 선교사 겸 한

미국 선교사 윌리엄 마틴의 모습. 1896년 출간된 《중국의 순환(A Cycle of Cathay)》 292~93쪽에서 인용했다. 사진 하단에 동문관 수석 교사(First President of the Tungwen College)라고 적혀 있다.

학자였다. 이 책은 많은 서방 외교관과 독자가 중국을 이해하는 데 중요한 참고서가 됐다. 중국은 그를 미국 사절단의 핵심인 '부사副使'로 보았다.

로한 일행은 7월 8일 베이탕에서 즈리 총독 항복, 포정사 문욱文煜에게 온 목적을 설명했다. 만남은 순조로워서 두 대신은 함풍제에게 이들의 "말투가 매우 공손했다"고 보고했다. 베이징 당국은 외번 조공 사절단에게 허용하는 20명의 사절단과 중국 글을 쓸 수 있는 10명의 입경을 허가했다. 1명이 질병으로 오지 못하여 로한과 장교들, 공사 비서 윌리엄스 외에, 윌리엄 마틴중국명丁韙良 등 29명이 도착했다.

윌리엄 마틴은 미국 장로회 소속 목사로 1850년 이래 닝보에서 선교 활동을 했다. 1858년 미국 공사 윌리엄을 수행하여 중미 톈진 조약 체결에 참여했으며 이번에 신임 공사를 수행하여 통역을 담당했다. 이후 베이징에 거주하면서 중국 최초의 국제법 《만국공법萬國公法》의 편역을 맡았고 베이징 동문관과 경사 대학당에서 서양식 교육을 맡아 중국 근대화에 큰 영향을 미쳤다.

청 조정은 미국이 영국, 프랑스, 러시아와 달리 단독으로 입경한 것에 의구심을 가졌다. 미국이 러시아 공사를 대신하여 서신을 가져오자 혹시 러시아와 연합하여 어떤 모의를 꾸미는 것은 아닌지 의심했다. 7월 28일 로한 일행은 관리들의 엄중한 호위를 받으며 지정된 베이징 숙소에 도착했다. 중국은 이 외국인들에 경계심을 늦추지 않았다.

미국 사절단은 도착 후 바로 고두 문제에 직면했다. 계량, 화사납은 미국이 조선, 베트남 같은 조공 국가가 아니고 조공 물품도 가져오지 않은 점에 주의했다. 다만 국가 간 예의로서 한 번 무릎 꿇고 세 번 머리를 조아리는 일궤삼고두一跪三叩頭를 제의했다. 미국은 사전에 상하이에서는 물론 중미 조약에서도 이런 식의 '알현'에 대한 언급이 없었다며 곤란해했다.

로한은 중국 황제에 대해 존경심이 있으나, 미국에서도 대통령에게 이런 예를 표하지 않으며 전례도 없다며 거부 의사를 밝혔다. 또한 무릎 꿇기는 종교적인 행위로서 오직 하느님 앞에서만 한다고 했다. (이에 대해 윌리엄스는 로한이 오직 하느님에게만 무릎을 꿇는다고 기록했고, 윌리엄 마틴은 로한이 하느님과 여인에게 무릎을 꿇는다고 기록했다.)

화사납은 양국 군주가 평등하고 중미 쌍방 대표도 평등하니 만약 미국인이 무릎 꿇지 않는다면 중국과 평등하지 않은 것으로 간주하겠다고 응수했다. 로한은 미국 대표로서 국외에서 명예를 훼손하는 일은 할 수 없다며, 원하지 않는 예를 행해야 한다면 거짓 군자僞君子라 했다. 허리를 굽히는 예로 중국 황제에게 충분히 존경심을 표하겠다는 것이다.

로한은 계량, 화사납에게 중국 대표가 해외에서 명예를 훼손하거나 양심에 거리끼는 일을 할 수 있는지 반문했다. 당연히 "아니다"라는 답변을 예상했지만, 계량은 워싱턴에 가면 고두를 포함하여 미국이 요구하는 모든 예를 다하겠다고 했다. 필요하다면 미국 대통령 앞에 분향이라도 하겠다는 것이다. 황제에게 무릎을 꿇지 않는다면 하늘에 무릎 꿇지 않는 것처럼 불경한 것이라는 말도 덧붙였다. 예상치 못한 반응에 로한은 난감해졌다.

8월 2일 더운 날씨 속에서 쌍방은 5시간에 걸친 회담을 진행했다. 중국 측은 유럽인이 로마 교황에게, 영국인이 여왕에게 무릎을 꿇는 것처럼 미국 공사도 중국 황제에게 같은 예를 갖추라고 요구했다. 미국 측은 영국 조정에서도 작위 수여 등 특수한 상황에서만 무릎을 꿇는다고 대답했다. 미국이나 다른 나라 외교 사절들은 영국 여왕, 로마 교황에게서 이러한 요구를 받은 적도, 무릎을 꿇은 적도 없다고 맞섰다.

1845년 흠차대신 화사납은 조선 왕비 책봉에 참가하려 중국 밖으로 나간 경험이 있었다. 다만 그가 본 바깥세상은 중국 중심 동아시아 질서 속의 세계였다. 조선은 청나라에 신중히 사대의 예를 표해 왔었다. 화사납은 이외의 다른 세계는 본 적이 없었다. 중미 양국 대표의 세계관 차이가 너무 컸다.

협의가 대치 국면을 벗어나지 못하자 계량은 한 가지 묘책을 제시했다. 황제를 알현할 때 로한 앞에 탁자를 놓아두고 로한이 무릎을 꿇으려는 순간 황제 측근에 있는 시위侍衛가 급히 로한을 부축하겠다는 것이다. 그러나 누구도 계량의 절충안에 동의하지 않았다.

우여곡절 끝에 알현은 실현되지 않았다. 8월 10일 로한은 계량, 화사납에게 국서를 전달하고 돌아가려다가 통역을 맡았던 윌리엄 애치슨이 병으로 사망하는 예기치 못한 일을 당한다. 베이탕에서 장례를

미국 사절단이 베이징에 들어오는 모습. 윌리엄 마틴의 《중국의 순환(A Cycle of Cathay)》 203쪽에서 인용했다.

치렀는데 동료들은 서류 속에서 윌리엄 마틴이 쓴 감동적인 영문 시한 수를 발견했다.

주위의 친구들에게 내 눈을 감게 하지 말고,

내 마지막 숨소리를 듣게 하지 마라

교회의 뒷마당은 나의 안식처가 아니니,

내 가슴에 성진聖塵을 덮지 마라

선인들이 잠든 곳에서 나를 잠들게 하지 마라

내가 사랑하는 사람이 내 위에서 울지 못하게 하라!

묘지명에 이곳을 표기하지 마라

내 몸은 이 부패한 곳에 누워 있다

16일 로한 일행이 즈리 총독 항복과 간단한 조약 교체 의식을 마치자 외교적 임무는 끝을 맺었다. 항복은 함풍제에게 황제의 하늘과 같은 덕으로 풍성한 성과를 거두었으며 로한이 황제의 어짊에 감격했다고 보고했다. 그저 황제의 환심을 얻기 위한 상투적인 말이었다.

항복 등은 양국 관계 회복을 위해 이전 전투에서 사로잡은 미국 포로 중 1명인 존 파워스를 석방했다. 그런데 파워스가 베이탕에 오더니 자신이 캐나다 출신이라고 말을 바꿨다. 로한은 그가 미국인이 아니고 영국 관할 캐나다인이라는 것을 설명하느라 애를 먹었다(당시 대영 제국은 캐나다를 '캐나다 성Province of Canada'이라 했다. 현재와 같은 연방 형식의 캐나다는 1867년 수립한다). 로한은 설령 그가 미국인이라 해도 자신은 전쟁 포로를 본국으로 데려가는 임무는 맡지 않았다며 거절했다. 그러나 항복 등은 이러한 사항을 이해하지 못했다. 인도주의적 측면에서 미국에 데려갈 것을 요구했다. 미국 측은 그가 중국에서 좋은 대우를 받았으며 나중에 영국 해군에 인도하겠다고 했다.

1859년 10월 25일 조약을 교체한 지 두 달 후에 유럽 학자들이 중심이 된 '왕립 아시아 학회Royal Asiatic Society, 皇家亞洲學會'가 상하이에서 개최됐다. 새뮤얼 윌리엄스는 논문 〈미국 공사의 베이징 기록〉을 통해 베이징에서의 외교 업무와 베이탕, 베이징 등 지역의 풍속과 생활을 상세하게 소개했다.

그는 중국 관리들에게 열렬한 접대를 받았다고 했는데, 중국이 외번 조공을 대하는 전형적인 방식이란 점을 알지 못했다. 그는 마지막에 프랑스 한학자 장 피에르 기욤 포티에가 파리에서 출간한《중국 정치 관계사Historie des Relations Politiques de la Chine》의 10장 209~234쪽 내

1873년 9월 27일 〈일러스트레이티드 런던 뉴스〉가 묘사한 구미 5개국 공사의 동치제 알현 장면. 이는 최초로 궤배 예의를 행하지 않은 접견이었다.

용을 소개했다.

미국과 유럽에서 의전에 관한 충돌은 페르시아 제국 다리우스 왕 이래 계속 존재해왔다는 것이다. 포티에는 각국은 자기 방식대로 의전을 행하되 상대에게 불필요한 요구를 하지 않는 것이 가장 좋은 방법이라고 했다. 윌리엄스가 이를 인용한 것은 의전에 관한 마찰을 피해보자는 뜻이었다. 그는 미국 최초의 한학자로 예일 대학의 초대 한학 교수가 됐다.

2차 아편 전쟁이 끝난 후 영국·프랑스·미국 3국은 공사를 베이징에 주재시킬 권리를 얻었다. 동치제 알현은 황제가 어리다는 이유로 실현되지 않았다. 그러나 1873년 열일곱 살의 동치제가 친정을 시작하자 더는 핑계를 댈 수 없었다. 동치제는 외번 사신을 접견하는 중난하이中南海 자광각紫光閣에서 소에지마 다네오미副島種臣 일본 대사를 포함해 영국, 프랑스, 미국, 러시아, 독일 등 5개국 공사를 만났다. 여기서 고두례 문제는 더 이상 언급되지 않았다. 물론 조선, 류큐 등 번국은 여전히 쌍방의 종번 관계가 끝날 때까지 고두례를 행했는데 이는 다른 문제였다.

# 4부

## 오랑캐가 중국을 변화시키다 (以夷變夏): 외교, 출국, 유학

# 11장. '진정한 친구':
# 중국 흠차대신으로 임명된 미국 공사

## 천자 발밑에서의 변화: 외국 공사가 베이징에 주재하다

2차 아편 전쟁은 중국 외교사에서 커다란 전환점이 됐다. 여러 가지 변화가 나타났는데 그중 하나가 외국 공사公使의 베이징 주재였다. 명·청 이래, 외국 사신이 장기간 베이징에 주재한 것은 전대미문의 일이었다. 명나라 이후 외국 사신은 공사貢使 신분으로만 베이징에 들어와서 일을 처리하고 마치면 바로 돌아갔다. 예부는 외번과의 조공 업무 중 중국 외교 교섭에 관한 세밀한 규정과 제도를 반포했다. 청나라는 명나라 제도를 답습하여 커다란 변화가 없었지만 의전 문제는 깊이 고려했다. 조정에서는 네덜란드와 영국을 조선, 베트남 등과 같은 번국으로 보고 예부에서 관리했다. 러시아는 특수한 관계를 고려하여 이번원理藩院에서 관장했다.

1793년 매카트니 사절단은 영국 대표의 베이징 체류를 요구했으나 건륭제는 허락하지 않았다. 영국의 이 오랜 바람은 2차 아편 전쟁의 결과로 체결된 톈진 조약을 통해 비로소 구체화됐다. 그러나 실질적 성과는 1860년 10월 말 베이징 조약 체결 이후에야 나타났다.

1858년 톈진 조약 2조에서는 양국이 "각 나라와의 상규에 의해 임의로 권한을 가진 고위 관리를 대청, 대영 양국 수도에 교체 파견한다"고 했다. '권한을 가진 고위 관리'라는 용어는 모호하지만 대체로 흠차대신 정도를 지칭했다. 영문으로는 분명하게 'ambassadors대사', 'ministers공사', 혹은 'other diplomatic agents기타 외교 대표'를 서로 파견한다고 적었다. 영문에서는 중문 내용 중 '양국 수도'를 'the court of Peking베이징 조정'과 'the court of St. Jame's영국 조정'으로 규정했다. 당시 사람들은 언어상의 차이를 잘 인식하지 못했다. 이에 50조에서 특별히 중·영문 간 차이가 발생하면 영어 위주로 해석한다고 규정했는데, 중국이 상대적으로 불리했다. 한편 프랑스도 1858년 톈진 조약, 1860년 베이징 조약을 각각 체결하여 외교 대표가 베이징에 주재할 수 있게 됐다.

중국이 미국과 체결한 톈진 조약에는 외교 대표를 상대국 수도에 주재시킨다는 조항이 명확하지 않았다. 6조를 보면 중국이 '여러 나라 흠차'를 베이징에 거주케 하면 미국도 같은 대우를 획득하여 은전을 '함께 얻는다'고 쓰여 있을 뿐이다. '여러 나라 흠차'는 영문으로 'the Representative of any friendly nation', 즉 '모든 우방 국가의 대표'라는 의미였다.

미국은 최혜국 대우를 확보한 상태에서 영국과 프랑스가 얻었던 외교 대표의 주재 권리도 자동으로 얻었다. 러시아는 중러 톈진 조약 12조에서 최혜국 대우를 얻어 역시 모든 이익을 동등하게 얻었다. 이리하여 1860년 영국, 프랑스, 미국, 러시아 4개국은 외교 대표를 베이징에 주재시킬 수 있게 됐다. 1861년 초에 공사들이 베이징에 주재하기 시작하면서 명나라 이래로 수백 년간 유지되던 전통적 화이華夷 질서는 구조적으로 붕괴하기 시작했다.

이후 속사정을 알 수 없지만 일본만 1873년 소에지마 다네오미副島種臣를 '대사ambassadors' 이름으로 베이징에 파견했다. 유럽 각국은 '대사'보다 한 직급 낮은 '공사ministers', 즉 '전권 공사ministers plenipotentiary' 혹은 '특명 전권 공사envoy extraordinary and ministers plenipotentiary'를 파견했다. 이는 각국이 중국을 같은 급의 문명국으로 보지 않는다는 의미였다. 영국과 프랑스는 북아프리카의 튀니지, 이집트에도 같은 정책을 취해 해외 식민지를 폄하하는 인식을 보여주었다.


## 급히 만든 '외교부': 총리아문의 성립


2차 아편 전쟁의 결과 외국 공사들이 베이징에 거주하게 되면서 자연스레 중국에도 이들을 상대할 기구인 총리각국사무아문總理各國事務衙門, 간단히 '총리아문', 또는 '총서'이 탄생했다. 총리아문은 1861년 3월 11일 공친왕恭親王 혁흔의 제의로 탄생하여 영국, 프랑스 등과 전후 사무를 처리했다. "모든 사무는 군기처軍機處, 옹정제 때 설치된 군사·정무 처리 최고 기관를 모방"했으며 임시로 운영하다가 상황이 안정되면 폐지하려는 계획이었다.

총리아문이 유럽의 외교부라 여긴 영국, 프랑스, 미국, 러시아 4개국은 일만 생기면 전통적으로 대외 사무를 담당하던 예부나 군기처가 아닌 이곳을 찾았다. 총리아문은 외교부 역할을 계속하다가 1901년 정식으로 외교부로 개명하여, 중국 최초의 유럽식 전문 외교 기구로 변신했다. 실제로 공친왕 등은 당시 유럽 각국 외교부를 총리각국사무아문으로 이해했다. 1858년 중러 톈진 조약에서 중국은 러시아 외교장관le Ministers des Affaires Etrangeres de Russie을 '아

영국 종군 기자 펠리체 베아토가 1860년 11월 2일 촬영한 공친왕 혁흔. 영·프 연합군과의 전쟁이 끝난 직후 베이징에서 찍은 것으로 아마도 가장 이른 시기의 사진일 것이다. 공친왕 혁흔은 도광제의 여섯째 아들이다. 당시 스물일곱 살로 청 집권 이후 처음으로 부닥치는 시련이었다. 하늘이 무너질 듯한 격변 속에서 그의 형 함풍제는 러허로 도망가 버리고 혁흔 홀로 남아 베이징을 사수했다. 흔들리는 눈빛, 난감한 표정이 역력하다. 이후 조정에서 중국 근대화를 실현하는 중추적 역할을 하다가 1898년 5월 29일 무술정변 13일 전에 세상을 떠났다.

국총리각국사무대신俄國總理各國事務大臣'으로 번역한 바 있어 2년 후 설립된 기구를 '총리각국사무아문'으로 명명한 것은 이상한 일이 아니었다.

총리아문 대신들은 상근하지 않고 임시로 겸직했다. 1862년 7명의 대신은 의정왕 겸 군기대신 공친왕 혁흔, 군기대신 계량, 공부상서

문상文祥, 호부 우시랑 숭륜崇綸, 공부 좌시랑 항기恒祺, 호부상서 보윤寶鋆, 호부 우시랑 동순董恂 등이었다. 이들은 외국어는 물론 국제법도 몰라, 일은 시작했지만 어찌할 바를 몰랐다. 이처럼 총리아문은 급히 만든 임시 기구로 시작했다.

1872년(동치 11년), 총리아문 대신 3인의 모습이다. 왼쪽부터 병부상서 겸 군기대신 심계분, 호부상서 동순, 공부상서 모창희로 1872년 중국 '외교부'의 중요 인물들이었다. 과거 출신으로 모두 종일품이었다. 사진에서 조금도 활기를 느낄 수 없다.

## 앤슨 벌링게임: 열렬한 노예제 폐지주의자, 공화당 창당 발기인

미국의 링컨 대통령은 초대 베이징 공사로 앤슨 벌링게임을 임명했다. 중국 조정은 외국인에게 발음과 유사한 함의를 가진 중국 이름을 지어주는 관습이 있었다. 그를 포안신蒲安臣이라 불렀는데, "자기 자리에 만족하는 신하"라는 의미로 중국의 기대에 적합한 인물이었다. 총리아문은 벌링게임을 알지 못했지만 미국 정계에서는 유명한 인사였다. 그는 1846년 하버드 대학 법학원을 졸업한 후 보스턴에서 변호사로 일하다가 연설에 능하여 정계에 입문, 1853년 매사추세츠주 상원 의원이 됐다. 남북 전쟁이 발발하기 전 노예제 폐지에 대한 논의가 활발해지자 강경하게 폐지를 주장했다.

1856년 5월 19일 급진파 상원 의원 찰스 섬너는 노예제를 폐지하자는 연설에서 찬성론자인 사우스캐롤라이나주 민주당 상원 의원 프레스턴 브룩스와 그 친척들을 비난했다. 이에 화가 난 브룩스가 며칠 뒤인 22일 사무실로 쳐들어와 마구 지팡이를 휘둘렀고, 폭행을 당한 섬너는 인사불성이 됐다. 치료를 받은 후에도 두 사람 간 논쟁은 더욱 격렬해졌으며 이는 결국 남북 전쟁의 도화선이 됐다.

한 달 뒤인 6월 21일에 벌링게임은 의회에서 '매사추세츠의 항변'이라는 장문의 연설을 통해 노예제 찬성론자들, 특히 브룩스를 직접 겨냥했다. 이로 인해 벌링게임이 유명해지자 수세에 몰린 브룩스는 결투를 요구했다. 당시 미국에서 개인적인 결투는 허락되지 않았기에, 뉴욕주 변방인 나이아가라 폭포 캐나다 쪽에서 결투하기로 합의했다. 그러나 결투를 앞두고 겁이 난 브룩스가 꼬리를 내렸고 이 일로 벌링게임은 전국적으로 '신사의 영웅'이라는 명성을 얻었다.

한번은 인디애나폴리스에 가서 연설한 적이 있는데, 연설을 마치고 내려올 때 켄터키주 변호사 겸 전 하원 의원 토머스 마셜이 그의 팔을 잡았다. 마셜은 "나는 당신을 지지하지만 연설을 들으러 온 게 아니다. 도대체 결투 때문에 나이아가라 폭포까지 간 영웅이 어떤 사람인지를 보러 왔다"고 할 정도로 그의 명성은 대단했다.

벌링게임은 뜻을 같이하는 동료들과 공화당을 창당하여 발기인이 됐다. 링컨 대통령은 취임 후 벌링게임을 주중국 공사로 임명했다. 1861년 10월 24일 홍콩에 도착, 9개월 뒤인 1862년 7월 베이징에 부임한 그는 중국어를 몰랐지만 외교적으로 매우 온건했다. 덕분에 2차 아편 전쟁 이후 양국 사이 군사적 충돌을 피하고 중립 원칙을 유지했다. 미국은 중국에 무력을 행사하지도, 식민지를 세우려 하지도 않았다. 당연히 영국이나 프랑스 공사처럼 총리아문에 쳐들어와 논쟁하거나 위협을 일삼지도 않았다. 연설에 능한 변호사 출신답게 완곡한 화법으로 중국 외교에 관한 견해를 밝혔으며, 이에 총리아문 대신들은 그를 다른 나라 공사들보다 더 친절히 대접했다.

1859년 앤슨 벌링게임. 미국 의회 도서관 소장.

벌링게임은 총리아문에 선교사 윌리엄 마틴을 추천하여 중국 근대사에 큰 영향을 미쳤다. 마틴은 《만국공법》을[1] 번역했는데, 벌링게임은 중국이 이를 통해 국제법을 이해할 수 있기를 기대했다. 다른 나라의 입장은 달랐다. 프랑스 대리공사 미셸 알렉산드르 클래츠코프스키는 벌링게임에게 "중국인에게 유럽 국제법을 이해시키려는 자가 누구인가? 죽여버리겠다! 우리에게 많은 문제를 야기시킬 것을 모르는가?"라며 화를 냈다. 그럼에도 벌링게임과 영국 공사 프레더릭 브루스는 마틴을 지지했다.

1864년 겨울에 베이징에서 출간된 《만국공법》은 중국 최초의 국제법 서적으로 조선과 일본에도 전해졌다. 마틴은 총리아문에 적극 협조

---

**1**　1836년 헨리 휘튼이 출간한 《국제법 원리(Elements of International Law)》였다.

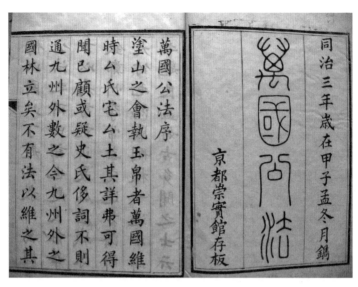

1864년(동치 3년) 겨울, 베이징 경도 숭실관에서 간행한 《만국공법》.

하여 새롭게 문을 연 동문관에서 영어를 가르쳤고, 경사 대학당에서
서학 교육을 지휘했다.

### '진정한 친구': 청 조정의 벌링게임에 대한 인상

벌링게임이 온건 노선을 유지하자 총리아문은 그를 '진정한 친구'
로 보고 그에게 수시로 다른 나라와의 관계 조정을 부탁했다.

1865년 2월 하순 영국인 2명이 베이하이 총화다오北海 瓊華島 남쪽
불교 사원 영안사永安寺에 침입하여 관리인을 폭행한 뒤 문을 부수고
난입한 사건이 발생했다. 총리아문은 영국 서리 공사 토머스 웨이드에

게 항의하고 2명을 체포하여 처벌하려 했지만 여의치 않았다. 2월 24일 총리아문 대신, 공부좌시랑 항기는 미국 공사관에 가서 벌링게임에게 양측 간 조정을 부탁했다. 이들의 대화를 들어보자.

항기: 영국인이 영안사에 침입한 사건을 들으셨나요?
벌링게임: 들었고 진상을 알고 있습니다. 정말 화가 나고 웨이드 공사 역시 그러리라 생각합니다. 침입자들은 법으로 처벌해야 합니다.
항기: 이미 사람을 보내 체포하려고 했으나 우리가 문에 자물쇠를 채워 유람객 관람을 막았다며 이런 제한을 풀라는 등 오히려 우리 쪽에 책임을 돌리고 있습니다. 영국인이 중국인 목을 베고 나서 목에 보호대를 하지 않았다며 죽은 자를 탓하는 것과 무엇이 다릅니까?

항기가 웨이드를 비난하자 벌링게임은 완곡하게 다음과 같이 외교적으로 풀 것을 건의했다. 첫째, 중국은 외국과의 조약에서 규정한 권리 외의 행위를 처벌할 수 있으나 그렇게 하는 것이 과연 현명한지 생각해볼 것. 둘째, 외교관은 특권이 있으니 외교관과 그 수행원에 선처를 고려할 것. 셋째, 웨이드 공사는 중국에 호의적이니 그의 요구를 고려할 것 등이었다. 웨이드와 자주 만나는 사이인 벌링게임의 사적인 입장이 반영된 제안이었으나 그 태도나 말투가 온건하고 또한 일리가 있었기에 항기는 이를 수긍했다.

벌링게임이 잠시 미국에 다녀올 일이 생기자 중국 측은 그의 임기가 끝난 줄 알고 실망감을 표했다. 1865년 3월 3일 공친왕 혁흔은 총리아문에서 그를 접견했다. 공친왕은 "진정한 친구와 헤어지려니 아쉬움이 많다. 정말 가시는가? 본국에서 소환했는가?"라고 물었다. 벌링게임이 잠시 다녀오는 것이라 답하자 공친왕은 바로 돌아오기를 바란다며, 미국 대통령이 두 번째 임기를 시작했으니 우리에게도 당신이 꼭 필요하다고 당부했다. 벌링게임은 고마움을 표하고 "귀국 정부를 위해 도울 일이 있다면 언제나 협력하겠다"고 답했다. 공친왕이 술잔을 들어 귀임하겠다는 확답을 요구했고 벌링게임도 이에 화답했다.

## 서구에 사절단을 파견하다: 벌링게임의 우호적인 건의

1865년 3월 6일 벌링게임이 공무로 귀국하기 전, 총리아문 대신 동순, 숭륜, 항기가 미국 공사관을 방문해 자문을 요청했다. 벌링게임은 외교 마찰을 다루는 데 있어 두 가지를 건의했다. 하나는 중국이 유리한 상황이라면 교섭 경과를 모든 공사들과 공유한 뒤에 그들이 직접 자국에 알리는 방식이었다. 그러면 여론의 압력으로 폭력 충돌 같은 불공정한 사건이 발생하지 않을 것이라고 했다. 다른 하나는 서구에 외교 사절단을 파견하라는 것이었다.

동순 등은 이런 건의에 전적으로 공감했다. 벌링게임은 동순이 사절단을 맡을 적임자이며 동문관에서 공부하는 젊은 중국 학생들이 통역을 담당할 수 있다는 말도 덧붙였다. 벌링게임은 동순이 《만국공법》을 지지하고 서문까지 써준 개명한 대신이었기에 새로운 임무도 수행할 수 있을 것으로 기대했다.

총리아문은 이 두 가지 건의를 모두 실행에 옮겼다. 특히 서양에 사절단을 파견하는 일은 당시 중국 세관 총세무사인 영국인 로버트 하트 역시 계속 강조한 사항이었다. 1866년 2월 하트가 결혼을 위해 영국으로 돌아갈 때, 베이징 조정은 공친왕의 추천을 받아 세관에서 근무하던 만주인 빈춘斌椿과 광영廣英, 동문관 학생 덕명德明, 풍의風儀를 같이 보내 함께 유럽을 살펴보도록 했다.

빈춘은 이미 예순두 살이었지만 두뇌가 명석하고 스스로 외국행을 마다하지 않았다. 조정이 원하는 신중하고 원만한 인사였다. 이들은 영국, 프랑스, 네덜란드 등을 돌아다녔지만 정식 외교 사절이 아니어서 교섭이나 회담 등은 할 수 없었다. 소규모 관광단으로 유럽의 겉모습만 보았을 뿐, 돌아와서도 별다른 역할은 하지 못했다. 그래도 사람을 파견하여 바깥 세계를 이해한다는 것은 고무적인 일이었다.


## 지피지기: 반드시 외국에 사람을 보내야 한다

공친왕과 총리아문 대신들은 중국이 처한 외교 상황을 분명히 인식하고 있었다. 1858년에 톈진 조약을 체결한 지 10년이 지나서 이제 조약을 수정할 시기가 됐는데 "각국은 중국의 허실에 대해 잘 알고 있었지만, 중국은 여전히 외국 사정에 깜깜했기 때문이다." 시간이 닥쳐올수록 중국은 원치 않는 상황에 빠져들고 있었다.

1차 아편 전쟁(1839년) 이래 외교는 갈수록 악화되어 2차 아편 전쟁 말미(1860년)에 이르자 상황은 최고로 나빠졌다. 1867년 10월 공친왕은 고심 끝에 연해 지방 대신인 장군, 독무들에게 의견을 물었다. 증국번, 이홍장, 도흥아都興阿, 영계英桂, 류장우劉長佑, 오상吳祥, 서린瑞麟, 이한장李瀚章, 숭후崇厚, 곽백양郭柏陽, 유곤일劉坤一, 이복태李福泰, 마신이馬新怡, 정보정丁寶楨, 증국전曾國筌, 장익패蔣益沛, 좌종당左宗棠, 심보정沈葆楨 등 양무운동의 주요 인물이 총망라됐다. 이들은 이후 30여 년간 외교, 군사 등 중국 근대화 과정에서 주요 업무를 수행했다. 논의 주제 중 하나는 대외 사절단의 파견 문제였는데 공친왕은 이전 해 그랬던 것처럼 관광 형식은 안 된다는 점을 강조했다.

공친왕은 마음이 급해졌다. 1860년 불길이 끊이지 않던 베이징에서 온 나라가 외세의 폭풍에 흔들리는 것을 지켜본 터였다. 사람을 보내 상대방 허실을 탐색하는 일이 매우 중요함을 잘 알고 있었으나 그럴 만한 인물이 없었다. 지방 대신들도 적당한 사람을 추천하지 못했다. 공친왕은 대신들의 토론을 지켜보다가 벌링게임을 중국 흠차대신 자격으로 구미 각국에 보내자는 파격적인 제안을 했다.

공친왕은 곧 이임하는 그에 대한 인사치레쯤으로 여겼으나, 사절단을 이끌어달라고 한 것은 생각할수록 좋은 선택이었다. 환송을 핑계로 거듭 요청했다. 벌링게임은 미국 국무장관인 윌리엄 수어드에게 자신의 환송 연회에서 공부상서 문상文祥으로부터 이와 같은 제의를 받았으니 귀국을 며칠 늦춰달라고 보고했다. 중국 측은 영국 공사 비서 존 브라운에 정식으로 요청 서신을 보냈다. 벌링게임은 심사숙고 후에 이 요구를 받아들이기로 했다.

## 중국의 결정: 미국 공사의 선택

공친왕 등이 벌링게임을 진정한 친구로 여긴 데는 이유가 있었다. 총리아문은 영국, 프랑스, 미국, 러시아 4개국에서 중국과 접촉이 가장 빨랐던 한 영국 인사를 뽑으려고 했다. 그러나 이때 중국이 영국과 연합하여 해군을 창설하려다 실패한 '오스번 함대阿斯本艦隊' 사건이 발생했다. 중국에 우호적이던 세관 총세무사 로버트 하트 등이 이 일에 연루되면서, 벌링게임이 중간에서 교섭을 주선했다. 그러나 최종적으로 해군 창설 계획이 무산되면서 중국은 돈과 사람 모두를 잃고 말았다. 이런 사정 때문에 교섭 중인 영국인은 공친왕이 구성할 사절단에서 제외했다. 프랑스, 러시아는 아예 고려 대상은 아니어서 자연히 미국인인 벌링게임이 선택된 것이다.

벌링게임을 영국 공사 토머스 웨이드와 비교해보면 인선 이유가 더 분명하다. 1842년 웨이드는 홍콩에 도착한 이래 중국어가 능하여 2차 아편 전쟁 동안 영국 총사령관 엘긴의 비서를 지냈다. 1871년 주중국 공사가 되기 전 대부분 시간을 영국 공사관에서 근무했고, 1882년 중국을 떠났으니 중국에서 보낸 시간이 40여 년이 넘었다.

1886년 웨이드는 케임브리지 대학 초대 한학 교수가 되어 소장했던 883종 4,304권의 방대한 중문 서적을 대학 도서관에 기증했다. 또한 그는 중문 로마 병기법을 개발하여 케임브리지 대학의 후계자인 허버트 자일스의 수정을 거쳐, 1892년 '웨이드-자일스 병음법'을 발표했다. 마오쩌둥을 '毛澤東-Mao Tse-tung'으로, 장제스를 '蔣介石-Chiang Kai-shek'으로 표기하는 방식이다. 여러 번역 작품 속의 인명,

지명 표기에 나오는 'Chiang Kai-shek'을 '常凱申상카이션'으로 적거나 'Tung-sean'을 '董恂동쉰'이 아닌 '童顯동쉔'으로 표기하는 것 등은 웨이드-자일스 병음법을 이해하지 못하여 생기는 황당한 착오들이다.

웨이드는 성격이 괴팍하고 오만했으며 충동적이었다. 중국이 자신에게 유럽의 전통적 학습법을 배워야 한다며, 무례하게 청 조정을 대했다. 그가 총리아문을 다녀가면 모두가 불쾌해했다. 그는 문제가 복잡해지면 중국과 좋은 관계를 유지하던 윌리엄 마틴에게 달려가 불평을 늘어놓았다. 마틴은 웨이드의 방문 목적이 의견 청취가 아니라 자기 뜻을 총리아문에 전하라는 암묵적 요구라는 것을 알았다.

중국 측이 웨이드를 불편하게 여기게 만든 또 다른 사건이 있었다. 1875년 2월 영국 공사관의 비서이자 웨이드가 양성한 외교관인 오거스터스 마거리가 윈난에서 피살됐다. 웨이드는 총리아문을 찾아가 크게 소란을 피웠다. 그리고 마틴과 조찬을 하면서 자기주장만 늘어놓다가 격분하여 의자에 뛰어오르더니 두 손을 높이 쳐들고 "그들이 이를 받아들이지 않으면 전쟁을 감수해야 할 것이다. 나는 이 일을 반드시 성사시킬 것이며 하느님이 존재하는 한 멈추지 않을 것이다!"라며 고래고래 소리를 질렀다. 이런 웨이드에 비하면 벌링게임은 대단히 부드러운 사람이었다.

## 흠차 '1+2'와 조약 8조: 벌링게임 사절단의 구성

총리아문이 사절단 파견 계획을 세우고, 공친왕 등이 벌링게임에 호감이 있었지만 대표 임명은 누구도 예상치 못한 대단한 파격이었다. 총리아문은 단시간 내에 임명과 기타 인원의 선발 및 국서의 작성, 번역을 처리해야 했다. 공친왕은 미국인을 중국의 흠차대신에 임명하는 것에 문제가 없다고 생각했다. 중국 세관의 총세무사도 영국인이지만 중국을 위해 열심히 일하고 있었다. 중국에는 유럽의 외교에 대해 아는 사람이 없으니, 벌링게임은 빈 곳을 메울 수 있는 좋은 인선이었다.

공친왕은 정치적 비난을 막는 한편 중국의 장기적인 외교를 고려하여 그를 흠차대신에 임명했다. 뒤이어 해관도海關道 지강志剛,[2]과 예부 낭중郞中 손가곡孫家穀 2명을 역시 흠차로 임명, 수행하여 외교 사무를 배우고 수시로 총리아문과 소통하도록 했다. 이렇게 해서 '미국인 1명에 중국인 2명' 등 3명의 흠차대신이 출국하는 상황이 발생했는데, 벌링게임은 이 2명의 중국인을 흠차를 '배우는 사람learners' 정도로 생각했다.

청 조정이 세 사람에게 준 정식 임명장에는 '판리각국중외교섭사무대신辦理各國中外交涉事務大臣, 여러 나라의 외교 사무를 교섭하는 대신', 간략하게 '흠차欽差'라고 했는데 영문으로 번역하기가 모호했다. 벌링게임은 미국 국무장관에게 자신을 중국의 'envoy', 즉 특사로 보고했

---

**2**  청대 세관은 외국의 압력으로 외국인을 총세무사로 임명해서 운영했다. 조정은 중국인 관리를 해관도로 임명하여 외국인 세무사를 협조·견제하도록 했다.

다. 중국 황제가 그를 통해 미국, 영국 등에 보낸 국서(브라운이 번역하고 윌리엄, 마틴, 하트가 검수한)에는 'High Ministers Extraordinary and Plenipotentiary'로 적혀 있었다. 이는 '특명 전권 대사' 뜻과 기본적으로는 일치했다.

흠차대신 파견에 조정이 손을 놓고 있을 수는 없었다. 벌링게임의 권한을 통제하기 위해 공친왕은 흠차의 교섭 범위, 외교 의전, 중국 흠차와 소통 등 8개 규칙을 정해주었다. 벌링게임에게는 중국의 체면을 해치는 일을 하지 말 것을 특별히 당부했다. 영국과 프랑스 방문에 맞추어 중국어를 구사하는 영국인 브라운과 세관에서 근무하는 프랑스인 페르디낭 오귀스트 에밀 데샹을 같이 수행토록 했다. 사절단 구성에 공친왕, 문상 등이 고심한 흔적이 역력했다.

외국을 배우려는 목적에 맞게끔, 공친왕은 동문관에서 영어를 익힌 덕명과 풍의, 러시아어를 배우는 탑극십납塔克什納, 계영桂榮, 프랑스어를 배우는 연방聯芳, 정준廷俊 외에 후선현승候選縣丞 항정용亢廷鏞, 후

1868년, 벌링게임 사절단이 미국에서 찍은 사진. 왼쪽부터 장춘령, 계영, 연방, 봉의, 덕선, 손가곡, 벌링게임, 지강, 백탁안, 덕명, 탑극십납, 정준, 항정용이다. 미국 의회 도서관 소장.

선순검候選巡檢 왕륜수王掄秀, 후선구품候選九品 엄사기嚴士琦, 총리아문 병마사목兵馬司目 장춘령莊椿齡 외에 천총 뢰병문雷炳文, 육품 군공좌보 軍功坐補 과경서果慶瑞 등도 사절단에 포함시켰다. 이로써 세 사람의 중 미 흠차, 2명의 영국·프랑스 보좌관을 포함한 사절단은 모두 17명으로 구성됐다. 1866년 빈춘의 유럽 여행 때 동행했던 덕명과 풍의를 제외하고는 모두가 초행길이었다.

1867년 12월 12일 벌링게임은 상하이에서 미국 국무장관에게 자신의 중국 특사 역할에 대해 상세히 보고했다. 보고서 끝에 그는 "세계에서 가장 오랜 역사를 가지고, 전 세계 인구 중 3분의 1을 차지하는 국가와 서구가 관계를 맺으려고 한다. 세계에서 가장 젊은 국가에서 이 변화를 도울 사람을 찾는 외교적 사명을 거절할 수 없었다"라고 수락 배경을 설명했다. 세계에서 가장 오래된 국가(중국)의 대표로서 그의 첫 방문지는 바로 자신의 조국이자 '세계에서 가장 젊은 국가'인 미국이었다.

1868년 2월 벌링게임 사절단은 상하이에서 증기선을 타고 캘리포니아를 향해 유럽 외교의 첫발을 떼었다. 저 멀리 대양 끝에서 무슨 일이 생길지, 어떻게 대응해야 할지, 모든 것이 미지수였지만 적어도 모두의 가슴속에는 아름다운 꿈이 있었다.

# 12장. 변화와 존중: 앤슨 벌링게임의 강연

2018년 11월 중하순, 미국의 추수감사절 전후로 한 주요 언론에서 중국 관련 보도를 했다. 경제 발전 후의 중국은 미국인들이 생각하듯이 미국이나 미국 비슷한 나라를 지향하는 대신, 자기 노선을 취할 것이라는 내용이었다. 이 보도에 대한 미국인들의 반응은 놀라움, 긍정, 찬탄, 흠모, 회의, 실망, 미혹, 낙담, 공포 등 다양했다.

지금 우리가 하려는 이야기는 150년 전 뉴욕 맨해튼에서 중국 사절단을 이끈 전 주중 미국 공사 앤슨 벌링게임의 연설에 관한 것이다. 현장에 있던 〈뉴욕 타임스〉 등 언론 보도 내용을 살펴보자.

## 가장 오래된 나라와 가장 젊은 나라의 만남: 뉴욕 주지사의 치사

1868년 6월 23일 뉴욕 맨해튼 14번가와 5번가 옆 유명한 레스토랑 델모니코스Delmonico's의 등불이 밝게 빛나는 밤, 실내에서는 중요한 만찬이 열렸다. 미국 성조기와 청나라의 용기龍旗, 용을 그린 깃발가 사방에 걸렸고 화려한 테이블 장식이 눈을 사로잡았다. 뉴욕 주지사, 부주지사 등 중요 인사들이 연회장을 가득 메워 중화 제국에서 온 흠차대신이자 자국 동포인 벌링게임의 연설을 기다리고 있었다. 지강, 손가곡 등 중국인 흠차대신도 자리했다.

9시가 되자 주최자인 뉴욕 주지사 루벤 펜턴이 벌링게임이 이끄는 중국 사절단에 대한 환영사를 낭독했다. 그의 짧은 치사는 당시 중미 관계에 대한 미국 정계 주류 인사들의 시각을 보여준다.

미국 방문 당시의 흠차대신 지강(志剛).

우리는 중국과 매우 흥미로운 관계에 있습니다. 정치, 역사, 지리적으로 두 민족은 크고 명확한 차이가 있지만 여러 방면에서 이해관계로 얽혀 있습니다. 동방의 오랜 전통을 가진 나라 정부가 서구의 발전을 참고하려는 것은 문명 발전의 경험과 진보의 결과일 것입니다.

가장 보수적이며 폐쇄적인 사회가 가장 젊고 자유로우며 진보한 국가와의 교류를 위해 손을 내밀었습니다. 이 교류가 인류에 엄청난 가치를 선사할 것임을 의심치 않습니다. 우리가 하늘로부터 부여받은 임무는 자유, 평등, 진보로 동방에 유럽처럼 생산성 높은 나라를 만드는 것입니다. (환호)

펜턴은 벌링게임이 "동방에서 가장 오래되고 인구가 가장 많으며 여러 방면에서 가장 흥미로운 정부"의 대표로 미국과 기타 서구 국가를 방문하는 것이 "문명의 진보"이며 "근대 외교, 교류사에서 중요한 일로 인류에 거대한 공헌을 가져올 것"이라면서 마지막에 다음과 같이 강조했다.

우리나라는 부강하고 자유롭고 공정합니다. 우리의 영향력이 바다 너머 다른 나라에 가서도 무역, 기독교, 선의를 통해 모든 사람에게 행복을 전하기 바랍니다. 우리는 세계 여러 나라의 자유를 인정하고 다양한 기회를 통해 소통할 것입니다. 그것은 우리가 오랫동안 이익을 나누는 데 있어 핵심적입니다. 우리 문명 시스템이 중국에 공헌할 수 있기를 바랍니다. 우리의 자유, 능력, 사업으로 중국의 산업, 예술, 사회 등에서 평화롭게 이익을 얻을 수 있습니다.

그는 미국이 무역과 문명을 통해 오랜 전통을 가진 중국을 유럽의 구성원으로 만들자는 포부를 드러냈다. 1868년 7월 18일 〈하퍼스 위클리Harper's Weekly〉는 만화로 펜턴의 이러한 의지를 표현했다. 만화에서 컬럼비아 여신이 중국 흠차대신의 손을 잡고 유럽 각국에 소개하며 다음과 같이 말한다. "형제 여러분, 가장 오래된 식구를 소개합니다. 그가 우리를 잘 이해할 수 있기를 원합니다." 여신과 중국 흠차대신 바로 뒤에 벌링게임이 의자에 앉아 있는 것으로 묘사된다.

## "Let her alone": 벌링게임의 연설

펜턴은 치사를 마치고 주최자로서 미국 대통령, 중국 황제, 벌링게임 등을 위해 세 번의 건배를 제의하며 참석자들을 축복했다. 두 번째 건배에서 사람들이 환호성을 지르자 중국 음악(national air)이 연주됐다. 외국에서 최초로 연주된 중국 '국가'였겠으나 아쉽게도 어떤 음악이었는지 기록이 남아 있지 않다.

벌링게임이 역사상 최초로 중국 정부를 대표하여 미국과 서구 국가들을 향해 연설을 시작했다. 연설은 마디마디마다 환호, 우레와 같은 박수를 이끌어냈고 성공적으로 마무리됐다. 역사적인 시기에 나온 연설이었다. 중국은 태평천국의 난을 진압하고 기세 높게 양무운동을 추진하고 있었고, 2차 아편 전쟁 후 맺었던 조약의 수정 시기가 도래하여 유럽 각국과 외교적 소통의 강화를 희망하던 시기였다.

미국은 남북 전쟁(1861~65) 후 3년, 노예제 폐지 후 5년이 지나 연방 정부 기치 아래에서 다시 한번 무역 확장으로 세계를 향해 나아가

1868년 7월 18일 미국 〈하퍼스 위클리〉에 실린 벌링게임 사절단 삽화. 컬럼비아 여신이 중국 홍차를 소개하고 있다. 뒤에 앉은 사람이 벌링게임이다.

던 시기였다. 이때 벌링게임이 홍차대신 신분으로 중국의 대외적 이미지를 높이고 '새로운 미국'의 중국에 대한 이해와 이후 대중국 정책에 영향을 미칠 연설을 한 것이다. 중국 외교사에 획을 긋는 중요한 사건이었다. 그러나 아쉽게도 여기에 관한 연구가 이루어지지 않아 이 사실을 아는 사람이 많지 않다. 다시 과거로 돌아가 150년 전 중미 양국의 꿈이 오늘날 어떻게 복잡하게 얽혀 있으며, 어떤 과정을 거쳐 지금까지 왔는지 살펴보도록 하자. 벌링게임의 연설은 다음과 같았다.

알렉산더 시대 이래 많은 사람이 동방을 찾아갔었는데 지금 그 동방이 스스로 서방을 찾아왔습니다. (환호) 시간의 안개 속에서 중국이 어제 갑자기 서방의 문을 열고 들어와, 오늘 저녁 이곳에서 여러분과 만나고 있습니다. (환호)

여러분은 중국에게 무슨 말을 하고 싶습니까? 중국은 위협적인 말이 아닌 공자가 2,300년 전에 했던 격언을 가지고 왔습니다. 그는 이렇게 말했습니다. "자기가 하기 싫은 것은 남에게 강요하지 마라." (우레와 같은 박수)

여러분은 기독교에서 말하는 더 적극적인 말씀으로 화답하지 않겠습니까? "남에게 받고자 하는 대로 너희도 남을 대접하라"(마태복음 7:12, 이 구절은 1858년 중미 텐진 조약에서 기독교 관련 조항인 29조에도 적용된다.) ("동의, 동의"를 외치며 환호)

중국은 지금 여러분이 만든 국제법을 가지고 와서 이에 따라 여러분과 관계를 맺고 규정을 준수하며 의무를 이행해서 권익을 누리자고 말합니다. (환호)

중국은 여러분에게 자신이 우월하다는 낡은 편견이나 가설을 버리고 여러분이 원하는 바를 이야기해주면 중국도 자신이 원하는 바를 이야기해서 서로 공정하게 해결하자고 합니다. (환호)

중국은 전쟁을 원하지 않으며 그러니 여러분에게 내정에 간섭하지 말라고 요구합니다. (고성과 환호)

중국은 여러분에게 형편없는 사람들을 보내 자신을 가르치려 하지 말라고 요구합니다. (환호, 웃음소리)

중국은 중립적인 영해와 완전한 영토가 존중받을 수 있기를 요구합니다. (박수)

중국은 완전한 자유 안에서 자신들의 문명 방식대로 살 수 있기를 요구합니다. (환호)

저는 지난 몇 년 동안 지구상에서 중화 제국보다 더 큰 진보를 이룬 나

라는 없다고 감히 말씀드립니다. (환호)

그들은 무역을 확대했고 재정 시스템을 혁신했습니다. 육해군을 개혁하고 있으며 근대 과학과 외국어를 배우는 훌륭한 학교를 세웠습니다. (환호)

이러한 일들은 매우 불리한 여건 속에서 이루어졌습니다. 13년에 걸친 긴 전쟁을 겪었으며, 많은 국채를 발행하지 않고서도 이룬 성과입니다. (오랜 시간 박수, 웃음이 이어짐. 벌링게임이 국채를 언급한 이유는 미국의 경우와 달랐기 때문이다. 1861~65년 남북 전쟁 기간 중 미국 국채는 급상승했다. 1860년 6,500만 달러이던 것이 1863년 10억 달러, 1865년에는 27억 달러로 폭등했다.)

1900년 10월 3일 미국 잡지 〈퍽(Puck)〉에 실린 풍자만화. 작가 우도 케플러가 그린 것으로 당시 의화단 운동과 8개국 연합군 침략을 묘사했다. 예수와 공자(청나라 관리 모습으로 분했다)가 구름 위에서 손을 마주 잡고 산 아래를 보며 "우리 가르침이 헛됐던가?"(삽화의 제목이기도 하다)라고 말하고 있다. 왼쪽 아래는 공자의 명언 "자기가 싫은 것은 남에게 강요하지 마라"라고 쓴 깃발을 들고 있다. 오른쪽 아래는 8개국 연합군 대표가 "남에게 대접을 받고자 하는 대로 너희도 남을 대접하라"라는 예수님 말씀이 적힌 깃발을 들고 있다. 배경 속 성조기가 특히 눈길을 끈다.

여러분은 이 나라의 인구가 많다는 사실을 기억해야 합니다. 많은 인구의 나라가 개혁을 하려면 큰 힘이 든다는 것도 기억해야 합니다. 미국의 증기선이 도착하자 삼판선(sampan, 중국 해안이나 강에서 운행하는 작은 돛단배) 선원 10만 명이 일자리를 잃었습니다. 행정 기관이 외국인 수백 명을 고용하자 자리에서 밀려난 중국 직원들이 분노하지 않을 수 없었습니다. 신식 학교가 문을 열자 전통 지식인들이 강력하게 반발했는데, 이를 이끈 지도자는 중국에서 가장 존경받는 사람이었습니다.

이 나라는 많은 일을 겪으면서도 훌륭한 성과를 거두었습니다. 누군가는 중국은 아무 발전이 없다거나, 시간이 거꾸로 가는 나라이니 서구 열강이 연합해서 중국을 압박해야 한다고 하지만, 이것은 그들이 중국은 바라지 않는 일을 하기 위해서입니다. (환호)

그들은 중국의 "목을 조여라"라고 저속하게 말합니다. 그들은 폭군처럼 자신들이 중국보다 중국에 필요한 것이 무엇인지 더 잘 안다고 떠들 것입니다. 그들은 중국에서 오직 자신들의 이익만을 위해 말도 안 되는 짓을 개혁이라는 이름으로 포장합니다. 중국 왕조는 무너져야 하며 중국 문명 역시 전복시켜야 한다고 말합니다.

나는 그들이 자신들의 나라에서 허락받지 못해 멀리 남의 나라에 와서 겁 없이 날뛴다는 것을 알고 있습니다. 만약 그들이 힘을 갖게 되면 모든 권력을 남용하여 일을 복잡하게 만들어 조국을 전쟁 속으로 끌고 들어갈 것입니다. 지금, 이러한 포악한 행위에 맞서기 위해 사절단이 기독교 세계 속으로 들어왔습니다. (환호)

(중략)

이 지구상에서 가장 강한 것, 즉 이 세계를 밝힐 여론을 모을 수 있는 것은 바로 영원한 정의와 원칙에 입각한 포용과 관용의 정책이었습니다. (환호)

사절단과 여러분은 사라지겠지만 정의는 영원히 무너지지 않을 것입니

다. (환호)

나는 중국이 자주적으로 행동하기를 희망합니다. 나는 중국이 독립을 보장받기를 희망합니다. 나는 중국이 평등하게 대접받고 또 모든 국가를 평등하게 대하기를 희망합니다. 만약 이러한 희망과 배치된 다른 세력이 목적을 이룬다면, 그래서 여러분이 이 위대한 국가를 협박해야 한다면, 감히 묻겠습니다. 누가, 누구의 무력으로, 누구의 질서를 위해 그렇게 할 것이냐고 말입니다. 이러한 무력 정책은 중국뿐 아니라 여러분 모두를 피의 전쟁 속으로 끌고 갈 것입니다. (환호)

무력을 지지하는 사람들은 중국이 국제 연맹에 참여해서는 안 되며, 중국인은 야만인이니 분노를 참지 말고 사정없이 공격하라고 부추깁니다. 나는 철저하게 이에 반대합니다. 중국은 위대한 문명을 가진 민족입니다. (환호)

중국은 탁월한 민족이 지니는 특성이 있습니다. 지구상 인구가 가장 많고 민족적 동질성이 있습니다. 세계 다른 나라 사람들보다 많은 언어가 있으며 이를 돌에 새겨 놓기까지 했습니다.

중국은 세계 어느 나라보다 통일된 사상을 가지고 있습니다. 위대한 선인·철인의 지혜로 후대를 교육해왔습니다. 이 지혜의 말씀들은 민족 내부에 본능적 지식으로 작용합니다. 이들은 살아서 충성을 다하고 축복을 받으며 죽은 뒤에는 조상이 묻힌 신성한 땅에 잠듭니다. (환호)

중국은 많은 학자, 학생, 엄청나게 많은 서적을 보유한 나라입니다. (박수, 환호)

중국은 기회가 균등하고 성으로 인한 차별이 없는 나라입니다. 이미 2,100년 전에 봉건제를 폐지하고 (환호) '권력은 백성에게서 나온다'는

위대한 원칙에 따라 자신들의 문명 체계를 구축했습니다. (환호)

맹자는 2,300년 전에 이 사상(민본 사상을 말함)을 말했으며 그 원칙은 실행됐습니다. (환호)

백성에서 나온 권력이 경쟁을 거쳐 효과적으로 실행됐고(과거 제도를 말함), 학문은 가치를 재는 수단이 됐습니다. (환호)

중국은 위대하고 예의와 인내심이 있으며 온유하고 근면한 민족입니다. 그러나 불공평하게도 거친 사람들에 의해 국제 무대에서 배척되고 강제로 폭력적 간섭을 당해왔습니다. 그들은 중국이 서방의 도움이 필요한 미숙아라고 말합니다. 그러나 그들이 말하는 서방 국가는 중국의 일개 성보다도 인구가 적습니다. 또한 청이 만주에서 탄생했을 때(청의 건국을 말함)와 비교하면 그 서방 국가보다 젊습니다.

물론 중국도 완전무결한 나라는 아닙니다. 다른 민족들처럼 많은 결점, 자만, 편견을 가지고 있습니다. 이는 반드시 극복해야 할 일입니다. 민족적 자부심도 돌아볼 필요가 있습니다. 그러나 대포를 앞세우고는 중국이 약한 민족이고 백성이 야만적이라고 말해선 안 됩니다. 그것은 옳지 않습니다.

중국은 지리적으로 사막과 해양으로 막혀 세계 다른 지역과 떨어져 있었습니다. 시야를 넓히면 세계는 가까워집니다. 이제 과학의 발전으로 사막과 해양을 건너 중국이 다른 문명에 접근할 수 있습니다. (박수)

중국은 북쪽의 러시아, 유럽, 동쪽의 미국을 보았습니다. (중략) 이 문명들과 관계를 맺어야 한다는 것을 알고 기다리지 않고 직접 왔으니 여러분이 손을 내밀어 주십시오. (박수)

중국은 당신들의 문명과 만날 준비가 되어 있습니다. 당신들의 문명이

창조한 물건과 만날 준비가 되어 있습니다. 봉쇄를 끊어내고 당신들과 무역 거래를 하자고 말합니다. (박수)

중국은 상인과 선교사들이 오기를 바랍니다. 그들이 전국 방방곡곡에 십자가를 걸기를 바랍니다. (박수)

(중략)

중국은 스스로 문을 열었으니 당신들이 가고 싶은 지역에 가서 여행하고 무역을 하면 됩니다. 무엇이 불만입니까? 여러분, 공정한 게임을 합시다. 공평하게 대하는 것이 열심히 일한 수백만 명을 위하는 일입니다. (박수)

제가 중국에 있을 때, 중국의 대외 무역 규모는 8,200만 달러에서 3억 달러로 급등했습니다. 중국이 세계 여러 나라와 관계를 수립하면 더 많은 무역이 진행될 것입니다. (박수)

중국을 존중합시다(Let her alone). 중국이 독립을 누리고, 자신의 방식으로 발전하게 합시다. 중국은 여러분들을 적대시하지 않습니다. 중국은 여러분들이 우호적으로 대해주기를 바랍니다. 그러면 중국도 여러분을 우호적으로 대할 것입니다. (박수)

아주 단순하게, 여러분이 정의를 행한다면 그들도 기꺼이 거래하고 즐겁게 교류하며 중국의 정신문명을 여러분의 물질문명과 교환할 것입니다.

중국을 존중합시다. 예전에 보지 못했던 많은 상인이 북방 러시아의 큰 길을 통해 나타날 것입니다.

중국을 존중합시다. 그러면 수백 년 동안 중국으로 향했던 백은-서방에서는 이 은을 잃어버린 강물이라 했지만-은 다시 여러분에게 돌아올 것입니다. (박수)

중국을 존중합시다. 그러면 영국과 프랑스 기선 회사의 상품 적재량은 매우 증가할 것입니다. (영국 회사는 'Peninsular and Oriental Steam Navigation Co'를 말하는 것으로 1837년 설립하여 아편 전쟁 후 중국 시장에 들어왔다. 프랑스 회사는 'Messagerie Imperiale'로 1851년 설립되어 베트남 사이공에 지사를 세웠다.) 중국을 존중합시다. 그러면 당신들이 자랑스러워하는 뉴욕의 태평양 우편 증기선 회사는 원하는 노선을 만들어 적재량을 10배 이상 늘릴 수 있습니다. 중국은 홍콩과 요코하마 부두에 있는 화물을 가져오기를 바랍니다. (1848년 뉴욕에서 설립한 'Pacific Mail Steamship Company'는 1867년 로스앤젤레스-홍콩-요코하마 정기 노선을 개통하고 이를 상하이까지 연장했다) (환호) 중국을 공평하고 정의롭게 대한다면 우리의 상상은 밝은 미래로 돌아올 것입니다.


관중들이 열화와 같이 '계속'을 외쳤지만 벌링게임은 예의를 갖추고 연설을 마쳤다. 뉴욕 시장, 뉴욕주 의원들의 열세 번에 걸친 알찬 연설과 축배가 이어졌다. 노래를 끝으로 중미 양국 우호를 축복했다.

벌링게임의 연설은 그가 여러 번 언급한 구절을 따서 'Let her alone speech'로 불린다. 연설은 유구한 역사와 전통을 가진 중국이 서구 세계를 우호적으로 환영하니 미국 등 서구 기독교 국가들도 그래야 한다는 내용이었다. 우호, 정의로써 중국, 중국인, 중국 문명을 대해야 하며 대포와 군함을 앞세운 고압적 자세로 서구 문명을 강요하지 않아야 호혜 평등하며 서로 이익을 얻을 수 있다는 것이었다.

7월 28일 사절단은 워싱턴에서 미국 국무장관 윌리엄 수어드와 톈진 조약 후속 조약中美天津條約續增條約, 속칭 '벌링게임 조약'을 체결했다. 이 중미 평등 조약의 주요 내용은 다음과 같았다. 미국은 중국의 영토 주권을 인정하고, 중국은 미국 통상 항구에 영사를 파견하며 영국, 러시아 영사 등과 동등한 권리를 누린다. 양국 시민은 상대방 나라에서 신앙의 자유를 보장받고 종교적 박해를 받지 않는다. 양국 시민이 공립학교에서 동등하게 교육받을 권리 등 최혜국 대우를 인정한다.

조약은 특히 유학 관련 조항을 두어 중국 학생이 미국으로 가는 길을 열었으며, 4년 뒤인 1872년 최초의 중국 유학생들이 미국에 도착했다. 이홍장의 적극적인 지지하에 용굉容宏이 이끄는 조기 유학생들이 예일 학원(훗날의 예일 대학)에 도착했다. 3년 뒤에는 120명의 유학생이 미국에서 공부를 시작했다. 그중 양돈언梁敦彦, 당소의唐紹儀, 첨천우詹天佑 등은 훗날 중국 외교, 정치, 공학계에서 근대화를 추진하는 중추적인 인물로 성장했다.

미국을 떠난 사절단은 영국으로 가서 여왕을 접견하고 다시 프랑스, 프로이센, 러시아를 방문했다. 1870년 2월 23일 사절단이 러시아 상트페테르부르크에 도착했을 때, 불행히도 벌링게임이 폐렴으로 세상을 떠났다. 사절단은 원래 계획대로 나머지 일정을 소화한 뒤 베이징으로 돌아왔다. 조정은 벌링게임에게 일품 관품과 은 1만 냥을 수여했다.

벌링게임이 하루아침에 중국에 대한 서구의 모든 편견, 특히 기독교 구세 관념으로 중국 문명과 민족을 폄하하는 것을 바꿀 수는 없었다. 그러나 세계 시민이라는 포부를 가지고 중서 교류에 위대한 공헌을 남겼다.

## 검파흐와 정치 사기: 상하이탄(上海灘)의 음모론자 이야기

중국에 있던 서구인들도 중국에 대해 편견을 가지고 있었다. 1871년 10월 16일, 독일계 영국인 요하네스 폰 검파흐중국명 方根拔는 상하이탄에서 벌링게임 사절단에 관한 책을 쓰고 있었다. 그는 서문에서 격렬한 어조로 사절단의 잘못을 지적하고 비난했다. 이듬해 922쪽에 달하는 《벌링게임 미션: 정치적 폭로The Burlingame Mission: A Political Disclosure》가 출간됐다. 검파흐는 독일에서 태어나 런던으로 옮겨와 결혼한 독일계 영국인으로 프레더릭 후트 은행Frederick Huth & Co에서 근무하다가 공금 횡령죄로 7년 유배형을 받았다. 그 후 선교사 윌리엄 마틴이 지도하던 베이징 동문관에서 천문과 수학을 가르쳤다. 총세무사 로버트 하트와 불화로 해고되자 불만을 품고 상하이 영국 공공 조계 내에 있는 '최고 법원'에 하트를 명예 훼손죄로 고소했다. 소송 중이던 그는 사절단과 사절단을 지지한 하트, 마틴, 윌리엄스에게 분노를 퍼부으며 중국을 향해 불편한 감정을 쏟아냈다.

검파흐는 서문 첫머리에서 이렇게 적었다. 모든 책은 한 가지 교훈을 남기는데 이 책은 서구인에게 "중국인은 야만적이고, 교만하며, 무지한 민족이다. 타타르족韃靼族인 현 조정 역시 다르지 않다. 이들을 평등하게 대하는 것은 지적이지 못한 선택으로 문명국의 법률로 대하거나 권익을 양보하면 멸망을 자초하는 것과 같다"는 교훈을 주고자 한다며 독설을 퍼부었다.

그는 중국이 영국에 보낸 국서의 만한滿漢 원본과 영문 번역본을 대조·분석하여 사절단이 서구 국가들에 정치적 사기를 쳤다고 비난했다. 영문 번역본에서는 한문에 있던 다른 국가들을 조공 국가로 보고 "중국이 세계에서 유일무이한 문명국가"라고 한 부분이 빠졌다며 윌리엄스, 하트, 마틴 등 번역본의 감수자들을 사기꾼이라 했다. 이런 국서를 가지고 서구 여러 나라를 방문한 사절단은 사기꾼 패거리나 다름없다는 것이다.

그는 사절단이 정치적 사기일 뿐이라고 폄하했다. 그러나 이러한 주장은 견강부회한 것이었다. 국서의 문구 차이는 그의 억지 해석이 만들어낸 문제였다. 학문적 역량을 잘 사용했다면 우수한 한학자로 근대사에 이름을 남겼을 텐데 애석하게도 스스로 재능을 묻어버리고 말았다. 이런 제멋대로의 비판이 담긴 책을 누구도 출간해주려 하지 않았다. 검파흐는 자비로 인쇄하여 상하이, 런던, 뉴욕에서 동시 발간한다고 떠들었지만 주위의 반응은 싸늘했다.

2011년 가을, 나는 일본 동경대학 동양문화연구소 도서관에서 이책을 발견했다. 책은 주인처럼 140년 동안이나 역사의 먼지 속에 묻힌채 주목을 받지 못하고 있었다. 벌링게임 사절단이 중국의 외교 역사에서 행한 위대한 역할은 검파흐 같은 사람들에 흔들리지 않았다.

# 13장. 위대한 사업, 천추의 한: 중국 청소년 유학의 실패

중국은 기원전 221년 통일 제국 진나라 건설 이후 1871년까지 2,092년간, 역대 어떤 조정에서도 외국에 유학생을 보낸 일이 없었다. 중국은 '동아시아'라고 부르는 지역의 정치, 문화 속에서 주변 작은 나라들과 오랫동안 종번-조공 관계의 외교를 통해 우월적 지위를 누려왔기 때문이었다. '중아시아中亞' 지역의 국가와 정권에 대해서도 문화 수준이 낮다고 여기고 교류에 힘쓰지 않았다.

다양한 외래문화는 중국에 들어와 본토 문화와 섞여 중국화됐는데 불교가 대표적이다. 불교는 서한西漢 초 서역에서 중원에 소개된 이래 계속 발전하여 성숙하고 독립적인 사상 체계를 이루었다. 중국은 대승불교의 최대 근거지가 됐으며 조선, 일본, 베트남으로 전파됐다. 현장 법사가 서역으로 가르침을 구하러 간 이야기를 남겼지만, 그때도 관청에서 법문 경전을 구하기 위해 사람을 해외에 파견한 적은 없었다.

중국은 천태종天台宗, 법화종法華宗, 화엄종華嚴宗, 유식종唯識宗, 정토종淨土宗, 율종律宗, 선종禪宗 등 본토 여러 유파가 주변 국가로 전파된 이후에도 법문을 논할 때면 반드시 본토 유파가 거론될 정도로 강한 발언권을 유지하고 있다. 성리학은 원·명 이래 문자, 역법, 사법, 건축 예술 등과 함께 조선, 일본, 류큐, 베트남 등 국가에 전파되니 이들은 스스로 '작은 중화'라고 했다. 상황이 이런 가운데 중국 역대 왕조는 사람을 파견하여 새로운 지식으로 자신의 문화를 변화시킬 필요성을 느끼지 못했다.

명말 청초 시기, 유럽 선교사들이 선진 과학 기술, 불랑기 대포, 홍이 대포, 천문 관측, 구면삼각법, 사다리꼴 제도법梯形制圖法 등을 중국에 전했다.[1] 흠천감에서 역법과 여도(輿圖, 지구 표면의 일부 또는 전부를 일정한 비율로 줄여서 평면에 그린 그림)를 제작하는 데 도움을 주었다. 또 러시아 학생들을 오랫동안 베이징에서 공부하도록 했었지만 한 번도 학생들을 유럽에 보내 직접 기술을 배운 적은 없었다.

1872년 청나라는 최초로 30명의 유학생을 미국에 보냈다. 진시황 이래 천지개벽 같은 일로 증국번, 이홍장은 "중화 문화가 생긴 이래 처음이다"라며 흥분했다. '천조 대국'이 처음으로 스스로 몸을 낮추어 다른 나라에 배움을 구하러 간 것이다.

청나라 말기 중국인은 주로 미국과 일본에 유학을 갔다. 1895년

---

**1** 이에 대한 진일보한 내용은 리보중 지음, 이화승 옮김,《조총과 장부》(글항아리, 2018)를 참고할 것.

청일 전쟁(중국에서는 이를 '갑오 전쟁' 혹은 '갑오 중일 전쟁'으로 표현한다), 1905년 러일 전쟁과 과거제 폐지로 많은 학생이 일본에 유학을 갔고 얻은 수확도 많았다. 노신魯迅, 송교인宋敎仁, 장제스蔣介石 등이 대표적인 인물들이었다. 일본이 중국을 침략하자 유학 붐은 잠시 멈추었다가 개혁 개방 이후 회복됐다.

1870년대부터 현재까지 세 차례에 걸쳐 대규모로 국비 유학생이 파견됐다. 1차는 청이 파견한 유학생으로 1872~81년 4차례에 걸쳐 120명이 갔다. 2차는 1909~11년 청나라 멸망 전까지 세 차례에 걸쳐 180명이 갔다. 3차는 1979년 덩샤오핑鄧小平 방미 이후 진행된 새로운 유학 열풍이었다. 1·2차 대규모 유학은 모두 실패하여 부국강병의 목적을 이루지 못했고 3차는 여전히 진행 중이다. 성과도 많았지만 평온하다고만은 할 수 없는 시기였다. 1차 파견 유학생들이 왜 실패했고 중국에 천추의 한을 남겼는지 살펴보자.


## 용굉: 광둥 난핑촌에서 미국 예일 학원까지

1871년 미국 3대 주중 공사 프레더릭 로중국명 鏤斐迪는 본국에 보낸 장문의 보고서에서 중국의 교육 체제가 시대적 조류와 맞지 않아 개인의 사고를 억압한다고 지적했다. 특히 아이들이 배우는 내용이 국가와 사회가 필요로 하는 것과는 완전히 배치된다며 비판했다. (자세한 내용은 이 책의 '결론' 부분 참조)

이듬해인 1872년, 중국은 1차로 30명의 아이들을 프레더릭 로의 나라인 미국에 보내 신식 학문을 배우도록 했다. 미국 예일 학원Yale College, 지금의 예일 대학 전신에서 공부를 마치고 돌아온 광둥 출신 용굉이 이 계획을 주도했다.

용굉은 1828년 11월 17일 광둥 샹산현 난핑촌 주하이 난핑진에서 출생했다. 이 마을은 베이탸오다오北條島 위에 있어 남으로 아오먼(마카오)까지 4,000미터, 북으로 광저우까지 100킬로미터 거리에 있었다. 아오먼에는 포르투갈인들이 수백 년간 거주했고, 네덜란드, 영국, 프랑스, 미국 상인들이 끊이지 않아 주민들은 '서양 오랑캐'가 전혀 낯설지 않았다. 이러한 환경은 미국 유학을 결정하는 데 중요한 배경이 됐다. 만약 용굉이 공자의 고향인 산둥 취푸曲阜에서 태어났다면 오늘날 누구도 그의 존재를 모를 것이다.

그의 부모는 농민으로 아들이 서양인들과 사귀어 장래에 신식 상점인 양행洋行에서 일하기를 바랐다. 우연히 이웃이 아오먼에서 선교사 카를 귀츨라프중국명 郭實獵 부부의 집안일을 돕고 있었다. 귀츨라프는 프로이센 출신 선교사로 동남아 지역에서 활동하다가 중국에 와서 지역의 유력 중문 잡지 〈동서양고매월통기전東西洋考每月統紀傳〉을 발행했다. 1차 아편 전쟁과 난징 조약 협상 때 통역을 담당하는 등 아편 전쟁 전후 중국과 서양의 교류에 큰 영향을 미쳤다. 그의 부인 마리아 뉴웰은 영국인으로 1835년 아오먼에서 여학교를 운영했다.

광저우의 외국인들은 중국 초창기 선교사 로버트 모리슨을 기념하여 모리슨 교육회Morrison Educational Society 이름으로 학교를 세워 중국 아이들에게 영어를 가르치려고 했다. 학교 설립 전 마리아 뉴웰 부인은 몇 명의 아이들을 가르쳤는데 용굉도 그중 1명이었다. 이때부터 용굉은 광둥어 발음의 영어 이름, 'Yung Wing'을 사용했다.

1839년 모리슨 교육회는 아오먼에 남학교를 세웠는데 예일 학원 출신 새뮤얼 브라운 목사가 교장이 됐다. 용굉은 부친이 세상을 떠나자 천주교 신부가 운영하는 인쇄소에서 일하다가, 영국인 의사이자 선교사인 벤저민 홉슨의 도움으로 1841년 이 학교에 들어갔다.

모리슨 학교는 서양 문화의 전파 창구가 되어 광저우 일대 중국 지식인들의 관심을 끌었다. 임칙서가 흠차대신으로 광저우에서 아편을 불사를 때 이 학교 학생들에게 영문 자료 번역을 시켰는데 그 내용이 훗날 위원魏源의《해국도지海國圖志》에 실리기도 했다.

용굉이 입학했을 때 이미 황승黃勝, 황관黃寬, 당걸唐傑, 즉 唐廷樞, 이강李剛, 주문周文 등 5명이 공부하고 있었다. 용굉이 이끌었던 유학생들에 관한 책을 썼던 미국 역사학자 토머스 라파르그는 이강과 주문이 거리에서 유랑하던 고아라고 했다. 1847년 브라운 교장은 건강상 이유로 미국으로 돌아가면서 용굉, 황승, 황관 등 3명의 아이들을 데리고 갔다. 황승은 중간에 돌아오고 용굉, 황관은 매사추세츠의 몬슨 아카데미Monson Academy, 현재의 Wilbraham & Monson Academy에서 공부하며 대학 입학을 준비했다. 그리고 용굉은 예일 학원에, 황관은 영국에 가서 의학을 공부했다. 몇 년 후 둘은 공부를 마치고 돌아와 황관은 광저우에서 유명한 의사가 됐고, 중간에 돌아온 황승은 홍콩에서 신문사를 설립하여 유명한 언론인이 됐다. 당걸은 매판 상인으로서 해운사인 윤선초상국輪船招商局 등 양무 기업을 이끄는 지도자로 성장했다.

모리슨 학교에서 배운 영어는 이들의 성공에 중요한 토대가 됐다. 중국에는 영어와 서양 문화를 이해하는 사람이 많지 않았다. 영미 선

용굉이 1909년 출간한 자서전 《중국과 미국에서의 삶(My Life in China and America)》 표지와 그의 사진. 중국어판 제목은 《서학동점기(西學東漸記)》이다.

교사들에 의해 양성된 아이들은 중국이 유럽식 발전 궤도에 오를 때 중요한 인재로서 큰 역할을 했다. 청나라 말 이래 중국이 '근대화'라는 장정을 시작할 때 바깥세상을 이해하는 사람이 극히 적었기에 인력의 공급-수요 문제는 오랫동안 풀기 힘든 숙제였다.

1854년 용굉은 중국인 최초로 미국 대학에서 졸업장을 받는다. 2년 전 미국에 귀화한 용굉은 철저하게 서구 교육을 받아들였는데, 혹자는 그가 어려서부터 사서오경이나 공맹에 오염된 적이 없어 동년배 중국인들과 근본적으로 다른 세계관을 가질 수 있었다고 했다. 그러나 용굉의 중국에 대한 뜨거운 사랑은 멈추지 않았다. 다른 기독교인들처럼 중국에 서구 문화를 선교하는 것을 하늘이 내려준 소임으로 여겼다. 기회가 오자 아이들을 미국에 보내는 전례 없는 사업을 시작했다.

그는 중국의 발전을 위해 자신을 바쳤지만 애석하게도 그 뒤를 이을 제2의 용굉은 출현하지 않았다. 용굉의 공적은 위대하며, 마땅히 최고의 존경을 받아야 할 것이다.


## 실력을 키워 강해진다: 청소년 유학과 유학 장정

공부를 마친 용굉은 귀국하여 광저우에서 미국인 의사 파커의 비서로 일했다. 홍콩을 오가며 세관에서 통역도 겸하며 법을 익히고 있었다. 1859년 11월에는 2명의 미국 선교사와 친구 증항충曾恒忠을 데리고 난징에 가서 태평천국군을 방문했다. 태평천국이 과연 청나라를 대신할 수 있는 역량이 있는지를 직접 확인하기 위해서였다.

증항충은 싱가포르에서 출생한 화교로 미국을 다녀온 뒤 1853년부터 상하이에서 사업을 했다. 양무운동과 중국 청소년 미국 유학 교류 사업留美幼童計劃에도 참여했다. 11월 19일 용굉은 간왕幹王 홍인간洪仁玕(태평천국을 창설한 홍수전의 사촌 동생)을 만났다. 3년 전인 1856년에 두 사람은 홍콩에서 만난 적이 있었다. 홍인간은 런던 선교회London Missionary Society 소속 목사 제임스 레게(중국명 理雅各. 중국 경전들을 영문으로 번역한 한학자로 옥스퍼드 대학 교수를 역임)를 도와 선교를 하고 있었다.

용굉은 홍인간에게 사관학교 설립, 학제 교육 시스템 등 7개 항목의 부국강병책과 교육안을 건의했다. 홍인간은 열린 사고의 지식인으

1861년 태평천국에서 홍인무가 3명의 외국인에게 발급한 통행증.


로 〈자정신편資政新編〉을 발행하고 있었다.[2] 그는 용굉의 제안을 적극 지지하며 서로 애틋한 정을 나누었다. 홍인간이 관직을 제시했지만 용 굉은 태평천국 점령지 자유 통행증을 얻은 뒤 난징을 떠났다.

용굉은 열정만으로는 안 된다는 것을 인식하고 먼저 돈을 벌기로 했다. 소개를 거쳐 영국의 덴트사Dent & Co, 보순양행寶順洋行에 취직하여 통행증을 이용, 안후이성 우후蕪湖를 중심으로 창장강 유역에서 생사 와 차 거래로 큰돈을 벌었다. 이 돈은 사업에 든든한 버팀목이 되어주 었다. 홍인간은 태평천국으로 세상을 구하지 못했지만 용굉이 큰돈을 벌 기회를 제공했다.

---

**2**　태평천국의 개혁 방안을 담은 잡지로 중앙 집권 강화, 서구의 기술·문물 도입, 서구 열강과의 우호적 외교 및 교역 증진 등을 제시했다.

1865년 강남제조총국의 대포 제조창 모습.

파커는 용굉의 재주를 알아보았고, 태평천국군을 진압한 장군 증국번은 그에게 기회를 주었다. 1863년 증국번의 막료였던 이선란李善蘭이 용굉을 추천했다. 증국번은 태평천국군을 진압하던 중 외국 군관을 기용하여 군대를 훈련시키며 서양식 훈련법과 서양 무력의 우수성을 경험했다. 그는 양무로 자강을 이루자는 용굉에 호감을 느꼈고, 문하인 회군淮軍 지도자 이홍장에게도 소개했다.

가슴에 천추의 대업을 품었더라도 기회가 없으면 꿈을 펼칠 수 없다. 증국번은 용굉에게 강남기계제조국 설계의 중책을 맡겼다. 1865년 용굉은 직접 미국에 가서 기계를 구입해 와 상하이에 '강남제조총국江南製造總局'을 세웠다.

이듬해 증국번은 용굉을 장쑤 후보 동지江蘇 候補 同知에 추천했다. 동지는 지부知府의 부책임자로 정오품이며 일에 실질적인 책임을 지는 자리였다. 1867년 증국번이 강남제조총국을 시찰했다. 용굉은 부설 무기 학교와 통역관을 세워 기술자와 어학 인재를 양성해서 서학을 도입하는 장기적 계획안을 제안했다. 증국번, 이홍장, 장쑤 순무 정일창의 적극적인 지지하에 강남제조총국은 무기 제조, 과학 기술 번역, 인재 양성의 최고 기관으로 양무운동의 중심이 됐다.

1870년 여름 톈진에서 반기독교 운동인 '교안敎案'이 발생했다. 톈진 성당에서 유아원을 운영했는데 날씨가 더워 질병이 유행하자 아이들이 죽거나 실종되는 일이 생겼다. 그러자 외국 선교사들이 아이들을 유괴해서 해부하여 약을 만든다는 해괴한 소문이 돌면서 민심이 흉흉해졌다.

6월 21일, 분노한 민중이 성당으로 몰려가 시위를 했다. 톈진 주재 프랑스 영사 앙리 퐁타니에는 통상대신三口通商大臣 숭후를 찾아가 군사를 풀어 진압할 것을 요구했지만 숭후가 망설이자 스스로 총을 발사했다. 성당 주변에서 해산 작업을 하던 톈진 지현 유걸劉傑에게도 총을 쏘아 중상을 입혔다. 그러자 민중이 그를 포위하고 비서 시몽과 함께 살해한 후 성당에 난입했다. 신부, 수녀가 잔혹하게 살해당했으며 프랑스, 영국, 미국이 세운 교회와 프랑스 영사관은 불에 탔다.

외국인들이 '톈진 대학살Tientsin Massacre'로 부르는 이 사건으로 프랑스인 13명, 러시아인 3명, 벨기에인 2명, 이탈리아인 1명, 아일랜드인 1명이 사망했다. 3일 후 프랑스, 영국, 미국, 독일, 이탈리아 군함이 톈진 앞바다에 몰려와 범인 인도를 요구했다. 즈리 총독 증국번이 조사에 착수했다. 증국번은 전쟁을 피하기 위해 톈진 도태 주가훈周家勳, 지부 장광조張光藻, 지현 유걸 등을 파직하고 20명은 사형, 25명은 유배에 처하는 한편, 프랑스에 백은 46만 냥을 배상하도록 했다.

숭후는 직접 프랑스에 가서 사과해야 했다. 베이징 조정과 백성은 증국번의 처리 방식에 불만을 토로했으며 전국에서 매국노, 줏대 없는 관리라는 비난이 들끓었다. 베이징은 증국번을 량장 총독으로 전보시키고 이홍장을 즈리 총독에 임명하여 일을 마무리 짓도록 하여 겨우 일단락됐다. 이홍장은 북양 통상 대신 신분으로 톈진에 머물며 갑오전쟁 실패 이후까지 외교 통상 사무를 처리했다.

증국번은 큰 타격을 입고 양무운동을 지휘하며 얻었던 '중흥대신中興大臣'이라는 명성을 하루아침에 잃고 말았다. 이 일로 중국 사회의 여러 병폐, 특히 민중의 바깥세상에 대한 몰이해와 유언비어의 파괴력을 체감한 그는 용굉이 건의한 인재 양성책, 즉 유학생을 파견해서 중국의 풍조를 바꿔야 한다는 데 적극 찬성하게 됐다. 이처럼 중국 청소년의 미국 유학은 당시 전국을 휘몰아친 교안 속에서 교육의 필요성을 절감한 통치 계급의 경험에서 출발했다고 볼 수 있다. 그러나 1881년에 이 거대한 시도는 실패로 끝을 맺었다.

그들의 계획은 중국 사회 풍조에 별다른 변화도 일으키지 못했고, 일부 지방에서는 여전히 교안으로 인한 풍파가 계속됐다. 1897년 산둥 쥐예현巨野縣에서 독일 선교사가 살해되자, 독일은 중국을 압박하여 칭다오青島를 조차지로 차지했다. 훗날 일본이 이곳을 점령하여 1차 세계 대전 후 발생한 '산둥 문제'에 역사적 복선을 깔아놓는 도화선이 됐다.

1889년에는 외세를 배척하는 움직임이 더욱 격렬해져 의화단義和團 운동이 발생했다. 성난 화베이華北 백성이 베이징으로 진격하며 선교사를 살해하고 외국 공관을 공격하자 8개국 연합군이 베이징을 무력 점령했고 중국은 결국 치욕스러운 신축辛丑 조약에 서명했다. 교안은 서구 열강 제국주의자들의 중국 침략이 그 원인이다. 그러나 중국 사회는 이성적이고 열린 마음으로 외래 종교와 문화적 충격에 대응하여 불필요한 대가를 피했어야 했다.

1871년 9월 3일 증국번, 이홍장은 선진 학문을 배우기 위해 중국 청소년을 외국에 보내자고 건의했다. 중국이 처한 위기와 외교에 대한 급박함이 담겨 있었다. 이전에 유럽에 파견했던 빈춘, 지강, 손가곡의 예를 들어 지금의 "풍조를 바꾸자"(양무운동의 전개)는 목표로 "총명한 아이들을 선발, 외국에 보내 배우게 하여", "장래의 부강을 꾀하자"는 원대한 계획이었다.

강남 제조국과 동문관 등에서 유럽의 기술과 언어를 배우고 있지만 이는 기초 작업이고 "직접 현지에 가서 배움으로써 더 큰 효과를 거두는 것이 먼 장래를 위해 필요하다"고 강조했다. 벌링게임 조약 7조는 중국인이 미국 공립학교에서 교육받을 수 있도록 했으니 미국을 거쳐 영국의 대학에 보내자는 계획을 세웠다. 미국 공사도 본국 정부에 전달해서 일을 추진하도록 했다.

학생 선발과 체류 비용 문제가 대두됐다. 4년 동안 약 120만 은량이 필요했는데, 고심 끝에 상하이 강해관江海關이 세금에서 부담하기로 했다. 인재 선발 기준은 '총명함' 외에도 "뜻이 원대하고 품행이 소박하며 집안에 문제가 없고 사치스럽지 않은 자"로 정했다. 사품 형부 주사 진난빈陳蘭彬, 장쑤 후보 동지江蘇 候補 同知 용굉이 상하이에 '이업국(肄業局, 일반적으로 '출양국出洋局'이라 했는데, 정식 명칭은 '유동출양이업

1872년 영국 사진 기사 존 톰슨이 베이징 거리에서 찍은 과일 행상. 중국 농민의 빈곤과 사회 최하위층의 삶이 잘 나타나 있다. 이런 상황에서 청은 120만 냥을 들여 학생들을 외국에 보냈다. 멀리 보고 크게 내린 결정이었다. 영국 국립 도서관 소장.

호국幼童出洋肄業滬局'이었다)을 열고 학생 모집을 시작했다. 매년 30명을 모아 4년에 120명을 보내고, 15년 뒤에 귀국시키는 계획이었다. "30살 전후의 나이로 능력이 가장 출중한 시기에 국가를 위해 보답할 수 있게 하기 위해서"였다.

학생들이 미국 사회에 동화될 우려가 있으니 '통역 교사'가 동행하여 "수시로 중국 전통 인문 교육을 하여 몸과 마음을 바로 세우도록" 했다. 이 어린 학생들이 "모두 인재가 될 수는 없겠지만", "열 중에 다섯만 건져도" 효과가 있어 120명 중 절반 정도만이라도 인재로 크리라는 희망을 품었다. 두 사람이 올린 "아동 유학 장정幼童赴泰西肄業章程"

12조 내용은 다음과 같다.

1조. 중국은 매년 30명의 학생을 선발하여 생활비와 학비를 지원해서 미국 학교에 보낸다. 자격을 갖추면 사관학교, 해군 학교에서 학습한다.

2조. 상하이에 부서를 세우고 3명 위원을 상하이, 닝보, 푸젠, 광둥에 파견하여 13~20세 사이의 총명한 아이들을 가족의 허락을 받아 선발한다. 지방관이 보증서에 나이, 용모, 본적 등을 적은 뒤 상하이에 보내 시험을 보게 한다. 총명이라 함은 '중국 전통에 익숙한 정도'를 의미하며 불합격자는 바로 돌려보낸다.

3조. 매년 30명씩, 4년 동안 120명을 선발한다. 15년 후 매년 30명씩 귀국하여 능력에 따라 위원들이 정부 각 부처에 파견하여 임용한다. 아이들은 국가에서 보낸 유학생이므로 체류 기간에 국적을 바꿀 수 없고, 귀국 후에는 사적으로 직업을 선택할 수 없다.

4조. 출국한 지 1년 뒤 적응을 못 하여 성과를 기대하기 어려우면 위원의 결정에 따라 철수시킨다. 빈자리는 위원이 캘리포니아의 교민 중에서 열다섯 살 정도 '서학에 기초가 있는' 아이로 보충하여 "새로운 효과를 기대한다." 이 일은 위원들이 임시로 처리할 수 있다.

5조. 위원은 학생들이 배우는 과목, 전공 등을 상세하게 기록하여 4개월마다 시험을 실시하고 연말에 상하이 도태에게 보고한다.

6조. 정·부正副 위원 2명의 월급은 450은량으로 통역 1명 월급 250은량, 중국 교사 2인 월급은 160은량을 지급한다.

7조. 현지 경비로 매년 600냥을 지급하여 의료, 우편, 교재비 등 각종 잡비로 사용한다.

8조. 정·부 위원, 통역, 교사의 귀국 경비로 1인당 750냥을 지급한다.

9조. 학생의 귀국과 의복 경비로 1인당 790냥을 지급한다.

10조. 학생 학비, 생활비, 방세, 의복, 식품비로 1년에 400냥을 지급한다.

11조. 위원은 사용 경비 내용을 영수증 첨부하여 도태에게 보고한다.

12조. 매년 경비는 6만 냥으로 20년 추산, 120만 냥이다.


당시 청은 동치제가 아직 친정 전이어서 일반 중요 업무는 '양궁兩宮의 황태후', 즉 자안 태후와 자희 태후가 맡았다. 총리각국사무아문 대신들이 상의 후에 보고하면 태후가 명하는 식이었다. 총리각국사무아문 책임자 공친왕 혁흔은 증국번, 이홍장을 적극 지지했다.

장정 2조에 의해 학생을 선발했는데 이전에 상하이, 광저우에 동문관을 설치할 때와는 달랐다. 그때는 만·한문에 익숙한 사람과 한인 명문가 자제를 선발했는데, 이번에는 조건 없이 "자질이 훌륭하고 학력이 우수함"으로 고쳐 널리 인재를 뽑도록 개방했다. 공부를 마치고 귀국했을 때를 고려하여 나이 제한도 12~16세로 낮추었다.

이 계획은 장기적으로, 건실하고 진정으로 국가를 위해 인재를 양성한다는 원대한 사업이었다. 물론 모든 사람이 여기에 동의한 것은 아니었다.


## 공자와 함께 출국: 중국식 윤리로 아이들을 교화하다

1872년 3월 1일 증국번, 이홍장은 사품 형부 주사 진난빈, 장쑤 후보 동지 용광을 각각 미국 주재 정부위원駐洋正副委員에 임명했다. 상하이 지사에는 후보 지부 유한청劉翰淸을 임명해서 유학생 사무를 보도록 했다.

선발과 체류 기간 지켜야 할 6가지 사항이 정해졌다. 가장 중요한 내용은 유학하는 동안 '중학', 즉 중국 학문을 병행하는 일이었다. 《효경》, 《소학》, 《오경》, 《국조율례》 등을 학습하고 "음력 날짜房, 虛, 昴, 星에" 학생들에게 《성유광훈聖諭廣訓》을 읽도록 해 "군주를 존경하고 부모에게 효도"하고 "오랑캐 학문에 빠지지 않도록" 했다. 중국 전통 역법에 따르면 28개 별자리 중 "방, 허, 앙, 성"의 4숙은 7일마다 한 번씩 출현했으니 학생들은 일주일마다 《성유광훈》을 읽어야 했다.

《성유광훈》은 1724년 옹정제가 백성을 교화하고자 아버지 강희제의 《성유십육조聖諭十六條》를 읽기 쉽도록 주석을 달아 출간한 책이다. 이후 중국에서는 음력 초하루와 보름날마다 관리와 장군들이 신사, 학생, 관병, 백성에게 이 책 내용을 강의했다. 내용이 쉬워 가정에서도 읽을 수 있었다. 미국에 체류하는 동안 유학생들은 이를 일주일에 한 번씩, 한 달에 네 번, 1년에 마흔다섯 번을 읽었다. 산술적으로만 보자면 유학 기간 15년 동안 총 900차례였다.

《성유광훈》 7조는 "이단을 몰아내어 정학正學을 숭상한다"고 했다. 즉, '유교'를 존중하고 도교, 불교 등은 접하지 않으며, 서구 종교에 대해서는 "서양 천주는 역법 계산 방법에 능하여 쓸모가 많으니 잘 읽게 할 것"을 주문했다. 미국에 유학을 가서 '다른 학문異學'을 배우려는 학생들에게 이런 내용의 책을 읽도록 한다는 것은 모순이 아닐 수 없었다.

청 조정은 정부 위원 외에 오품 증항충을 통역, 광록사 전부부光祿

寺 典簿附, 제사나 의전을 담당 엽원준 葉源濬을 교사로 임명하여 같이 출국하도록 했다. 매년 8월 청 나라 황력달력이 반포되면, 미국 으로 부쳐주었다. 3대 명절(황제 생일, 동지, 원단-양력 1월 1일) 외 에 음력 초하루와 보름날마다 위원은 직원과 학생들을 데리 고 "궁궐을 향해 예를 갖추어" 애국심을 강화했다. 공친왕은 공자의 신위도 설치하도록 했 다. 이런 조치들은 국내에서 유

1908년(광서 34년), 광저우에서 출판된《성유광훈》7조.

학 프로그램에 반대하는 목소리가 작지 않았음을 방증한다. 공친왕의 공자 신위 설치안 역시 반대파를 무마하기 위한 절묘한 제안이었다.

나중에는 유학 프로그램은 중단되고 학생들이 모두 철수하는데, 이러한 실패는 어느 정도 예정되어 있었다고 볼 수 있다. 함께 파견된 감독관들이 정기적으로 모임을 만들거나 신문을 배포하며 아이들을 '중학'의 틀에 가두려 했지만, 효과가 있었는지는 알 수 없다. 중국이 해외에서 계획했던 일들을 이루지 못한 데는 교조적인 태도와도 깊은 관련이 있었다.

## 상하이에서 아이들을 선발하다

유학에 관한 구체적 내용이 정해지자 학생 선발에 들어갔다. 1차 30명 중 북방 지역에서는 산둥 지닝濟寧의 석금당石錦堂 1명뿐이고 광둥이 24명, 장쑤 3명, 안후이 1명, 푸젠 1명이었다. 4차 유학생 120명을 출신 지역별로 보면 북방은 산둥 1명(0.8%), 나머지는 모두 남방 지역으로 광둥 83명(69.2%), 장쑤 22명(18.3%), 저장 8명(6.7%), 안후이 4명(3.3%), 푸젠 2명(1.7%)이었다. 나이별로는 열 살이 11명, 열한 살 21명, 열두 살 29명, 열세 살 29명, 열네 살 23명, 열다섯 살 3명, 열여섯 살 1명으로 명실상부한 '청소년'이었다.

가정 배경은 황실이나 명문가, 고관대작 집안은 없었고 모두 용굉처럼 가난한 농부의 자제들로 유학을 좋은 기회로 여겼다. 2차로 선발된 광둥 샹산현香山懸 출신 이은부李恩富가 대표적이었다.

이은부는 잘 알려지지 않은 인물이다. 그는 귀국해서 신문을 만들다가 다시 미국 예일 대학에 돌아가서 학업을 마친 뒤 미국에 남아 기자가 됐다. 1880년대 미국에서 반중反華 파고가 높아질 때 중국 노동자와 중국인의 권리를 위해 격정적인 기사로 투쟁했던 언론인이었다. 1887년 그는 보스턴의 한 출판사에서 자서전《고향에서의 어린 시절 When I Was a Boy in China》을 출간하여 고향 샹산에서 미국까지의 여정을 통해 중국 풍습과 중국인의 정을 소개했다.

1861년 그는 샹산현에서 출생하여 여섯 살 때 서당에서《삼자경三字經》[3],《천자문》 등을 시작으로《대학》,《중용》,《논어》,《맹자》와《춘추》까지 배웠다.

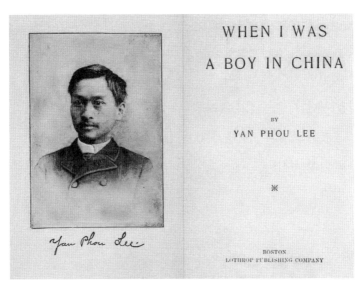

이은부의 자서전《고향에서의 어린 시절(When I Was a Boy in China)》표지와 그의 사진.

상하이에서 유학생 선발이 시작됐지만, 통신이 발전하지 못한 시기라 상하이, 베이징 등 주요 도시 외에는 그 사실을 아는 사람이 많지 않았다. 이은부는 상하이에서 매판으로 일하는 이모부가 알려주었다. 어려운 환경에서 혼자 세 아들을 키우던 어머니는 이은부를 보내기로 했다. 상하이로 간 그는 그곳에서 난생처음 빨간 머리에, 꽉 끼는 옷을 입은 외국인을 보았다.

이은부는 상하이에서 1년 동안 영어와 중국의 역사, 문화 등을 배

---

**3**　송나라 때 왕응린(王應麟)이 편찬한 책으로 아동들에게 문자를 가르치는 교과서이다. 읽기 쉽게 세 글자씩 지어 삼자경이라 했으며 인간의 도리나 역사 등 일상생활에서 알아 두어야 할 내용을 유교적 입장에서 풀이했다.

웠다. 일주일 하루 휴일을 제외하고 늘 학습에 매진했다. 매일 4시 반에 정규 수업이 끝나면 6시 저녁 식사, 8시 중국 역사, 9시 취침 등 빡빡한 예비반 기간을 보냈다. 1873년 5월, 40명의 청소년이 영어 선발 시험을 치렀다. 평소 점수를 포함하여 이은부 등 30명이 합격했다. 고향 마을에서 조상의 이름을 빛냈다며 축하해주었다. 아이들은 정장에 가마를 타고 상하이 도태와 미국 영사를 방문한 뒤, 6월에 미국을 향해 떠났다.

## 10년 노력이 수포로 돌아가다: 유학 생활과 철수

1872년 8월 11일 1차로 선발된 30명의 학생이 진난빈의 통솔하에 일본 요코하마로 갔다. 한 달 뒤 샌프란시스코에 도착한 이들은 그곳에서 기차로 예일 대학이 있는 코네티컷주로 향했다. 미국에서는 이 학생들을 중국 교육 사절단Chinese Educational Mission 아이들, 즉 "CEM boys"로 불렀다.

먼저 도착한 용굉은 학생들을 코네티컷 밸리Connecticut Valley의 미국 가정에 분산시켰다. 원래는 한 가정에 2명씩 배치하려 했으나 신청한 가정이 122곳에 달할 정도로 현지 반응이 뜨거웠다. 용굉은 주州 수도 하트퍼드에서 북쪽으로 멀지 않은 매사추세츠의 스프링필드에 사무소留洋公局를 설치했다. 두 지역과 예일 학원이 있는 뉴헤븐은 일직선상에 있어 관리가 수월했다. 1873, 1874, 1875년 도착한 후발 학생 중 몇 명은 자비 참가자였다. 시험에서 낙방했지만, 미래에 대한 기대로 자비 유학을 결정한 아이들이었다. 이렇게 미국 유학 15년이라는 큰 꿈이 시작됐다. 미국 캘리포니아주에 도착한 후 아이들은 여러 가지로 문화 충격을 경험한다.

1873년 여름, 열세 살 이은부는 샌프란시스코에 도착하여 빌딩, 천연가스, 수도, 전자시계, 엘리베이터 등 문명의 이기를 처음 접하고 무한한 호기심을 발동한다. 그런데 열차를 타고 동부로 이동할 때 공교롭게도 열차 강도를 만난다. 열차가 급정거하면서 총소리와 비명이 들렸다. 창밖을 보니 2명의 강도가 총을 겨누고 있었다. 교사들은 학생들을 바닥에 엎드리게 한 후 중국의 여러 신을 찾으며 무조건 살려달라고 빌었다. 5명의 강도가 금품을 뺏기 위해 열차를 부수고 기사를 죽였으나 다행히 승객들은 다치지 않았다. 이은부는 "미국 문명이 우리 머리에 영원히 각인되는 순간이었다"고 그날을 회고했다. 그러나 이는 시작에 불과했다. 이은부에게 미국의 일상은 충격의 연속이었다.

하숙집의 베일리 아주머니는 중국 전통 의상인 치파오를 입은 아이를 보자 껴안고 볼에 입을 맞추었다. 이은부는 난생처음 당하는 입맞춤에 당황했고 다른 아이들은 깔깔거리며 큰 소리로 웃었다.

첫 주말에 베일리 아주머니와 열한 살 아들은 이은부와 친구에게 안식일 학교Sabbath-school에 데리고 갔다. 영어에 서툴러 '학교'라는 말에 책을 챙겨 들고 나섰던 아이들은 곧 그곳이 마을 교회임을 알아차렸다. 이은부와 친구는 "교회, 교회"라고 중얼거리며 정신없이 뛰어 집으로 돌아왔다. 놀란 베일리 아주머니가 쫓아왔지만 잡을 수가 없었다.《성유광훈》중 "이단을 몰아내어 정학을 숭상한다"는 항목이 아이들에게 얼마나 큰 영향을 미쳤는지를 보여주는 일화다. 나중에 미국

1872년 샌프란시스코에 도착한 6명의 청소년 유학생들.

3차 청소년 유학생 중 당소의(왼쪽)와 양여호. 배경으로 보아 미국에 처음 도착해서 찍은 사진일 것이다.

문화에 익숙해진 아이들은 교회를 배척하지 않았을 뿐만 아니라 적극적으로 참여해 세례를 받기도 했다.

이 총명한 아이들은 미국 예비 학교에서 대학에 이르기까지 현지 하숙집, 교회, 교사, 교장의 도움을 받으며 활동적이고 사교적인 학생으로 성장했다. 이들은 현지 사회 활동에 적극적으로 참여하면서 미국 사회에 중국을 알리는 데 공헌했다. 미국의 대문호 마크 트웨인은 작품 속에서 중국인 노동자들의 열악한 현실을 비평한 바 있다. 자신의 딸이 유학생 아이들과 뛰어놀면서 중국에 대해 들은 바가 있었기 때문이다. 지금도 스프링필드 박물관에는 중국 유학생 관련 전시물과 자료들이 전시되어 있는데, 당시 생활상 연구에 중요한 자료가 되고 있다.

2004년 12월 21일, 예일 대학 사학과 베아트리체 바틀렛 교수는 용굉 흉상 제막식에서 이들의 유학 시절을 다음과 같이 소개했다.

중국 아이들은 매우 똑똑했다. 하트퍼드 고등학교에서 이들과 같이 공부했던 윌리엄 펠프스 교수는 그들이 라틴어에 뛰어난 능력을 보였고, 고등학교 무도회에서도 여러 여자아이의 환심을 사서 부러웠다고 회고했다.

작년에 증조 외삼촌 레너드 다겟이 1884년에 쓴 자서전을 보았다. 거기에 원래는 자신이 한 과목에서 1등을 할 수 있었는데 총명한 중국 학생에게 뺏겼다고 쓰여 있었다. 그 학생이 바로 이은부로, 훗날 우등생Phi Beta Kappa으로 졸업하고 미국에 남았다. 그의 증손자도 예일 대학을 졸업하여 예일-중국 학사Yale-China Bachelor가 됐고 학교의 동아시아 연구 위원회에서 근무했다.

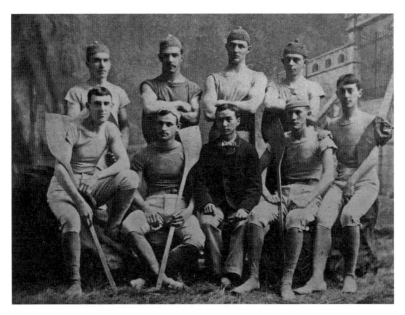

1881년 예일 학원의 조정팀 모습. 앞줄 가운데 키잡이(coxswain)가 1차 유학생 종문요(鍾文耀)이다. 예일 대학 도서관 소장.

2019년 10월 나는 바틀렛 교수에게 연락을 취했다. 더 자세한 내용을 듣고 싶었기 때문이다. 내가 코넬 대학에서 박사 공부를 할 때 그녀를 도와준 기억이 있었다. 그녀는 아흔한 살의 고령임에도 다시 한 번 당신의 증조 외삼촌 이야기를 확인해주었다. 그 당시 어린 중국 유학생들은 우수한 성적을 거두었고 미국 친구들에게 깊은 인상을 심어주었다는 것을 증명하는 내용이었다.

1881년 이 유학 프로그램은 돌연 중단되어, 이듬해 학생들은 학업을 마치지 못한 채 귀국하고 말았다. 여러 가지 원인이 있었지만 우선 외부 환경의 변화를 꼽을 수 있다.

미국 서부가 개발되면서 중국인 노동자에 대한 배척 풍조가 열풍처럼 번지고 있었다. 이때 미국은 제임스 버릴 에인절Angell, 중국명 安吉立을 중국 공사로 임명하여 벌링게임 조약 중 노동자의 미국 입국 규정에 대해 수정을 요구했다. 또한 미국 육군 사관학교(웨스트포인트), 해군 학교 등도 일본 학생은 받았지만 이미 약속한 중국 학생 입학을 허락하지 않았다.

증국번, 이홍장 등이 계획했던 부국강병의 인재 양성이라는 커다란 목표에 차질이 생겼다. 내부 갈등도 문제였다. 미국에 사무소가 설치된 후 생긴 여러 모순이 얽혀들었다. 정위원인 진난빈과 부위원인 용굉의 생각이 전혀 달랐다. 진난빈은 서양 교육을 받아본 적이 없어 중학에 무게를 두려고 했고 반대로 용굉은 서학을 강조했다. 각자의 기준으로 학생을 관리하면서 이들 사이에 갈등이 심해졌다. 여러 경로를 통해 베이징의 이홍장에게까지 이 소식이 전해졌다.

1878년 베이징은 진난빈을 초대 주미 공사, 용굉을 부사로 임명했다. 경비 절감을 위해 사무소는 폐지했다. 두 사람이 워싱턴에 부임한 후 공사 진난빈은 유학생 사무를 스페인 영사, 한림원 편수를 지낸 오가선吳嘉善에게 맡겼다. 오가선은 외교관 경험이 있었지만 아이들의 서구화가 심각하다고 보았다. 그는 중학 감독을 강화하는 한편, 베이징에 보고를 통해 문제가 심각하고 아이들이 귀국한 후에도 별다른 성과가 없을 것이 우려되니 프로그램 중지를 고려해달라고 요구했다. 이홍장은 유학생들을 영국, 프랑스, 독일 등 다른 유럽 국가로 보내 각국의 사관학교에 입학하게 하는 안을 고려해보라고 했다.

프로그램의 관계자들, 진난빈, 오가선, 용굉, 이홍장 등은 전부 철수, 부분 철수 등을 두고 격렬하게 토론을 벌였다. 미국인 관계자들은 만류했다. 하트퍼드에서 학생들을 돌보던 용굉의 오랜 친구 조지프 트위첼 목사, 예일 대학 학장 노아 포터, 작가 마크 트웨인, 심지어 전임 대통령 율리시스 그랜트까지도 편지를 써서 프로그램을 유지해야 한다는 진심 어린 건의를 했다. 그러나 1881년 6월 8일 베이징의 총리아문은 "각 부서에서 인재가 필요하니 학생들을 모두 소환한다"며 철수라는 마지막 결정을 내리고 말았다.[4]

1881년 7월 9일 유학생들은 세 차례에 걸쳐 샌프란시스코에서 일본 배를 타고 귀국을 시작하여, 10월에 94명 전원이 돌아왔다. 중국 역사상 최초로 실시됐던 원대한 국비 유학생 프로그램은 이렇게 허망하게 막을 내리고 말았다.

## 백년의 여한: 세계가 주목한 인재 양성의 실패

1873년 6월 이은부 등 2차 유학생이 상하이를 출발하여 일주일 뒤 요코하마에 도착했다. 아이들은 처음으로 증기선에서 뿜어 나오는 연기를 보았고 역시 증기를 뿜으며 땅 위를 달리는 기차를 보았다. 일본인들과 문자로 대화하며 일본도 공자를 숭배하고 서양을 배우고 있다는 것을 알았다. 유학생들은 1868년 메이지 유신 이후 5년 동안 유럽의 산업화를 숨 가쁘게 뒤쫓으며 중국이 아닌 유럽, 미국 방향으로 발전하

---

4 첸강·후징초 지음, 이정선·김승룡 옮김《유미유동》(시니북스, 2005)을 참고할 것.

는 새로운 제국을 목도했다.

학생들이 미국에 도착했을 때 베이징에서는 큰일이 발생했다. 친정을 시작한 동치제가 6월 29일 처음으로 영국, 프랑스, 러시아, 미국, 독일 등 5개국 공사와 일본 전권 대사 소에지마 다네오미를 만났다. 소에지마는 1871년 9월 중국과 체결했던 수호조규修好條規를 바꾸고 타이완과 조선

일본 외교관 모리 아리노리.

에 대한 베이징 당국의 입장을 탐색하고 있었다. 일본은 류큐 침범을 시작으로 타이완을 넘보고 있었으며 조선을 정복해야 한다는 '정한론征韓論' 목소리도 커지고 있었다. 그들은 종번 관계인 조선에 대한 중국의 정책을 알고 싶어 했다. 조선에서 강화도 사건(1875년 9월 20일)이 발생한 후, 일본 정부는 모리 아리노리를 신임 중국 공사로 파견하여 조선 문제를 토의하도록 했다.

모리는 1847년 가고시마에서 출생하여 1865년 런던 대학에 유학한 뒤 1870년 주미 대리 공사가 됐다. 1873년 미국에서 돌아와 외무대승外務大丞이 됐다. 그는 후쿠자와 유키치와 함께 학술 단체인 '메이로쿠샤明六社'를 설립하여 근대 계몽 교육 보급에 앞장섰다. 1885년에는 이토 히로부미 내각의 문부대신이 되어 교육 개혁을 단행했다. 모리는 1889년 2월 11일 일본 제국 헌법이 반포되던 날 암살당했으며

일본에서는 '근대 교육의 아버지'로 추앙한다.

1876년 1월 모리가 베이징에 왔을 때는 스물아홉 살의 혈기 방장한 젊은이였다. 이 젊은 외교관은 총리아문의 50~60대 대신들과 몇 차례 회합을 가진 뒤 부친에게 쓴 서신에서 "청국 정부는 고리타분하여 개혁의 길은 암담하기만 하니 토론하기가 매우 불편하다"고 적었다. 중국 도착 며칠 뒤인 1월 26일, 모리는 허베이성 바오딩保定에서 즈리 총독 겸 북양대신 이홍장을 만나고 중서 학문, 유학생 교육에 관해 대화를 나누었다.


이홍장: 중서 학문을 어떻게 생각하시오?

모리: 서학은 유용하지만 중국 학문은 30% 정도 쓸모 있고 나머지는 낡아서 소용이 없습니다.

이홍장: 일본에서는 서학을 70%나 배우나요?

모리: 아직 50%가 안 됩니다.

이홍장: 복장은 이미 다 변했던데 어째서 50%가 안 된다고 하시오?

모리 비서: 외모는 변했지만 본질은 아직 배우지 못하고 있습니다.

모리: 우리는 모두 배우기를 원하지만 눈에 보이는 것만 배웠을 뿐 서양처럼 사고하는 자가 아직 없습니다.

이홍장: 우리도 고민하는 중이요.

모리: 미국에서 귀국의 용굉, 증란생의 학문이 뛰어난 것을 알았습니다.

이홍장: 용굉은 지금 미국 공사로 나가 있소.

모리: 매우 잘하신 일입니다.

이홍장: 증란생은 돌아와서 톈진에 있으니 한번 만나보시오.

모리: 미국에서 본 중국 아이들이 모두 총명했습니다.

이홍장: 외국에 가서 열심히 공부한다고 들었소.

모리: 공부를 마치면 외교에서 큰일을 할 것입니다.


유럽을 다녀본 일본의 젊은 외교관은 중일 양국 현안과 중국 유학생 교육을 이야기하면서 유학 프로그램에 큰 기대를 내비쳤다. 유감스럽게도 이 대화가 있은 지 5년 후 아이들은 모두 소환되어 귀국했다. 1885년 일본에서 '탈아시아론'이 대두된 지 불과 10년 후 그들은 전쟁을 일으켰다. 그리고 오랫동안 자신들의 정신을 지배해오던 문명 대국이자 강국인 중국을 완전히 격침시켰다.

1879년 모리가 이런 평론을 한 뒤에 미국 전임 대통령 율리시스 그랜트가 세계 여행 중 중국에 들러 공친왕과 이홍장을 만났다. 그는 중국을 방문한 최초의 미국 대통령이었다. 그랜트가 공친왕, 총리아문 대신들과 회담하면서 중국이 발전하려면 내부의 힘을 길러야 하며 외국의 차관 등에 의지하면 권리와 토지를 잃을 수 있다고 충고하자 공친왕은 깊은 공감을 표했다.

그랜트는 "이런 점에서 젊은이들을 우리 미국 학교에 보낸 것은 잘한 선택이다. 좋은 학교에서 젊은이들이 여러 학문과 예술을 배울 수 있다. 중국의 젊은이들이 세계에서 가장 전통 있는 문명과 젊은 문명을 비교할 수 있다"고 했다. 공친왕은 "더 많은 젊은이가 미국과 유럽에 가서 공부할 수 있기를 희망한다. 좋은 교육을 받고 돌아오면 큰 도움이 될 것이다"라고 답했다. 그런데 어떻게 불과 2년 뒤인 1881년 모든 것이 수포로 돌아가게 됐을까?

용상겸은 1881년 가을에 자신을 포함한 1차 유학생들이 상하이에 돌아왔을 때 부닥친 상황에 대해 이렇게 회고했다.

우리는 배에서 내려, 병사들의 감시하에 상하이성에 들어갔다. 폐교된 지 오랜 한 학교에 수용됐다. 나무 널빤지와 더러운 이불을 받았는데 멀리서도 그 악취와 습기가 코를 찔렀다. 병사들이 보초를 서서 우리는 가족과 만날 수 없었다.

말단 관리들이 우리를 경시하고 막 대하는 것은 참기 힘들었다. 우리는 옷을 살 돈이 없어 양복을 그대로 입고 있었다. 우리는 동전 한 닢 없었고, 야만인 같은 대접을 받았다.

음식은 돼지가 먹는 것보다도 형편없었다. 말단 관리들이 우리 식사비의 50%를 떼어가고 그 나머지 50%에서 조리사가 또 50%를 떼어가니 원래의 25%, 즉 5분전分錢짜리 식사를 했다. 우리가 불평하자 관리는 조리사를 불러 "이놈들이 음식 불평을 하니 소금이나 더 뿌려줘라" 하며 멸시했다.

중국 최초의 국비 유학생들은 조국에 돌아와 이런 대우를 받았다. 10년 유학으로 쌓은 엄청난 지식도 천조天朝 지방 말단 관리들이 보기에는 일 푼의 가치가 없었다. 이는 당시 중국 사회에서 구조 개혁이 얼마나 어려웠는지를 보여준다. 용굉이 상하이 윤선초상국에 있는 친구 서윤(徐潤, 광둥 샹산 출신 상인으로 윤선초상국 건립과 운영에 참가)의 도움으로 30달러씩을 구해주자 유학생들은 이 돈으로 옷과 일용품을 산 뒤 각지로 발령을 받아 떠났다. 그들은 한 톨의 쌀이 되어 인구 4억 명의 망망대해로 흩어져 갔다.

절반에 가까운 학생들은 해군에 배치되어 바다에 몸을 던졌다. 3년 후인 1884년 8월 23일에서 26일까지, 푸젠 해군 기지인 마장강馬江 입구에서 벌어진 프랑스 해군과의 전투에 광영종鄺詠鐘, 양조남楊兆南, 황계량黃季良, 설유복薛有福, 오기조吳其藻, 용상겸容尙謙 등 6명 유학생이 참전했다. 오기조, 용상겸을 제외한 나머지 4명이 전사했다. 용상겸은 타고 있던 '양무호揚武號'가 격침되자 육지까지 헤엄쳐 목숨을 건졌다. 3년 후 그는 제독 여홍비餘鴻飛의 참모가 되어 광저우 해군 순양함 '광갑호廣甲號'에 승선했다. 이 배에서 여원홍黎元洪을 만났는데 여원홍은 훗날 중화민국 시기 대총통이 됐다. 1894년 황해 해전[5]이 발발하기 전, 용상겸은 남양해군 순양함 '환태호環泰號' 선장으로 임명됐다.

용상겸이 남방에서 아직 청일 전쟁에 휘말리기 전 유학 동기들은 북방 해전에서 순국했다. 1894년 7월 25일, 황해 해전에서 방백겸方伯謙 함장이 이끄는 '제원호濟遠號'에 타고 있던 4기 유학생 심수창沈壽昌은 스물아홉 살의 젊은 나이에 머리에 폭탄을 맞고 사망했다. 이 해전에 참가한 유학생 출신을 함선별로 살펴보면 다음과 같다.

치원호致遠號: 진금규陳金揆, 4기

정원호定遠號: 오응과吳應科, 2기, 서진붕徐振鵬, 3기

진원호鎭遠號: 조가상曹嘉祥, 3기

광갑호廣甲號: 오경영吳敬榮, 3기, 송문상宋文翔, 2기

---

**5** 1894년 9월 17일 청일 전쟁 시기 일본 해군과 벌인 전투로 중국에서는 '갑오해전'으로 부른다.

광병호廣丙號: 장정간蔣廷幹, 2기, 왕양등王良登, 3기, 오기조吳其藻, 4기

1895년 2월 초 일본 해군이 북양 해군의 웨이하이威海 기지를 공격했을 때 황조연黃祖蓮이 고전하다가 전사했다. 이들은 황해 해전에서 웨이하이 전투까지 용감하게 싸웠지만 진금규, 심수창, 황조연이 전사하고 다수가 부상당했다.

이 두 전투에서 중국의 함장 지휘관들, 방백겸, 등세창鄧世昌, 임영승林永昇, 류보침劉步蟾 등은 대부분 푸젠 선정학당船政學堂을 졸업한 뒤, 영국 그리니치 왕립 해군 학교에서 유학했거나, 유럽을 방문하여 배웠던 인재들이었다. 상대도 마찬가지였다. 일본 함대의 지휘관들, 쓰보이 고조坪井航三, 가와하라 요이치河原要一, 도고 헤이하치로東鄉平八郎, 가미무라 히코노조上村彦之丞 등도 대부분 유럽 유학파 출신이었다. 결국 이 전투는 양국이 심혈을 기울여 키운 유학 인재들의 전투였다. 중

일본이 청일 전쟁 말기 웨이하이전(威海戰)을 묘사한 목판화 〈위해위대공격도〉, 미국 의회 도서관 소장.

국은 여러 복합적인 요인으로 참패했다. 인재들은 죽거나 다쳤고 1895년 이후 동아시아 바다는 일본에 완전히 넘어갔다.

청일 전쟁 후 세계 여행을 떠난 이홍장은 미국에 들렀을 때, 여러 연구 기관에 중국 도서를 많이 기증하면서 중국 연구가 활발해지기를 기대했다. 직접 미국 땅을 밟고 그들 사회를 둘러본 이홍장이 15년 전 하룻

1901년 9월 7일 신축조약의 이홍장 친필 서명.

밤 사이에 이곳에서 선진 문물을 배우던 아이들을 소환, 귀국하게 한 사건에 대해 무슨 생각을 했는지는 알 수 없다.

이홍장은 이 늙은 제국에서 가장 외롭고 쓸쓸했던 정치가였다. 의화단 사건으로 8개국 연합군이 베이징을 침략하자 노구를 이끌고 다시 외교 무대에 나온 그는 치욕스러운 신축조약에 서명하고, 불과 두 달 뒤 세상을 떠났다.

중국은 신축조약으로 미국 등 참전 8개국에 백은 4.5억 냥이라는 엄청난 액수를 배상금으로 지불했다. 1905년 주미공사 양성梁誠은 미국 정부가 너무 많은 돈을 받았다며 반환을 요구했다. 미국은 이를 수용해서 1908년 의회에서 약 1,700만 달러를 돌려주는 안을 통과시켰다. 다만 그 방식은 고심 끝에 현금 대신 장학금으로 정했다. 'Boxer Indemnity Scholarship Program'을 통해 1909년부터 중국 학생들에게

미국 유학을 지원하는 '경자 장
학금'을 지급하기로 한 것이다.[6]

조정에서는 유미학무처遊美
學務處를 설치하고 베이징 서쪽
의 청화원淸華園 내에 이업관肄
業館을 세워 학생 선발을 시작
했다. 1871년 당시 미국 유학
을 준비하던 상하이 이업국肄業
局과 유사한 예비 학교였다. 이
학교는 1911년 준공 후 청화학
당淸華學堂으로 개명했고 현재의
청화 대학淸華大學으로 발전했
다. 청화 대학은 중국 근대 교육
사에서 역사의 비극과 아픔을
안고 태어난 학교로 교훈을 '자
강불식(自强不息, 스스로 노력하여

1903년의 양성(梁誠) 모습. 1885년 중국 주미 공
사 장음환을 수행하여 삼찬(參贊) 등을 역임했
다. 장음환은 당시 양무를 익힌 소수의 외교 인
재로 무술변법에 찬성했다. 1900년 조정은 그가
외세와 결탁하여 개혁을 재추진할 것을 우려하
여 신장으로 유배 보낸 뒤 살해했다. 또 프랑스와
독일에서 근무한 외교관 허경징(許景澄)도 살해
했다. 청나라는 가뜩이나 드문 외교 인재를 이렇
게 죽이는 우를 범했다. 미국 의회 도서관 소장.

쉬지 않는다)'이라 했으니 그 의미가 특별하다 할 것이다.

1909년부터 1911년 청나라가 무너지기 전까지 '경자 장학금'은 모
두 세 차례에 걸쳐 180명을 지원했다. 이들 대부분은 30여 년 전 그랬

---

**6** 미국은 외세 배척을 내세운 의화단원들이 맨손으로 싸웠다고 해서 'Boxer'라고 이름 붙였다.
중미 양국이 붙인 호칭에서 의화단에 대한 시각차를 어느 정도 이해할 수 있다. 배상금의 사용처를
이를 때도 이런 차이는 분명하다. 미국은 '의화단 배상금(Boxer Indemnity)'이라 했으나 중국은 사
건이 발생한 해를 이름에 붙여 '경자(庚子) 장학금'이라 했다.

던 것처럼 뉴잉글랜드 지역의 하버드, 매사추세츠 공대, 예일, 컬럼비아, 코넬, 펜실베이니아 대학 등에 집중됐고 중부 지역의 시카고, 미시간, 일리노이, 위스콘신, 콜로라도 대학에도 진학했다.

미국에서 돈을 되찾아온 주미 공사 양성은 어떤 인물일까? 그는 1875년 미국에 간 4차 유학생 중 1명으로 당시 이름은 양비욱梁丕旭이었다. 매사추세츠주에 있는 필립스 아카데미 앤도버 고등학교에서 공부를 시작했는데 꿈을 펼치기도 전에 소환되어 귀국했다. 다행히 청 조정은 1905~08년 사이 이 아이들 중 스무 살 이하를 다시 뽑아 미국에 보냈다. 이는 증국번, 이홍장, 용굉 등이 1870년대에 했던 일을 재현한 것이지만 그다지 달갑지 않게 이뤄진 일이기도 했다.

양성이 꿈을 키워가고 있을 때 정계에서는 원세개袁世凱가 날로 힘을 떨치며 유학생 출신 당소의 등을 중용했다. 중화민국 이후, 중년에 들어선 유학생 중 양돈언, 첨천우 등은 정치계, 외교계, 경제계, 산업계에서 명성을 떨쳤다.

미국 측이 비용을 부담한 '경자 장학금' 유학생들도 순조롭게 공부를 마치고 귀국했다. 매이기(梅貽琦, 1889~1962, 물리학자, 칭화 대학 총장 역임), 광후곤(鄺煦堃, 외교부 선전국장, 마닐라 총영사 역임), 축가정(竺可楨, 1890~1974, 지리학자, 저장 대학 총장 역임), 호적(胡適, 1891~1962, 사상가, 베이징 대학 총장, 중앙연구원 원장 역임), 조원임(趙元任, 1892~1982, 언어학자, UC버클리 대학 교수 역임), 매광적(梅光迪, 1890~1945, 문학인, 저장 대학 문학원장 역임) 등이 여러 영역에서 각광 받았다.

이들은 1949년 중화인민공화국 건국 이후에도 기술과 기초 지식 확립에 노력하여 국가의 근본을 단단히 하는 데 큰 공을 세웠다.

1949년 이후 세계가 냉전 시대로 진입하자 중미 간 고등 교육 교류는 완전히 중단됐다. 1972년 양국 국교 정상화를 위한 준비가 시작됐지만 인재 교류는 원래 일정에서 계속 뒤로 미뤄졌다. 1978년 12월 16일 양국은《중미수교공보中美建交公報》를 통해 1979년 1월 1일부터 정식 외교 관계 수립을 선포했다. 그보다 나흘 전인 1978년 12월 26일 중국은 급히 선발한 52명의 기술 인재들에게 50달러씩을 주어 프랑스를 거쳐 미국에 파견했다. (이들은 방문 학자 신분으로 미국에 도착했다.) 당시 단장은 칭화 대학 기계과 류바이청柳百成 교수였다. 마흔다섯 살 나이의 그는 위스콘신 대학과 매사추세츠 대학에서 2년간 유학한 뒤, 유명한 주조·재료학 전문가가 되어 1999년 중국 공정원工程院 원사가 됐다.

1872~1978년까지 100여 년간 중국 정부가 지원한 미국 유학생 프로그램은 순탄치 않았다. 신화사新華社 통계에 의하면 1978~2018년 사이 중국 유학생은 미국을 포함하여 전 세계에 585만 7,100명이 있었다. 그중 153만 3,900명이 외국에 체류하며 공부하고 있으며 432만 3,200명은 공부를 마쳤고 365만 1,400명은 귀국하여 일한다고 했다. 2018년 중국 인구를 약 13억 9,538만 명으로 계산하면 누적 유학생 수가 총 인구의 0.42%이고 이 중 귀국한 학생은 0.26%이다. 이들이 중국의 여러 영역에서 큰 활약을 하고 있다는 점을 고려한다면 중국은 어떤 상황에서도 대외 교육 교류의 큰 문을 닫아서는 안 될 것이다.

## 장기적인 중서 교류: 중국 해외 유학 개방 정책의 중요성

중화민국 시기에도 중국 유학생은 적지 않았지만, 예전과 달리 주로 고관대작 자녀들이었다. 이들의 목적은 그저 외국 졸업장이었을 뿐 진정으로 국가나 사회에 보답한다는 생각은 많지 않았다. 상하이 언론인 위무샤鬱慕俠는 1933년 전후 유행했던 '도금 박사鍍金博士'를 언급했다. 그는 "허명을 좇아 실제 학문은 모르는 채 유학생들이 외국에서 몇 년 놀다가 졸업장과 학위 모자만 들고 의기양양하게 돌아와 위풍당당하게 교만을 떨었다. 그러나 실제 실력은 없으니 사람들은 이들을 '도금 박사'라고 조롱한다. 매년 동서양으로 유학을 떠나는 학생의 정확한 수는 모르지만 공부를 마치고 돌아와 국가, 사회에 공헌하는 사람은 많지 않다. 진정으로 실력 있는 순금 박사는 소수이고 대다수는 도금 박사들이다"고 비평했다.

소설가 첸종수錢鍾書가 소설 《위성圍城》에서 묘사한 팡훙지앤方鴻漸이 바로 도금 박사였다.[7] 위무샤와 첸종수, 이 두 사람이 도금 박사를 비평한 때는 첫 번째 유학생이 출국한 지 60~70년이 지난 시기였다.

1936년 '순금 유학생'들은 마지막 모임을 가졌다. 긴 시간의 흐름에서 본다면 유학생들은 국가에 많은 공헌을 했으니 이 프로그램이 완전히 실패했다고 할 수는 없다. 그러나 원래 증국번, 이홍장이 꿈꾸었던 계획과 비교하자면 큰 차이가 아닐 수 없다.

---

**7** 《위성》은 혼란스러운 전쟁 시대를 살았던 중국 지식인 팡훙지앤 등의 답답한 심정과 힘든 삶을 묘사한 성장 소설이다.

유학생은 대부분 당시 중국이 가장 필요로 하는 이공 분야를 선택했다. 첨천우와 같은 엔지니어가 많았고 이은부 같은 기자나 언론인은 극히 적었다. 이은부는 훗날 호적, 노신과 같은 길을 걸었다. 호적은 농업 기술을 배우다가 나중에 철학을 선택했고 노신 역시 의학을 포기하고 문학을 선택했다. 1949년 이후에도 중국은 역시 이공

1927년의 호적(胡適) 모습. 코넬 대학 도서관 소장.

분야를 중시하여 모든 방면에서 유럽의 지식을 도입했다. 최근의 인공 지능, 인터넷, 생명 과학 등도 이런 추세의 연장일 것이다. 따라서 중국은 여전히 서양 학술 세계와 안정된 교류가 필요하다. 미국의 국제법, 정치학, 국제 관계학, 사회학, 인류학, 심리학 등은 학문적으로 탁월한 성과를 이룩한 분야이다.

많은 분야에서 중국은 빈손에서 시작했으니 다른 곳에서 배워서 세계적 조류를 쫓아야 했고, 유럽이 주도하는 세계 질서에 진입한 이후에는 더욱 그 학문적 주도권을 받아들여야 했다. 이런 현상은 20세기 후반 중국 개혁 개방 이후가 아니라 19세기 청나라 말기에 이미 시작됐다. 특히 수학, 기하학, 구면삼각학球面三角學, 제도학, 천문학 등의 융합 과정은 송나라 말기 원나라 시절까지 거슬러 올라갈 수 있다.

중국은 세계 질서와 융합하면서도 자신의 문화를 잘 보존·유지해

왔다. 청나라 말기 정치가 장지동張之洞이 말한 '중체서용中體西用'[8]의 자세로 19세기 중기 일본 메이지 유신처럼 사회 전체를 다 유럽 방식으로 바꾼 것은 아니었다. 오늘날 중국은 손중산(孫中山, 1866~1925, 중화민국 초대 임시 총통) 선생 표현대로 "혁명은 아직 성공하지 못해 동지들의 노력이 여전히 필요하다"는 명제하에 여전히 개방이라는 커다란 기조를 유지하며 해외 교육 시스템과 안정적이고 활력 있는 소통을 필요로 한다.

최근 다른 목소리도 나오고 있다. 중국이 개혁 개방 이래 자신의 문화를 너무 많이 잃어버렸으니 '유가儒家'나 '국수國粹, 한 나라의 문화·국민성이 지닌 고유한 장점' 중에서 정수를 뽑아 '유학', '국학' 등 이름이 들어간 연구 기구를 세우자는 주장이다. 이러한 '고등 유학儒學'으로 서학에 맞서 고유문화를 지키자는 움직임이다. 이런 인식은 청나라 말기 서학 전래를 반대하거나 혹은 미국에 유학 간 아이들에게《성유광훈》을 익히게 했던 것과 본질적으로 다르지 않다.

서구 유학 프로그램의 실패가 이런 목소리들이 만든 결과라는 것을 잊어선 안 된다. 20세기 중국사를 돌아다보면 이렇게 서구화를 반대하는 목소리가 그치지 않았다. 유학과 도교, 불교는 위대한 학문이다. 포기해서는 안 될 것이고, 포기한 적도 없다. 중국에 훌륭한 학자들이 있으니 다른 문화를 흡수하고 보존하여 고유문화를 발전시켜야 한다는 점을 왜곡해서는 안 될 것이다.

---

**8** 장지동이 《권학편(勸學篇)》에서 주장하여 양무운동의 기본 사상이 됐다. 중국의 유교 문화를 바탕으로 하되(中體), 서양의 과학과 기술을 도입하여(西用) 부국강병을 꾀하자는 것이다.

1936년 중국 교육 사절단 아이들(CEM boys)의 마지막 모임 장면. 11명이 참가했고 평균 연령이 일흔여섯 살이었다. 8명은 전통 의상을, 3명은 양복을 입었다.

청나라 말기 중국 청소년의 미국 유학 역사는 내가 직접 경험한 양국 간 교육 경험, 오늘날 교육 교류 중 나타난 우여곡절과도 깊은 관계가 있다. 중국은 설사 큰 난관이 있더라도 대외 교류의 문호를 닫거나 혹은 '국학'에 빠져 일어서지 못해서는 안 된다. 중국의 현재와 미래는 글로벌한 시각을 가진 인재가 더 필요하고, 중국은 대외 교류에서 자아를 상실하지 않아야 더욱 발전할 수 있기 때문이다.

# 5부

## 샌프란시스코의 꿈:
## 재미 중국 노동자와 화교

# 14장. 1882년 배화법 탄생 전후

## 캘리포니아의 금광 꿈: 중국인의 대량 이민

1840년 유럽은 1차 아편 전쟁으로 중국의 대문을 강제로 열었다. 중국은 유럽 여러 나라와 불평등 조약을 맺고 무역을 확대했다. 많은 중국인도 이 문을 통해 해외로 나가기 시작했다. 한 번 열린 문은 다시 닫을 수 없었다.

아편 전쟁 시기 전후로 중국 인구가 빠르게 증가했다. 건륭제 초기(1740년대)에서 후기(1790년대)까지 호부 통계에 의하면 내륙 각 성의 인정人丁, 노동력을 가진 성년 남자 총수는 1억에서 2억을 너머 3억에 육박했다. 가경제 통치기를 지나 도광제 초기인 1830년대, 즉 아편 전쟁 직전에는 4억 명에 달해 불과 100년 만에 3억 명이 증가했다. 그러나

경제 구조와 사회 자원 분배에는 별다른 변화가 없어 빈곤층이 급상
승하여 심각한 사회 문제를 노출했다. 천하는 넓고 황실은 번창했으나
백성의 삶은 팍팍하여 겨우 호구지책만 유지하고 있었다.

아편 전쟁 이후 노동력을 수출하는 새로운 시대가 열렸다. 중국 역
사에서 화난華南 차오산潮汕, 광둥 차오저우-산터우 일대에서 동남아 지역
으로의 이민은 여러 번 있었지만, 아편 전쟁 이후 해외 이민은 매우 다
른 양상으로 전개됐다.

1848년 중미 왕샤 조약 체결 4년 후, 미국 서해안 캘리포니아주에
서 금광이 발견됐다. 골드러시gold rush로 젊은 노동력 수요가 급증하
자 중국 화난 지역 특히 광둥의 중국인들이 이곳으로 대량 유입됐다.
1849년 초 54명의 노동자가 샌프란시스코 일대에 도착한 이후, 1850
년대 말에 4,000명, 1851년에는 2만 5,000명으로 증가했다. 중국인들
은 샌프란시스코를 금광이 있는 산이라 하여 '진산金山'이라 불렀는데
1855년 오스트레일리아 멜버른에서 새로운 금광이 발견되자 샌프란
시스코는 '주진산舊金山'이 됐다. 공식적으로는 '성포랑시스커聖弗郎西斯
科'로 음역하며, 요즘은 '산판三藩'이라고도 한다.

1860년대 말 미국 작가 마크 트웨인은 미국 서부에 대략 7만에
서 10만 명의 중국인 노동자들이 있었다고 묘사했다. 미국 정부의 통
계에 의하면 1860년 3만 4,933명이 서부 여러 주에 흩어져 있었으며
1870년에 6만 3,190명, 1880년에는 10만 5,465명까지 증가했다. 이들
이 모두 가난했던 것은 아니다. 타향 이국에서 부자가 될 기회를 잡으
려는 모험심 강한 자도 있었고, 미국에서 금의환향하는 고향 사람을
보고 미국행 배에 오른 이도 있었다.

미국 유학길에 올랐던 용상겸은 당시 중국인들이 광둥에서 미국 샌프란시스코로 향하는 배에 오르기 전에는 비단 옷을 입고 거만을 떨었지만 일단 배에 오르면 선주가 이들의 옷을 수거하고 남루한 옷으로 갈아입혔다고 했다. 선주들은 바다만 건너면 많은 돈을 벌 수 있다고 현혹하여 사람들을 끌어모았다.

이들은 약 3개월에 걸친 긴 여행을 했는데 아마도 그들 인생에서 가장 어두운 12주일이었을 것이다. 이들이 탄 배는 과거 노예 무역 시절 화물선으로, 갑판 밑 좁은 공간에서 지내다 보면 전염병 등 예상하지 못했던 일이 비일비재하게 발생했다.

몬태규Lady Montague호는 450명 중국인을 싣고 캘리포니아로 향했는데 항해 중에 300명이 전염병으로 죽고 말았다. 1871년 우가르테 Dolores Ugarte호에서는 화재가 발생했는데, 선원들이 중국인들을 갑판 아래 선창에 가둔 후 배를 버리고 탈출하는 바람에 500명이 사망하는 참극이 발생했다. 중국인을 실어 나르고 인력 시장에 내다 파는 북미 상인들에게 중국인은 차·자기와 같은 화물이었을 뿐, 그들에게 인도주의는 없었다. 서부에 도착한 중국인 대부분은 금을 쫓는 하층 노동자 '쿨리coolie, 苦力'로 전락했다.

## 중국인 이민에 대한 미국의 반응

미국 정계는 급증한 중국 노동자 이민 문제에 주목했다. 처음에는 값싼 노동력 유입을 환영했다. 1849년 캘리포니아 시장 존 기어리가 대표적인 인물이었다.

1850년 9월 캘리포니아는 서른한 번째 주로 연방 정부에 가입했다. 1852년 2대 주지사 존 맥두걸은 중국 이민자들이 새크라멘토강 삼각주Sacramento River Delta의 넓은 늪지 개발에 참여하도록 격려했다. 중국 노동자들은 단기간에 2만 제곱미터에 달하는 지역을 세계에서 가장 부유한 농지 중 하나로 개간했다. 중국인들은 근면해서 미국 서부의 황무지를 점차 비옥하고 쓸모 있는 토지로 바꾸어 놓았다. 1860년대 말 중국인 수는 아이다호주, 몬태나주 전체 인구의 3분의 1에 달할 만큼 증가했다. 이들은 광산업에 종사하거나 세탁소, 여관, 잡화점 등을 운영했다.

1865년 미국 유니언 퍼시픽 철도 회사는 캘리포니아에서 좋은 조건으로 철로 보수 노동자를 모집했다. 일이 힘들어 백인들이 지원하지 않자 사장 찰스 크로커는 중국인 노동자 50명을 시험 삼아 투입했다. 왜소한 체격의 중국 노동자들은 주위의 우려를 불식시키고 인내심과 실력으로 철로 보수라는 힘든 일을 해냈다. 1867년까지 이 회사 1만 2,000명 건설 노동자 중 중국인이 75% 이상을 차지했다. 이들의 고생은 이루 말로 다 표현할 수가 없었다.

미국 정계는 중국인 노동자의 가치를 높이 평가하고 계속 미국을 위해 힘을 보태달라고 격려했다. 1868년 6월 23일에 뉴욕에서 전 주중 공사로서, 중국 흠차대신이 되어 돌아온 벌링게임을 환영하는 만찬이 열렸을 때, 뉴욕주 하원 의원 에드워즈 피에르폰트는 환영사에서 중국 노동자에 관한 입장을 표했다. 미국 역사에서는 외국 노동자, 특히 아일랜드 노동자(아일랜드 이민 역사는 오래됐는데 특히 1845~50년 감자 대기근

보스턴 하버드 대학 부근 케임브리지 공원에 있는 아일랜드 대기근 기념비. 1997년 7월 23일 아일랜드 대통령 메리 로빈슨의 기부로 건립됐다. 아이를 안은 상류층 복장의 신사와 굶주림으로 피골이 상접한 여성이 서로 손을 내미는 형상이다. 이 작품은 인류 사회의 도덕과 정의를 강렬하게 표현하고 있다. 아래 "부유한 세계에서 다시는 어느 민족도 굶어서는 안 된다"고 적혀 있다.

때 100만 명 이상이 미국으로 이민했다.)를 적대시하는 현상이 있었다.

그는 "저렴한 임금의 아일랜드 노동력 유입으로 자신들의 처우가 나빠질 것을 우려한 미국 노동자와 여기에 동조한 일부 정객이 이민을 반대했다"며 과거의 경험을 상기시켰다. 또한 과거 뉴잉글랜드, 뉴욕에서 있었던 아일랜드 노동자에 대한 편견이 지금 중국 노동자에게 향하고 있다며, 현지에서 이들의 이민을 제한하는 법안이 통과됐다는 소식을 전했다. 그러나 그는 동서횡단 태평양 철도 공사를 시작하면 중국 노동자는 서쪽에서 동쪽으로, 아일랜드·독일 노동자는 동쪽에서 서쪽으로 향하다 산맥을 넘어 서로 만날 것이라며 "미국이 가장 필요한 것은 노동력이고 중국이 가장 필요한 것은 이를 받아줄 노동 시장이니 서로에게 이득"이라고 했다.

1868년 7월 벌링게임이 중국 정부를 대표하여 톈진 조약 부속 조약에 서명했다. 조약 5조에서 양국의 자유로운 이민을 격려함으로써 미국은 중국 이민자들을 향해 활짝 문을 열었다. 그러나 피에르폰트 의원의 바람은 아름다운 이상이었을 뿐, 중국 노동자는 아일랜드나 다른 유럽 노동자보다 훨씬 고통스럽고 비참한 운명에 부닥쳤다. 1869년 5월 피에르폰트가 언급한 동부와 서부를 잇는 횡단 철도가 완성됐다. 이로써 동·서부 간 이동 시간이 6개월에서 단 6일로 대폭 단축됐지만 중국 노동자들은 별다른 이익을 얻지 못했다. 심지어 공사 중 불의의 사고로 죽은 사람들은 유골이 되어 고향으로 돌아가야 했다.

1861~65년에 걸쳐 벌어졌던 남북 전쟁이 끝나자 많은 백인이 전쟁터였던 동부를 떠났다. 그들은 새로 놓인 철도로 일주일 만에 서부에 도착하여 새로운 백인 이민자 그룹을 형성했다. 그러나 캘리포니아에 와서도 일자리를 얻지 못한 그들은 경제적 어려움에 부닥치자 그 책임을 중국 이민자에게 전가했다.

1870년 6월 30일 〈뉴욕 트리뷴New-York Tribune〉은 신문 사설에서 중국인은 흑인처럼 우매하여 미국 같은 민주 사회에서 생활하기에 부적절하다며 "지금은 토론이나 결정이 아니라 행동을 할 때"라고 주장하며 논쟁을 유도했다. 적나라하게 폭력을 부추기는 논조와 적대감이 미국 서부 전역으로 확산되자 중국인을 상대로 한 폭력 사건이 발생했다. 전체적으로 배화排華 분위기가 팽배해지면서 참극이 끊이지 않았다.

1871년 10월 24일, 500여 명의 백인 남성이 로스앤젤레스 차이나타운에 침입했다. 이들은 중국인 거주자들에게 무자비한 약탈과 살상을 저질러 18명이 피해를 입었다. 1872년 마크 트웨인은《서부 유랑기Roughing It》54장에서 캘리포니아 부근 중국 이민자들의 생활과 이들이 마주한 사회적 적대감, 불평등을 묘사했다. 그는 "이 글을 쓰면서, 대낮에 캘리포니아 큰 도로에서 남자아이들이 돌로 무고한 중국인을 때려죽였다는 뉴스를 보았다. 많은 사람이 이런 수치스러운 행동을 보고도 그냥 지나쳤다"고 했다. 중국인 이민자에 대한 폭력은 배화법이 나오기 10여 년 전부터 이미 캘리포니아에서 퍼지고 있었다.

당시 주민들은 중국인을 '쿨리'라는 호칭 외에 멸시의 뜻을 담아 '차이나맨Chinaman'으로 불렀다. 이 시기 미국 신문이나 그림책을 보면 긴 변발에 쿨리 모자를 쓴 '중국인 존John Chinaman'으로 묘사되다가 나중에는 중국 관리 모습을 한 '공자 존John Confucius'으로 변한다. 그러다가 '푸만저우 박사Dr. Fu Manchu, 傅滿洲博士'라는 음험하고, 사악하며, 교활한 중국·동양인까지 등장한다. 이 캐릭터는 20세기 전반까지 유럽의 소설, 영화에서 자주 볼 수 있었다. 지금까지도 유럽에서는 당시 영상 작품 속의 중국인, 동양인 이미지가 남아 있다. 여전히 19세기 이래 중국 이민자를 경시하는 역사적 그늘에서 벗어나지 못하고 있는 것이다.


## 중국 여성의 미국 이민을 저지하다: 1875년 '페이지 법안'


오늘날 유럽의 미디어나 광고에서 등장하는 중국 혹은 동양 여성의 의상, 행동거지, 언어 등은 예전의 기생青樓을 떠올리게 한다. 이런 문화적 장벽은 19세기 중반 중국인을 경시하던 때부터 일관되게 존재해 왔다. 이는 당사자들조차 의식하지 못하는 역사 기억 속의 배타주의, 인종주의를 드러낸 것이다. 미국은 중국 이민자들이 캘리포니아로 몰려들 때, 아일랜드 노동자에게 그랬던 것처럼 자기들 밥그릇을 빼앗았다고 비난하면서 이민 반대안을 밀어붙였다. 그 피해는 중국 여성이 가장 먼저 입었다.

1875년 캘리포니아 하원은 호러스 페이지가 제안한 '페이지법Page Act'을 통과시켰다. 이는 건국 이래 최초로 이민을 제한하는 연방 이민법으로 주요 대상은 중국 여성이었다. 호러스 페이지 등은 미국에 온 많은 중국 여성이 매춘업에 종사하여 도덕과 사회를 위협하니 이민을 금지해야 한다고 주장했다. 당시 미국 의학 협회는 중국인이 병균을 옮기는데 중국 매춘부들이 그 매개체라고 믿었다. 이 균은 중국인은 면역이 있지만 백인에겐 치명적이어서 감염되면 사망에 이른다고도 했다. 중국의 일부다처제는 이러한 공포 심리를 부채질했다. '페이지법'은 중국인 이민에 직접적인 타격을 주었는데 그 영향으로 캘리포니아 일대 중국인 중 여성이 차지하는 비율은 1870년 6.4%에서 1880년 4.65%로 떨어졌다.

신개발 지역은 노동력을 중시하니 남성이 먼저 이민을 오는데 곧 성비 불균형으로 인해 다양한 사회·정치 문제가 발생했다. 이민 초기 중국 여성은 남성의 10%에 불과했다. 그중 많은 여성이 미국 동부에서 서부로 이주해온 백인 여성처럼 매춘부로 생활했다. 배우자를 구하지 못한 중국 남성은 미국 사회 하층의 아일랜드 이민 여성과 결혼했다. 그래서 미국의 1대 중국계 중에 아시아-유럽 혼혈이 많았다. 오늘날 중국인 혈통 미국인에게서 외모적으로 명확한 아시아인의 특징을 찾아볼 수 없는 이유가 여기에 있다.

1875년 '페이지법' 통과 이후 중국인 노동자가 중국인 여자와 결혼하여 가정을 이루는 것은 더욱 어려워졌다. '페이지법'의 정식 명칭은 '이민에 관한 보완법An Act supplementary to the acts in relation to immigration'이지만, 실제로는 특정 지역을 제한하는 '동양인 이민 금지법Oriental Exclusion Act'으로 중국 여성 이민을 직접적으로 막았다. 이 법으로 자유롭게 이민하던 소위 '열린 국경open borders' 시대가 막을 내렸고, 이어서 중국 남성 노동자도 배척하는 '배화법排華法' 시대로 진입하게 됐다.

1876년 2월 18일 미국 〈하퍼스 위클리〉에 실린 시사만화. 컬럼비아 여신이 변발한 중국인을 구하며 권총과 비수를 든 폭도를 향해 "그만하라!"고 외치고 있다. 뒷벽에 중국인을 '쿨리', '노예', '야만인', '사악한 인간'이라고 욕하는 글들이 보인다. 폭도 뒤로 인종 차별 폐지에 반대하는 장면이 보인다. 오른쪽이 파괴된 유색 인종 고아원이고 왼쪽 나무에는 교수형 밧줄이 걸려 있는데 이는 백인 우월주의자들이 흑인을 처형하는 행위를 암시한다.

## 중국인을 배척하다: 1882년 배화법

미국에서 중국 배척 분위기는 긴박하게 진행됐다. 1876년 '페이지법' 통과 후, 프레더릭 알론조 비중국명 傅列秘 같은 지성인들이 중국인 입장에서 이러한 적대와 배척을 적극 반대했음에도, 공화당은 중국 이민자들이 미국 사회에 끼친 도덕·물질적 악영향을 이유로 이민에 불리한 결론을 이끌어냈다.

1877년에는 캘리포니아에서 반중 기치를 내건 노동당Workingmen's Party이 창설됐다. 당수는 큰소리로 "중국인은 나가라The Chinese must go!"고 외쳤다. 1879년 이 당은 캘리포니아주 헌법에 두 가지 반중 수정안을 제출했다. 미국 회사가 중국인을 고용하는 것을 제한하고 중국인의 선거권을 박탈하는 내용이었다.

1880년이 되자 미국은 미시간 대학 총장 제임스 버릴 에인절을 중국에 특사로 파견하여 1868년 체결한 벌링게임 조약 중 중국 이민자 관련 조항의 수정을 요구했다. 이 조약 5조는 양국 시민이 자유롭게 오가며 여행·무역·거주를 할 수 있다고 했지만 '중국인 노동자'에 관한 언급이 없었다. 그는 총리아문에 중국인 노동자가 싼 임금으로 취업하여 미국 노동자의 일자리를 뺏는다며 1868년 맺은 조약을 수정하여 무역, 여행, 취학 이외의 입국을 미국 정부가 제한할 수 있게 해달라고 요구했다.

총리아문은 동의하지 않았다. 중국인 노동자들이 값싼 임금을 받으며 일하는 것은 중미 양측에 모두 좋다며 반박했다. 그러나 몇 차례 회담 후 총리아문은 입장을 바꾸었다. 캘리포니아에 거주하는 중국인이 이미 수만 명에 달하는데, 조약을 고치지 않아 문제가 발생하면 무역 등 다른 방면에 악영향을 끼칠 수 있다며 수정에 동의했다. 이렇게 하여 중미는 1880년 11월 17일 중미속주조약中美續修條約 혹은 에인절 조약 4조를 체결했다.

이 조약은 중미 역사상 최초로 '중국인 노동자' 개념을 명확하게 규정하여 무역, 여행, 학업 이외 목적으로 입국한 중국인은 모두 노동자 범위에 포함시켰다. 이 조약은 일거에 중국인의 자유로운 미국행을 막았다. 또한 입국하는 중국인 수를 제한하는 법률을 미국이 일방적으로 공포할 수 있는 권한을 강조함으로써 궁극적으로 배화법으로 가는 발판을 만들었다. 불과 3명의 에인절 사절단이 일시에 거대한 청나라 제국을 무너트리고 말았다.

1880년 캘리포니아주가 '몽골인(중국인을 지칭)'과 백인 사이의 결혼을 금지하는 법을 통과시키자 다른 서부 6개 주도 그 뒤를 따랐다. 1882년 5월 6일, 21대 대통령 체스터 아서는 정식으로 '중국 관련 조약 규정의 집행법An act to execute certain treaty stipulations relating to Chinese'에 서명했는데, 이것이 바로 속칭 '배화법Chinese Exclusion Act'이었다. 법으로 중국인이 미국에 이민 오는 것을 금지했으며 미국 연방, 주 지방 법원은 중국인 귀화를 금지했다. 교사, 학생, 여행자, 합법적 서류를 발급받아 중국에 갔다가 돌아오는 중국인, 상인과 그 가족, 외교관과 그 가족 등 여섯 부류의 중국인만 입국을 허가했다.

배화법은 미국 역사상 특정 인종·민족과 관련해 제정된 최초의 연방 반이민법으로 그 적용 범위는 앞서 제정된 '페이지법'을 뛰어넘었다. 그러나 이것이 중국인 이민을 배척하는 유일한 법이 아니었다. 시작이나 끝이 아닌, 미국의 오랜 중국인 배척 역사에서 하나의 정거장이자, 한 번의 클라이맥스일 뿐이었다.

법이 통과되자 중국인에 대한 노골적인 범죄 행위가 도처에서 벌어졌다. 특히 1885년 9월 2일 와이오밍 준주territory 의 록 스프링스에서 벌어진 학살 사건은 매우 끔찍했다. 이날 150명 백인 광부가 중국인 노동자들에게 총을 쏘아댔으며 약탈과 방화를 저질렀다. 28명이 죽고 15명이 다친 이 사건으

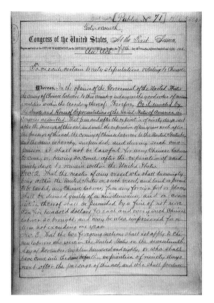

배화법안의 첫 장. 오늘날 미국은 모든 중학생이 이 역사적 사건을 배우도록 요구하지만, 많은 이가 구체적인 내용을 잘 알지 못한다.

로 미 전역이 큰 충격에 빠졌다. (다음 장 참조) 1887년에는 헬스 협곡에 있는 스네이크강 오리건주 부근에서 6명의 백인이 금을 캐던 중국인 노동자 34명을 총으로 쏘아 죽인 참극도 발생했다.

통계에 의하면 1870년대에서 1890년대 말까지 약 30년간 미국 서부에서 153건의 반중 폭력 사건이 발생했지만, 비교적 분위기가 자유로웠던 동부 뉴잉글랜드 지역에서는 한 건도 없었다.

이러한 반이민자 폭력은 피부색이나 인종을 가리지 않았다. 네바다주, 유타주, 네브래스카주에서는 그리스 이민자들이 폭행당하고 집이 불탔다. 특히 1909년 네브래스카주 오마하에서는 3,000여 명의 백

인 남자들이 그리스인 정착촌에 불을 질러 어린아이들이 죽었고, 마을 사람들은 강제로 쫓겨났다. 이뿐만이 아니었다. 1891년 뉴올리언스에서는 11명의 이탈리아 이민자들이 백인들에게 무참히 살해당했으며 1897년 펜실베이니아주에서는 수십 명의 폴란드 광부들이 백인 민병대의 습격으로 죽거나 다쳤다.

19세기 말에서 20세기 초까지 산업 혁명으로 인해 미국은 많은 외부 노동력이 필요한 상황이었다. 그러나 정작 이민 온 노동자들은 보수당을 비롯한 보수 단체의 끊임없는 압박을 받았다. 그들이 빚어낸 반이민의 물결 속에서 미국 내 인종주의자, 백인 우월주의자들은 연방법을 무기 삼아 무자비한 폭력을 행사했다. 이민자들은 어디에서 왔든 어떤 인종이든 상관없이 거리에서 혹은 집안에서 예측할 수 없는 충격과 불행에 맞닥뜨려야 했다.


## 악몽의 연속: 1882년 배화법 통과 이후

1888년 미국 정부는 배화법에 이어 '스코트법Scott Act'을 통과시켰다. 미국을 떠난 중국인 노동자가 다시 돌아오는 것을 막고자 배화법이 허용한 '합법적 서류를 발급받아 미국으로 돌아오는 중국인' 조항마저 지워버렸다. 여기에 더해 원래 한시적이던 배화법의 효력을 1892년에 다시 10년간 연장했다.

1892년 같은 해 제안된 보충법인 '기어리법Geary Act'은 더욱 엄격했다. 중국 이민자는 항상 '거류증'을 휴대해야 하며 이를 어기면 노역에 처하거나 중국으로 추방할 수 있도록 했다. 1902년 초, 주미 공사 오정방伍廷芳은 미국 정부에 배화법의 부당함을 주장하며 강하게 항의했지만 어떤 변화도 이끌어내지 못했다. 1904년에 이 법이 무기한 연장되자 이를 계기로 중국 상하이 등지에서 대규모 미국 제품 불매 운동이 일어났다.

미국 이민법에 '본토주의nativism, 토착주의'가 개입되던 시기인 1917년, 1921년, 1924년에 3개의 이민법이 연속적으로 통과되면서 외국이민 배척은 더 큰 효과를 발휘했다.

1917년 미국 의회는 교육 정도에 따라 이민을 결정하는 '문해 능력법Literacy Act'를 제출했다. 이 법안은 열여섯 살 이상 문맹자의 미국이민을 금지하고 본국 언어로 된 보통 문서의 30~40 글자를 읽을 수있는 능력을 갖출 것을 요구했다. 우드로 윌슨 대통령은 거부했으나 상하 양원이 모두 통과시켜 결국 법으로 제정됐다. 이 법은 유럽 이민자에도 적용됐지만, 실제로는 아시아 노동자의 문맹률이 높았기 때문에 '아시아 이민 제한법Asiatic Barred Zone Act'으로 불렸다.

1921년 5월 19일 워런 하딩 대통령은 '할당 이민법Emergency Quota Act'에 서명하고 1910년 인구 조사를 기준으로 미국으로 오는 이민자가 출생 국적별 인구의 3%를 초과하지 못하도록 했다. 1924년 5월 26일, 의회는 다시 아시아 이민자를 주요 대상으로 하는 '이민법 Immigration Act of 1924'을 통과시켰다. 이 법은 앞서 할당 이민법을 강화한 것으로 인구 기준을 1910년에서 1890년으로 바꾸고 이민자 수도 줄였다. 즉, 매년 미국에 오는 이민자 수는 출생 국적별로 인구의 2%를 초과할 수 없었다. 미국은 이러한 조치를 통해 백인의 지배력을 유지하고자 했다.

미국 내 중국 인구수는 1880년대 10만 명 정도로 절정을 이루다가 1910년에는 약 7만 명, 1920년에는 약 6만 명으로 줄었다. 1924년 이후로 중국인의 미국 이민은 중단됐다. 1880년부터 시작된 배화 정책으로 1924년 미국 서부에 일본 이민자가 대량으로 들어와 그 수가 약 20만 명에 달했지만 이 역시 1924년부터 중단됐다.

이러한 제한이 완화되기까지 20년이 걸렸다. 1943년에 배화법이 영구 폐지되면서 매년 105명의 이민이 다시 가능해졌다. 1965년 10월 3일 미국 의회가 '이민 개혁 법안Immigration and Nationality Act'을 통과시키자 중국인 이민자들이 대거 미국으로 들어갔다. 1979년 1월 1일 중미 양국이 외교 관계를 수립한 이후에는 이민 열기가 다시 고조됐고, 현재는 미국 각지에 차이나타운이 들어설 정도가 됐다.

2008년 금융 위기 이후 많은 중국 학생이 미국 대학에 진학하여 중국인 사회 구조에 새로운 변화를 일으키고 있다. 2009년 6월, 2012년 6월, 캘리포니아 하원과 미국 의회는 각각 과거 배화법 제정에 대해 중국인에게 사과했다. 이와는 별개로, 미국 내 중국인 단체들은 단 한 번도 이 고통스러운 역사를 잊은 적이 없었으며, 이는 미국 내 화교들이 자신의 정체성과 미국 사회를 이해하는 데 중요한 역사적 자원이 됐다.

## 내부의 역사: 노예 해방, 인종 분리 정책, 백인 지상주의

미국 역사에서 1882년 배화법 탄생은 경제적 요인 외에도, 1861~65년 남북 전쟁 이후의 인종 분리 정책과 백인 우월주의가 빚어낸 결과였다.

1863년 1월 1일 링컨 대통령은 '노예 해방'을 선언하고 노예 제도 폐지를 향한 첫걸음을 내디뎠다. 여정은 1865년 남북 전쟁이 끝나고 '재건 시대'를 거쳐 1877년 마무리됐다. 그 사이 미국은 1865~70년에 헌법 13·14·15조 수정안을 통과시켰다. 그 내용을 간략히 소개하면 다음과 같다.

13조 수정안은 노예 제도와 강제 노역 제도를 전면 폐지하고, 14조 수정안은 미국에서 출생한 모든 사람에게 동등한 시민권과 법적 권리를 부여하며, 15조 수정안은 다른 피부색의 인종에게도 미국 시민으로서 선거권을 부여했다. 이 3개의 헌법 수정안은 해방된 흑인 노예들, 특히 남부에서 석방된 400만 흑인들에게 동등한 시민권, 법적 권리 및 선거권을 부여하는 것이었다.

사람들은 이로써 수백만 흑인 노예들이 자유를 얻었다고 오해할 수도 있다. 그러나 현실은 그렇지 않았다. 남북 전쟁과 재건 시대 이후로도 인종 분리 정책은 그대로였다. 자유 흑인의 시민권, 정치적 권리는 여러 주에서 여전히 다양한 방식으로 억압받았다. 1865~66년 사이, 남부 각주에서는 '노예 해방'과 헌법 13조 수정안의 영향을 최소화하기 위해 흑인의 자유를 제한하는 '흑인 단속법Black Codes'을 신속하게 통과시켰다.

1896년 미국 연방 대법원은 '플레시 대 퍼거슨Plessy v. Ferguson 사건'[1]에서 "분리하되 평등하다separate but equal"는 원칙을 천명한다. 자유 흑인과 비백인 유색 인종의 권리 제한을 합법화한 것이다. 남부 각 주는 민주당 주도로 인종 간 격리와 차별을 강화하는 '짐 크로법Jim Crow laws'을 통과시켰다.

이런 상황에서 백인 우월주의가 확산되어 1865년 남북 전쟁 동안 남부 퇴역 군인들이 조직한 'KKK단Ku Klux Klan'이 왕성하게 활동했다. KKK단은 백인 우월주의와 기독교 근본주의를 숭배하는 민간 조직으로 남부에서 성장했다. 특히 아프리카인들에게 교수형을 행하는 등 사형私刑을 남용하여 공포심을 조성했다. 1871년 공화당 출신 그랜트 대통령은 이 조직을 강제 해산시켰지만 1915년에 부활하여 공개적으로 활동했다. 이들은 특히 반이민 풍조가 성행하던 1920년대에 극성을 부렸다. 지금도 KKK단은 건재하다. 이들은 몸이 잘려도 꿈틀대며 살아나는 지네처럼 미국의 보수적 이민 정책이 다시 머리를 드는 때를 기다리고 있다.

미국 민주당은 아프리카와 다른 유색 인종의 권리 보호에 적극적으로 보이지만 사실은 백인 우월주의를 옹호해왔다. 앨라배마주 민주당은 1966년 이전까지 '백인 우월주의' 구호를 외쳤다. KKK단은 민

---

**1**    1892년 6월 흑인 호머 플레시는 루이지애나주에서 열차 1등석을 이용한 혐의로 체포된다. 플레시는 이러한 조치가 부당하다며 소를 제기했고 법원 1심 판사 존 하워드 퍼거슨은 흑백 분리를 규정한 루이지애나주 열차법은 정당하다고 판결한다. 루이지애나 대법원 역시 같은 판단을 내리자 플레시와 변호인단은 인종 차별을 금지한 수정 헌법 13조·14조 위반이라며 연방 대법원에 상고한다. 그러나 연방 대법원 역시 1심 판사 퍼거슨의 판단이 정당하다며 이를 기각한다.

1915년 상영된 〈국가의 탄생〉 포스터. KKK 단원을 영웅화했다.

주당에 편승하여 백인 우월주의를 회복·확장하려 했다.

재건 시기 공화당 급진파들이 헌법 13·14·15조 수정 법안을 통과시켜 아프리카계와 기타 유색 인종 후예의 법적 권리를 보장하는 데 기초를 세웠다. 민주당이 변한 것은 양심이 깨어나서가 아니라, 50년 전 공화당 선거 전략에서 얻은 반사 이익 때문이었다. 1968년 공화당 후보 리처드 닉슨은 대통령 경선에서 '남부 전략Southern Strategy'을 펼쳤다. 이들은 유색 인종을 멸시하는 슬로건으로 남부 백인들의 지지를 얻었다. 닉슨이 당선되고 나서 공화당은 보수화됐고, 반대로 민주당은 우세를 점하는 유색 인종 표를 얻으며 이들의 권리를 지지하는 정당으로 변신했다.

20세기 전후에 KKK단은 여러 단체의 지지를 받았다. 1915년 2월 8일, KKK단을 미화하는 소설 〈클랜스맨The Clansman: A Historical Romance of the Ku Klux Klan〉을 바탕으로 한 데이비드 와크 그리피스 감독의 무성 영화 〈국가의 탄생The Birth of a Nation〉이 상영됐다. 인종주의, 백인 우월주의를 가감 없이 드러내며 전국 대도시에서 한바탕 소란을 일으킨

1929년 9월 13일 KKK단이 워싱턴에서 시위를 벌이고 있다. 당시는 백인 우월주의 전성기로 이 단체 회원이 300여만 명에 달했으며 의회도 그들의 시위를 허락했다. 미국 의회 도서관 소장.

이 영화는 지금도 여전히 논쟁 중이다.

북부에도 백인 우월주의자들이 있었다. 1916년 우생학자 겸 변호사 매디슨 그랜트는《위대한 인종의 소멸The Passing of the Great Race》을 출간했다. 그는 이 책에서 '북유럽인 우월론Nordic superiority'을 선전하며 미국을 "각종 피압박자의 피난소"로 만들려는 이상주의가 이 나라를 깊은 멸망의 늪으로 빠뜨릴 것이라고 주장했다. 미국이 위대한 것은 초기 백인 이민자들, 즉 북유럽의 우월한 유전자 덕분이라는 논리였다. 이에 따르면 각국에서 이민자가 계속 유입되어 "인종, 신앙, 피부색이 같아진다면" 백인 개척자의 혈통은 단절될 것이니, 미국은 우생학을 발전시켜야 했다.

1964년의 마틴 루서 킹. 의회 도서관 소장.

이 책은 널리 알려지지 않았지만 미국 정계의 엘리트층, 특히 의회에서 지지자를 찾아냈다. 워싱턴 공화당 하원 의원 앨버트 존슨은 책을 읽은 후 저자 그랜트와 의기투합했다. 존슨은 1924년 '이민법'을 통과시켜 중국과 많은 국가 국민의 미국 이민 길을 막은 대표적 인물이었다.

미국 사회에서 인종주의는 20세기 중후반 민권 운동이 거세지면서 점차 변화했다. 1963년 8월 28일 민권 운동가 마틴 루서 킹 목사가 워싱턴 링컨 기념관에서 "나는 꿈이 있다 Have A Dream"는 역사적인 연설을 했다. 이러한 민권 운동에 힘입어 미국은 1964년 '민권법 Civil Rights Act', 1965년 '투표법 Voting Rights Act'을 통과시켜 법적으로 인종 분리 정책과 투표권 차별을 철폐했다. 그러나 남부 미시시피주에서는 1995년에서야 1865년 노예제 폐지를 결정한 연방 헌법 13조 수정안을 정식으로 통과시키는 등 '백인 우월주의'와 다원주의 간 투쟁은 계속됐다.

1960년대 민권 운동은 세계가 주목할 만한 성과를 거두며 미국 사회에 근본적인 변혁을 가져왔다. 그 덕분에 인종 분리 정책은 영원히 역사의 뒤안길로 사라졌다. 그러나 50년이 지난 지금도 미국의 많은 지역에서는 인종 분리 정책의 암울한 기억이 사라지지 않고 남아 있다. 노예 제도가 성행한 사우스캐롤라이나주의 중학교 역사 교과서는 아프리카에서 팔려 온 노예를 '노동자workers' 혹은 '이민 노동자migrant workers/laborers'로 칭하고 남북 전쟁 이후 노예 제도 폐지와 재건 시대의 역사를 소홀히 기록한다. 이는 보수파인 텍사스 교육 위원회가 맥그로힐 등 교재 출판사에 압력을 행사한 결과이다.

텍사스는 노예 제도를 추종했는데 미국에서 면적이 가장 넓고 가장 많은 공립학교가 있어 출판사로서는 매우 중요한 고객이었다. 이 지역 교육 위원회의 교재 편찬 방향은 해당 주에 사는 학생들의 역사 의식뿐만 아니라 미국 전역의 역사 교재 선택에 큰 영향을 미쳤다. 이런 상황은 현재 진행형이다. 미국은 중국과 달리 전국에 통일된 역사 교과서가 없다. 각 주의 공사립학교가 자유롭게 교재를 선택할 수 있어 상황은 더욱 복잡하다. 미국 사회 내부의 이런 복잡한 구조가 지금의 상처를 남긴 배경이라는 점을 부인할 수 없을 것이다.

일상생활에서 적지 않은 사람들이 오랜 역사를 가진 인종주의 문제를 접한다. 정객들은 단견이나 때로 부주의한 언행으로 비판받곤 한다.

2019년 초 버지니아 주지사 부인은 역사적 유물인 주지사 관저를 방문한 학생들을 맞았다. 부인은 두 명의 아프리카계 미국인 아이들 손에 솜뭉치를 건네며 "여러분은 자신이 온종일 면화를 따던 노예였다고 상상할 수 있나요?"라고 물었다. 현장 교육의 하나로 생각했는지 모르지만 이러한 표현에는 자신도 의식하지 못한 채 타인에게 상처를 주는 역사적, 사회적 인종주의가 깔려 있다. 전국적으로 비판이 일자 부인은 성명을 통해 변명했지만 반성의 기미는 보이지 않았다.

이민과 관련한 정치적 문제를 포함해 현재 미국 사회에 존재하는 다양한 문제의 기원은 남북 전쟁과 이후의 재건 시대로 거슬러 올라 간다. 오늘날 중국인 이민자가 부닥치는 문제 역시 아프리카계 미국인 등 소수 민족이 미국 내에서 겪은 일과 긴밀히 연결되어 있다. 1882년 배화법 이후에도 상황은 여전한 것이다.

# 15장. 록 스프링스 참사의 배상 기록

1882년 미국의 배화법 통과 전후로 미국 서부에서 중국인 폭행 사건이 여러 번 계속해서 발생했다. 중미 양국은 몇 개의 조약에 서명했지만 폭력 사건 대부분은 정부 간 교섭으로 연결되지 못한 채 흐지부지됐다. 그러나 1885년 9월 2일 와이오밍 지역 록 스프링스에서 벌어진 중국 노동자 대량 학살 사건만큼은 예외였다. 중국 측 베이징 총리아문은 물론 주미 공사 정조여鄭藻如, 량광 총독 장지동張之洞 등이 깊은 관심을 보이면서 미국 정부의 배상을 이끌어내는 데 성공했다. 아편 전쟁 이래 중국 정부가 외국으로부터 거액의 배상금을 받은 첫 번째 사례였다.

중국인 이민자들이 반중의 격랑 속에서 살해당한 것이 록 스프링스가 처음은 아니었지만 피해자에 대한 신속한 배상은 중국이 대미·

대서방 외교에서 거둔 매우 드문 성공 사례였다. 따라서 이 배상 과정을 살펴보는 것은 의미가 있다. 이를 통해 다음 질문에 대한 답을 찾아보자. 중국 노동자들은 왜 습격을 당했는가? 반중이라는 파도에 휩쓸린 미국 기층 사회의 일상은 어떠했는가? 왜 사람들이 반중의 소요 속에서 이성을 잃고 극도로 흥분했는가? 참극 발생 후 미국 지방 정부와 연방 정부는 어떻게 대응했는가?

과거를 거울삼아, 어떤 이민 사회나 인종에게도 다시금 이런 일이 일어나서는 안 된다는 점을 마음 깊이 새겨야 한다.

## 록 스프링스의 총성: 대낮의 대학살

록 스프링스는 와이오밍 서남부 스위트 워터 카운티의 작은 마을로 로키산맥에 위치하여 석탄 자원이 풍부하다. 유니언 퍼시픽 철도 회사는 자신들이 놓은 철로가 통과하는 이곳에 대규모 탄광을 개발했다. 1875년 11월 중국 노동자들이 처음 투입된 이후 그 수가 1885년에는 500여 명으로 늘어났으며, 이들과 같이 거주하는 친인척을 합하면 700여 명에 달했다. 회사가 세운 30여 곳 천막 외에 노동자들은 산비탈에 80여 곳의 간이 숙소를 지어 작은 차이나타운을 형성했다.

훗날 철도 회사는 1885년 8월 30일 당시 광부 842명 중 중국인이 552명으로 65.5%, 백인 광부는 290명으로 34.5%이며 이들은 매일 1,450톤의 석탄을 채굴했다고 보고했다. 광부들은 톤당 3달러를 받기로 임금 협정을 맺었고 중국인과 백인 모두 같은 대우를 받아 외형적

332

1885년 9월 26일 〈하퍼스 위클리〉에 실린 록 스프링스 참극에 관한 삽화. 도망치는 중국인 노동자와 이를 뒤쫓는 폭도들이 보인다.

으로는 매우 평온했다.

1885년 9월 2일 오전, 약 10명의 백인 광부가 6호 광구에서 중국 광부들과 충돌하여 중국 광부 3명이 부상을 입은 사건이 발생했다. 잠시 소강상태가 있은 뒤 오후 2시 전후, 100여 명의 무장·비무장 백인 광부가 숙소를 포위한 채 약탈하고 불을 지르기 시작했다. 무방비 상태였던 중국인 수백 명이 흩어져 부근 산으로 도망쳤고 폭도들은 뒤에서 총격을 가했다. 습격에 참여하지 않은 백인들은 주변에서 박수 치고 환성을 지르며 약탈에 동참했다. 중국인들은 총에 맞아 죽거나 산 채로 불태워졌다. 이 사건으로 28명이 죽었으며 중상 15명에 재산 손실은 14만 달러에 달했다.

대낮에 벌어진 대학살이 언론에 연이어 보도되자 정부의 조사가 시작됐다.

## 긴급 대응: 와이오밍 주지사부터 국무장관, 대통령까지

폭동이 발생한 9월 2일 오후, 철도 회사 석탄부 부책임자인 티스데일은 회사를 대표하여 와이오밍 준주 정부가 있는 샤이엔의 주지사 프랜시스 워런에게 중국 광부들이 습격을 받았으며 회사도 재산상 큰 손실을 입었다는 사실을 긴급 타전했다.

록 스프링스 경찰서장도 진압에 필요한 2개 연대 파견을 요청했다. 와이오밍 준주는 민병대가 없었기에 워런 주지사는 인근 네브래스카주 오마하 플래트 군사 기지Department of the Platte의 육군 서부 작전 부대 올리버 하워드 소장에게 록 스프링스 주민들의 생명과 재산 보호를 위해 파병해줄 것을 요청했다. 동시에 경찰 서장에게는 경찰력을 총동원하여 소요 사태를 진압하고, 5킬로미터 떨어진 러셀 기지Fort Russell의 메이슨 대위에게 하워드 소장의 명령에 따라 즉시 출동할 것을 요청했다. 철도 회사 사장은 워런 주지사에게 만약 진압이 불가능하면 국무장관에게 연락을 취해달라고 요청했고, 주지사는 바로 구조 요청 전보를 보냈다.

그날 밤 워런 주지사는 철도 회사가 마련한 열차를 타고 록 스프링스로 향했다. 도중에 '사태의 엄중성'을 알리는 전보가 계속 도착했다. 9월 3일 새벽 워런 주지사는 스티븐 클리블랜드 대통령에게 폭도들이 500여 명의 중국인들을 압박하고 있으며 이미 3명이 사망했다고 보고하고 도움을 요청했다. 3일 오전 현지에 도착한 워런은 보고받은 것보다 큰 피해와 길가에 흩어진 중국 광부들의 시체를 목격했다.

"마을에 중국인이 700~900명 정도 있었으나 모두 도망갔고 그들

1875년 와이오밍 그린 리버 전경. 의회 도서관 소장.

이 거주하던 집이나 천막 등은 불타서 남은 것이 없었다.""시체 타는 냄새를 1킬로미터 떨어진 기차역에서도 맡을 수 있었다.""광부 대부분 탄광에서 일을 마치고 평소대로 반나체 상태로 있다가 습격을 당했다. 주변 산으로 도망했지만 총에 맞아 죽거나 부상당했다"는 보고가 이어졌다. 워런 주지사가 현장을 살펴보는 동안 회사는 살아남은 광부들을 열차에 수용하고 식수와 음식을 제공한 뒤 2킬로미터 떨어진 그린 리버Green River로 옮겨 더 이상의 피해를 막았다.

경찰서장은 주지사에게 병력 부족으로 사태 악화를 막기 어렵다고 보고했다. 주지사는 습격에 참여한 자들을 폭도로 여기지 않는 현장 분위기를 감지했다. 마을에 "중국인이 이곳에 계속 있어서는 안 된다"는 적대감이 만연했고 중국 광부를 반대했다고 체포해서는 안 된다는 분위기도 있었다. 마을은 공포 분위기에 휩싸였지만 소요 사태를 질책하는 사람은 없었다. 백인 남성 150~350명이 습격에 참여했지만 마을 사람들은 침묵하거나 오히려 이들을 동정했다. 백인 광부들은 모두 외국 출생 이민자들로 아직 귀화하지 않은 상태였다.

하루 뒤인 3일 밤, 그린 리버에서 대책을 논의하던 주지사는 인근 지역 유인타 카운티 경찰서장의 전보를 받았다. 일리노이주 에번스턴의 알미Almy 광산에서도 중국인 광부 500~600명 정도가 살고 있는데, 지금 그곳으로 약 700명 정도의 록 스프링스 중국인들이 도망 왔다는 것이었다. 서장은 20명의 경찰력으로는 치안 유지가 어려우니 신속히 군대를 파견해줄 것과 직접 방문을 요청했다. 1885년 9월 4일 새벽, 주지사가 에번스턴에 가보니 "상황은 매우 심각하여 일촉즉발 상태"였다. 주지사는 육군 서부 작전 부대 하워드 소장에게 지원을 요청했으나 그는 아직도 워싱턴과 시카고 사령부로부터 아무런 답변을 받지 못한 상태였다.

주지사는 '반란 진압법Insurrection Act' 적용을 고려하고 대통령에게 지원을 요청했다. 미국 반란 진압법은 1807년 통과한 연방법으로 육군 통수권자인 대통령이 미국 영토 내에서 군대를 동원하여 불법 행위, 폭동, 반란 등을 진압할 수 있었다. 그러나 이 법의 취지는 즉각적인 소요 진압에 있지 않았다. 주 정부의 지원 요청 없이는 대통령이 군대를 동원할 수 없는, 일종의 대통령 권력 제한 조치였다. 1878년 미국 의회는 또 '병력 동원법Posse Comitatus Act'을 통과시켰는데, 이로써 연방 정부가 국내 치안과 집행에 군대를 동원하는 것을 엄격히 제한하여 각 주의 독립적 권리를 보장했다.

이 두 법은 훗날 수정과 보완을 거쳤지만 지금도 여전히 유효하며, 대통령의 권력 행사와 관련해 논쟁을 일으키고 있다. 1957년 9월 아칸소주 리틀록에서 인종 분리주의자들이 9명의 아프리카계 학생의 센트럴 고등학교 등교를 막는 사건이 발생했다. 이들은 또 다른 인종 분리 정책 지지자인 오발 포버스 주지사에게 지원을 요청했으며 그는 주 방위군을 동원해 학생들의 등교를 막았다.

사태가 심각해지자 리틀록 시장 우드로 만은 아이젠하워 대통령에게 정부군의 개입을 요청했다. 9월 24일 대통령은 101 공수 부대를 투입, 주지사로부터 주 방위군을 접수하고 9명의 학생을 호위하여 등교시켰다. 학생들은 군인들의 보호를 받으며 교실로 들어갔으며 방과 후에도 역시 군인들이 집까지 바래다주었다. 이것이 유명한 '리틀록 9인 Little Rock Nine' 사건이다. 아이젠하워가 정부군을 동원하여 사태를 해결하자 이 행위가 '병력 동원법'상 적법한지를 두고 격렬한 비평이 이어졌지만 대통령은 '반란 진압법'을 들어 자신의 정당성을 변호했다.

록 스프링스 참극 발생 후 워런 주지사는 대통령에게 폭동을 진압해달라는 정식 요청을 하지 않았다. 당연히 정부군은 움직이지 않고 있었다. 여기에는 중요한 역사적 배경이 있다. 당시 와이오밍은 정식으로 미연방에 속해 있지 않았다. 1868년 7월 25일 의회법에 의해 '준주territory'로만 되어 있었을 뿐이다. 이 지역은 1890년 7월 10일에야 미국의 마흔네 번째 주로 편입됐다. 따라서 록 스프링스 참극이 발생한 1885년에는 연방 정부가 이 지역에 진입해서 법 집행을 할 수 없었다. 워런이 주지사가 된 것은 1885년 2월로, 체스터 아서 대통령이 임명했다.

1885년 9월 록 스프링스 거리의 연방 부대 군인들. 스위트 워터 카운티 역사 박물관 소장.

사태 발생 이틀 후인 9월 4일, 워런은 정식으로 대통령에게 연방 부대 개입을 전보로 요청했다. 당일 2개 연대가 록 스프링스에 도착하고, 에번스턴에도 2개 연대가 배치됐으며 알미 광산 주변 중국인들을 에번스턴 차이나타운으로 데려와 보호했다. 9월 5일 에번스턴 상황은 더욱 나빠졌다. 총기를 소지한 백인들과 알미 광산의 백인 광부들이 중국인들에게 떠나라고 위협하고 있었다. 워런 주지사는 9월 7일 대통령에게 "만약 연방 정부가 대처 방법을 찾지 못한다면 상황은 록 스프링스보다 나빠질 것"이라고 보고했다. 에번스턴에 모인 백인들은 정부군이 관여하지 않으리라 예상했지만 다행히 군대가 도착했고 대량 학살 사태를 막을 수 있었다.

9월 5일 하워드 소장의 명을 받은 플래트 군사 기지 부참모장 새뮤얼 브렉은 록 스프링스에서 가장 가까운 유타주 머레이 기지Camp

Murray의 제6 보병 사단 맥쿡 대위에게 6개 연대와 10일 치 급식과 탄약을 주며 록 스프링스에 파견, 폭동 진압과 중국 광부 보호를 명했다.

9월 8일 워싱턴에서는 국방부의 드럼 준장이 시카고 사령부 스코필드 소장에게 부대 배치와 질서 유지를 신중하게 행사하라는 대통령의 명령을 전달했다. 이는 1880년 중미속주조약 3조에 의거한 것으로 미국은 중국 노동자 권익을 보호해야 했다.

두 장군의 지시는 워런 주지사에게도 통보됐다. 같은 날, 맥쿡 대위는 6개 연대를 배치해서 "중국인들이 불법 폭력을 당하지 않도록 보호"하며 질서 회복과 범인 체포에 착수했다.

1880년 체결한 중미속주조약은 바로 에인절 조약으로 제3조에 "미국에 있는 중국인 노동자와 중국인이 타인의 모욕을 받으면 미국은 전력을 다해 보호하고 최혜국 대우로 그 이익을 보호한다"라고 규정했다. 따라서 록 스프링스 대학살 같은 사태가 일어났을 때 미국 정부가 취해야 할 행동은 명확했다.

9월 9일 에번스턴으로 몸을 피했던 650여 명 중국 광부들은 4개 연대 200여 군인들의 호위 속에 록 스프링스로 돌아왔다. 그들은 다시 집을 정리하고 전통 장례식을 치른 뒤 사망자들을 매장했다. 광부들은 하루아침에 삶과 죽음으로 나뉜 운명 속에서 친지의 이름을 외치며 밀려오는 슬픔을 금할 수가 없었다. 록 스프링스에 돌아올 때까지의 일주일은 이 지역 모든 중국인에게 지울 수 없는 상처를 주었다. 한편, 사건을 일으킨 폭도들에게 중국 광부의 귀환은 악몽이었다.

현지 신문 〈록 스프링스 인디펜던트Rock Springs Independent〉는 "중국인이 다시 돌아왔다. 차이나타운이 재건될 것이고 이는 록 스프링스가

9월 9일 기차로 록 스프링스에 돌아온 중국인 노동자들.

죽었음을 의미한다"라고 썼다. 현지인들이 소요 사태를 비호하고 반중 행위를 지지했다는 또 다른 증거이다.

군대가 들어오자 록 스프링스 경찰은 폭도 체포에 나서 16명을 구속하고 45명은 석방했다. 임시 법의학자 우드러프가 9월 3일에 15구의 사체를 검시한 결과 사인은 두부 총상 후 출혈 과다와 화재였고 9월 12일 검시한 시체 4구의 사망 원인 역시 화재였다.

다른 치안 판사이자 또 다른 임시 법의학자 존 루드빅센은 6명으로 구성된 배심원단의 감독하에 9월 2~3일 양일간 19구의 사체를 검시했다. 이 치안 판사는 임시 법의法醫 역할을 겸하면서 스스로 검사 보고를 완료한 뒤 배심원단을 해산하고 사체를 안장하도록 명령했으나, 그 외에 어떤 적극적인 행동도 하지 않았다. 다시 말하면, 록 스프링스의 임시 법의, 치안 판사는 살인범을 비호했다. 심지어 배심원 중에 폭도가 있을 가능성이 있었지만 안타깝게도 다른 방법이 없었다.

현지 상황이 불안하자 워런 주지사는 군부대가 계속 주둔해서 질서를 유지해달라고 요청했다. 이에 2개 연대가 차이나타운 남쪽 5.5에 이커의 땅에 파일럿 뷰트pilot butte 기지를 설치하고 나머지는 복귀했다. 이 기지는 1899년까지 14년 동안 유지되다가 해산했다.

## 중국 측의 현장 조사: 캘리포니아 영사와 뉴욕 영사의 도착

참극 발생 후, 중국 주미 공사 정조여는 신문에서 "미국 원주민土人이 중국인 다수를 불에 태워 죽였다"(여기서 원주민은 인디언이 아닌 백인을 말함)는 소식을 접했다며 미국 외교부에 "군대를 파견하여 살인범을 체포"해달라고 요구했다. 또한 샌프란시스코 총영사 구양명歐陽明에게 "사람을 파견하여 조사할 것"을 지시하고 미국 측에 이 조사단의 신변 보호를 요청했다.

9월 12일 미국 국방부 장관은 플래트 군사 기지에 중국 영사와 통역 등 현장 조사단의 신변을 보호하라고 지시했다. 그는 중국 측 인사들이 우호적이고 적절한 대우를 받아야 하며, 어떠한 어려움이 있더라도 이러한 임무를 소홀히 해서는 안 된다고 강조했다.

맥쿡 대위가 직접 이 임무를 맡았다. 캘리포니아에서 온 외교관은 주 샌프란시스코 영사 프레더릭 비, 주 뉴욕 영사 황석전黃錫銓, 통역 증해曾海, Tsang Hoy 등 3인이었다. 이들은 9월 13일 정조여의 훈령을 받고 14일 출발, 18일 록 스프링스에 도착하여 맥쿡 대위의 보호하에 조사를 시작했다.

9월 18일 록 스프링스에 조사 나온 중국 외교관들과 이를 보호하는 장교들. 왼쪽부터 그로스벡 중위, 통역 증해, 프레더릭 비, 황석전, 불명(아마도 통역), 맥쿡 대위이다.

프레더릭 비는 뉴욕주에서 출생한 미국인으로 스무 살 무렵 캘리포니아 골드러시에 뛰어들어 1855년에는 작은 금광을 구입해서 20여 명의 중국 광부를 고용했다.[1] 그는 우편·전보 서비스로 사업을 확장하여 상당한 성공을 거두었다. 개방적 사고의 소유자로 중국인을 경시하는 자들을 지지하지 않았다.

1876년 캘리포니아에서 반중 분위기가 고조되자 공화당 전국 대표자 회의는 특별 연합 조사위원을 파견하기로 했으며 중국인의 이익을 대변할 적임자를 찾다가 프레더릭 비를 만났다. 1879년 중국 초대

---

**1**    최근 그에 관한 연구서가 출간됐다. 홍위루(洪玉儒),《19세기 미국의 배화 운동과 청미 외교에서의 백인 영사: 샌프란시스코 부영사 프레더릭 비(19世紀美國排華運動與淸美外交中的白人領事 : 淸駐舊金山副領事傳列秘)》, (타이완 稻香出版社, 2020)

주미 공사 진난빈은 베이징에 요청하여 이듬해 진수당陳樹棠, 훗날 조선에 파견됨과 프레더릭 비를 샌프란시스코 총영사와 영사로 각각 임명했다. 프레더릭 비는 미국 사회의 반중 풍조에 강하게 반발했으며, 1882년 미국 의회에서 배화법을 둘러싸고 논쟁이 벌어졌을 때 상원에 서신을 보내 항의한 바 있다. 참사의 실상을 밝히려는 이 조사에서도 그는 최선을 다했다.

그는 폭동에서 충격을 받은 5명의 중요한 진술을 받아냈다. 록 스프링스 우체국장 스미스는 9월 2일 오후 2시, 총소리를 듣고 나와 보니 폭도들이 6광구의 중국 광부들을 향해 돌진하고 있었으며 이들이 숙소, 세탁소에 쳐들어가 총을 쏘았고 40여 채의 집을 불태웠다고 증언했다.

스미스는 자신이 이 지역에 15년째 거주하고 있으며, 1875년 12월부터 우체국장으로 근무하면서 중국 광부들과 금융 거래를 해왔기에 누구보다도 그들을 잘 이해한다고 말했다. 그는 "중국인들은 조용하고 친절하여", "어떤 집의 누구에게 해를 끼쳤다는 소리를 들어보지 못했으며", "백인 광부들에 대해서도 상관하지 않고 조용하게 생활했다"고 했다. 또한 그는 다음과 같이 말했다. "중국인들이 이곳에 온 6~7년 동안 백인 광부들의 불평이 많았다. 백인들도 여기서 일하는 것을 좋아하지만 중국 광부들이 있으면 노동조합을 만들 수가 없었다. 백인 광부들은 파업을 경험하여 노조의 필요성을 잘 알고 있었다."

스미스는 2년 전부터 백인 광부들이 노조를 결성하면서 중국 광부에 대한 불평이 시작됐다고 했다. "이 사건이 백인 광부 노조가 벌인 폭동이라는 것을 많은 사람이 알고 있다"며 9월 3일 마을에 모르몬교

신자들도 쫓겨 나간다는 소문이 돌았지만 결국은 아무 일도 없었다고
했다.

중국 광부들의 우두머리인 오도넬은 참극 발생 수개월 전, 백인 광
부들의 불평이 고용주의 심기를 불편하게 했다고 말했다. 그는 "중국
광부들은 파업에 동조하지 않기 때문에 이들이 있는 한 파업이 이루
어지지 않는다"고 했다. 또 참극이 벌어진 날 60명 정도가 산으로 도
망가는 중국인들에게 총을 쏘았으며 나머지도 동조했는데, 대낮이었
고 복면도 하지 않아 범인들을 모두 알아볼 수 있었다고 했다.

9월 2일 벡위드퀸Beckwith, Quinn&Co사의 6광구 지점에서 일하던 제
임스 디키는 "폭도들은 웨일스인, 코니시인(영국 지방민), 스웨덴인 등
외국인이었으며 미국인은 없었다"고 증언했다. 9월 2일 오전에 백인
광부와 중국 광부가 5광구 입구에서 충돌하여 사태가 커졌다며 "이번
학살은 중국 광부들이 파업에 참여하지 않아서 생겼다. 그들은 절대로
파업에 동참하지 않을 것이다"라고 말을 맺었다. 지난 6개월 동안 6광
구 백인 광부 평균 임금은 하루 3.55달러로, 중국 광부가 임금에 관해
백인 광부보다 적다고 불평한 일이 없다는 점이 디키의 증언을 뒷받
침했다.

광산 인력 회사인 벡위드퀸사는 중국 광부를 포함해 많은 외국인
노동자를 공급해왔다. 1875년 이전 록 스프링스에는 백인 광부만 있
었다. 그런데 매년 파업이 발생하자 회사는 정책을 바꾸어 400여 명의
중국 광부를 고용했다. 그러나 1884년 이후로는 빈자리를 메울 때 외
에는 중국인 광부를 더 이상 고용하지 않았다. 중국 광부들의 우두머
리인 오도넬은 이 회사가 고용한 사람이었다.

백인의 임금은 중국인보다 조금 높았지만 이는 흔한 일로 누구도 불만을 표하지 않았다고 이 회사 사장인 백워드는 말했다. 그는 "백인들이 중국인을 반대한 유일한 이유는 파업에 동참하지 않아서이며 백인들은 중국인들을 쫓아내지 않는 한 와이오밍에서 파업은 불가능하다고 생각했다"고 말했다. 그는 또 백인 광부들은 파업을 위해 네바다주 칼린에서 유타주의 오그던까지 철로 주변의 모든 광산과 연합한 지 오래됐다고 했다.

백워드의 증언은 간략했지만 중요한 정보를 포함하고 있었다. 1875년 유니언 퍼시픽 철도 회사가 중국 광부를 록 스프링스에 데려온 것은 백인 광부들의 파업을 저지하기 위한 정책이었다. 회사는 중국 노동자들이 노조와 파업의 전통이 없음을 알고 이를 이용했다. 회사는 광부들의 노조 설립을 저지하는 나쁜 선례를 만들었고 벡워드가 여기에 박자를 맞추었던 것이다.

벡워드퀸사 직원 랠프 츠비키는 한층 진일보한 증언을 했다. 그는 참극의 직접적인 요인은 당일 발생한 분쟁이지만, 거시적으로 보면 회사의 정책 때문이라고 말했다. 여름에 있을 백인 광부들의 파업에 대비해 더 많은 중국 광부를 모집할 계획이었다는 것이다.

9월 2일 무장한 백인 광부들이 마을에 있는 '노동 기사단Knights of Labor, 백인 광부 조합' 사무실에 모였다. 이들은 소리 높여 "백인들은 모두 가입하자!"는 구호를 외치며 "저녁 6시에 광부 대회를 열어 중국인 문제를 해결하자"고 했다. 그러다 오후 2시 무렵이 되자 150여 명의 백인 광부들이 중국인을 습격하고 총으로 "무고한 생명에 대해 비인간적 도살an inhuman butchery of innocent beings"을 벌였다는 것이다. 츠비키는

"중국인들은 쫓기는 양들처럼 저항도 못 하고 도망쳤으며, 뒤에서 총성이 이어졌다. 1~2분 동안 마을 동쪽 언덕은 사냥당하는 중국인들로 가득했다"며 "중국인 숙소는 밤중까지 타올랐으며 백인 남녀노소가 약탈에 가담했다"고 증언했다.

츠비키는 또 다음과 같이 회상했다. "다음 날 광경은 너무 처참하여 눈을 뜨고 볼 수가 없었다. 한곳에 그을린 시체 세 구가 있었고, 다른 곳에도 한두 구가 가로로 누워 있었다. 한 구는 야생 돼지들에게 이미 먹힌 상태였고 불에 탔다. 한 구는 등에 총을 맞은 채 풀 속에 쓰러져 있었다." 그는 "중국인들은 선량하고 소박했다. (…) 백인 광부들은 외국인 고용을 원치 않았겠지만 타협과 중재로 문제를 해결했어야 했다. 이런 도살로 해결할 일이 아니었다"며 말끝을 흐렸다.

프레더릭 비는 조사에서 이 참극의 주원인은 중국 광부들이 백인 광부들이 주도하는 파업에 동참하지 않아 적대감을 불러일으킨 것이라고 밝혔다. 9월 18일 유니언 퍼시픽 철도 회사가 파견한 3명의 조사관이 록 스프링스에 도착하여 프레더릭 비의 상황 설명을 듣고 기자 간담회를 열었다. 그들은 폭도들은 미국인이 아닌 영국인, 웨일스인, 스코틀랜드인, 스웨덴인, 스칸디나비아인이며, 이들 중 16명을 체포하고 35명은 석방했다고 밝혔다. 조사관들은 이 사건뿐만이 아닌 철로 전체를 점검하러 온 것이며, 연말까지 보고를 마치겠다고 했다.

황석전 영사도 중국 광부들을 방문하여 당시 상황에 대해 들었는데 역시 파업을 둘러싸고 빚어진 충돌이라는 것이 입증됐다. 중국 광부들은 "백인들이 여러 번 자신들과 함께 임금 인상을 요구하자고 했다. 회사가 들어주지 않으면 어떻게 하느냐고 묻자 그때는 파업을 일

1885년 9월 16일 미국 잡지 〈퍽〉에 실린 표지 만화. 오른쪽 중국 공사가 "위해를 당한 중국인 명단: 캘리포니아, 콜로라도, 애리조나, 와이오밍 등"을 읽고 있다. 왼쪽은 미국을 상징하는 캐릭터인 엉클 샘이 "위해를 당한 미국인 명단: 베이징, 상하이, 난징 등"을 읽는 모습이다. 그들 뒤로 미국 성조기와 청나라 용기(龍旗)가 보인다. 이 만화는 곧 전개될 중미 외교 담판을 예고했다. 의회도서관 소장.

으키자며 그러면 임금이 인상될 것이라고 했다. 결국 우리가 동의하지 않자 화가 난 것이다"고 말했다.

지난 2년 동안 이곳에 '백인의 마을White men's Town'이라는 조직이 생겨 중국인들을 내쫓았는데 중국 광부들은 일만 하느라 이들에게 관심을 두지 않았다. 9월 2일 아침에도 광구에서 별 다툼이 없었다. 7시쯤 약 10명의 백인이 6광구에 와서 중국 광부들은 더 이상 일하면 안 된다고 하더니 충돌을 일으켰고, 오후 2시부터 대규모 습격이 진행됐다. 백인 폭도들은 흉악범처럼 직접 총을 쏘기도 하고 중국 광부들에게 폭행을 가하며 금붙이를 빼앗았다. 다른 사람들은 환호와 박수를 치며 분위기를 돋우었다. 백인 여성 2명은 직접 총을 쏘았다. 평상시에 중국인에게 영어를 가르치던 백인 여성은 중국인들의 몸을 뒤지더니 손수건 등을 빼앗았다. 훗날 한 미국 기자는 주민들이 록 스프링스에서 발생한 사건을 불행한 일로 여기면서도, 중국인들이 도망가는 장면을 이야기할 때는 흥분을 감추지 못했다고 보도했다.

중국 광부들은 서로 다른 광구에서 일하고 있었고, 무방비 상태에서 발생한 일이라 그저 놀란 양처럼 도망갈 수밖에 없었다. 그들은 자신들에게 총을 쏜 백인 여성을 포함해 수많은 폭도를 확인했다. 사건 발생 전날인 9월 1일 평상시처럼 한 달 치 임금을 생활필수품 구입에 써버린 뒤여서 재산 손실은 여느 때보다 클 수밖에 없었다.

워런 주지사, 프레더릭 비, 황석전 영사의 조사를 통해 이 폭동에 참여한 폭도들은 모두 밝혀졌다. 그들이 미국 태생이 아니었지만 폭동이 일어났을 때 마을 전체가 히스테리컬한 약탈에 동참한 것은 사실이었다. 평상시에 온화하고 우아하던 영어 선생님이 이성을 상실한 채 약탈에 참여했지만, 마을 사람들은 서로를 보호하면서 누구의 이름도 거명하지 않았다. 프레더릭 비에게 증거를 제공한 5명은 노조 파업을 반대했거나 폭동으로 손해를 본 사람들로, 마을 주민이나 폭동에 참여한 사람들을 대표한 것은 아니었다.

## 중국 광부의 고용: 노조와 철도 회사의 교섭

당시 배후에서 폭동을 조장한 장본인도 한가하게 지켜보지만은 않았다. 9월 19일 콜로라도주 덴버의 '노동 기사단' 노조 집행위원회 위원장 토머스 니샴은 유니언 퍼시픽 철도 회사에 서신을 보냈다. 그는 회사가 중국 노동자들을 고용하여 백인 광부들의 이익을 침해했다며 노조 단체와 회원들을 대표하여 6개 항에 이르는 구체적인 불만 사항을 전달하면서 중국 광부 대신 백인 광부를 고용하라고 요구했다. 중국인 노동자 문제 외에도 노조는 백위드퀸사가 파는 물건이 너무 비싸다며 퇴출을 강력하게 요구했다.

이에 대해 22일 캘러웨이 사장은 "당신은 중국 광부가 온 이후 노조원들 불만이 컸다고 했는데 우리가 여러 차례 만났을 때 한 번도 이 문제에 대해 불만을 표시한 적이 없었다. 사건 발생 며칠 전 내 사무실에서 오마하 노조원들과 같이 만났을 때 누구 하나 불만을 제기하지 않았던 것을 기억하는가? 우리 회사는 노조 문제에 부닥치기 전부터 이미 중국인을 고용해왔다. 중국인을 고용하는 것은 회사의 오랜 정책이지 선택적인 것이 아니다. 중국인 고용은 철로 노선을 유지하고 석탄을 공급하는 데 꼭 필요한 일이다"라면서 "록 스프링스 사건이 발생하기 전에도 유니언 퍼시픽 철도 회사는 노동 문제와 관련해 여러 어려움이 있었지만 중국인 노동자와는 아무 관계가 없었다"라고 말했다. 그는 또 중국인 노동자를 쫓아내라는 요구는 파업이나 회사 재산에 대한 어떤 위험도 발생하지 않을 것이라는 전제가 있을 때나 수용을 고려할 수 있으며, 어떤 노동자를 고용할지를 결정하는 것은 회사의 권한인데 노동조합이 강제로 압박하는 것은 적절하지 않다고 답변했다.

쌍방 교섭에서 노조는 회사가 중국인을 고용하여 노조의 파업을 억압하고 있다며 결단코 중국인을 배척해야 한다고 주장했다. 이렇게 상호 입장이 대치하자 중국 노동자들은 도마 위의 생선 꼴이 되어버렸다. 록 스프링스 폭동 결과가 너무 참혹하여 회사는 노조의 반중 요구를 분연히 거부했다. 이 회사의 본사는 민주주의 사상이 주류인 뉴잉글랜드의 보스턴에 있었으며 정책상 어떤 형식으로도 외국 노동자를 차별하는 것을 지지하지 않았다.

1885년 10월 1일 록 스프링스에서 200킬로미터 떨어진 와이오밍 카본Carbon 광산에서 노조가 주도하는 파업이 발생했다. 이들은 중국인 노동자를 해고하기 전에는 절대 파업을 철회하지 않겠으며, 또한 중국인 노동자 반대를 이유로 한 어떠한 징계도 받아들일 수 없다고 주장했다. 유니언 퍼시픽 철도 회사 지도부는 아무런 대응도 하지 않고 바로 광산을 폐쇄했으며 이로 인해 백인 광부들은 일자리를 잃고 말았다.

10월 2일 록 스프링스에서 600킬로미터 떨어진 콜로라도주 덴버 부근의 루이빌Louisville 광산도 비슷한 요구에 직면했다. 회사는 이번에도 바로 광산을 폐쇄했다. 덴버 일대의 백인 광부 노조는 보스턴에 있는 이사회에 서신을 보내 "회사에서 중국인 노동자를 내보낼 것"을 강력하게 요구했다. 찰스 애덤스 회장은 12월 16일 보낸 답신에서 "중국인은 회사가 고용한 다른 외국인 노동자, 미국인, 유럽인, 아프리카인처럼 모두 계약에 의해 고용됐고, 양측은 언제든지 계약을 종료할 수 있다. (…) 이사회는 국적, 피부색, 종교 등 이유로 종업원을 차별하지 않는다"고 밝혔다. 결국 이 광산의 광부들도 일자리를 잃고 말았다.

## 증거 수집: 프레더릭 비, 황석전이 정조여에게 한 보고

9월 30일 프레더릭 비는 증인 증언이 첨부된 상세한 보고서를 상사인 정조여 공사에게 보냈다. 그는 과거 10년 동안 와이오밍 철도 광산에서 일한 중국 광부는 1,000명 정도로 범법을 저지른 경우가 없어 지방 광부들도 불만이 없었다며, 이번 충돌의 주요 원인은 '노동 기사단' 노조의 파업 요구를 거절했기 때문이라고 했다. 폭동이 발생했을 때 폭도들은 "절대 봐주지 말고 모두 쏴버려라!"라고 외쳤으며 참극의 수습 과정은 한편의 풍자극a burlesque이었다고 했다. 지방관들은 폭도들을 처벌하지 않았고 공포 분위기 속에서 누구도 범죄를 증언하거나 대상을 지명하지 않았다. 부패한 법의가 작성한 검시서는 사건을 적당히 얼버무렸고 배심원들은 애초부터 진상 조사에 관심이 없었다고 토로했다.

중국 외교관의 호위를 맡았던 맥쿡 대위의 상황 판단 역시 프레더릭 비와 완전히 일치했다. 9월 20일 맥쿡 대위는 플래트 군사 기지에 보낸 전문에서 자신이 17일 도착한 이후 파악한 바를 밝혔다. 그는 지방관들에게 범인을 심판하라는 것은 법과 정의를 비웃는 일이라며 록 스프링스가 속한 스위트 워터 카운티에 군사계엄을 선포해서 군이 범인 체포와 처벌을 담당해야 한다고 건의했다. 평시에 군은 민간 사법 과정에 개입할 수 없었다.

10월 5일 황석전은 중국 광부들의 증언과 희생자 명단, 나이, 가족 사항, 그리고 559명의 전체 중국 광부가 서명한 서류를 첨부하여 보고했다. 집계된 희생자는 모두 28명으로 이 중 25명은 시신을 수습했으나 나머지 3명은 찾지 못했다. 42곳 천막에 살던 508명의 재산 피해는 6만 9,380.55달러였다. 오두막집에 살던 256명의 손실은 7만 8,368.19달러로 이를 더하여 총 764명, 재산 피해 14만 7,748.74달러로 추산했다. 오늘날의 시세로 환산하면 대략 418만 달러 정도였다.

## 피의자를 전부 석방하다: 현지 법원의 마무리

프레더릭 비와 맥쿡 대위의 판단은 매우 정확했다. 실제로 스위트워터 카운티 관리들의 집단적 방해로 사법 정의는 실현되지 않았다. 이 카운티의 그린 리버 법원에 16명의 배심원단이 구성됐다. 그중 11명은 록 스프링스에서 왔고 이들은 폭동에 참여한 사람들일 수 있었다.

법원과 배심원단은 30명의 목격자를 조사했는데 그중 3명의 증언만 공표됐다. 이 3인은 티머시 시를로웨이 목사와 그의 아내, 딸이었다. 이들은 평상시에 중국 광부들에게 전도를 해왔다. 이들의 증언은 서로 일치했는데, 9월 2일 오후 총성을 듣고 바깥으로 나가 보니 15·16 광부 숙소에서 4명의 중국 광부가 뛰쳐나왔으며 안에서 검은 연기가 흘러나왔다고 했다. 중국 광부가 자기 집에 불을 지른 줄 안 부인과 딸이 물건이 타지 않느냐고 묻자 물건은 이미 땅에 묻어 괜찮다는 대답을 들었다고 했다. 법원과 배심원단은 이 증언을 공개함으로써 중국인들이 스스로 집에 불을 질렀다는 인상을 주었다. 신문에서는 이런 법원의 행위를 비난했지만 누구도 개의치 않았다.

10월 6일 법원은 배심원단의 의견을 모아 다음과 같이 최종 판결을 내렸다.

우리는 지난달 2일 록 스프링스에서 발생한 사건과 관련해 많은 증인을 조사했지만 누구에게도 백인이 그날 범죄에 참여했다는 증언을 듣지 못했습니다. 따라서 그날 무슨 일이 발생했든지 간에 현재 피의자들의 유죄를 증명할 수 없습니다. 매우 유감이지만 그들의 유죄를 인정할수 없습니다. 또한 충돌 원인을 조사했는데 그러한 범죄를 일으킬 이유도 찾지 못했습니다. 다만 철도 회사와 관리들이 즉시 학대와 착취를 멈추는 조치를 해야 한다는 데에는 의심의 여지가 없습니다. 이러한 학대와 착취가 시정된다면 이 사건으로 우리 주의 명예가 훼손당하지는 않을 것입니다.

당시 여전히 유행하던 반중 정서 속에서 내린 배심원단의 황당한 결론은 놀라운 일도 아니었다. 이로써 구금됐던 16명의 백인은 석방됐다. AP통신은 그날 밤 이들이 록 스프링스로 돌아오자 주민 수백 명이 열렬히 환영했다고 보도했다. 그리고 마지막으로 한마디를 덧붙였다. "현지 석탄 생산량이 절반으로 줄었다."

## 연방 정부의 책임인가?: 정조여 공사와 국무장관의 교섭

주미 공사 정조여가 보낸 최초의 전보가 베이징 총리아문에 도착한 것은 사건 발생 후 20일이 지난 뒤였다. 정조여는 미국과 교섭을 위해 필요하니, 미국 시민이 중국에서 위해를 당했을 때 배상한 액수를 알려달라고 요청했다. 총리아문은 영문도 모른 채 9월 28일 "도대체 어디서 무슨 일이 발생했고 현재 상황은 어떤지" 물었다. 이틀 뒤인 30일 정 공사는 간단하게 다음과 같이 보고했다.

철도 회사가 록 스프링스에서 석탄을 캐는데 중국 광부의 임금이 원주민보다 저렴하여 원주민 광부 조장들이 불만이 있었습니다. 7월 24일 원주민 광부들이 중국인 숙소를 습격하여 여러 명이 목숨을 잃었습니다. 즉시 황석전 영사를 파견하여 조사하고 있습니다. 사망한 18명은 이미 장례를 치렀습니다. 영사의 보고에 의하면 중국인 사망자 5명은 머리, 허리, 손발에 치명상을 입었고, 다만 부상자 10명의 부상은 크지 않다고 합니다. 현재 재산 피해를 살펴보고 있는데 수일이 걸릴 예정입니다. 범인 체포와 장물 추적에도 노력하고 있습니다. 록 스프링스는 수도 워싱턴과 샌프란시스코에서 약 6,000리 떨어져 있습니다.

보고서에 적힌 날짜 7월 24일은 음력으로, 양력으로 치면 사건 발생일인 9월 2일이다. 이 내용은 정조여 공사가 28일이 지나도록 실상을 파악하지 못했음을 보여준다. 그는 사건 발생지 위치조차 파악하지 못하고 있었다. 서신에서 록 스프링스가 워싱턴과 샌프란시스코에서 약 6,000리 떨어져 있다고 했는데 이는 사실과 달랐다. 실제로 샌프란시스코에서 약 2,400리, 수도 워싱턴에서는 5,400리 떨어져 있으니 정 공사가 미국 지리에 무지했음을 알 수 있다. 그는 총리아문에 미국 시민에 대한 배상 사건을 물으면서 량광 총독 장지동에게는 광둥 샤멘 沙面에서 발생했던 사건의 배상금 등을 물었다. 그리고 미국 변호사를 고용하여 미국에 대한 배상 청구를 준비했다. 장지동은 장문의 답장을 보내 1883년 광저우 샤멘 지방 백성과 영미 선박 간 충돌 사건, 배상 상황 등을 알려주었다.

11월 30일 정 공사는 미국 국무장관 토머스 베이어드에게 서신을 보내 사건 상황과 함께 프레더릭 비, 황석전의 보고, 증인 증언, 법의 감정서, 피해자 명단, 재산 손실 등을 설명했다. 또한 범인 체포, 손실에 대한 배상, 중국인 보호 등을 요구하고 중국 정부가 중국 내 미국 시민에게 배상한 사건을 나열했다. 이 서신으로 보아 정 공사가 거액을 들여 변호사를 고용하여 미 정부에 대한 배상 청구를 준비하고 있었음을 알 수 있다. 그의 후임자인 장음환張蔭桓은 변호사 고용 비용이 4,000달러라고 했는데, 지금의 11.2만 달러에 상당했다.

이전에 미국에서 중국 노동자가 피해를 보거나 재산 손실을 본 사건에 대해 중국 외교관이 배상을 청구한 경우가 있었다. 1880년 콜로라도주 덴버에서 폭도들이 차이나타운을 공격한 사건(1880년 10월 31일, 중국인 1명 사망, 많은 상점과 주택 방화)이 있었지만 당시 국무장관 윌리엄 에바츠와 그 후임자 제임스 블레인은 모두 배상을 거절했다. 정 공사는 만약 미국이 이번에도 배상을 거절한다면 중국도 중국에서 피해 본 미국 시민에게 배상하지 않겠다고 엄포를 놓았다.

1893년 워싱턴 듀폰서클에 있는 중국 공사관 전경. 의회 도서관 소장.

정 공사는 국무장관 윌리엄 에바츠가 했던 말을 상기했다. "나는 덴버 폭도들이 중국 주민을 공격한 행위에 대해 미국 정부가 책임질 의무가 있는지 모르겠다. 물론 중미 조약에는 명시되어 있지 않다. 덴버 주민에게 적용한 보상 조치는 그곳 중국 주민에게도 적용된다. (…) 이것이 국제법 원칙이자 국가 간 우호의 목적이기도 하다."

정 공사는 국가 간 호혜에 대해 1858년 중미 톈진 조약 29조에 "대접받으려거든 남을 대접하라to do to others as they would have others do to them"는 조항이 있지만 "매우 불행하게도 기독교 국가Christian nations들은 중국에 이 원칙을 적용하지 않는다"고 불만을 토로했다. 그는 미국이 중국 내 자국 시민의 손실에 대해 어떻게 배상을 요구했는지, 그리고 주중 미국 공사가 미국 국무부 지시하에 범인 체포와 배상에 어떻게 간

섭했는지를 열거했다. 특히 1858년 미국 시민이 요구한 73만 5,258.97 달러의 배상금이 모두 지급된 사실도 언급했다.

정 공사는 1850년 뉴올리언스에서 발생한 반스페인 소요에 대해 미국이 스페인에 배상한 사건을 언급했다. 당시 미국 국무장관은 훗날 에바츠가 그런 것처럼 처음에는 배상 요구를 거절했다. 뉴올리언스의 스페인 주민이 미국 주민보다 더 많은 보호권을 누리지 않는다는 이유를 들었지만, 결국 많은 배상금을 지급했다. 이 전례에 따르면 미국은 록 스프링스 사건에서 손해를 입은 중국인들에게도 배상해야 했다. 정 공사는 중국 노동자들이 차별받았지만, 다행히 미국 정부와 대다수 민중은 그러지 않았다는 점을 확인했다. 그러나 1880년 맺은 중미속주조약에서 미국 내 중국 노동자를 보호하겠다는 약속을 이행하지 않고 있다고 지적했다.

다음은 12월 2일에 정 공사가 베이징의 총리아문에 보낸 전문 내용이다.

조사 결과 록 스프링스 사건은 백인 광부들이 임금 문제로 파업을 했으나 중국 광부가 참여하지 않아 발생한 사건이었습니다. 7월 24일 아침, 중국 광부가 공격을 당해 3명이 다쳤습니다. 얼마 후 다시 공격하여 28명이 죽고 15명이 다쳤으며 가옥 700여 채가 불에 타 재산 피해가 약 14만 7,700달러에 달했습니다. 고발장을 만들어 오늘 중으로 범인 체포와 배상을 요구하겠습니다.

사건 발생 후 3개월이 지나서야 총리아문은 비교적 상세한 내용을 알게 됐다. 그는 정 공사에게 이후 이런 일이 생기면 "먼저 보고한 다음 하라"고 명했다. 서둘러 일을 처리하다가 상대에게 핑계를 주어 일이 더 복잡해질 것을 걱정한 것이었다. 그간의 과정을 보았을 때 주미 공사와 베이징 상사의 소통이 썩 원활하지 않았으며 신속하고 효과적인 체계가 없었다는 것을 알 수 있다. 다만 양측은 모두 미국에서 벌어진 반중 폭력 사건을 중요하게 취급했다. 특히 총리아문은 상하이, 광저우 등지의 영자 신문에서 반중 관련 소식을 계속 찾았다. 베이징 당국은 동문관에서 번역한 영자 신문을 보고 록 스프링스 상황을 파악했으며 "샌프란시스코가 개방된 이후 이런 참극은 처음이었다"라면서 이 사건을 중국인의 샌프란시스코 도착 이래 가장 비참한 사건으로 받아들였다.

1886년 2월 18일 국무장관 토머스 베이어드는 정 공사에게 사건에 관한 장문의 답장을 보냈다. 베이어드는 미국 행정 구역을 설명하며 사건 발생지인 와이오밍 준주가 연방에 소속되어 있지 않아 정부가 개입할 수 없다고 말했다. 그는 중미 양국 정부와 와이오밍 준주 모두 가해자들과 관련이 없으며, 가해자와 피해자 모두 "우리 땅의 이방인strangers in our land"인 외국인임을 강조했다. 따라서 미국 연방 정부는 배상할 수 없다는 논리였다.

정 공사가 언급한 톈진 조약 29조 "대접받으려거든 남을 대접하라"는 조항에 대해 베이어드는 법률상 '대인논증ad hominem'의 오류라고 지적했다. 중미 양국이 동등한 의무를 갖는 것은 맞지만, 중국 광부를 공격한 외국 국적 폭도의 범죄 행위에 대해서까지 책임질 수는 없다는 것이다. 그는 개인의 범죄, 특히 자국 내 외국인의 개인적 범죄에 대해 책임이 없음을 명확히 했다. 미국 정부는 폭력 행위에 엄격하게 대응하며 1850년에도 스페인에 배상했지만, 록 스프링스 사건과는 본질적으로 다르다는 것이다. 뉴올리언스 소요 때는 스페인 영사관이 파괴됐으며, 사건 당시 양국 정부는 쿠바를 침범한 미국 시민 송환을 두고 교섭 중이었다. 당시는 외교적 상황을 고려하여 대통령이 의회에 일정 정도의 배상

미국 30대 국무장관 토머스 베이어드. 의회 도서관 소장.

을 건의했으니, 록 스프링스와 뉴올리언스 사건을 동일선상에 두고 논할 수 없다는 것이다.

베이어드 국무장관은 정 공사의 요구를 정면으로 거절했다. 그러면서 증언에서 여러 차례 언급된 마을 주민들의 중국인 거주지 집단 약탈 문제에 대해서는 답하지 않았다. 심지어 "중국 이민자들의 독특한 특성과 습관 때문에 미국 시민은 물론 다른 이민자들과 거리가 있었다. 중국 이민자들도 대중과 섞이는 것을 원치 않았다"면서 노골적으로 인종주의적 편견을 드러냈다. 그는 또한 중국인들이 록 스프링스 같은 황량한 지역에 가서는 안 된다면서, 외국 노동자 간 문제는 어느 지역에나 있고 "펜실베이니아주의 헝가리, 이탈리아 이민자나 오하이오주의 스웨덴 이민자들이 겪는 문제를 태평양 해안가에 정착한 중국

인들에게도 적용할 수 있다"며 논점을 흐리기도 했다.

이는 당시 미국 연방 정부의 입장과 다르지 않았다. 중국 공사는 록 스프링스에서 벌어진 참사에 대해 어떠한 법률적 책임도 지지 않고 배상도 하지 않겠다는 태도가 중미 양국이 1844, 1858, 1868, 1880년 체결한 4개 조약에 위배된다고 했다. 미국 국무장관은 정 공사의 이러한 요구를 '대인 논증의 오류'로 치부하고 조약 본래의 취지와 다르다며 1880년 덴버 참사 때와 마찬가지로 배상하지 않겠다는 뜻을 분명히 했다.

그러나 여론은 달랐다. AP통신, 〈뉴욕 타임스〉와 지방 신문 등 매체들이 폭력 사태와 이에 대한 황당한 법원의 결정과 관련한 보도를 쏟아냈다. 이제 사건은 와이오밍 한 지역이 아닌 전국적인 사건으로 커지고 있었다. 베이어드는 어쩔 수 없이 상황을 재검토한 뒤, 개인적으로 대통령이 의회에 중국 노동자들이 입은 손실 배상을 건의하겠다고 한발 물러섰다. 또한 이것이 완전히 동정과 연민에서 나온 결정으로 양국 간 조약이나 국제법 원칙 때문이 아니며, 의회 역시 아마도 같은 이유에서 비록 전례는 없지만 '호의적인ex gratia' 배상을 비준할 것이라고 여지를 남겼다. 어쨌든 최종 결정은 대통령과 의회가 하는 것이라 그의 태도는 매우 신중했다.

## 배상: 미국의 결정과 중국의 처리

록 스프링스 참극이 국내외 여론의 관심을 받자 미국 정부는 사건

1886년 3월 17일 미국 잡지 〈퍽〉에 실린 풍자 삽화. 중국 공사가 미 국무장관에게 "중국 정부는 1858년 미국 시민이 요구한 73만 5258.97달러를 모두 배상했다"고 말하고 있다. 오른손에 "중국 측 요구"라고 적힌 문서를 들고 있다. 국무장관 베이어드는 전임자와 마찬가지로 중국의 배상 요구를 무시하고 있다. 1877, 1881, 1886년 재임한 장관들 뒤로 "중국인은 선택권과 권리가 없으며 본 정부는 이 점을 강력하게 주장한다"고 적혀 있다.

처리에 큰 압박을 느꼈다. 중국 내에서도 반미 여론이 가파르게 상승했다. 광저우, 충칭에서 미국 상인과 선교사를 대하는 분위기가 심상치 않자 주중 공사 찰스 덴비는 본국 정부에 배상을 촉구했다. 특히 미국 서부 중국인들과 밀접한 관계에 있는 광저우 일대 미국 상인들이 큰 압박을 느끼고 있었다. 덴비는 량광 총독 장지동이 반미 운동을 선동하고 있다고 보았다. 이런 복잡한 상황 속에서 1885년 12월 클리블랜드 대통령은 의회에 배상안 비준을 건의했다.

이때 광서제는 태복시경太僕寺卿, 군대의 말을 관리하는 고위직 장음환을 신임 주미 공사로 임명했다. 주미 공사의 정식 관명은 미국·스페인·페루 대신駐美, 日, 秘國大臣으로 미국, 스페인日斯巴尼亞, 에스파냐의 음역, 페루 3개 지역을 관장하고 미국 수도 워싱턴에 주재했다.

장음환은 1886년 3월 19일 홍콩에서 요코하마에 도착, 도쿄에 가서 일본 외무장관 이노우에 가오루 등을 방문했다. 이노우에는 이 자리에서, 미국 내 반중국 풍토를 언급하며 프랑스 법을 참고하여 미국과 교섭하라고 건의했다. 장음환은 미국이 배상할지 여부를 묻자 이노우에는 잠시 생각 끝에 "중일 양국이 미국인을 그렇게 대했다면 미국은 반드시 배상을 요구했을 것"이라 답했다. 그는 장음환이 미국 정부에 배상을 요구하도록 굳은 믿음을 주었다.

4월 7일 캘리포니아에 도착한 장음환은 중국 영사관을 시찰하고 중화회관, 삼읍회관(삼읍회三邑會는 광둥성 난하이, 판위, 순더順德 지역 출신들의 모임이다.)을 방문, 현지 상인들과 좌담회를 가졌다. 상인들은 1885년 현지인들의 반발과 공격이 심해졌을 때 귀국하려 했으나 상품 결제가 마무리되지 않아 진퇴유곡에 빠졌었다고 말했다. 그러면서 1886년 봄이 되어서야 상황이 나아졌다며 공사가 이곳 상황에 더욱 관심을 가져줄 것을 요청했다.

장음환은 위로의 말과 함께 "명을 받고 멀리 왔으니 상민商民을 보호하는 데 최선을 다하겠다"며 외교관으로서 책임을 다짐했다. 또한 중미 관계사를 돌아보며 다음과 같이 당부했다. "중미 양국이 조약을 맺은 지 수십 년이 흘렀다. 동치 7년 중국인 노동자가 미국에 자유롭게 왕래할 수 있는 벌링게임 조약을 맺은 데는 미국이 서부 미개척지를 중국인의 힘으로 개척하려는 의도가 있었다. 중국인 노동자는 단시간 내에 이 지역이 기차로 사통팔달하여 샌프란시스코 부근 황무지가 도시로 변화하는 데 큰 역할을 했다. 그런데도 미국은 중국인 이주를 제한하고 심지어 쫓아내려고 했다. 지금 살인, 방화 등 잔인함과 악독함이 극심하다. 중국인들이 이 먼 곳까지 왔으니 본업에 충실하고 최선을 다하여 일치단결해서 작은 일은 회관이, 큰일은 영사가 처리하게끔 해달라.”

오늘날 시각으로 보자면 당시 장음환의 언행은 소임을 다해야 하는 외교관으로서 당연한 일이다. 그리고 미국에 오자마자 현지 상인들에게 그들을 보호하겠다며 의지를 내비친 것은 매우 소중한 태도가 아닐 수 없었다.

4월 16일 장음환 일행은 캘리포니아에서 기차를 타고 네바다, 유타를 거쳐 4월 18일 에번스턴에 도착했다. 그는 일기에 “록 스프링스로부터 멀지 않은 곳을 지나는데 우리 백성이 어렵게 지내고 있음을 알면서도 가서 불을 끄고 도와줄 수가 없으니 마음이 아프다”라고 기록했다. 다음 날 와이오밍 주도인 샤이엔에 도착해 워런 주지사를 만나서는 “우리 백성이 입은 피해를 이야기하니 탄식이 나왔다”고 기록했다.

23일에는 워싱턴에 도착하여 정조여의 후임으로 정식 부임했다. 장음환은 베이징에 보낸 전보에서 당분간 정조여와 함께 배상 사건을 처리하고 양국 간 협정이 마무리되면 귀국할 것이라 보고했다.

두 사람의 촉구에 힘입어 미국 의회는 1887년 초 중국 주미 공사관에 보상액 14만 7,748.74달러를 수표로 지급한다는 안을 비준했다.

이 금액은 황석전이 추정한 액수와 완전히 일치했으니, 중국으로서는 큰 성공을 거둔 셈이었다.

장 공사는 배상금을 캘리포니아 영사관으로 보냈고, 총영사 양정찬梁廷贊은 1887년 4월 23일부터 8월 28일까지 분배를 마치고 그 결과를 공표했다. 양 총영사는 세심하게 대조한 결과 사망, 부상자 및 재산 피해 신청 과정에서 요영완廖永玩 등 6명이 중복 신청한 것을 발견하고 10월 24일 480.75달러를 미국 정부에 반환했다. 미국 측은 이에 감사를 표했다. 이로써 1887년 10월 말, 록 스프링스 배상 건은 정식으로 마무리됐는데 미국이 배상한 총금액은 14만 7,267.99달러였다.

중국은 배상안을 타결 지음으로써 외교적으로 의미 있는 승리를 거두었다. 장 공사가 광서제에게 "중외 통상이 시작된 이래 외국은 수차례에 걸쳐 중국으로부터 거액의 배상금을 받아 갔는데 중국이 받아 온 것은 처음"이라고 보고한 것처럼 중국으로서는 최초로 배상을 받아낸 성공 사례였다. 이러한 외교적 성과는 미국 국내 신문과 여론의 압박, 중국과 미국의 국제 정치, 미국 거주 중국 상인들의 압력이 함께 만든 결과였다.

미국 국무장관을 비롯하여 정부 요인들의 태도와 그들이 지켜온 원칙으로 보자면 미국은 배상하지 않았을 것이다. 또한 배상한다 해도 명목상 해를 당한 중국 노동자가 아닌 재산 손실이 그 대상이었을 것이다. 따라서 중국의 이번 승리는 매우 운이 좋은 케이스였다. 다만 이것이 이후 미국 서부에서 계속되는 반중 폭력을 막지는 못했다. 샌프란시스코에서는 유사한 공격이 계속 발생했다. 록 스프링스와 같은 참극을 방지하기 위해 중미 양국이 일정 수준 중국 노동자의 미국 이민

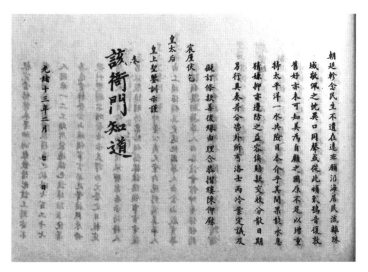

1887년 2월 26일(광서 13년 3월 초나흘) 장음환은 광서제에게 미국 정부가 배상에 동의했다고 보고했다. 광서제는 "해당 부서가 알도록 하라"며 총리아문이 처리하도록 했다.

을 제한하는 데 공감대를 형성했으니, 미국 이민을 준비하는 사람들에게는 또 다른 참사가 아닐 수 없었다.

### 록 스프링스와 중국의 인정

중국 노동자들은 무거운 돌 밑에 깔린 잡초처럼 엄청난 압박 속에서도 완강하게 생명을 이어가며 죽음의 순간에서도 생을 포기하지 않았다. 2018년 스위트 워터 카운티 역사 박물관은 록 스프링스 참극을 추모하면서 기자 아이작 브롬리가 1886년 보스턴에서 발행한 책《1885년 9월 2일 와이오밍 지역 록 스프링스의 중국인 대학살The

Chinese Massacre at Rock Springs, Wyoming Territory, September 2, 1885》을 재인쇄하여 1895년 즈음 록 스프링스 주민들이 신년 경축 퍼레이드를 벌이는 사진과 함께 전시했다. 이 사진은 록 스프링스 참극 이후 중국인들의 생활상을 보여주었다.

1911년 신해혁명으로 청 왕조가 물러나고 이듬해 중화민국이 건립되면서 록 스프링스의 중국인들도 천지개벽과 같은 정치 변화에 발을 맞추었다. 1913년 중국인들은 오랫동안 신년 퍼레이드에서 사용해오던 용을 해체했다. 비단, 포목, 유리로 만들어진 용은 길이가 무려 30.48미터에 달해 100여 명이 함께 들어야 할 정도였다. 머리는 특별히 정교하게 제작되어 퍼레이드 때는 위풍이 당당했다. 제작에만 1,000달러가 들었을 정도로 지역과 중국 문화를 대표하는 상징이었다. 이제 청나라가 망하고 중화민국이 세워졌으니 과거의 낡은 전통과 이별하기 위해 용을 해체한 것이다. 남은 두 개의 눈은 현지 주민에게 기념으로 남겨졌는데 역사 박물관에 모두 보존되어 있다.

2019년 가을, 나는 록 스프링스 중국인들의 역사를 보존하고 있는 스위트 워터 카운티 역사 박물관에 연락해 혹시 당시 중국인의 후손이 아직도 지역에 사는지 물었다. 박물관 관장 브리지다 블라시는 성의 있게 대답해주었다. 후손 몇 명을 알고 있지만 예전 거주지에는 살고 있지 않다고 했다. 1882년 배화법의 영향으로 당시 중국인들은 결혼을 하지 못했고, 1920년대 최후의 '고참old timers'들이 은퇴하자 철도 회사는 그들을 중국으로 돌려보냈다고 했다.

박물관이 소장하고 있는 1925년 사진에는 귀국을 준비하는 중국인 4명의 모습이 담겨 있다. 양복, 외투에 넥타이를 매고 손에 모자를

1895년 전후 록 스프링스 거주 중국인들의 신년 퍼레이드 모습. 왼쪽이 마을의 미국인들이다.

록 스프링스 거주 중국인들이 제사 지내는 모습. 미국인들도 옆에서 구경하고 있다.

록 스프링스 거주 중국인들의 용춤.

들었으며 모던한 구두를 신고 있다. 더 이상 청나라의 백성이 아니었
고 변발도 없었다. 이들은 반평생 일하던 익숙하고 낯선 땅을 떠나 먼
바다를 건너 익숙하고 낯선 고향으로 돌아갔다. '상전벽해桑田碧海'란
말이 바로 이런 경우였다. 그들 중 일부는 자신이 일했던 유니언 퍼시
픽 철도 회사에 사진을 돌려주며 귀국을 도와준 회사에 고마움을 표
했다. 이들에게는 미국 땅에 남긴 삶과 추억이 너무나 많았다.

1925년 철로 회사에서 퇴직하고 귀국한 4명의 중국인 노동자들. Ah Jin(阿金 ?)과 Ah Hin(阿新 ?)은 록 스프링스 참사에서 살아남았다.

# 16장. 임(林)씨 집안의 딸: 우리는 누구인가?

## 바다 건너 국경을 넘어: 배화법 후 늘어나는 중국 이민

배화법과 그 후 중국인의 미국 이민사에 대한 인식은 여전히 미국 서부 캘리포니아 일대에 머물러 있다. 중국인이 밀집했고 심각한 인종 차별과 폭력 행위 역시 이곳에서 많이 발생했기 때문인데, 사실 법 실시 이후 1943년 폐지 때까지 미국에 온 중국 노동자는 많지 않았다.

1882년 이후 적지 않은 중국 노동자가 이민을 통해 미국에 왔지만 대다수는 밀입국이었다. 미국 남쪽 멕시코 국경과 북쪽 캐나다 국경이 주요 통로였다. 통계에 의하면 1882~1920년에 약 1만 7,300여 명의 중국 노동자가 이 경로로 미국에 들어왔다. 입국 비용은 캘리포니아 쪽이 멕시코보다 저렴했다. 당시는 오늘날처럼 경비가 심하지 않았으며 국경 관리인에게 뇌물을 주면 밀입국을 눈감아주었다.

캐나다 정부는 1923년 '중국인 이민법Chinese Immigration Act'으로 이민을 제한했는데 이는 1882년 미국 배화법의 캐나다판이었다. 1923년 이전에는 중국인들이 캐나다에 정상적으로 이주한 뒤 미국으로 밀입국했다. 19세기 후반 북아메리카와 동아시아를 잇는 장거리 해상 교통에 획기적 발전이 있어 이민도 수월해졌다. 1891년 캐나다 태평양 철도 회사Canadian Pacific Railway Company가 태평양 우편 증기선 회사 Pacific Mail Steamship Company에 합류하면서 홍콩, 일본, 밴쿠버 노선을 개통하고 여객선 3척을 투입했다. 이제 중국 이민자들은 배표 1장만 사면 홍콩에서 북아메리카 대륙까지 갈 수 있었다.

중국인 이민자들은 캘리포니아 외에 미-캐나다 양국이 사통팔달로 확대해가는 철도를 따라 민주 진보 사상이 주류를 이루는 동북 지역의 매사추세츠주와 뉴욕주는 물론 인종 차별이 아직 남아 있는 남쪽의 미시시피주까지 퍼져 나갔다. 다음 이야기의 주인공 역시 미시시피주에 발을 붙이고 살아간 한 중국인 이민 가족이다.


## 광둥에서 미시시피까지: 임씨 가족의 이민 역정


1904년 교육을 많이 받지 못한 광둥 사람 임추궁Jeu Gong Lum, 음역은 고향에서 배를 타고 캐나다에 도착했다. 추운 겨울밤 캐나다-미국 국경의 디트로이트 호수 빙판길을 걸어 시카고에 도착했다. 이는 불법 이민자들이 전형적으로 선택하는 노선으로, 발각이 두려워 멀리 남쪽 미시시피 삼각주 볼리바르 카운티Bolivar County까지 내려갔다.

삼각주는 19세기 이래 면화의 주 생산지여서, 남북 전쟁 전에는 다른 남쪽 주보다 흑인 노예가 많았으나 이후 노동력이 대량으로 빠져나갔다. 이에 미국 정부가 인건비가 저렴한 중국 노동자-쿨리를 유혹하는 정책을 펴자 중국 노동자들이 쏟아져 들어왔다. 1870년 〈볼리바르 카운티 타임스Bolivar County Times〉는 2곳의 면화 농장이 "최근 홍콩에서 직접 16명의 중국인을 데려왔는데 이들도 매우 기뻐한다"며 한껏 흥분된 기사를 실었다. 겨우 3년 만에 부근에 200명이 넘는 중국인 노동자(대부분 광둥 출신)가 유입됐다.

중국 노동자들이 농장에 머무는 시간은 길지 않았다. 젊은 노동자들은 단시간에 더 많은 돈을 벌 수 있는 길을 찾았다. 농장보다는 현지에 작은 잡화점을 열어 열심히 일했고, 번 돈은 고향 광둥으로 부쳤다. 이렇게 잡화점을 여는 데는 이유가 있었다. 많은 백인 가게가 이제 막 노예 신세를 면한 흑인들에게 물건을 팔지 않으려 했다. 흑인들은 생활용품이 필요했지만 가게를 열 돈이 없었다. 상대적으로 중국인 잡화점이 눈에 띌 수밖에 없었다. 중국인이 연 잡화점은 18시간에서 24시간까지 오랜 시간 영업했으며 점차 가족 상점으로 번창했다. 100년이 지난 1970년대까지 중국인 이주자들은 이곳에서 꾸준히 잡화점을 차리고 운영했다.

광둥 사람 임추공도 이런 큰 흐름 속에 있었다. 고향 사람을 쫓아 땅은 넓으나 사람이 적은 농업 지대까지 흘러들었다. 여기서는 누구도 신분 조사를 하지 않았고 유럽에서 온 불법 이민자들도 많았다. 미국이 다민족 국가라는 것을 보여주는 전형적인 지역이었다.

1912년 임추공은 왕씨 상인 집에서 일하는 젊은 여성 캐서린 왕 Katherine Wong과 사귀어 결혼했다. 그녀는 홍콩의 고아 출신으로 입양된 후 미국에 왔다. 이 젊은 부부는 부근의 작은 마을 베노이드Benoid로 이사를 갔다. 거기서 고향 사람들의 도움으로 작은 잡화점을 열고 장녀 베르다, 차녀 마사, 아들 비스코 등 세 아이를 길렀다.

베르다가 태어날 때나 의사가 아이 부모의 인적 사항을 기록해야 할 때, 캐서린은 캐나다에서, 임추공은 캘리포니아에서 이민 왔다고 대답했다. 임추공이 이렇게 말한 이유는 1906년 캘리포니아 샌프란시스코에 대지진이 발생하여 이민 관련 문서들이 모두 불타 없어졌기 때문이었다. 그래서 불법 이민자 대부분 캘리포니아에서 왔다고 거짓말을 했다. 현지 변호사들도 이들이 사법 당국에 제출할 서류에 가짜로 캘리포니아의 주소, 이웃 이름, 직업 등을 적을 수 있도록 도와주었다. 이렇게 본다면 불법 이민은 언제나 이익을 위해 서로 합작하여 만들어낸 산물이었다.

임추공은 합법적인 신분이 없었지만 세 아이는 1868년 7월 9일 통과한 미국 헌법 14조 수정안 1항에 의해 모두 미국 시민이 됐다. 이 조항은 "아메리카 합중국에서 태어난 사람, 귀화한 사람, 사법권에 속한 사람 모두가 아메리카 합중국 시민이며 사는 곳의 주 시민이다. 어떤 주도 아메리카 합중국 시민의 특권 또는 면책 권한을 제한하는 법을 만들거나 강제할 수 없다. 어떤 주도 법 절차 없이 개인의 생명, 자유, 재산을 빼앗아서는 안 된다. 또한 사법권 범위에서 사람people에 대한 법의 동등한 보호를 거부하지 못한다"고 밝히고 있다.

이 법의 목적은 남쪽의 흑인 노예제에서 해방된 약 400만 흑인 노예에게 백인과 평등한 시민권과 법률적 권리를 주는 것이었다. 수정안은 그 영역을 확대하면서 오늘날까지도 유효하게 작동하고 있다. 당대 많은 불법 이민자가 이 수정 법안을 이용하여 자녀들이 시민권을 얻게 했다. 미국 정계에서 수시로 이 조항을 수정하거나 심지어 본안 취소를 주장하는 목소리가 나오는 이유이기도 하다.


## 갑자기 '흑인'이 되다: 임씨 딸의 불행

1924년 9월 15일 미시시피 베노이드 카운티의 로즈데일 통합 고등학교는 새 학기를 맞았다. 이 학교에는 미국에서 출생한 중국계 여학생이 4명 있었는데 열한 살 장녀 베르다와 아홉 살 차녀 마사도 여기에 포함됐다. 두 소녀는 이곳에서 이미 두 학기를 보냈고 모든 것이 만족스러웠다.

학교 교사, 학생 모두 백인이었고 오직 4명의 중국계 여학생만이 피부색이 달랐다. 당시 미시시피주는 일상에서 백인과 흑인을 분리하는 인종 분리 정책을 실시했다. 그렇지만 이들이 아프리카계와는 다르다는 인식 덕분에 계속 공부할 수 있었다. 이 지역 다른 중국 이민자 가정에서는 홈스테이나 가정교사를 고용했다. 심지어 다른 주로 보내 교육시키기도 했으나 어쨌든 아이들을 흑인 학교에는 보내지 않았다.

인종 분리 정책에 따르면 백인 학교는 원칙적으로 중국계 아이들을 받지 않았다. 그러나 현실에서 아이들은 어려서부터 같이 성장했기에 로즈데일 통합 고등학교는 이 중국인 학생의 입학을 허가했다.

1924년 여름 로즈데일 통합 고등학교 사진. 앞줄 왼쪽에서 세 번째가 마사, 네 번째가 언니 베르다이다.

그러나 개학을 몇 개월 앞두고 캘빈 쿨리지 대통령은 5월 26일부터 효력을 발생하는 새로운 '이민법'에 서명했다. 이제 어떤 국가도 1890년 미국에 이민 온 인구의 2%를 초과해서 이민을 올 수 없었다. 1921년 통과한 이민 '긴급 배당법'의 1910년 인구의 3% 기준은 이제 소용없었다. 이는 미국 사회에 대한 백인의 영향력을 강화하려는 시도였다. 강화된 1924년 '이민법'은 특히 아시아 이민을 제한하려는 움직임이었다. 1923년 캐나다도 역시 배화법을 통과시킨 상태였으므로 1924년 이후 미국과 캐나다 두 나라는 중국 이민을 제한하는 데 정책적으로 보조를 맞췄다. 이로써 중국의 북아메리카 이민은 중단됐다.

이러한 반이민 풍조는 1924년 9월 15일 로즈데일 통합 고등학교가 개학할 즈음, 미시시피에도 불어닥쳤다. 신학기가 시작된 날 정오, 너트 교장은 4명의 중국계 여학생을 교장실로 불러 다음 사실을 전했다. 주 법무부 장관은 이 학교에 입학할 수 있는 백인white person을 일반적 의미의 코카서스 인종Caucasian race으로 제한했다. 본교 이사회는 주교육부 장관의 건의를 받아들여 중국계 학생의 등교를 금지했다. 따라서 유색 인종the colored인 임씨 딸들은 이 학교에서 공부할 수 없으며 당장 가방을 챙겨 돌아가야 한다.

당시 미국에서 '유색 인종'은 일반적으로 흑인을 가리켰다. 아시아계는 이 범주에 속하지 않았으나, 임씨 집안 아이들을 포함해 중국계 아이들 모두 졸지에 '흑인'의 범주에 포함되고 말았다. 4명의 중국인 아이들은 놀라움과 의문을 품은 채 집에 돌아와 부모에게 자초지종을 고했다.

이 학교는 1923년 설립되어 바로 주 정부의 허가를 받았으며 졸업생은 시험을 거치지 않고 미시시피주에 있는 대학에 진학했다. 갑작스러운 퇴출은 중국계 아이들에게 장래가 걸린 중대한 문제였다. 다른 아이 2명의 부모는 어쩔 수 없이 상황을 받아들였으나 임씨 가족은 다른 선택은 했다. 하지만 그것이 미국 내 중국 이민자 역사와 미국 헌법사에 중요한 한 획을 그을 것이라고는 생각 못 했을 것이다.

## 흰색인가 검은색인가: 소송을 시작하다

임씨 가족은 법에 호소하기로 하고 소송을 도와줄 변호사를 찾았다. 임추공은 여러 사람을 통해 얼 르로이 브루어를 소개받았다. 미시시피 대학 로스쿨을 졸업하고 법조계에서 오랫동안 활동한 노련한 변호사로, 1912~16년에 38대 미시시피 주지사를 역임한 바 있었다. 그

1912년 민주당 전당 대회에 참석한 얼 르로이 브루어. 의회 도서관 소장.

는 민주당 내 이상주의자로 임기 동안 여러 진보적인 법안을 통과시킨 경험이 있었다. 이후 법률 사무소를 운영하면서 민권 변호사로 활동했다. 임추공이 찾아온 것은 상원 의원 선거 패배로 충격을 받고 점차 대중의 시선에서 멀어지고 있을 때였다. 출교 사태에 관해 설명을 들은 브루어는 흔쾌히 제안을 받아들였다.

먼저 누구를 기소할 것인지, 피고를 정하기로 했다. 원고 임씨 가족의 목적은 민사 보상이 아니었기에 브루어는 학교 측에서 아이들의 등교를 막았는지를 확인하고 주 교육부 장관 윌러드 본드를 상대로 소를 제기하기로 했다. 마침 본드는 브루어의 주지사 재임 시절 사사건건 반대만 하던 정계의 라이벌이었다.

브루어는 학업 성적이 우수하고 순수 중국계인 둘째 딸 마사를 주원고로 정했다. 볼리바르 카운티 순회 법정에 보낸 기소장에서 브루어는 "마사는 본토에서 출생한 미국 시민이며 품행이 우수한 미시시피주 주민으로 다섯에서 스물한 살 사이에 속한다. 부모는 아이를 교육시킬 의무가 있다. 마사는 이 학군에서 교육받을 자격을 갖추어 로즈데일 통합학교에 진학했다." 그가 나이를 언급한 것은 미시시피주가 규정한 다섯에서 열여덟 살 아이들의 의무 교육을 염두에 둔 것으로 마사의 부모가 법적 의무를 다했다는 것을 분명히 밝힌 것이다.

브루어는 마사가 중국계여서 주 정부의 차별을 받았다며 "마사를 학교에서 쫓아내기로 한 결정은 미시시피주 교육부 장관 윌러드 본드가 내렸으며 교장과 이사회에 전달됐다. 이로써 마사는 이 학교에서 공부할 권리를 빼앗겼다. 그녀가 중국 이민자의 후손이라는 이유로 인종 차별을 받았고 미시시피주 시민이 누려야 할 합법적 권리를 부정당했다"고 주장했다.

그는 주 교육부 장관의 결정이, 헌법상 미국 시민과 미시시피주 주민의 권리를 침해했다고 주장했다. 또한 "학교는 그녀가 미국 태생 시민이자 미시시피주 주민으로서 마땅히 누려야 할 기본권과 면책권을 거부했다. (…) 인종 때문에 평등한 법적 보호를 받지 못했으며 이는 미국 헌법이 규정한 내용을 위반한 것이다"라고 했다. 여기서 말한 헌법 규정은 위에서 언급한 연방 헌법 14조 수정안 1항을 말한다.

브루어는 14조 수정안으로 시민권을 논함으로써 유리한 위치를 점했다. 그러나 법정 선고 며칠 전 피고인 로즈데일 이사회는 자신들의 결정이 미시시피주 헌법 207조에 의한 것이라고 변호했다. 1890년 미시시피주 헌법 8항 '교육' 207조는 "백인과 유색 인종 아이들은 학교에서 계속 분리하여 공부하도록 한다Separate schools shall be maintained for children of the white and colored races"였다. 이 조항을 근거로 학교 이사회는 원고 마사가 '유색 인종', 더 구체적으로는 '몽골 혹은 황색 인종'에 속하므로 학교의 결정은 합법이라고 주장했다.

이사회의 항변은 당시 미국 교육계에서 중국계를 포함한 비백인·비흑인의 중간 지대를 막고 있던 얇은 막을 걷어버렸다. 그동안 중국계 아이들이 백인 학교에 진학해도 현지 백인들이 공개적으로 이의를 제기하지 않는 한 문제가 되지 않았다. 그러나 이제 누군가 피부색을 문제 삼는다면 아이들은 계속 학교에 다닐 수 없다.

다행히 이 사건을 맡은 윌리 알콘 판사는 모든 아이가 동등한 교육 기회를 가져야 한다는 굳은 믿음을 가지고 있었다. 1924년 11월 5일 판사는 임씨 가족의 승소를 선고하고 학교는 아이들을 돌아오도록 하라고 판결했다. 그러나 승소의 기쁨도 잠시, 로즈데일 학교는 곧바로 잭슨시에 있는 주 대법원에 상고했다. 새로운 법적 소송이 시작된 것이다.


## 중국인은 '흑인'에 속한다: 또 다른 소송

미시시피주 대법원 판사들은 연방 헌법 14조 수정안이 정한 시민의 권익과 미시시피주 헌법 207조가 충돌한다는 사실은 물론 이 소송에서 브루어가 수정안을 강조한다는 것도 알았다. 그러나 그들은 미시시피주의 자녀들에게는 주 헌법을 우선 적용해야 한다고 생각했다. 이 사건은 다시 한번 매우 간단하고 핵심적인 질문과 마주쳤다. 중국계는 백인에 속하는가 아니면 흑인에 속하는가?

브루어는 "미국 법은 중국인Chinaman을 유색인colored person으로 정의하지 않으므로 흑인 학교에 가서는 안 된다. 법정은 중국인에 짐 크로법을 적용해 흑인으로 대우해서는 안 된다는 사실을 존중해야 한다. 일본인과 중국인은 근면하고 부지런한 민족으로 흑인보다는 백인에 더 가깝다. 몽골인이 코카서스인과 동등하지 않다면, 코카서스 인종과 아프리카 인종 사이에 있다고 봐야 한다"라고 했다.

주 대법원의 답변은 간단명료했다. "미시시피주 법관들은 오직 코카서스 인종만 백인 학교에 입학할 수 있다고 생각해왔다. 우리는 학교에서 코카서스인이나 백인이 다른 인종과 섞이는 것을 옹호하지 않는다." 대법원은 또한 이렇게 말했다. "우리는 다른 주의 결정을 참조했다. 우리 주에서 중국인 혹은 몽골 인종의 법적 구분이 필요 없다. 우리의 법이 이미 분명하게 구분했다. 중국인 혹은 몽골 인종은 분명히 흑인negro과 같은 범주에 속한다."

1925년 5월 미시시피주 대법원은 볼리바르 카운티 법정의 결정을 뒤집고 학교가 마사를 쫓아낸 것은 정당하다고 판결했다. 판결문은 특별히 '유색 인종'에 대해 "우리는 '유색 인종'이 흑인뿐 아니라 혼혈인을 포함한다고 본다"고 명시했다. 또한 미시시피주에서 벌어진 1917년 모로 대 그란디치Moreau v. Grandich 사건을 언급했다. 미시간주 핸콕에 사는 백인 안토니오 그란디치의 자녀들이 백인 학교에서 쫓겨난 사건이다. 퇴학 이유는 그란디치의 고모, 즉 아이들 고모할머니가 백인이 아닌 것으로 추정되는 사람과 결혼한 사실 때문이었다. 다시 말하면, 100% 순수 백인 혈통이 아니라는 이유로 퇴학당한 것이다. 하물며 중국 혈통인 마사는 어떻겠는가?

다만, 주 대법원은 마사가 평등하게 교육받을 권리 자체를 부정하지는 않았다. 이 판결은 마사가 백인 학교에서 공부할 수 없다는 사실만 확인했을 뿐이다. 볼리바르 카운티에는 흑인 학교가 1곳 있었지만 너무 멀어 마사는 물론 다른 중국계 아이들도 이 학교에 가지 않았다. 주 대법원의 결정은 사실상 임씨 집안 아이들의 선택권을 빼앗은 것이나 다름없었다.

법원의 판단이 뒤바뀌자, 임씨 가족은 연방 대법원에 상소하기로 결정했다.


## 재판은 워싱턴까지: 연방 대법원의 판결

'임추공 대 라이스 사건'(라이스는 이 사건의 피고이자 학교 이사회 대표 그릭 폴란 라이스Greek Polan Rice, Jr.를 말한다)이 연방 대법원으로 올라가자, 임씨 가족은 변호사를 제임스 플라워스로 교체했다. 플라워스는 미시시피주의 공립학교에서 학생을 쫓아낸 것이 헌법 14조 수정안이 원고에게 부여한 권리를 침해했다는 주장을 펼쳤다. 또한 백인이 다른 인종의 권리를 부정함으로써 자기 특권을 만들고 있으며 공교육 시스템은 전체 시민의 세금으로 운영됨에도 백인들은 공립학교를 백인과 비백인 학교로 분리했다고 말했다. 그러면서 다른 인종 아이들은 백인 아이들과 달리 위기와 위험에 노출되어 있으니, 이것은 명백한 차별이라고 주장했다. 플라워스는 중국 인종과 코카서스 인종은 시민으로서

법 앞에 평등해야 한다고 했다.

1927년 11월 21일 대법원의 9명 법관은 찬성 5표, 반대 4표로 판결을 내렸다. 수석 대법관은 1909~13년 27대 미국 대통령을 지낸 윌리엄 태프트로 판결문에서 다음과 같이 말했다. "본 사건의 요지는 중국계 미국 시민이 유색 인종이라는 이유로 평등권을 박탈당한 것이다. 그러나 이는 주 사법부가 이미 여러 차례 다룬 문제로 연방 대법원은 연방 헌법에 따라 여기에 간섭하지 않는다. (…) 미시시피 대법원은 자유재량 범위 내에서 공립학교 운영에 관해 판결했다. 이는 연방 헌법 14조 수정안에 위반되지 않으며 정당하다."

다시 말하면 연방 대법원은 마사가 '유색 인종'에 속한다는 주 대법원의 판단을 인정한다는 것이었다.

태프트 등은 변호사 플라워스가 제기한 '플레시 대 퍼거슨' 사건에 대해 설명했다. 1892년 7/8 백인 혈통과 1/8 흑인 혈통을 가진 루이지애나주 시민 플레시가 뉴올리언스에서 고의로 백인만 탈 수 있는 열차에 탑승했다. 그는 실제로 흑인이었지만 외견상 백인으로 보여 순조롭게 탑승했으나 차장에게 발각됐다. 플레시는 차장의 좌석 이동 요구를 거절하여 '흑백 분리법'에 의해 체포됐다. 플레시는 흑백 분리법이 연방 헌법 14조 수정안을 위배했다며 고소했지만 루이지애나 대법원에서 패소했다. 이에 다시 연방 대법원에 항소했지만 1896년, 루이지애나 대법원 판결이 옳다며 플레시의 패소를 확정했다. 법리상 '흑백 분리법', 즉 흑인과 백인은 평등하지만 분리하는 건 정당하다는 논리를 합리화함으로써 연방 대법원 역사상 가장 부끄러운 판결 중 하나가 됐다. 이후 각 지역에서 이 판례를 따르면서, 일상적인 인종 분리

1925년 연방 대법원의 9명 대법관들. 앞줄 가운데가 10대 수석 대법관으로 27대 대통령에 오른 윌리엄 태프트이다. 1927년에도 이 9명이 재판을 했다. 의회 도서관 소장.

정책을 견고하게 했다. 1927년 연방 대법원 역시 이 플레시 사례를 참조하여 임씨 가족 사건을 판결한 것이다.

임씨 가족은 완전히 패소했다. 법적으로 미시시피 대법원, 미국 연방 대법원, 그리고 사회에서 일상적으로 실행되던 인종 분리 정책에 패하고 말았다. 패한 것은 임씨 가족뿐만 아니라 미국에 사는 모든 중국계 이민 가족이었다. 이로써 미국 공교육 시스템과 기타 여러 방면에서 "평등하지만 분리한다separate but equal"는 정책은 더욱 힘을 얻고 강화됐다.

패소 후 임씨 가족은 아이들을 흑인 학교에 보내지 않고 인근 아칸소주의 백인 학교에 보냈다. 미시시피 삼각주 지역의 많은 중국인

가정도 아이들을 다른 주의 친척 집에 보내 교육받도록 하고 있었다. 1930년대 이 지역 중국인 가정의 교육 수준은 상당히 떨어졌고 1970 년대에는 거의 모든 중국계 젊은이들이 떠나거나 떠날 준비를 했다. 그들과 "동류에 속하는" 아프리카계 역시 다른 지역으로 이주하거나 취학하여 인구가 45%나 감소했다. 미시시피주는 1865년 공식적으로 노예제를 폐지한 연방 헌법 13조 수정안을 1995년에 이르러서야 인 정하면서, 미국에서 가장 늦게 이 안을 수용한 주가 됐다.

## 왜 임씨 사건을 검토해야 하는가

1954년 5월 17일 미국 연방 대법원은 캔자스주 토피카Topeka 법원 에서 '브라운 대 토피카 교육 위원회Brown v. Board of Education of Topeka' 사건에 대해 판결했다. 아프리카계 여학생 린다 브라운이 집 앞 백인 초등학교를 두고 멀리 흑인 학교에 가야 했다. 이러한 조치가 부당하 다며 제기한 소송에 대해 입장을 밝힌 것이다. 법원은 교육 위원회의 조치가 연방헌법 14조 수정안의 "인종이 분리된 교육 시설은 본질적 으로 평등하지 않다"는 조항을 위반했다고 판시했다. 공교육 시스템 에서 인종 분리 정책은 위헌이라는 획기적인 판결이었다.

이 사건은 1909년 결성된 전미 유색인 지위 향상 협회National Association for the Advancement of Colored People, NAACP가 적극적으로 참여하여 큰 반 향을 불러일으켰다. 이후에는 미국 교육 시스템에서 인종 분리 정책을 폐지하는 거대한 운동으로 발전했다. 백인과 흑인이 같이 공부하는 학

1955년 브라운 사건 판결 1년 후 워싱턴 바너드 스쿨에서 흑인과 백인 아이들이 함께 공부하고 있다. 미국 의회 도서관 소장.

교가 증가하면서 미국 민권 운동 성장에 튼튼한 기초를 제공했다. 그러나 학교 내 인종 분리 정책을 완전히 해소하지는 못했다. 지역마다 사정이 달라서 여전히 분리 제도가 존재하는 학교도 있었다.

민권 운동에 의해 공교육 시스템 내 인종 분리 정책이 폐지되자, 1970년대 각 주는 스쿨버스를 이용하여 백인 학교로 등교시키는 이른바 차별 철폐 버스 통학desegregation busing을 실시했다. 이는 아프리카계 아이들을 통학 버스로 백인 학교에 보내 동일한 교육 조건과 시설을 누리도록 한 것이다. 여기에는 중국계와 아시아계, 다른 인종의 아이들도 포함됐지만, 인종 평등의 주요 대상은 아니었다.

노란색 스쿨버스 뒤에는 20세기 미국 정치사의 어두운 그림자가 있다. 아프리카계 학생들이 스쿨버스를 타고 다른 학군의 백인 학교에 가는 것은 미국 민권 운동의 큰 성과였다. 중국계 학생들이 별 어려움

없이 전통적 의미의 백인 학교에 취학하는 것도 그 유산 중 하나이다. 여기서 임씨 사건의 의미를 다시 한번 살펴보자.

1927년 연방 대법원의 임씨 사건 판결 이후 지금까지 이 사건에 관한 연구는 많지 않았다. 그러다 최근 버지니아 대학 법학원의 에드워드 화이트 교수와 에이드리언 베라드 기자가 새로운 연구 결과를 내놓았다. 여기서도 두 사람의 연구와 여러 역사 자료를 참고했다.

임씨 사건은 그 중요성에 비해 미국 역사와 중국 이민사에 언급되는 일이 적었다. 그 이유는 중국 이민자들이 아프리카계와 함께 취급되는 일을 부끄러워했기 때문이다. 임씨 가족이나 두 명의 변호사들은 물론 심지어 피고인 로즈데일 통합학교 이사회, 퇴학을 정당하다고 판단한 미시시피 대법원과 연방 대법원 모두 아프리카계, 즉 흑인을 '유색 인종'의 대표로 보았다. 중국 이민자들은 인종 분리 정책의 대상으로 취급되는 것을 수치스럽게 여기거나 플라워스의 표현처럼 흑인 학교에 가면 위기나 위험에 노출된다고 생각했다.

임씨 가족은 자신들이 백인이라고 주장할 순 없었지만, 적어도 흑인으로 대표되는 '유색 인종'에 속하지 않는다는 것을 증명하고 싶어 했다. 전미 유색인 지위 향상 협회 역시 아프리카계 인종의 권리를 촉진하는 단체였다. 중국계는 여기서 어떤 직책도 맡지 않았으며 이 단체 역시 임씨 사건에 관여하지 않았다. 따라서 임씨 사건은 연방 헌법 14조 수정안과 관련됐음에도 민권civil rights의 색채는 띠지 않았다. 코카서스 백인과 갈등을 빚었으나 아프리카계와 단결하지 못하고 그들을 부적절하게 대우했다. 그 결과 미국 민권 운동사에서 가져야 할 중요한 지위를 상실했던 것이다.

돌이켜보면 임씨 사건은 공교육 내 인종 분리 정책에 관한 것이었다. 이 제도는 1970년대 후부터 차별 철폐 버스 통학으로 바뀌어나가고 있지만 지금까지도 불만은 남아 있다. 내가 사는 작은 마을에도 고등학교가 있는데 본래는 백인 명문이었지만 지금은 주민들이 아이들을 이 학교에 보내기를 원치 않는다. 그 이유는 교육 수준이 떨어졌다고 믿기 때문이다. 그러면 언제부터 이런 질적 저하가 시작됐다고 생각할까? 사람들은 이구동성으로 부근의 흑인 아이들이 버스로 통학한 시점부터라고 말한다.

　인종 분리 정책을 폐지하여 흑백 아이들이 함께 공부하는 것은 정당하며 올바른 정치이다. 이 사실은 누구도 감히 공개적으로 부정하지 못한다. 그러나 내심 평등주의 공교육에 불만을 느낀 사람들도 많았다. 이들은 1990년 초부터 출현한 새로운 형태의 공립학교, 즉 차터 스쿨charter school에 큰 관심을 보였다.

　차터 스쿨은 교사·부모·지역 단체 등이 설립한 학교로 공적 자금의 지원을 받는다. 유치원부터 고등학교까지 있으며 행정적으로는 공립학교와 유사하나 사립학교의 특성을 가지고 있다. 이 제도는 미네소타주에서 시작해 지금은 전국적으로 확산됐다. 다양한 형태의 차터 스쿨이 있고 여기에 인종 분리는 없으며 여러 지역에서 명문의 대명사가 됐다. 다만, 많은 학부모가 아이들을 이곳에 보내려 애쓰면서 특정 학군에서 교육 자원의 편차를 초래했다. 중국이라면 일반 학교와 신생 명문 간 구분쯤으로 생각하겠지만, 미국에서 학교 간 격차는 분리 정책의 역사와 이것이 남긴 현실과 관련이 있다. 문제는 미국 초중등 공교육의 미래가 어떻게 될지 아무도 모른다는 점이다.

오늘날 미국의 많은 대학이 '다양성'를 추구하며 교직원과 학생들이 여러 인종으로 구성되기를 원한다. 다양성 정책은 비백인계의 일자리와 취업을 장려하는 측면이 있지만, 근본적으로는 더 많은 아프리카계 직원과 학생을 끌어모으려는 것이다. 다만, 학교마다 차이가 있으나 아직 큰 성과를 내지는 못하고 있다. 이는 문화·교육적 문제라기보다는 정치·사회적 문제로 남북 전쟁 이후의 역사적 영향이 크다.

오늘날 수많은 중국 가정에서 초등부터 대학까지 미국 유학을 준비하고 있다. 아이들을 미국에 보내기 전에 여기서 말한 임씨 사건을 한번 돌아보는 것도 의미 있는 일일 것이다.

# 6부

# 문 앞의 아는 사람:
# 대포, 조약, 애프터눈 티

# 17장. 조선 반도에서 중국과 미국의 만남

1882년 5월 6일 미국 대통령이 배화법에 서명하여 법으로 중국 노동자의 미국 이민을 막으면서 중미 관계가 삐걱대기 시작했다. 그러나 같은 달 중미 양국은 조선에 대한 외교적 협력을 통해 동아시아 역사에 큰 영향을 미치게 됐다. 중국의 중재 아래 조선이 미국과 최초로 외교 통상 조약을 맺고 국제 무대에 모습을 나타냈다. 미국은 한반도에 들어왔다가 1905년 일본이 을사늑약으로 조선의 외교권을 빼앗은 후 조선에서 물러났다. 2차 세계 대전 말 미국은 다시 한반도와 동북아시아 지역에 돌아왔고 지금에 이르고 있다.

1882년 5월 22일 조선은 중국의 주선하에 미국과 조미 조약, 즉 '조미수호통상조약'을 체결했다. 중국과 수백 년간 종번 관계를 유지해온 조선은 근대 외교에 대해 잘 알지 못했다. 중국은 '소국과 번국을 보호한다'는 전통 원칙에 따라 즈리 총독 겸 북양 통상 대신 이홍장이 개입했다. 조선은 미국 대표와 인천에서 조약에 서명했으나 실질적으로 협상에 참여하지 않았다.

조약 체결 두 달 뒤, 한양에서 '임오군란壬午軍亂'이 발발했다. 중국은 상황을 파악하지 못해서 톈진에 와 있던 조선 사신의 말을 듣고 조선 왕을 보호한다는 명분으로 군사를 파병하여 진압에 나섰다. 1637년 여진족이 조선에 군대를 보내 종번 관계를 맺은 이후 최초의 파병이었다. 청군은 사건 당사자인 고종의 친부 흥선 대원군 이하응李昰應을 중국으로 압송했다.

이후 중국과 조선은 조선-미국이 맺은 조약과 유사한 통상 장정을 체결하여 조선이 개방한 인천, 원산, 부산에 조계와 영사관을 세웠다. 중국 세관은 조선이 새로운 세관 제도를 건립할 수 있도록 정보를 제공했다. 중국은 일본, 미국, 영국, 프랑스 등과 외교적 각축을 벌이다가 청일 전쟁 패배 이후 조선에서 물러났다. 1905년 일본은 조선에서 다른 나라들을 밀어낸 뒤 1910년 조선을 강점했다. 미국과 조선이 조약을 체결한 1882년은 한중 관계의 분수령이 됐으며 동아시아에 커다란 변화를 예고했다. 1882년 이후 중국, 미국, 조선, 일본 4개국 관계와 동아시아 외교 질서의 거대한 변화를 살펴보도록 하자.


## 초창기, 미국과 조선의 접촉 실패

1866년 7월 미국 상선 제너럴 셔먼General Sherman호가 톈진에서 화

2018년 평양 대동강.

물을 내린 후 조선의 평양 대동강에서 접촉을 시도했다. 그러나 현지 군민과 충돌이 발생하여 선박은 불에 타 침몰하고 선원들은 모두 피살됐다. 조선과 미국의 최초 접촉은 불행하게 시작됐고, 미국은 사건 경위에 의구심을 가지고 조사에 착수했다.

한 달 전인 6월 24일 또 다른 상선 서프라이즈Surprise호가 조선 서해안에서 침몰했다. 다행히 선장과 선원들은 구조되어 육로로 중국 랴오둥 평황성에 인도됐다. 미국 태평양 함대는 로버트 슈펠트 선장이 지휘하는 군함 와추세트USS Wachusett호를 파견하여 진상 파악에 나섰다. 이 배는 산둥 즈푸芝罘, 지금의 옌타이를 출발하여 조선에 도착했으나 날이 너무 추워 얼어붙은 대동강에 진입하지 못해 조선 관리들과 만나지 못했다.

이후 제너럴 셔먼호 선원 4명의 생존 소식이 전해지자, 해군 준장

골즈보로는 섀넌도어USS Shenandoah호 지휘관 존 페비거에게 조사를 명했다. 이 배는 대동강 입구에서 조선 요새의 대포 공격을 받았다. 페비거는 조선 측에 제너럴 셔먼호 사건에 대해 물었으나 미국 대통령의 훈령을 가지고 오지 않았다는 이유로 접촉을 거부당했다. 조선 측이 제너럴 셔먼호 선원들의 무례한 태도를 비난하자 페비거는 별 소득 없이 돌아갔다.

1863년 철종이 후사 없이 붕어하자 조대비가 어린 이희李熙를 옹립하니 그가 바로 고종高宗이다. 친부 이하응은 '대원군'으로 봉해져 '흥선 대원군' 혹은 '대원위 대감'으로 불리며 어린 왕을 대신해 섭정을 시작했다.

1866년 대원군이 천주교를 탄압하여 프랑스 선교사와 조선인 신자들을 살해하는 '병인사옥丙寅邪獄'이 발생했다. 9월에 프랑스가 이를 빌미로 군함을 강화도에 파견하여 약탈을 저지르니, 바로 '병인양요丙寅洋擾'였다. 대원군은 외국을 배척하는 양이攘夷 정책을 더욱 강화했다. 이러한 환경 속에서 제너럴 셔먼호 사건이 발생했다.

1867년 미국 주 상하이 총영사 조지 수어드는 중국에서 사업하는 미국 상인들 요청에 따라 본국 정부에 조선의 문호 개방을 건의했다. 미국 상선이 태평양을 넘어오면 조선 연해에서 선박 고장이나 난파 등 여러 사건이 발생했고, 이 때문에 조선과의 협의가 꼭 필요했다. 미국 국무부는 외교·통상적으로 조선과 접촉하기 위해 노력했다.

1870년 수어드와 해군 아시아 함대 총사령관 소장 존 로저스는 베이징을 방문하여 주중 공사 프레더릭 로와 조선 문제를 상의했다. 사전 정보가 없었던 프레더릭 로는 청나라 관리들을 포함, 조선에서 온 공사들과 접촉했다.

로는 총리아문이 자신의 서한을 조선에 전해주기를 희망했으나 전례가 없다는 이유로 거절당했다. 1871년 3월 28일 총리아문은 로의 끈질긴 요구를 받아들여 '속국에 대한 관심 차원'에서 로가 조선 왕에게 보내는 서신을 예부를 통해 조선에 전달했다. 한편 로에게는 "조선은 비록 속국이나 모든 정교금령政教禁令[1]을 스스로 운영

고종의 생부, 흥선 대원군 이하응.

하여 중국은 간여하지 않는다"는 서신을 보냈다. 아울러 이번 서신 전달은 '일시적 편의'일 뿐 이후로는 불가하다고 밝혔다.

로는 4월 3일 미국 국무장관 해밀턴 피시에게 한 보고에서, 총리아문이 누차 강조한 '스스로 운영'한다는 말을 조선이 '완전한 독립 국가'라는 뜻으로 해석했다.

1871년 5월 19일 로 일행은 로저스 제독이 이끄는 5척의 군함을 타고 강화도에 도착하여 조선과 접촉을 시도했다. 5월 31일 함대가 한강 입구에 도착하자 3명의 조선 관리가 배에 올라, 양국의 우호를 바라지만 조약 체결은 장기적인 협의가 필요하다는 뜻을 전했다. 6월 10

---

1    정치·종교(政教)와 법(禁令), 즉 종번 체제하에서 한 나라의 내정과 외교를 의미한다.

일 미국은 강화도 초지진에 상륙하여 이틀 동안 5채의 요새를 파괴하는 공격을 감행했다. 조선은 약 250명이 죽고 많은 부상자가 나왔으며, 미국은 3명 전사에 9명이 부상을 입었다. 로는 이 공격으로 조선 정부를 압박하여 조약 체결을 이끌어낼 수 있으리라 생각하고 다시 조선 정부에 연락을 취했으나 벽에 부닥쳤다. 로저스 제독은 부대 사정상 단독으로 입성을 강행하는 것은 위험하다고 판단하고 7월 3일 산둥 즈푸로 돌아갔다. 이로써 조선 정부와 외교적 접촉은 실패로 돌아갔다.

조선은 이 사건을 '신미양요辛未洋擾'라 부르며, 앞서 병인양요처럼 쇄국 정책을 강화하는 계기로 삼았다. 대원군은 한양과 전국 각지에 척화비를 세웠다. "서양 오랑캐가 침입하는데 싸우지 않으면 화친하자는 것이요, 화친을 주장하는 것은 나라를 팔아먹는 것이다洋夷侵犯, 非戰則和, 主和賣國"라는 문구를 적고 그 옆에 "만대 자손에게 경고하노라! 병인년에 짓고 신미년에 세운다戒我萬年子孫 丙寅作 辛未立"라고 새겨 넣었다.

1871년 11월 22일, 로는 조선 원정에서 돌아온 후 총리아문에 서한을 보내 명나라 때부터 유지되어온 조중 종번 관계는 '유명무실'하다는 미국의 의사를 통보했다. 총리아문, 공친왕 등은 강하게 반박했지만 로는 자신의 판단이 정확하다고 믿었다.

1873년 고종이 친정을 행하자 대원군은 막후로 물러났다. 그는 조선 500년 역사상 최초로 섭정한 왕의 친부로, 평생 정계에서 며느리인 명성 황후와 경쟁하며 조선 근대사에서 중요한 역할을 했다.

일본 교토 니조성 전경. 1대 도쿠가와 막부 장군 도쿠가와 이에야스가 에도에서 교토로 천황을 알현하러 올 때 머물던 곳이다. 1867년 11월 9일 막부 15대 장군 도쿠가와 요시노부가 이곳에서 통치권을 천황에게 돌려주니 '대정봉환'이라 했다.


## 조일 교섭과 미국의 2차 동아시아 진출


1867년, 1600년부터 일본을 통치해오던 도쿠가와德川 막부는 '대정봉환大政奉還'을 통해 새로운 국제 외교 상황에서 국가 통치권을 메이지明治 천황에게 돌려주었다.

1868년 1월 메이지 천황은 막부를 폐지하고 새로운 정부를 꾸리는 '왕정복고王政復古'를 선포하고, 최고 통치권자로서 일련의 새로운 개혁을 펼치니 이를 '메이지 유신明治維新'이라 불렀다. 전통적으로 일본은 대마도 번주對馬藩 종씨宗氏 집안을 통해 조선과 접촉했다. 그러나 유신 후 새롭게 설치된 도쿄 외무성에서 이를 담당하면서 종씨 집안은 중간 역할과 대리인 자격을 상실했다. 조일 교섭은 이제 정부 대 정부의 외교로 변했다. 조선은 이러한 변화를 전혀 인식하지 못했다. 전통 방식대로 일본 정부가 부산에 파견한 외교관만 접촉할 것을 고집하면서 도쿄의 새 정부가 한양과 동등한 외교 관계를 수립하려는 시도는 무위로 돌아갔다.

일본 국내에서는 사이고 다카모리, 이타가키 다이스케, 소에지마 다네오미 등 강경론자들이 조선을 무력으로 정벌하자는 '정한론'을 펼쳤다. 1871년~73년 유럽을 시찰한 이와쿠라岩倉 사절단의 이와쿠라 도모미, 기도 다카요시, 오쿠보 도시미치 등은 부국강병이 시급함을 절감하고, 정한론보다는 조중 관계를 고려하여 중국의 간섭을 피하는 방법을 고려했다. 조중 종번 관계를 끊어 조선을 침략했을 때 중국의 개입을 막으려는 것이었다.

1873년 일본 전권 대사 소에지마 다네오미는 베이징에서 미국 공사 프레더릭 로를 만나 조중 관계와 조선의 국제적 지위에 관해 토론했다. 로는 1871년 총리아문에게 받은 서신을 보여주었고 소에지마 다네오미는 이 중미 외교 문서를 바탕으로 조선이 "청국 주권 바깥에 있다"면서 특별히 복사본을 만들어 귀국했다. 이번 미일 회담을 통해 일본은 청나라 정부가 주장해온 "조선은 중국의 속국이다"는 외교 질서를 부정하고 미국 등 서구 국가와 협력할 길을 열었다. 공친왕과 청 조정은 전혀 예상치 못했고, 미일 간 외교적 소통이 일본의 대조선 정책에 중요한 영향을 미친다는 것도 알지 못했다. 1875년 강화도 사건 후 일본은 유럽 유학에서 돌아온 젊은 외교관 모리 아리노리를 중국

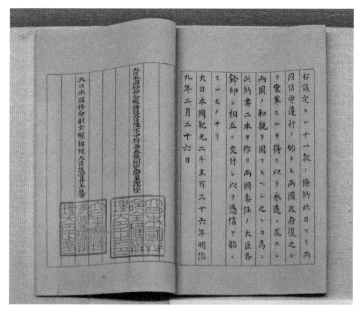

1876년 2월 27일 체결한 조일 강화도 조약.

공사에 임명하여 총리아문에 조선의 국제적 지위에 관해 문의했다. 바오딩에 있는 즈리 총독 이홍장을 방문한 그는 조선은 독립국이고 조일 교섭에서 중국의 간섭을 받을 이유가 없다는 결론을 내렸다.

일본은 모리 아리노리로 하여금 베이징에서 조선의 지위를 탐문하게 하는 한편, 인천에 해군을 파견하여 군함 외교를 실시했다. 1876년 2월 27일 일본은 조선을 압박하여 인천에서 양국 간 최초의 근대식 조약인 조일수호조규, 즉 강화도 조약을 맺어 인천 등지에서 통상, 외교관 주재 등 권리를 획득했다.

강화도 조약 체결은 조선의 '근대' 진입을 알리는 상징으로 국제 외교 환경에 중대한 변화가 일어났음을 의미했다. 일본은 조약 1조에

"조선은 자주권을 가진 나라로 일본과 동등한 권리를 가진다. 이후 양국은 평등한 예로 대하며 조금도 침범할 의사가 없다"고 명시했다. 양국은 정부와 정부 간 외교 평등권을 가짐으로써 조선이 중국의 번속국이 아님을 증명했다. 조선은 이 조항이 종번 관계에 위배되지 않는다고 보았다. 종번 관계 내에서도 기본적으로 내정 자주권이 있으니 본질적으로는 상충하지 않는다고 생각했다. 그러나 이 조문 규정이 가진 근대적 함의를 살피지 못한 채 막연히 양국이 우호적인 관계를 유지할 수 있다고 보았다. 조선은 1조보다는 상호 사신을 상대국 수도에 파견한다는 2조에 오히려 집중했다. 청 조정이 서구 각국과 사신의 베이징 주재 문제로 불필요한 지구전을 펼쳤듯이, 전통과 근대 외교가 충돌하는 모습을 그대로 재현했다.

조일 간 충돌은 두 외교 시스템의 괴리를 보여준다. 조선은 국제 정치와 외교라는 큰 소용돌이 속으로 휩쓸려 들어가고 있었다. 강화도 조약의 정식 판본은 조선에서 사용하는 한문과 일본어 두 언어로 체결되고, 영어 등 다른 서양 언어로는 작성되지 않았다. 영국, 프랑스, 미국 등은 1조 내용을 잘 알지 못했다. 일본 외무성이 영어 번역본을 내고서야 번역문과 원문 사이에 차이가 있다는 것을 발견하고 조선에 대해 신중한 태도를 취했다. 조선과의 외교는 중국과의 외교와 직접적으로 연관이 있기 때문이었다. 어쨌든 서구의 근대 외교 시스템과 개념이 조선이 수백 년 동안 지켜온 외교 제도에 침투했으며, 일본은 단번에 취약점을 파고들었다.

일본이 성공적으로 조선과 조약을 체결하자 미국 정부도 다시 조선과의 조약 체결 가능성을 타진했다.

1878년 가을 미국 해군은 로버트 슈펠트가 지휘하는 타이콘데로가USS Ticonderoga호를 파견하여 조선을 포함한 동아시아 국가와의 무역·외교 임무를 수행하도록 했다. 1880년 봄 일본에 도착한 로버트 슈펠트는 외무성에 부산 주재 외교관을 통해 조선과 연락을 취해달라고 요구했지만 실패했다.

중국 주일 대신 하여장何如璋은 슈펠트의 뜻을 베이징 총리아문과 이홍장에게 전했다. 이홍장은 슈펠트를 초청하여 조미 접촉을 타진했다. 이로써 중국과 미국은 조선을 둘러싼 외교전에 돌입했는데 이 구도 안에서 조선은 외교적 발언권을 갖지 못했다.

슈펠트가 중국에 오기 전, 중국과 조선은 미국과의 접촉을 준비했다. 1876년 강화도 조약 체결 이후 중국의 많은 인사가 조선의 상황을 우려했다. 이들은 일본이 조선의 안정을 위협하고 있으며, 조선이 쇄국 정책을 고수할 경우 외교적 곤경에 빠질 것으로 보았다. 중국은 서양을 배우기 위한 양무운동을 10여 년째 펼치고 있었지만 조선은 사정이 달랐다. 대원군이 하는 일련의 개혁은 여전히 보수적이었다. 이런 상황에서 일단 변고가 생기면 중국은 개입하지 않을 수 없었고 그 결과는 예측할 수 없었다. 이홍장은 막료들과 함께 조선을 주시했다. 조선의 젊은 왕 고종은 대신들의 거센 반대에도 이홍장의 의견에 호감을 표하며 외교 방향을 바꾸고 싶어 했다.

그러나 이러한 중국과 조선의 교류에는 기술적 어려움이 있었다. 종번 시스템에서는 양측의 공식 교류 창구가 제한되어 있었다. 1861년 총리각국사무아문이 중국과 유럽, 일본 등과 교섭을 담당하는 외교기구가 됐지만 베이징 조정과 한양 조정의 공식 문서는 여전히 예부

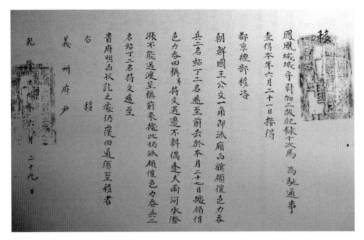

1754년 8월 17일(건륭 19년 6월 29일) 청나라 펑황성 수위(守尉)는 압록강 건너편에 조선 의주부 부윤에게 베이징에 사람을 보내서 자문을 가져가라는 공문을 보냈다. 펑황성-의주부는 양국이 1886년 전보를 개설하기 전까지 주요 공문 수발 통로였다.

와 예조를 통해 오갔다.

총리아문은 1895년 청일 전쟁 이전에는 조선 조정과 직접 소통할 권한이 없었다. 즉, 조중 양국은 근대의 외교적 변화를 기술적으로 전혀 수용하지 못했다. 베이징은 이홍장에게 조선 왕실과 공문으로 접촉할 권한을 부여했지만, 공식적으로 그는 지방 총독에 불과했다. 그래서 실제로는 월권을 피해 배후에서 조선에 건의할 수 있을 뿐이었다. 공식 채널이 아닌 개인적 관계를 통한 의견 제시였던 것이다. 이런 상황에서 조중 외교의 근본적인 변화는 불가능했다.

1880년 9월 청나라 측 일본 주재 참사 황준헌黃遵憲이 쓴《조선책략朝鮮策略》은 중요한 분기점이 됐다. 일본에 갔던 수신사 김홍집金弘集이 도쿄에서 하여장, 황준헌을 예방했을 때 황준헌이 이 책을 건네주었다. 황준헌은 조선이 다른 나라들과 통상해야 하며, 가장 큰 문제

1879년 이홍장이 텐진에서 세계 여행 중인 전 미국 대통령 그랜트와 회담했다. 중국은 그가 류큐 문제에 관련해서 중일 간 조정자 역할을 해주길 희망했다. 미국 의회 도서관 소장.

는 일본이 아니라 러시아라고 지적했다. 러시아를 견제하려면 조선이 "중국과 친하고親中國, 일본과 연결하며結日本, 미국과 연합하여聯美國 자강을 도모해야 한다"고 주장했다.

　역사를 돌아보면 황준헌은 시대를 꿰뚫어 본 것이 아니라 당시 일본에 유행하던 '흥아론興亞論'에 속은 것이었다.[2] 일본은 1874년 타이완을 무력 침공했고 2년 뒤 조선 역시 강제로 침략했으며, 3년 뒤에는 류큐 왕국을 점령하고 '오키나와'로 이름도 바꾸었다. 중국은 류큐 문

---

**2**　흥아론은 다루이 도키치가 주장한 이론으로 '백인의 서양에 맞서 황인의 아시아를 크게 일으키자'는 것이다. 이는 탈아입구(脫亞入歐)를 주장한 후쿠자와 유키치와는 다른 의견이지만 결국 조선 침략론으로 귀결됐다는 점에서는 일치했다.

제에 대해 그랜트 미국 대통령이 조정자 역할을 해주기를 기대했지만 실질적인 효과는 없었다.

일본 제국주의가 빠르게 성장하며 중국 속국들을 병합해오자 하여장, 황준헌 등은 아시아인끼리 단결하자는 일본 측 주장에 휩쓸려 일본과 '연결結'을 주장했다. 그러나 한편으로는 큰 화를 키우는 건 아닌가 하는 두려움도 있었다. 러시아나 일본은 육지와 바다 너머에서 중국에 커다란 위협이었다. 중국이란 늙은 대국 주변에 친구는 없었다.

고종은 김홍집이 가져온 《조선책략》을 보고 미국과 조약 체결을 서둘렀다. 대신들이 문호 개방을 반대하자 비밀리에 일본에 사람을 보내 중국 등과 접촉하여 정보를 수집했다. 조선의 개혁 조치들, 특히 일본과의 수호 조약, 미·중과 조약 체결, 유학생 파견, 일본 시찰, 미국에 사신 파견 등은 황준헌의 청사진을 토대로 한 것이었다.

1881년 1월 고종은 중국 총리아문을 모방하여 외교와 통상을 담당하는 최초의 근대적 기구 '통리기무아문統理機務衙門'을 설치했다. 2월에는 일본에 문신 10여 명으로 구성된 '조선 신사 유람단'을 파견하여 시찰했다. 개혁이 시작되자 전국의 유생들이 격렬하게 저항했다. 더욱이 황준헌의 《조선책략》 내용이 알려지자 전국의 사대부, 유생들이 모두 들고일어났다. 연일 한양으로 올라와 항의하고 만여 명이 연대 서명을 통해 황준헌을 공맹정주孔孟程朱, 공자·맹자·정자·주자를 배반한 '사악한 인사'로 규정하고 조정은 유학의 정통성을 이어야 한다고 주장했다.

1881년 9월 극렬했던 '위정척사' 분위기가 점차 가라앉자 고종은 미국과의 연합聯美를 위해 외교적 접촉을 시도했다.

## 조선과 미국의 조약 체결, 중국의 역할

이홍장은 지속적으로 조선의 변화를 설득했다. 그는 조선이 여러 나라와 조약을 맺어 결과적으로 큰 나라들이 서로 견제하기를 기대했는데, 정일창, 하여장, 황준헌도 같은 생각이었다. 1876년 초, 이홍장은 조선 영의정 이유원李裕元에게 개인 서신을 보내 미국과의 조약 체결을 권유했지만, 이유원이 서양 여러 나라들을 믿지 못해 노력은 수포로 돌아갔다.

고종은 젊은 학생들을 이홍장이 설립한 톈진 기계 제조국에 보내 선진 기술을 익히도록 했다. 조선의 유학생 파견은 전례 없는 일로 이홍장은 이것이 조선의 외부 접촉 계기가 될 것으로 기대했다. 개혁파인 김윤식金允植이 특별히 '영선사領選使'라는 이름으로 이 젊은이들을 이끌었다.

1882년 1월 초, 김윤식 일행이 베이징에 도착했다. 학생들을 톈진으로 보내고, 김윤식은 이홍장을 만나 미국과의 조약 체결을 협의했다. 슈펠트도 중국에 도착하여 조선의 전권 대사와 만나기를 고대했지만, 김윤식은 전권 대사가 아니어서 협상 자격이 없었다. 이홍장은 김윤식에게 고종이 그에게 위임한 권한으로 먼저 일을 처리하고 사후에 정식으로 보완하자고 제안했지만 김윤식은 군주를 속이는 행위라며 받아들이지 않았다. 결국 사절단 중 1명을 급히 귀국시켜 고종에게 전권 대사 파견을 요청했다.

이홍장, 김윤식, 슈펠트는 톈진에서 2개월을 기다렸으나 조선에서는 아무 소식이 없었다. 3월 하순, 슈펠트가 직접 조선에 가겠다고 강

경하게 나서자 이홍장이 그와
협상을 했다. 김윤식은 중미 양
국의 조선 조약 체결 협상에 참
여하지 못한 채 오로지 중국 측
의 통보로 그 과정을 전해 들을
수밖에 없었다.

중미 협상을 통해 3가지 조
미 조약 초안이 만들어졌다. 그
리고 황준헌이 작성한 내용을
토대로 15개 조항에 이르는 조
약 정본을 만들었다. 이홍장은

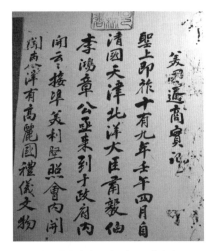

1882년 조선의 관방 문서 《미국통상실기(美國通商實記)》.

1조에 조선이 중국의 속국屬邦임을 천명하자고 주장했고 김윤식도 찬
성했으나 슈펠트가 반대했다. 협의가 이루어지지 않자 슈펠트는 워싱
턴의 지시를 기다렸다. 26일째 되던 날, 조선이 파견한 어윤중魚允中,
이조연李祖淵 등 '문의관問議官'이 톈진에 도착했다. 이들은 중국과의
담판 임무를 띠고 왔지만, 이홍장 등이 학수고대하던 미국 대표와 통
상 조약을 체결할 전권 대신은 아니었다.

중미가 협상한 15조는 조선에서의 영사 재판권이었다. 영사 재판
권은 외국 시민이 거주국 법의 제재를 받지 않는다는 일종의 치외 법
권으로, 불평등 조약의 상징이었다. 이 권리는 미국 대표가 요구한 것
이 아니라 청의 외교 인사인 황준헌이 주도하여 초안에 포함한 것이
었다. 이홍장과 김윤식은 "조선이 외부 사정에 밝지 못해 외국인 관리
에 어려움이 많다"며 동의했다. 결과적으로 이들의 잘못된 판단이 조

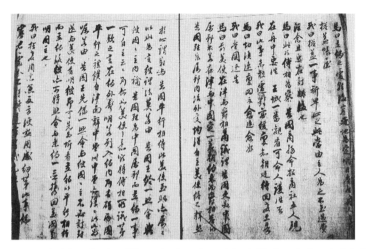

1882년 조선의 관방 문서 《임오년청국문답(壬午年淸國問答)》. 마건충과 조선 대표 간 대담 기록으로, 마건충은 조선 왕이 미국 대통령에게 조선은 중국의 속방임을 천명하라고 요구했다.

선을 영사 재판권의 상실로 이끌고 말았다. 이와 관련해 별다른 문제의식이 없었던 황준헌과 이홍장은 단지 중국과 서양의 '풍속예교風俗禮敎'가 다르다는 이유를 들어 외교적으로 중요한 권리를 미국에 갖다 바친 꼴이었다. 어리석은 중국 관리들의 잘못된 판단으로 조선 외교는 커다란 상처를 입고 말았으니 큰 비극이 아닐 수 없다.

이홍장은 프랑스에서 유학했던 마건충馬建忠을 슈펠트와 함께 조선에 보내 조선이 미국과 조약 체결을 완결 지을 수 있도록 했다.

1882년 5월 22일 조선과 미국은 정식으로 조미수호통상조약朝美修好通商條約을 체결했다. 1조에 조선이 중국의 속국이라는 내용은 없고 조선은 미국과 서로 동등한 주권 국가의 지위를 가진다고 명시하여, 외교적 독립성을 1876년 일본과 체결한 강화도 조약보다 명확히 했다. 다만 여기에 대한 보완 장치로 고종은 마건충의 건의를 받아들여 미국 대통령에게 "조선은 중국의 속방이었다"라는 내용의 서신을 보냈다.

이에 대해 미국 정부는 중국과 다른 정책을 취한다는 엄숙한 답변을 했다. 조선을 미국과 평등한 독립 자주국으로 보는 한편 조선과 중국의 전통적 관계에 간섭하지 않는다는 것이었다. 1882년 6월 6일 마건충은 조선과 영국의 우호 조약 체결에도 참여했다.

마침내 조선의 문이 열렸다. 조선은 미국과 교류를 시작하며 처음으로 팔괘도가 그려진 현대식 국기를 만들었다. 이는 오늘날 대한민국 국기와 흡사했다.

## 임오군란과 청군의 간섭

조미 조약 체결 2개월 후 한양에서 '임오군란'이 발발했다. 구식 군대 사병들이 새로 구성된 별기군別技軍에 비해 대우가 열악한 데 불만을 품고 일으킨 난이었다. 그들은 일본 군관을 살해하고 일본 영사관에 쳐들어가 민겸호閔謙鎬 등 명성 황후의 외척 중신들을 살해한 뒤, 황후를 구금하고 대원군 이하응의 정계 복귀를 요구했다.

대원군은 신법을 파하고 옛 제도를 회복하는 한편 명성 황후가 난중에 사망했다고 선포했지만, 황후는 목숨을 보전한 채 충북 충주로 몸을 피했다. 일본 공사 하나부사 요시모토는 나가사키로 도망갔고, 중국 주일 대신 여서창黎庶昌은 북양대신 장수성張樹聲에게 긴급 타전했다. 이홍장은 고향에서 모친상을 치르느라 장수성이 톈진에서 대신

직무를 수행하고 있었다. 장수성은 바로 출병을 지시했다.

조선의 상황을 모르던 베이징의 예부와 총리아문은 톈진에서 학생들과 무기 제작 실습을 하고 있던 김윤식에게 이 소식을 전해 들었다. 김윤식은 톈진 해관도 주복周馥에게 명성 황후의 견제로 오랫동안 실의에 빠져 있던 흥선 대원군을 난의 주동자라 지목하고 중국이 신속하게 파병하여 진압할 것을 요구했다.

중국 관리들은 조선 왕의 측근인 김윤식과 어윤중의 말을 믿었다. 마건충도 반군이 왕궁을 급습하여 "종사가 위험하고", 대원군 이하응이 사건 주모자로 "왕위를 넘본다"라고 보고했다. 중국은 당연히 김윤식의 요구대로 파병해서 수괴를 처리하고 왕과 사직을 보호해야 했다. 김윤식은 직접 중국 군사가 한양성에 들어가서 대원군 저택을 포위하고 조선 왕대비의 명의로 대원군을 제거해야 한다고 주장했다. 8월 말, 장수성은 회군淮軍 장수 오장경吳長慶을 파견하여 난의 진압을 명했다.

김윤식과 어윤중은 중국 군대의 길을 인도하는 '향도관'을 자임하여 오장경 부대를 따라 한양에 왔다. 청군은 며칠 만에 상황을 정리하고 명성 황후를 충주에서 왕궁으로 데려왔다. 오장경은 이하응을 체포하여 톈진을 거쳐 바오딩으로 압송했다. (3년 후인 1885년에는 이하응을 조선으로 돌려보내 명성 황후 세력을 제압하려 했다.) 중국은 이로써 조선을 위기에서 구했다고 생각했다.

중국의 이번 파병은 건륭제 때 베트남에 파병하여 이黎씨 정권을 구한 사례와 같았다. 중국은 종번 체제하에서 자국이 져야 할 도의적 책임을 다한다고 생각했다. 장수성·이홍장은 대원군을 중국으로 압송하여 구금하고, 고종이 인편으로 안부를 묻게 하는 방안에 관해 상의했다. 이들은 원나라 영종 통치기에 고려 충선왕忠宣王을 티베트에 유배 보낸 것과, 역시 원나라 세조 때 고려 충혜왕忠惠王을 광둥에 유배 보낸 사실에서 역사적 근거를 찾았다.

1882년 이전 중국의 대조선 정책은 정치·외교적 고려도 있었지만 종번 관계에서 합법성을 찾는 데서 출발했다. 중국은 조선 왕실의 생존을 좌지우지할 권력이 있었지만, 평화 시기에는 드러나지 않을 뿐이었다. 중국은 아마도 이 관계에 유럽에서 수입된 국제법이 끼어들 여

1863년 청조에 의해 책봉된 고종의 모습. 1919년 1월 21일 갑자기 세상을 떠났는데, 일본 측 독살이라는 주장이 있었다.

지가 없다고 말하고 싶었을 것이다. 그렇기 때문에 청나라 말기 한중 관계를 국제법 이론으로만 보려고 하면 전체를 파악하기 어려워진다.

1882년 조선 출병은 한 젊은이에게 엄청난 기회였다. 산둥에서 조선으로 향하는 오장경 부대의 배에 스물세 살의 원세개袁世凱가 타고 있었다. 김윤식과 만난 원세개는 필담을 통해 "내가 직접 병사를 이끌고 한양에 들어가겠소"라고 호기를 부렸다. 김윤식은 그 용기를 칭찬하며 온건한 말투로 먼저 인천에 도착해 상황을 살펴보고 다음 계획을 세우자고 다독거렸다. 김윤식은 혈기 방장한 스물세 살의 젊은이가

얼마 후 '흠명주찰조선총리교섭통상사의欽命駐劄朝鮮總理交涉通商事宜'라는 대단한 직함으로 한양에 10여 년을 머물며 조선 정치를 뒤흔들게 되리라고는 꿈에도 생각지 못했다.


## 미국 공사와 중국 대표의 상주

1882년 임오군란 이후 조선은 중국에 군사와 대외 업무에 밝은 사람을 파견하여 외교 통상, 세관 건립 등 사무를 도와달라고 요청했다. 9월에 양측은 상민수륙무역장정商民水陸貿易章程을 체결하고 상무위원 파견에 합의했다. 중국 측은 이것이 '조약'이 아니라고 생각했지만 형식상 조미 조약과 차이가 없었다. 이 장정을 통해 중국은 인천 등지에 중국 조계를 건설하려 했다. 일본, 미국, 러시아 등은 중국이 조선을 식민지화하려 한다고 우려했고 이 때문에 외교적 모순과 갈등이 생겼다.

1882년 11월 이홍장은 마건충의 사촌 마건상馬建常, 톈진세관 세무사 겸 독일 주중 공사관의 파울 게오르크 폰 묄렌도르프를 고문 신분으로 한양에 파견하여 대외 업무를 돕도록 했다. 조선에 새롭게 건립된 세관은 중국 세관 총세무사를 모방했다. 조직 구조상 중국 세관의 한 지점으로 연보年報 등이 중국 세관 세무사의 보고서에 첨부됐다.

이러한 일들은 전통 종번 구조 내에서 진행됐으며 중국이 주도하려던 것은 아니었다. 조선은 문호를 개방한 후 영어, 프랑스어를 구사하는 인재가 없어 유럽 국가와의 외교 문서 작성, 관세 징수법, 심지어 국기 제정 등에 관해서도 지식이 부족했다. 따라서 이미 20여 년 동안

인천 차이나타운 전경. 이곳의 중국 조계는 1883년 건립됐고 산둥, 저장, 광둥에서 온 상인들이 장사를 했다. 중국 조계는 서쪽과 남쪽이 바다에 접하고 동쪽으로는 일본 조계, 동북쪽으로는 영국·미국 조계와 접해 있었다. 현재 일본 조계는 박물관이 됐고 중국 조계에는 여전히 많은 화교가 거주하면서 상점과 식당을 운영하고 있다.

'양무洋務'를 경험한 중국에 의지하는 것이 가장 빠른 방법이었다.

1883년 초, 마건상과 묄렌도르프에 이어 미국·영국·일본 공사들이 속속 한양에 도착했다. 중국에서는 북양대신 이홍장의 지시를 받는 이품함분성보용도태二品銜分省補用道台 진수당陳樹棠, 샌프란시스코 총영사 역임이 '위판조선상무위원委辦朝鮮商務委員' 신분으로 도착했다. '은둔隱士의 도시' 한양은 조용한 고도에서 하룻밤 사이에 각국 외교관들이 움직이는 바쁜 도시로 변했다. 진수당은 조중 종번 관계를 다루는 업무의 성격상 그다지 유쾌하지 못했다. 그의 임무는 서양 외교관들에게 설명하기도 어려웠다. 조선이 중국의 속국임을 강조하는 진수당과 달리 다른 외교관들은 중국의 조선에 대한 영향력, 양국의 특수 관계를 인정하면서도 공개적으로는 조선이 독립된 주권 국가임을 강조했기 때문이다.

1883년 5월 미국 초대 주조선 공사 루시어스 푸트가 한양에 도착해 고종을 알현했다. 그는 이 자리에서 "오직 우방 간 자유로운 교류를 통해서만 가장 훌륭한 문명을 이룰 수 있습니다"라고 했다.

미국 국무장관은 3월, 푸트에게 훈령을 통해 조·미·중 삼국 관계에 대해 다음과 같이 명확하게 지시했다. 1882년 조미 조약은 두 독립 주권 국가 간 조약으로 미국은 조선을 하나의 독립 주권국으로 본다. 그러나 본국 권익이 훼손당하는 때를 제외하고 미국은 조중 양국 관계에 간섭하지 않는다. 다시 말하면 미국은 조중 종번 관계를 묵인하며, 다만 미국의 이권에 손대지 않으면 된다는 의미였다. 이런 실용주의 외교 노선에 영국, 독일, 프랑스, 러시아 등도 뒤를 이었다. 1894년 청일 전쟁이 폭발하기 전, 일본을 포함하여 어떤 나라도 공개적으로 조중 종번 관계를 부인하지 않았다.

1883년 이후 미국은 조선에 들어와 외교, 종교, 교육, 세관 등 모든 방면에 영향을 미쳤다. 가장 먼저 조선 선교를 시작한 미국 장로교 선교사이자 의사인 호러스 알렌은 고종의 신임을 받아 1885년 조선 최초의 서양 병원 '광혜원(廣惠院, 현재 연세대학교 부속 세브란스 병원이 있는 장소)'을 열었다. 선교사들은 조선의 대미 외교에도 영향력을 발휘했다. 미국 본토와 일본, 중국에서 온 많은 미국 선교사가 속속 교육, 위생 사업에 참여하여 조선의 근대화 추진에 힘을 보탰다. 장로교 선교사 호러스 언더우드가 1915년 설립한 경신학교는 훗날 연세대학으로 발전했다.

서울 신촌의 연세대학교.

미국 기독교 문화의 영향을 받은 한국은 오늘날 동북아시아에서 유일하게 기독교화를 이루었다. 역사상 조선이 철저한 유교 국가였던 것과 비교하면 매우 선명한 대비를 이룬다.

한편, 한양에 주재하는 영미 공사들은 상무위원 진수당이 아닌 신설된 조선의 통리기무아문과 연락을 취했다. 중국 상인들도 마찬가지였다. 그는 외교계에서 소외됐고 영국·일본 외교관들의 웃음거리가 되기도 했다. 종주국인 중국을 대표하는 고위직 관리였지만 누구도 이를 인정하지 않았다. 진수당은 조중 상민수륙무역장정으로 자신의 존재감을 키우려 했다. 그러나 장정 전문에는 중국과 조선에만 적용되며 다른 국가와는 상관이 없다고 명시되어 있었다. 조약 체결 시 고르고 고른 문장이 자승자박이 되어버린 꼴이었다. 진수당은 수시로 "도대체 나는 누구인가?"라고 물어야 할 만큼 난감한 상황에 부닥쳤다. 이홍장에게 하소연했지만 별다른 방도가 없었다.

진수당은 1884년 인천, 원산, 부산 등지에 중국인이 거주를 시작하면서 특별히 '관리화상사무이사辦理華商事務理事'라는 상업적 범위를 넘어서 대외 교섭권까지 가진 직함을 부여받았다. '이사理事'와 '영사領事'는 중국어로는 발음이 유사(리스, 링스)하지만 성격이 완전히 다르다. 전자가 내부 업무 책임자라면 영사는 주권 국가에 주재하는 외교관이다. 중국은 속국인 조선에 파견하는 관리를 주권국에 주재하는 영사로 보지 않았다. 이는 천조의 유일무이한 권위와 조중 종번의 특수한 관계를 상징한다.

1884년 11월 진수당은 이홍장, 미국 영사 푸트와 상의 끝에 자신의 직함을 '총리조선각국교섭통상사무위원總理朝鮮各國交涉通商事務委員'으로 고쳐 더욱 광범위한 권한을 갖도록 했다. 진수당은 비로소 양국 '체제'에 부합하고 '상국上國' 관리로서의 위엄을 갖추었다고 생각했다. 조선은 1884년 4월 톈진에 상무위원으로 공조참판 남정철南廷哲을 파견하면서 중국 조정에 보내는 '배신陪臣, 신하'이라 했다. 전형적인 종번 체제 용어로, 여전히 종번의 예를 지키겠다는 의미였다.

진수당은 새 직함에 만족했지만 각국 공사들은 이들이 조선 정부를 통제하려는 의도가 있지는 않은지 의심했다. 베이징 근무 경험이 있는 영국 공사 해리 파크스는 총리아문에 진수당의 새로운 직위에 대해 해석을 요구했다. 총리아문은 "조선은 중국의 속방이니 다른 나라 사신들과 비교할 수 없다. (…) (진수당의) 관직은 도원道員으로 각국 총영사에 해당한다"고 답변했다. 즉, 중국은 1882년 조중 장정에 의해 조선에 상무위원을 파견하는데 직위는 서구 국가의 총영사와 같다는 것이었다. 이후 중국의 조선 주재 외교관 신분은 이에 준해 정해졌다.

## 갑신정변과 중일 교섭: 중국, 패하지 않고 패하다

좋은 시절은 오래가지 않았다. 진수당이 새로운 직무를 맡은 지 한 달도 지나지 않아 예상치 못한 일이 발생했다. 12월 4일, 일본의 지원을 받은 개혁당 홍영식·김옥균·박영효 등이 정변을 일으켰다. 이 해가 갑신년이어서 '갑신정변'이라 부른다. 개혁당은 궁을 점령한 뒤, 이조연·조영하·민영목 등 사대파 대신들을 살해하고 조중 종번 관계 폐지를 선언했다. 일본 공사 다케조에 신이치로는 8년 전 모리 아리노리와 함께 바오딩에서 이홍장과 조선의 국제적 지위를 논의했던 인물이었다. 그러나 이들이 주동이 된 정변은 이틀 후 청군 오조유吳兆有와 부장副長 원세개, 장광전張光前에게 진압됐다. 살기등등했던 기세는 3일 천하를 끝으로 막을 내렸다.

중국과 일본은 외교 담판을 벌여 1885년 4월 톈진에서 "양국 군대는 조선에서 철수하고 조선 군대에 교관을 파견하지 않으며 조선에 중대 변란이 발생하여 양국 혹은 일국이 파병할 경우 사전에 서로 통보한다"는 등 3개 항에 서명했다. 일본은 형세가 위급할 때 중국과 함께 조선에 출병할 권리를 획득했다. 실제로 4년 뒤인 1894년에 조선에서 동학이 일어나자 일본은 이를 근거로 중국과 함께 군대를 파병했다. '갑신정변'에서 중국이 패하지 않았지만, 외교적으로 보면 패한 셈이었다. 일본은 이기지 않고 이겼다. 이는 같은 시기 중국과 프랑스가 베트남에서 벌인 종번 관계 담판과 비슷했다. 중국은 약소국이어서 외교를 못한 게 아니라 외교를 못해서 약소국이 되어버렸다.

1885년 10월 진수당이 극심한 피로를 호소하며 사직했다. 이홍장은 원세개를 후임으로 추천했다. 이홍장은 원세개가 "담력과 지략을 겸비하고 큰 그림을 잘 본다"며 '주찰조선총리교섭통상사의駐劄朝鮮總理交涉通商事宜'의 직함을 주어 외교·통상

조선 관리 변원규(卞元圭) 집안이 소장한 《갑신변난사실(甲申變亂事實)》. 갑신정변의 전말을 기록했다. 변원규는 1880년 별재자관(別賫咨官) 신분으로 톈진에 왔다. 그는 이홍장과 톈진에서 조선 학생에게 기계 제작을 가르칠 계획을 상의했다.

사무에 '막중한 권한'을 행사하도록 했다. 다만 관직이 오품함동지五品銜同知로 낮아 이홍장은 특별히 외교관 신분에 걸맞게 직급을 올려주도록 건의했다.

11월 초, 베이징은 원세개를 '흠차주찰조선총리교섭통상사의欽差駐劄朝鮮總理交涉通商事宜'로 품계를 올려 지부知府로 임명하고 결원이 나면 바로 도원으로 승진하게 했다. 이로써 원세개는 '승용도보용지부升用道補用知府'가 됐다. 사람들이 '원도袁道'라고 칭했던 것은 바로 이런 배경 때문이었다. 전임자인 진수당에 비해 품계는 낮았지만 업무 범위는 크

게 강화됐다. '흠차'는 천자에게서 조선 주재의 합법성을 인정받았다는 뜻이었다. '총리總理'는 진수당의 '총판總辦'에 비해 감독 범위가 더 넓었으며, '교섭통상사의'는 외교는 물론 무역 업무까지 감독할 수 있었다. 이리하여 원세개는 황제로부터 칙명을 받은 원총리袁總理가 됐다.

스물여섯 살의 젊은이는 하늘 높은 줄 모르고 기개를 뽐냈다. 양무洋務에서 20여 년을 버텨온 이홍장은 원세개가 체제

청나라 관복을 입은 원세개. 콩거 부인이 1909년에 출간한 《중국에서 온 편지(Letters from China)》에서 인용했다.

외곽에서 지혜롭게 한국과 중국의 오랜 전통과 중서의 새 규칙 간 모순을 줄이도록 배려해주었다. 이홍장은 원세개의 결점도 잘 알아서 타이르기도 했지만 10년 동안 그를 소환하지 않은 것을 보면 원세개가 지닌 양날의 칼 같은 점을 높이 산 것인지도 모른다.

## 원세개와 조선에서의 마지막 10년

원세개도 순조롭지만은 않았다. 가장 힘든 점은 여전히 다른 외교관들에게 조중 종번 관계를 명쾌하게 설명할 수 없다는 것이었다. 흠차 총리라는 직함은 명확했지만 실제 상황에서는 '나는 누구인가?'라는 오래된 문제가 발목을 잡았다. 당시 한양에서는 베이징처럼 각국 공사들이 공사단을 구성해서 영어를 공용어로 사용했다. 이름, 직함 등도 적절한 외교 용어와 번역이 있었다. 원세개도 이러한 관례에 따르고 싶었으나 자기 직함을 정확하게 번역할 수가 없었다. 지위와 직무에 대해 분명하게 설명하지 못하니 그에 대한 인식 또한 모호했다.

원세개는 미국에서 공부한 젊은 직원 – 컬럼비아 대학에서 공부한 청소년 유학생 출신 당소의唐紹儀 – 를 미국 공사관에 보내 대리 공사 조지 포크에게 의견을 구했다. 포크는 '외교와 상업 업무 관리자Charge of Diplomatic and Commercial Intercourse'로 번역할 것을 건의했다. 그러나 당소의는 '주재원resident'이라는 단어를 써서 '중국 황제 파견 한양 주재원His Imperial Chinese Majesty's Resident, Seoul'이 더 적절하다고 주장했다.

포크는 영국 공사 에드워드 바버, 일본 대리 공사 다카히라 고고로와 토론을 벌였으나 의견의 일치를 보지 못했다. 일본 외교관은 한문을 이해하는 데 문제가 없었다. 그러나 비한자권인 미국·영국·프랑스 등의 공사들은 달랐다. 원세개는 당소의의 의견을 받아들여 간단하게 'H. I. C. M. Resident'로 명함에 적었다. 사실 이 번역은 흠차대신이라는 의미를 담았지만, 통상 교섭 권한은 드러나 있지 않다. 원세개 역시 '나는 누구인가?' 하는 문제에 분명하게 답하지 못한 것이다. 공사단

내 다른 외교관들도 그를 "외교 직능을 가진 중국 총영사"로 간주했다. 진수당이 느꼈던 그 괴로움에서 원세개도 벗어날 수 없었다.

원세개는 부임 초에 베이징에 조중 종번 관계 유지를 위해 "오랫동안 번국으로 봉해온 동쪽의 병풍"을 보호해야 한다고 건의하고 본인도 이를 위해 노력했다. 그러나 신구 외교 체제 간 틈새에 끼어 있다 보니 한계가 있었다. 조중 간 제도적 틀과 예의 때문에 다른 국가 공사들이 모이는 외교 사절단 회의에 참여할 수 없었다.

그는 외교가 아닌 종번 체제가 가져다주는 과실을 즐기면서, 흠차 신분을 이용하여 조선의 내정에 관여하기도 했다. 다른 외교관들은 종번 체제를 옹호하는 그의 독자 행동이 조선의 독립과 자주권을 침해한다고 생각했다. 또한 흠차 신분을 이용하여 위세를 부리며 국제 외교 규칙을 무시한다고 보았다. 상황이 이렇게 되자 영국, 미국, 일본 등 외교관들의 질시와 질책뿐 아니라 점차 국가 주권을 인식해가던 조선 정부도 불만이 생기면서 마음이 멀어져갔다. 천조 흠차 총리를 자임하던 원세개는 조선 외교 무대에서 가장 고독한 사람이 됐다.

1887년 조선은 전권 대표를 미국에 파견했다. 원세개가 조중 간 예의를 이유로 불만을 제기하자, 조선 조정도 그에게 불쾌감을 표시했다. 1882년 미국과 조약을 체결한 이후 조선은 미국에 사신을 파견할 시기를 조율하고 있던 차였다. 1887년 고종은 미국인 고문 오언 데니 등의 건의를 받아들여 조신희趙臣熙를 전권 대사로 임명하여 영국, 프랑스, 러시아, 이탈리아에 파견하기로 했다. 이 사실을 사전에 알지 못했던 중국은 큰 불만을 표했다. 조선이 전권 사신을 유럽 각국에 보내는 것은 중국과의 종번 관계를 부정하는 것으로 베이징이 원하지 않는 복잡한 상황이 발생할 수 있기 때문이었다.

조선은 청의 격렬한 반응에 별로 놀라지 않았지만 압박을 느꼈다. 사절 파견을 잠시 늦추기로 하면서도 박정양朴定陽을 미국에 보냈다. 원세개가 항의하자 박정양은 중도에 돌아와야 했다. 이에 미국 공사 휴 딘스모어가 원세개에게 항의하고, 주중 미국 공사 역시 베이징 총리아문에 문제를 제기했다. 미국의 외교적 압박으로 청 조정은 박정양이 전권 대신 신분으로 미국을 방문하는 것을 허락했다.

이홍장은 주미 공사 장음환을 통해 사절단 방문에 맞추어 3개 조항의 전제 조건을 제시했다. 첫째, 조선 사절단이 외국 여러 나라에 도착한 후 먼저 중국 영사관에 보고하여 중국 사신 인도하에 해당국 외교부를 방문할 것. 둘째, 연회 등에서 조선 사신은 중국 사신 뒤에 설 것. 셋째, 중대한 문제에 대해 중국 사신과 협의할 것 등이었다. 이는 종번 관계에서 정해진 것들이지만 조선 사신들의 반발을 불러일으켰고, 실제 외교 활동 중에 실행되지 않았다.

1887년 12월 말, 박정양 일행은 샌프란시스코에 도착했고 이듬해 1월 대륙을 횡단하여 워싱턴에 도착했다. 이들은 미국 대통령, 국무장관과 많은 관리를 만났다. 의전이나 국서 전달 등에서 모두 독립적이고 자주권을 가진 나라로 행동했으니, 이홍장 등이 기대한 중국 속국의 태도는 아니었다. 장음환은 불쾌감을 표하고 박정양을 압박하며 조선이 대청 제국의 속국임을 상기시키려 했다. 미국은 시종 조선을 국제법상 미국과 평등한 독립국으로 대우하고, 중국이 강조한 부속국의 정치적 의미를 애써 무시했다. 중국이 조선에 부과한 의무 때문에 대조선 정책의 기조를 바꾸려 하지도 않았다.

1888년 박정양 사절단이 워싱턴에서 찍은 사진.

　1887년 박정양의 미국 방문으로 쟁론이 분분하던 해, 한양에서는 고종의 고문 오언 데니가 《중국과 조선China and Corea》이라는 책을 출간했다. 여기서 데니는 중국이 한양에 파견한 대표와 여러 경로를 통해 조선을 식민지 삼으려 한다고 주장했다. 그는 종번 관계를 이해하지 못했고 감정적인 표현도 많아 미국인들의 오해를 불러일으키기도 했다. 일본 외무성은 이 책을 《청한관계淸韓之關係》로 번역했다가 《청한론淸韓論》으로 이름을 바꿔 기밀문서에 편입시켰다. 이 책은 미국 정계에도 전해졌다. 1888년 8월 말, 박정양이 아직 워싱턴에 있을 때 데니의 고향인 오리건주 상원 의원 존 미첼이 의회에서 이 책을 소개했다. 미첼은 중국이 조선의 독립 자주권을 망치고 있으며 조중 간 조공 관계가 조선이 독립적 주권 국가라는 사실을 부정할 수 없다는 점을 강

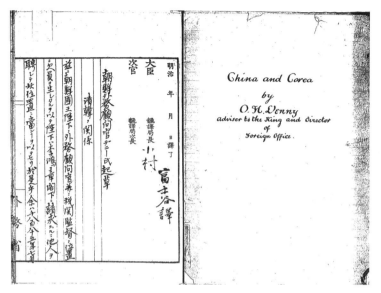

1888년 일본 외무성이 번역한 오언 데니의《중국과 조선(China and Corea)》수사본(手寫本). 일본에서는《청한관계》로 출간됐다. 일본 외무성 외교 사료관 소장.

조했다.

청일 전쟁 폭발 이전, 중미는 조선의 국제적 지위 문제로 이미 막다른 골목에 들어서고 있었다. 미국은 양국이 대등하다는 인식하에 조선을 독립적 주권 국가로 보았다. 1893년 5월 시카고에서 열린 만국박람회는 콜럼버스의 아메리카 발견 400주년을 기념하는 행사였는데, 조선이 여기에 독립적 주권 국가 자격으로 참여했다. 미국인 고문 알렌은 조선 참가단의 명패 문제와 관련해서 "'Korea'나 'Corea' 모두 무방하지만 전자가 더 좋다. 조선은 중국의 일부분이 아닌 독립국이다"라고 말했다. 조선의 영문 표기가 'Corea'에서 점차 'Korea'로 바뀐 것이 이 시기부터였다. 이러한 변화에 미국의 입김이 크게 작용했다. 시카고 현지 신문들도 전면에 조선을 독립적 주권 국가로 소개하자 일반 국민들의 조선에 대한 인식도 크게 달라졌다. 중국은 조미 양국이 종번 관계를 부정하려는 움직임에 대해 경계심을 가졌으며 미국과 외교 마찰을 빚었다. 이에 동아시아에 주재하는 미국 공사들이 조중 교섭에 개입했다.

국제 외교라는 큰 무대에서 조선이 점차 독립적 외교를 펼치면서 갈수록 중국과 거리가 멀어졌다. 청 조정은 이러한 상황을 원치 않았지만 돌이킬 방법이 없었다.

1894년 7월 18일 원세개는 귀국 명령을 받았다. 7월 23일 일본군이 아산에서 청군을 습격하여 전쟁을 도발하기 이틀 전, 1,000여 명의 일본군이 한양에 있는 중국 공관을 공격했다. 총리 대리인 당소의는 급히 기밀문서를 태우고 황망하게 영국 영사관으로 몸을 피했다. 그는 일부 문서를 영국 영사관에 두고 원세개가 남긴 '흠명주찰조선총리교섭통상사의' 관인만 들고 옌타이煙臺로 돌아갔다. 청일 전쟁이 터지자 이홍장, 원세개 등이 지난 10여 년간 고심하며 일궈놓은 사업들은 모두 연기처럼 사라져 버렸다.

## 전쟁, 영원히 사라진 번속

오언 데니 등 미국인들은 조선이 중국의 속박에서 벗어나 독립적 주권 국가로 탄생하는 데 크게 기여했다. 영국, 프랑스, 미국, 일본 등과 달리 중국은 조선을 식민지화할 계획이 전혀 없었다. 수백 년을 이어온 종번 관계 속에서 조선의 외교를 도우려 했지만, 데니 등은 이해할 수 없는 차원의 문제였다.

청일 전쟁 이후 중국은 조선에서 물러났다. 역사에서 보듯이, 조선이 오랫동안 의지하던 중국이라는 존재가 사라지자 일본은 곧바로 제국주의 본색을 드러냈다.

1895년 4월 청일 간 체결된 시모노세키 조약 1조에서 조선이 완전한 독립국임을 규정하자, 일본은 곧바로 조선을 침략하여 친일 내각을 세우고 식민지 전략을 시행했다. 조약 체결반년이 지난 10월 8일, 일본 낭인이 경복궁을 침입하여 잔인하게 명성 황후를 시해했다. 고종은 러시아 영사관으로 급히

1903년 발행한 '대한제국 우표'로 값은 2리였다. 중간의 독수리가 있고 좌우에 '대한제국 우표'라고 한글과 프랑스어로 쓰여 있다. 독수리 몸에는 태극 문양이 그려져 있는데 한쪽에는 지구, 다른쪽에는 칼을 들고 있다. 아래에는 무궁화가 그려져 있다.

피신했는데, '아관파천'으로 불리는 이 사건으로 조선에서 친일 내각이 물러나고 친 러시아 세력이 득세하면서 러일 간 쟁투가 가속됐다.

1897년 조선은 '대한제국'으로 이름을 바꾸고 고종은 황제에 올랐으며 민비는 '명성 황후'에 봉해졌다. 미국과 영국은 '대조선국'에서 '대한제국'으로의 변화를 묵인했다. 허약한 이 제국은 러일 간 경쟁이라는 폭풍우 속에서 표류했다. 그렇지만 한편으로 '탈중국' 작업을 멈

추지 않았다. 서대문 바깥에서 중국 사절단을 영접하던 '영은문'은 '독립문'으로 바뀌었고, 청 태종 황태극이 조선을 정벌한 후 삼전도에 세운 '대청황제공덕비'는 땅속에 묻었다. 역사 서술에서도 단군을 민족의 시조로 추앙하고 중국의 기자箕子가 세운 고대 국가 기자조선을 배척했다. 단군 이야기는 이후 일본의 식민사관을 극복하고 2차 대전 이후 한민족이 발전하는 데 큰 동력을 제공했다.

1904년 2월 중국 동북에서 러일 전쟁이 폭발했다. 이듬해 5월 27일 쓰시마 해전 이후 일본이 전쟁의 주도권을 장악하자 러시아는 탈출구가 필요했다. 미국은 중립적 입장을 취하면서 서태평양 지역의 이

일본 요코스카시 미카사 공원에 있는 미카사 전함과 도고 헤이하치로 동상. 아래에 "황국의 흥망이 이 전투에 달려 있다"는 글이 적혀 있다. 미카사호는 러일 전쟁에서 도고 헤이하치로 사령관이 탑승하여 함대를 이끈 배이다. 영국에서 건조된 전함으로 당시 최신 전함 중 하나였다. 1923년부터 지금까지 보존되어 있다.

익을 위해 조선을 희생시켰다. 1905년 7월 27일 오전, 전쟁부 장관 윌리엄 태프트(훗날 미국 27대 대통령 역임)와 일본 수상 가쓰라 타로는 도쿄에서 회담을 갖고 전쟁 이후 동아시아 정세를 상의했다. 가쓰라 타로 수상이 미국이 진출한 필리핀 지역에 간여하지 않겠다고 하자, 태프트 장관은 조선의 일본 식민지화가 동아시아 안정에 중요하다며 일본 침략에 동의했다. 7월 29일 양측은 비망록에 서명했다. 이 비망록은 1924년 처음 발견됐는데 비록 공식 조약은 아니었지만 조선을 희생양 삼은 외교 음모를 밝히는 데는 부족하지 않았다.

1905년 9월 5일 미국 대통령 시어도어 루스벨트의 중재 아래 일러 양국 대표는 미국 메인주의 포츠머스 해군 기지에서 조약을 체결하고 전쟁을 마무리 지었다. 이것이 바로 '포츠머스 조약Treaty of Portsmouth' 으로, 일본은 외교적으로 큰 승리를 거머쥐었다. 조약 2조에서 러시아 정부는 일본의 조선 정치·군사·경제상 이익을 인정하고, 일본이 조선을 지도·보호·감리 조치하는 데 동의했다. 일본은 한반도에서 절대적인 이익을 얻어냈다. 11월 17일 조선은 마침내 을사늑약(일본 측 표기 '일한보호조약')으로 일본의 '보호국'이 됐다. 이를 묵인한 미국은 영국 등과 함께 조선에서 공관을 철수시켰다. 1910년 8월 22일 일본은 정식으로 조선을 병합했다. 당시 청나라는 정치적 격랑에 빠져 있어 예전 속국에 신경 쓸 여력이 없었다. 1년 후 청은 신해혁명 발발로 무너지고 말았다.

1919년 3월 1일 조선에서 일본 식민 통치에 반대하고 조선의 독립을 쟁취하려는 '3·1 운동'이 거세게 일어났다. 일본이 무자비하게 무력 진압하자 혁명 지사들은 상하이로 몸을 피해 프랑스 조계에서 '대

라오닝성 단둥시 압록강 다리 위에 있는 '평화를 위하여' 조각상.

한민국 임시 정부'를 탄생시켰다. 중국 정부는 이를 공식적으로 인정하지는 않았지만, 한국과 중국의 유구한 역사적 관계와 일본 식민주의를 반대하는 공동의 목표에 따라 은밀하게 임시 정부의 독립운동을 지지했다. 훗날 국민당과 공산당 모두 조선 독립지사와 무장봉기를 지지하고 2차 세계 대전이 끝난 후 그들이 귀국하여 계속 투쟁할 수 있도록 지원했다.

1950년 6월 25일 한국에서 전쟁이 발발하자 10월 18일 중국 인민 지원군[3]이 압록강을 건너 참전했다. 적수는 바로 미국이었다. 1953년 7월 27일 남북한과 중국, 미국이 정전 협정에 서명하면서 전쟁은 끝났

---

**3**    한국 전쟁 당시 중국이 투입한 군대. 병력 대부분이 인민 해방군 출신으로 사실상 중국 정규군과 큰 차이가 없었다.

다. 이로써 한반도를 중심으로 하는 동북아시아 정세는 새로운 국면으로 진입했다. 오늘날까지 중미 양국은 한반도 정세에 영향을 미치는 양대 강국이다. 19세기 후반, 한반도를 둘러싼 중미 간 대결은 복잡한 국제 관계를 이해하는 데 큰 도움을 줄 것이다.

# 18장. 황태후(老佛爺)의 부인 외교: 자희 태후와 콩거 공사 부인

　　1900년은 청나라 역사상 가장 비참했던 한 해였다. 8개국 연합군이 베이징성을 침공하자 자희 황태후와 광서제光緖帝는 시안西安으로 피신했으며 이를 '서영西獰'이라 했다. 2차 아편 전쟁 때 영국·프랑스 연합군의 베이징성 침략 전 자희의 남편인 함풍제가 러허 행궁으로 도망친 '북영北獰'과 판박이 사태였다. 1901년 9월 이홍장은 노구를 이끌고 베이징에서 영국·미국·러시아·독일·프랑스·이탈리아·일본·오스트리아·벨기에·스페인·네덜란드 등 11개국 대표들과 치욕스러운 신축조약辛丑條約에 서명했다. '비바람에 흔들리다風雨飄搖'라는 말 그대로 청나라는 궁지에 몰렸다. 조약 체결 2개월 뒤, 조정을 대표해 조약에 서명했던 이홍장이 세상을 떠났다. 평생 대청 제국을 위해 온 힘을 바친 늙은 공신은 그 사명을 다하지 못한 채 세상과 작별을 고했다.

당시 권력의 중심은 자희 황태후였다. 시안에서 베이징에 돌아오자 그녀는 미국 공사 에드윈 콩거의 부인 사라 파이크 콩거와의 만남을 시작으로 상황을 개선시키기 위한 노력을 시작했다. 1898년 12월에 그녀는 처음 각국 공사들의 부인을 만나면서 콩거 부인을 알게 됐다. 이후 두 사람은 자주 만났는데 그때마다 귀한 예물을 주어 호감을 표시했다. 자희 태후가 일곱 살 연상이지만 동시대 사람으로 서로 공감대가 있었다. 자희 태후는 실업實業 장려, 전족 금지, 만주족과 한족의 결혼 허용 등 개혁을 추진했다.

콩거 부인은 8개국 연합군의 베이징 점령과 신축조약으로 승자의 지위에 있었다. 한편, 독실한 기독교 신자답게 솔직하고 성실한 교제를 통해 관계가 개선될 수 있을 것이라 믿었다. 그녀는 자희를 비롯해 청 조정 관리의 부인들과 교류했는데, 미국 공사관에서 '오후 다과 afternoon tea' 시간을 가지면서 중국과 미국 고위층 여성들의 사교 모임이 시작됐다. 콩거 부인은 국제 무대에서 갈수록 추락하는 자희의 이미지를 만회하기 위해 정성을 기울였다. 미국 화가 캐서린 칼을 초청, 자희 태후의 초상화를 그리게 했다. 이 작품은 미국 세인트루이스 박람회에 전시하고, 미국 대통령에게 기증했다.

자희와 콩거 부인의 교류는 1900년 전후 그동안 배후에서 침묵하던 여성들의 국면 전환 노력을 보여준다. 이들의 이야기는 격변의 소용돌이 속 중미 관계의 일면과 여기에 적응해나가는 중국인의 모습을 보여준다. 자희 태후는 큰 상처를 입고, 대외 정책에 변화를 가져오기 위해 몸을 낮추어 "전례 없던" 일들을 시도했다. 부인들과 만날 때마다 사진을 찍기 시작했는데 후세에 남은 사진들이 바로 이때의 흔적

1903년 자희 태후가 콩거 부인과 찍은 사진. 태후의 손을 잡은 사람이 바로 콩거 부인이다. 사진 위에 "대청국당금성모황태후만세만세만만세(大淸國當今聖母皇太后萬歲萬歲萬萬歲)"와 좌측으로 "광서계묘년" 즉 1903년을 알리는 낙관이 보인다. 가운데 도장은 "자희황태후지보(慈禧皇太后之寶)"라고 쓰여 있다. 사진을 찍은 유훈령은 자희 태후의 통역을 맡은 유덕령의 둘째 오빠였다. 사진 속 어린아이가 바로 그의 딸이다. 4명의 서구 여성 중 3명은 모두 같은 팔찌와 조롱박 브로치로 치장했는데 아마도 자희가 준 예물일 것이다. 워싱턴 스미스소니언 협회 소장.

이다. 이러한 행동은 시대 변화에 자신을 적응시킨 결과였다. 자희 태후는 부인 외교를 통해 정치가로서의 매력과 수완을 보여주었다. 한편으론 국제 정치에서 청나라 정계 핵심 인물이 느꼈어야 할 무력감도 짐작하게 한다. 태후의 부인 외교는 나름의 성과에도 불구하고 멸망해가는 청 왕조의 운명을 돌이키지는 못했다.

## 열강의 중국 분할과 미국의 '문호 개방' 정책

1895 중국은 청일 전쟁 패배 후 유럽 각국이 중국 연해와 강 주변 항구 도시를 탐하면서 분할 위기에 몰렸다. 1897년 독일은 2명의 선교사가 산둥 쥐예현巨野縣에서 피살된 것을 핑계로 교오조차膠澳租借 조약을 맺고 자오저우만膠州灣, 산둥반도 남서 지역을 99년간 조차했다. 독일은 칭다오靑島 일대를 점령하여 1차 세계 대전 후 '산둥 문제(일본이 독일에 선전 포고하고 점령함)'의 씨앗을 심어놓았다.

러시아도 청 조정을 압박하여 여대조차旅大租地 조약을 맺고 뤼순旅順, 다롄항大連港을 25년간 조차했다. 영국이 1898년 6월 홍콩 신제新界의 넓은 땅을 조차하고, 독일도 자오둥膠東 반도에 진입하니 러시아도 1898년 7월 정조위해위전조訂租威海衛專條를 체결하여 랴오둥遼東 반도 동북부 웨이하이威海에 조계를 건설했다. 1898년 후반 일본, 러시아, 영국, 독일 등은 동북 3성에서 발해만을 거쳐 칭다오 자오저우만 일대를 차지하여 청나라가 호령하던 북양北洋 지역을 전략적으로 완전히 봉쇄했다.

미국도 기회를 놓치지 않았

청나라 말기의 유명한 그림 〈시국도〉. 중국이 열강에 의해 분할되는 심각한 위기를 묘사했다.

다. 1898년 4월 미국은 스페인과 스페인 식민지 쿠바에서 전쟁을 벌였다. 전쟁은 카리브해 쿠바와 코스타리카에서 서태평양 지역 필리핀까지 이어졌다. 6월에 미국이 괌을 점령하자 12월 10일 양국은 파리에서 평화 조약을 맺는다The Treaty of Paris of 1898. 스페인은 쿠바를 포기하고 코스타리카와 괌을 미국에 할양하며 필리핀은 미국에 매각했다. 이 전쟁으로 미국은 태평양 서쪽, 아시아 태평양 지역까지 세력을 확장한 후 지금까지 유지하고 있다.

미국은 쿠바, 필리핀, 괌을 점령하고 하와이를 합병했는데, 이로써 제국주의 발전사에 중요한 이정표를 세웠다. 1823년에 미국 5대 대통령 제임스 먼로는 유럽 열강의 식민지 구축에 반대하는 '먼로주의'를 표방했지만, 전쟁에서 스페인을 물리친 이후로는 더 이상 주장하지 않았다. 미국 역사학자 앨버트 와인버그는 "미국은 전쟁 배상이라는 합법적인 수단으로 필리핀을 얻었지만 근본적으로 제국주의 의식을 벗어나지 못했다. 승자는 조약에 쓰인 대로 자기가 원하는 모든 것을 얻는다"고 했다.

미국이 해외 식민지 개척에 동참하여 멀리 동남아까지 손을 뻗었다. 이는 그동안의 식민지 개발 반대 정책과 상충하는 것처럼 보이지만, 사실은 '명백한 운명Manifest Destiny'으로 합리화한 식민주의·제국주의의 결과였다. 그들은 필리핀이 예전 상태로 돌아가거나, 스페인을 물리치고도 현지인들을 돌보지 않고 혼란한 상태를 방치한다면 미국은 야만적이고 무책임한 나라가 된다고 생각했다.

미국 대통령 윌리엄 매킨리는 필리핀에 교육·해방·문명·기독교화를 추진하겠다고 했다. 일부 사람들은 이를 세계 문명화·기독교화라는 책임과 '명백한 운명'을 가진 '선의의 제국주의'로 표현했다. 세상을 구하는 인도주의적 제국주의로서 미국식 제국주의가 '자유'를 수출한다는 것이다.

뉴욕에 있는 회중 교회Congregational Church 선교사 라이먼 애버트는 "미국은 유럽의 전통적인 제국주의를 새로운 제국주의, 즉 자유 제국주의로 바꾸었다"고 주장했다. 필리핀은 새로운 미국 제국주의의 첫 번째 실험 대상이었다. 전 세계에서 맹위를 떨치는 미 제국주의는 이렇게 문명 우열주의와 기독교 전파라는 '천부적 사명'의 토대 위에 건설됐다.

19세기 말 미국은 남북 전쟁 이후로 상공업이 발전하며 많은 부를 축적한 이른바 '도금 시대Gilded Age'를 만끽하고 있었다. 굵직한 국내 개혁을 추진하며 '진보 시대Progressive Era'로의 변모를 꾀하면서 여러 면에서 큰 변화가 있었다. 경제적 부는 해외 식민지 정책에 튼튼한 기초를 제공했고, '명백한 운명'이라는 기독교 원리는 정신적·도덕적 바탕이 됐다. 필리핀은 미국 제국주의 확장의 커다란 계기가 됐다.

미국 정치가들은 미국이 서구 열강 2중대의 위치를 벗어나 자신만의 길을 열었다고 생각했다. 상원 외교 위원회 쿠시먼 데이비스 위원장은 "미국은 이제 더 이상 서구 대륙의 중국이 아니다. 우리는 살아 있음을 하느님께 감사한다. 세계의 어떤 국가도 우리를 무시하지 못할 것이다"라고 했다. 〈워싱턴 포스트The Washington Post〉는 사설에서 다음과 같이 밝혔다.

"우리에게 새로운 의식-권력 의식-이 있는데 이러한 갈망을 펼쳐야 한다. 이것은 야수가 신선한 피를 맛본 것과 같다. 야심이든 이익이

1900년 1월 6일 〈하퍼스 위클리〉에 실린 만화로 "동쪽으로 달려라(Away Down East)"라는 제목이다. 엉클 샘과 어린 천사와 함께 "좋은 정부와 상업의 확장"이라고 쓰인 성조기를 들고 있다. 만화는 이들이 싸움소를 타고 필리핀 제도에 왔다는 내용이었다.

든, 새로운 토지에 대한 갈망, 영광과 전투 본연에 대한 뜨거운 사랑 등 새로운 감각이 우리를 지배하고 있다. 우리는 기괴한 운명과 마주하고 있다. 밀림에서 새로운 피를 맛본 것처럼 우리 국민들은 이미 제국이라는 신선한 경험을 했다. 과거의 공화국을 벗어나 새로운 제국 정책으로 무장해야 한다."

미국은 1898년 이후 '명백한 운명'으로 무장한 신흥 제국주의 국가가 되어 오랫동안 신봉해온 '고립주의' 대신 '개입주의'를 앞세워 세계 무대에 나섰다.

미국은 필리핀을 점령하고, 영국, 프랑스, 러시아, 독일, 일본 등이 중국에서 각축을 벌이는 것을 지켜보면서 자신의 군사적·정치적 역량 부족을 뼈저리게 느꼈다. 자국의 상업적 이익이 날로 심각하게 위협·잠식당하는 것을 피해야 했다. 워싱턴은 전통적인 '균형 외교'를 선택했다. 1899년 9월에서 12월 사이 미국 국무장관 존 헤이는 영국, 프랑스, 러시아, 독일, 일본의 대사를 접견하고 각국이 중국 내 통상 항구에서 자유 무역을 실시하고 상호 개방을 유지하자는 '문호 개방' 정책을 전달했다.

이 정책은 다음 3가지 사항을 포함했다. 첫째, 중국의 소위 '이익 범위' 혹은 조차 지역 내 조약 항구, 기존 이익에 대해서는 간섭하지 않는다. 둘째, 현행 조약 세칙稅則은 모든 세력 범위 내 항구 화물에 적용되고, 세금은 중국 정부가 징수한다. 셋째, 각자 '영역' 내 항구에서는 다른 나라에서 오는 선박에 징수하는 입항비를 본국 선박보다 더 많이 받을 수 없다. 각자 '영역' 내에서 건물·철도를 건설하고 다른 나라에 운송하는 화물은 본국 운송 화물처럼 동일한 거리당 철도 비용으로 계산한다.

1900년 6월 의화단이 베이징에 진입하여 공사관 지역을 포위하자, 헤이 장관은 각국이 미국 제안을 지지한다고 발표했지만 실제로는 그렇지 않았다. 7월 초에 미국 정부는 다시 '문호 개방' 정책을 주창하면서 각국이 중국의 영토와 행정권을 완전하게 유지하자고 호소했다. 이는 열강이 각 영향권 내에 있는 통상 항구를 개방하자는 뜻이었다. 즉, 미국이 말한 '문호 개방' 정책은 여러 나라의 식민주의와 제국주의가 연합하여 함께 중국을 압박하자는 것이었다. 중국 영토와 행정권을 완

1899년 5월 31일 미국 잡지 〈퍽〉에 실린 '문호 개방' 정책 관련 만화. 영국 대표 존과 미국 대표 엉클 샘이 인도와 필리핀 입구에 서서 물건을 싸 들고 오는 독일, 러시아, 프랑스, 이탈리아. 오스트리아 사람들을 환영하고 있다. 대문 안쪽으로 중국 황룡기가 걸린 건물이 보인다. 이 만화는 중국의 문호 개방이 사실은 열강의 도둑을 맞아들이는 것과 마찬가지라는 의미였다.

전하게 유지하자고 말한 이유는 이것 없이 '문호 개방' 정책은 불가능했기 때문이었다.

'문호 개방' 정책은 헤이 장관의 친구이자 유명한 한학자 겸 외교관인 윌리엄 록힐柔克義의 구상에서 나왔다. 그는 1884년 베이징 공사관 비서로 근무했고, 조선과 유럽에서 외교관 생활을 했다. 중국에 대한 깊은 이해와 탄탄한 한문 실력으로 중국 외교 문제 연구를 많이 했다. 의화단 사건이 발발하자 미국 대표로 중국과 담판을 벌여 신축조약에 서명한 당사자였다.

그는 중국 문화에 애정이 있었으며 '경자배관 장학금(庚子賠款 獎學金, 과도한 배상금을 일부 돌려주어 유학 장학금으로 사용하도록 한 것)'도 그의 공이라고 할 수 있다. 그가 구상한 '문호 개방' 정책은 미국이 한 세기 동안 중국 외교에서 유지해온 중립 원칙을 구체화한 것이었다. 즉 열강이 힘의 균형을 통해 명목상 중국의 영토와 행정권을 보장한다는 의미였다. 오늘날까지 미국의 많은 정치가는 중미 관계를 회고하는 중요한 연설에서 '문호 개방' 정책이 중대한 역사적 유산이었음을 잊지 않고 강조한다.

'문호 개방' 정책은, 미국이 스페인을 물리치고 제국주의에 진입하려던 역사적 전환기에 나왔다. 그러나 이는 중국에서 미국의 상업적 이익을 유지하려는 것이지 중국을 구하려는 것이 아니었다. 헤이 장관은 각국에 보낸 문서에서 이러한 정책의 목적이 중국 내 이익 보호임을 인식하고 있었다. 이는 '문호 개방' 정책의 승인을 대가로 중국의 이익을 희생하는 것이었다.

미국의 '문호 개방' 정책이 없었다면 중국은 열강에 의해 분할됐을까? 설사 중국이 아무리 허약하다 해도 한 나라가 베이징 정부를 완전하게 압박·조종하기란 불가능했다. 또한 '문호 개방' 정책으로 당시 청나라의 영토와 행정권이 완전해진다는 것은 애초에 불가능했다. 그러면 '문호 개방' 정책은 미국이 기대했던 효과를 거두었는가?

외교적 묵인 혹은 연합은 열강의 중국 내 세력 확장을 멈추지 못했다. 동북 지역에서 일본과 러시아가 결국 전쟁을 일으킨 것이 그 증거였다. 미국은 '문호 개방' 정책을 주장한 지 1년도 안 되어, 8개국 연합군에 해병대를 파견해서 자금성을 초토화시켰다. 이 점에 대해 미국 정치가들은 오늘날까지 입을 꼭 다문 채 어떤 해명도 하지 않고 있다.

미국은 1784년 중국과 교역을 시작한 이래 1844년 왕샤 조약을 체결했다. 1862년 초대 공사 벌링게임이 베이징에 부임한 이후에도 중

1900년 3월 21일 미국 잡지 〈저지(Judge)〉에 발표된 풍자만화. 제목은 "그리고 결국 필리핀은 중국으로 가는 디딤돌이다(And, After All, the Philippines Are the Stepping-Stone to China)"였다. 여기서 엉클 샘은 철강재 등 기계를 들쳐 메고 있으며 손에는 《교육과 종교》라는 책을 들고 있다. 그는 필리핀을 밟고 중국을 향해 가고 있다. 맞은편에서 수많은 "○○ 구함" 푯말을 배경으로 한 중국인이 두 손을 활짝 벌려 엉클 샘을 환영하고 있다.

국에 대한 미국의 핵심 과제는 오로지 상업 무역의 확대였다. 이 정책은 1862년 이래 40년간 계속됐다. 1898년 스페인 식민지였던 필리핀을 점령하고, 1900년 8개국 연합군의 일원으로 베이징에 파병한 이후에야 변화가 생겼다. 상업 무역을 발전시키는 일 외에 중국과 동아시아 정치에 적극적으로 개입함으로써 아시아 태평양 지역의 제국주의 세력 중 하나로 성장했다. 1898년 이래 미국은 단 한 번도 제국주의 정복자라는 말 위에서 내린 적이 없다.

## 서원(西苑)의 만남: 자희 태후, 공사 부인들을 만나다

1898년에 중국은 독일, 영국, 러시아, 일본 등 열강의 압박으로 조약을 맺으며 주권을 상실하고 있었다. 국내에서는 변법變法을 통해 스스로 강해지자는 운동이 일었는데 이 해가 무술년戊戌年이어서 '무술변법'이라 부른다. 청일 전쟁 패배와 열강의 세력 분할이라는 상황 속에서 나라를 구해야 한다는 절박함의 표현이었다.

광서제는 1898년 6월 11일, 변법파 강유위康有爲 등이 기초한 개혁 칙령을 반포하고 실업 진흥, 신식 학교 설치 등을 포함한 개혁을 기세 좋게 시작했다. 그러나 자희 태후는 생각이 달랐다. 자신이 장악한 권력 구도가 흔들리는 것이 두려웠던 나머지, 9월 21일 광서제를 강제 구금하고 변법의 주요 사항을 모두 취소해버렸다. 전후 103일간 실시되어 '백일 개혁(혹은 백일 유신)'으로 불린 시도는 이렇게 실패하고 말았다.

'백일 개혁'이 시작되기 얼마 전인 1898년 5월, 자희 태후는 파격적으로 독일의 하인리히 폰 프로이센 친왕을 접견했다. 하인리히 친왕은 독일 황제 윌리엄 2세의 동생으로 독일 해군을 이끌고 자오저우만 방위를 위해 중국에 왔다. 자희 태후는 이 젊은 독일 친왕을 직접 만났는데 그녀가 최초로 만난 유럽 고급 관리이자, 유럽 남성이었다. 당시 베이징 공사단 단장은 영국 공사 클라우드 맥도널드로, 그의 부인은 공사 부인 모임 대표를 맡고 있었다.

맥도널드는 하인리히 친왕이 자희 태후를 알현하는 자리에서 공사 부인들이 직접 태후의 예순네 살 생일을 축하하고 싶어 한다고 전했다. 자희 태후가 허락했지만, 약속은 '백일 개혁'으로 인해 미루어져

12월에야 실현됐다. 마침 신임 미국 공사 콩거가 7월에 부임하여 콩거 부인도 이 알현에 참석했다.

공사 부인들과의 만남은 외국 사절단 역사상 전대미문의 사건이었다. 태후는 한 번도 외국 공사 부인들을 만난 적이 없었다. 특정한 인물 접견이 아닌, 공사 부인들을 다 함께 만나는 것도 특이한 일이었다. 각 공사관은 흥분했고 비서의 부인, 딸들도 앞다투어 참여 의사를 밝히는 바람에 작은 소동이 일었다. 그들로서는 중국 태후 알현이 평생 한 번 있을까 말까 한 기념비적인 일이기 때문이었다. 소동 끝에 참석자는 공사 부인과 통역 서너 명으로 압축됐다. 날짜는 원래 자희 태후의 음력 생일 10월 10일에 맞추기로 했지만, 신임 러시아 공사가 국서를 아직 전하지 못한 상태였다. 그래서 접견 길일을 택하다 보니 12월 13일(음력 무술년 11월 초하루) 대설 후 여섯째 날, 동지 9일 전으로 결정됐다. 총리아문이 알현 시 지켜야 할 예절을 상세히 정하여 공사 부인들에게 전했다. 허리만 숙이면 될 뿐, 무릎 꿇고 머리를 조아리는 의전은 없었다.

12월 13일 10시에 총리아문에서 수행원 1명, 마부 2명과 5인이 드는 가마를 영국·미국·프랑스·일본·러시아·독일·네덜란드 등 7개국 공사관에 보냈다. 공사 부인들은 영국 공사관에 모인 뒤, 11시 정각에 출발하여 자금성 서쪽 서원西苑, 현재 중난하이의 의란전儀鸞殿에 도착했다. 의란전은 1888년에 완성된 자희 태후의 겨울 궁궐로, 그녀는 1908년 11월, 이곳에서 세상을 떠났다.

공사 부인들은 가마를 타고 서원 첫 번째 초원문蕉園門, 지금은 없음에 도착하여 6명의 환관이 드는 붉은 천이 덮인 가마로 바꿔 탔고, 통역들은 걸어서 두 번째 문 복화문福華門에 도착했다. 이곳에서 1889년 프랑스가 기증한 열차를 타고 1,500m 길이의 황실 철로(서원 철로, 중화민국 시기에 모두 없어짐)를 달렸다. 수십 명의 환관을 거느리고 영수문瀛秀門에 도착하여 열차에서 내리자 중국 관리들의 환영을 받았다. 부인들은 차를 마신 뒤 경친왕 혁광慶親王 奕劻 등 고위 관리들의 인도로 내전으로 향했다.

의란전에서 자희 태후와 광서제가 이들을 맞았다. 7명의 공사 부인들은 외투를 벗고 베이징 거주 기간순으로 서서 4명의 통역과 함께, 앉아 있는 태후와 황제에게 허리를 굽혀 인사했다. 첫 번째 통역이 경친왕에게 부인들을 소개하면 그가 다시 태후와 황제에게 소개했다. 잠시 후 맥도널드 부인이 태후의 예순네 살 생일에 바치는 간단한 축사를 읽었다. "태후께서 각국 공사 부인들과 만나게 되어 매우 기쁩니다. 이러한 모습을 다른 중국 여성들도 배워서 동서양 여성들이 더 가까워지기를 바랍니다."

태후도 경친왕을 통해 간단하지만 우호적인 답사를 했다. "여러분이 상서로운 말로 축원을 해주어서 매우 기뻐요. 중외가 잘 지내면 천하가 태평할 것입니다. 나는 진정으로 여러분이 중국에서 평안하게 생활하고, 모든 일이 뜻대로 되기를 바랍니다." 그러고는 한 사람씩 앞으로 나와 광서제에게 깊이 허리를 숙여 예를 표하면 황제는 손을 내밀고 몸을 일으키라며 우호적인 몸짓을 보였다. 그러면 부인들은 다시 태후 앞으로 가서 허리를 깊이 숙였고 통역사들이 통역했다. 태후는 황제와 달리 양손으로 부인들의 손을 잡고 큰 진주가 박힌 금반지를 손가락에 끼워주며 환한 얼굴로 "우리는 가족, 모두가 한 가족이에

요"라고 말했다. 부인들은 계단을 내려가 들어올 때 순서대로 나가면서 알현을 마쳤다.

부인들과 양측 통역은 편전에 가서 식사했다. 어선방御膳房, 황제의 식사를 준비하는 곳이 준비한 산해진미를 중국 통역이 영어와 프랑스어로 하나씩 소개했다. 경친왕과 그의 공주들도 함께 식사했다. 외국 통역은 총리아문 대신들과 함께 작은 탁자 앞에 앉았다. 오찬은 좋은 분위기 속에서 순조롭게 진행됐다. 식사 후 부인들은 차를 마시고 있었는데 태후가 융유隆裕 황후와 같이 들어와 황금빛 의자에 앉았다. 일어났던 부인들이 다시 자리에 앉자 태후는 상냥하게 "우리는 가족, 모두가 한 가족이에요"라고 다시 말했다. 태후가 옆의 융유 황후를 소개할 때, 황후는 잠시 수줍은 모습을 보였는데 콩거 부인은 여기에 좋은 인상을 받았다. 태후는 중국 전통극인 경극京劇 참관을 권했다.

부인들은 경극 감상 후 편전으로 돌아와 태후와 함께 차와 간식을 들었다. 태후는 찻잔을 자기 입에 가볍게 대고 다시 부인에게 건네준 뒤 "우리는 가족, 모두가 한 가족이에요"라고 또다시 말하며 일일이 많은 선물을 안겨주었다. 꿈같은 순간을 보낸 공사 부인들은 인사한 뒤 가마를 타고 영국 공사관으로 돌아왔다.

접견 과정은 순조롭게 진행됐으며 태후가 공사 부인들에게 준 선물과 차 대접 등은 원래 계획에 없던 일로 태후가 직전에 직접 결정한 사항이었다. 청나라 역사에서 이런 일은 전에도 있었다. 건륭제가 조선·베트남 조공 사신들을 알현했을 때도 예정에 없이 예물을 주곤 했다. 모든 것이 원래 계획대로 진행될 수는 없었다. 이번 접견에서 태후가 공사 부인들의 손을 잡은 것이나 찻잔을 자기 입에 댄 뒤 다시 부

1898년 12월 13일 오후, 영국 공사관에서 7개국 공사 부인과 4명의 통역이 찍은 기념사진. 이들은 앞서 자희 황태후와 광서제를 알현하고 나오는 길이었다. 앞줄 왼쪽부터 독일 공사 부인, 네덜란드 공사 부인, 영국 공사 부인, 일본 공사 부인이다. 뒷줄은 왼쪽부터 프랑스 공사 부인, 러시아 공사 부인, 미국 공사 부인이다. 콩거 부인의 책 《중국에서 온 편지》에서 인용했다.

인들에게 주어 마시게 하는 것 등은 친밀감과 우호의 표시였다.

공사 부인들은 이번 접견으로 중국 황실의 새로운 모습을 보고 견문을 넓혔으며 평생 잊지 못할 좋은 기억을 남겼다. 기차 소리나 태후의 목소리 등이 걸리긴 했지만 접견 자체는 매우 만족스러워했다. 이들은 영국 공사관에 돌아와 기념사진을 찍어 천자의 용안을 본 뒤의 가시지 않은 흥분을 남겼다.

사람들은 자희 태후를 부패, 무능, 독단, 권모술수 등 "선진 서구"와 대비하며 "낙후한 중국"의 상징으로 묘사한다. 서구 인사들은 베이징성이라는 역사적 공간에서 이루어진 중국 황제와 황태후의 알현을 다시없는 영광으로 여겼다. 훗날 우리가 내린 역사적 평가는 당시와 많이 달랐던 것이다. 황제와 황태후를 실제로 만난 것과 만나지 못한 것은 엄청난 차이가 있었다. 백일 개혁을 주도한 강유위는 광서제의 부름을 받고 직접 알현한 뒤 황제에게 충성을 맹세하고 죽을 때까지도 '보황파保皇派, 황제를 지지하고 보호함'를 자임했다. 그러나 그의 제자인 양계초梁啓超는 황제를 만나본 일이 없어 특별한 부담이 없었다. 황제를 만났더라면 그의 호방한 문장들은 볼 수 없었을지도 모른다.

미국 공사 콩거 부인은 가시지 않은 홍분을 미국의 자매에게 다음과 같이 써서 알렸다.

우리는 돌아올 때, 신비함과 아름다움에 도취해 정말로 꿈같이 완벽한 하루를 보냈다는 생각이 들었어. 모두에게 너무나, 너무나 비현실적인 일이 벌어졌거든. 우리가 본 일들! 생각 좀 해봐! 중국은 수백 년 동안 문을 굳게 걸어 잠가 왔었는데 우리가 그 틈을 열다니! 이전에는 어떤 외국 여자도 중국 황제를 본 적이 없고 중국 황제도 외국 여자를 본적이 없었어. 우리는 너무 홍분해서 공사관에 돌아와 함께 사진을 찍어이 특별하고 역사적인 날을 기념했어. 1898년 12월 13일은 중국과 세계에 모두 위대한 하루가 될 거야. 생각해봐! 지존이 들은 최초의 외국어가 바로 영어라는 사실을. 중국에서 사용하는 무역 영어는 너무 엉망인데, 중국 지존에게 가장 순수한 영어를 말한 사람이 나였다니. (…)

영국 공사 콩거는 12월 14일, 미국의 존 헤이 국무장관에게 전체 알현 과정을 간단하게 설명하며 "중국 역사상 최초로 황태후와 황후가 외국 여성을 만났으니 많은 변화가 기대된다. 이번 만남으로 자금성은 서구에 대해 더 많이 이해하고 관찰하고 싶을 것이다. 중국인들도 태후가 외국인을 만났다는 것을 안다면 서구에 대한 적대감도 자연히 줄어들 것이다"고 했다. 부인의 영향 때문인지 콩거 공사 역시 이후 중외 교류에서 많은 점이 개선될 것이라는 기대를 숨기지 않았다.

태후의 부인 외교는 국가 간 외교에 영향을 미쳤으니, 애초 이 만남을 허락했을 때의 기대는 충분히 충족됐다. 그러나 의화단 운동은 많은 것을 빠르게 변화시켰다. 콩거 부부는 물론 다른 나라의 공사 부부들도 의화단에 의해 공사관 내에 갇히는 신세가 되고 말았다.


## 의화단 운동과 미군의 자금성 침입

의화단 운동은 즈리(지금의 허베이) 서남부와 산둥성 서북부가 만나는 허쩌菏澤 지역의 차오현曹縣과 산현單縣 일대에서 시작됐다. 이곳은 황허강黃河이 자주 범람하는 홍수 지역이었으나 사람들은 순박했다.

1898년 황하 범람 이후 가뭄이 계속되어 농민들이 기아에 시달렸고 천주교 등

1900년 미국 제6 기병단이 톈진에서 체포한 의화단 포로들. 이들은 대부분 농민으로 생계를 위해 의화단에 가입했다. 미국 의회 도서관 소장.

종교 문제로 충돌까지 발생했다. 농민들은 '매화권梅花拳' 등 권법을 익히는 무술 모임에 가입해서 자기방어에 나섰다. 일부 사범들이 '청나라를 보호하고 서양 세력을 몰아내자'는 구호를 외치며 무리를 이끌고 외국 교회를 공격해 선교사와 신도들을 살해했다.

1950년대 산둥 대학 사학과에서 의화단 운동 100주년을 기념하여 대규모 조사를 통해 두 권의 두꺼운 자료집을 출간했다. 자료에는 가뭄 재해 속에서 기아에 허덕이는 농민들의 생생한 생활상이 자세하게 기록되어 있었다. 이들은 조정의 말대로 '폭민暴民'이나 '권비(拳匪, 무술을 휘두르는 도적으로 권민拳民이라고도 함)'가 아니라 선량한 농민들이었다. 미국 역사학자 조지프 에셔릭은 이 자료들을 토대로 1987년《의화단 운동의 기원The Origins of the Boxer Uprising》을 출간했다. 이 책은 자연환경과 인문·사회·정치적 배경부터 사건의 발생과 전개 등 중국 근대사를 조명한 훌륭한 연구서이다.

청 조정은 원세개를 산둥 순무로 임명해서 난을 진압하려 했다. 그러나 의화단원들은 빠른 속도와 조직력으로 관병을 압도했다. 1900년 6월 초, 대규모 의화단원들이 산둥, 즈리에서 톈진을 거쳐 베이징성에 들어왔다. '매화권', '금종조金鐘罩', '철포삼鐵布衫' 등 각자 수련하는 무술 종류에 따라 무리를 지어 머리에 붉은 두건을 두르고 도교의 부적을 붙이고 주술 등을 외웠다. 그 모습이 교육을 받지 않은 일반 백성이 보기에 전설 속 하늘의 장군과 병사들이 내려온 것 같았다.

의화단 운동은 활활 타오르는 불꽃처럼 베이징 전역으로 번져나갔다. 자희 태후는 급히 베이징을 방위하는 동복상董福祥 장군의 감군甘軍

을 소집했다.[1] 그러나 이미 병사들은 물론이고 고관 식구나 하인들도 의화단에 가입한 상황이었다. 근대 혁명 운동처럼 베이징성 백성이 앞다투어 참가하니, 이제 혁명은 피할 수 없는 것처럼 보였다.

이들의 목적은 청조를 무너뜨리는 것이 아니었다. 오히려 그 반대였다. 조정에 힘을 실어주어 서양인·서양 종교를 몰아내자며 둥자오민항東交民巷에 있는 외교 공관 지역을 포위하고 공사관과 교회를 공격했다. 외국인은 외부에서 온 '사악한 종교를 믿는' 자들이며, 백성에게 끝없는 재난을 안겨준다고 생각했다. 청 조정 내부에서는 일부 보수파 관료들이 의화단을 지지하며 외국 공관을 공격하는 행동에 도의적인 명분을 주었다. 청 조정이 의화단의 공사관 공격을 제지하지 않고 외려 격려하자 심각한 외교 사건으로 비화했고, 결국 중외 충돌의 빌미를 제공하고 말았다.

의화단이 몰려오자 각국 공관에서는 자기방어를 위해 임시로 장교 21명, 병사 429명으로 구성된 '공사관 방어 부대legation guard'를 조직했는데 최초의 '8개국 연합군'인 셈이었다. 칼, 긴 창, 활 등 구식 무기로 무장한 의화단원들은 바로 공격하지 못했다. 포위된 공사관 지역에는 식솔들 3,000여 명과 신변 보호를 요청하는 중국인 신자 2,000여 명이 있었다. 미국의 존 메이어 대위는 48명의 해병대원과 5명의 해군을 이끌고 공사관을 방어했다.

6월 12일 콩거 공사는 아내와 하인, 선교사와 보호 중이던 중국인

---

1  감군은 감숙성의 지방 부대로 동복상이 흠차대신이 된 후 신장 등지에서 오랫동안 전투를 벌였다. 베이징으로 배치된 후에는 베이징 주변 경비 임무를 맡았다.

포위된 미국 공사관. 종각 아래 소식지들이 붙어 있다. 그 옆 건물은 콩거 공사의 거처이다. 약 2개월간 포위됐을 때, 이들은 할 수 없이 노새를 잡아먹었으며 맨바닥에서 잠을 잤다. 8월 14일 포위가 풀릴 때까지 수비대 중 7명이 사망하고 11명이 부상했다. 미국 사진사 찰스 킬리에가 찍었다.

신자들을 데리고 안쪽에 위치한 영국 공사관으로 피했다. 이곳은 음식과 식수가 비교적 풍족했다. 방어 부대가 없었다면 의화단 습격으로 많은 사람이 죽었을 것이다. 그랬다면 8개국 연합군은 더 큰 규모로 공격하여 아마도 청나라의 운명은 1900년에 막을 내렸을지도 모른다.

영국군 시모어 제독이 112명의 미국 해병대와 해군이 포함된 2,000명 규모의 8개국 연합군을 이끌고 베이징성을 향했다. 6월 11일, 일본 공사관 서기관 스기야마 아키라杉山彬가 동복상 장군이 지휘하는 부대인 감군에 잔인하게 피살되자 쌍방의 충돌은 일촉즉발의 위기에

1900년 청군 포격으로 파괴된 영국 공사관의 남쪽 숙소. 찰스 킬리에 촬영.

들어섰다. 의화단은 산발적으로 공관 지역을 공격하다가 6월 14일, 대규모 공세를 펼쳤다. 연합군은 구식 무기에 훈련이 전혀 되지 않은 오합지졸들을 물리쳤다. 청은 공사관 직원들에게 신변 안전을 보장할 수 없다며 베이징을 떠날 것을 요구했지만, 식솔에 중국인들까지 그 수가 너무 많았다.

6월 20일 독일 공사 클레멘스 폰 케텔러가 총리아문에 가서 철수 문제를 교섭하고 돌아오는 도중 '동단파이루 베이다가 시총푸 호동東單牌樓 北大街 西總布 胡同'에서 청나라 병사가 쏜 총에 맞아 사망했다. 무

1900년 미군이 베이징성 동편을 공격하는 장면으로 널리 알려진 사진이다. 분명한 미군 침략 증거이다.

장 호위병도 없던 케텔러 일행이 죽자, 주재 외교관을 살해한 국제법 위반 사건이 되면서 상황은 더욱 나빠졌다.

연합군이 톈진 다구大沽를 공격하자, 6월 21일 청은 전쟁 선포 의사를 밝혔지만 정식으로 포고문을 사절단에 보내지는 않았다. 따라서 양측 모두 정식 선전 포고는 없었다. 청군은 둥자오민항의 외교 공관을 포위했으나 특별한 상황은 발생하지 않았다. 자희 태후 등은 공사관 공격을 감행했을 때의 후유증을 알고 있었다. 청 조정은 의화단과 연합군 사이에서 눈치만 보고 있었다.

7월 14일 시모어가 이끄는 8개국 연합군이 톈진성을 공격하자 청은 급박하게 움직였다. 8월 14일 1만 8,000여 명으로 늘어난 연합군이 베이징성을 공략하고 공사관 지역을 포위했다. 다음 날, 연합군은 자금성과 베이징 전체를 점령했다. 자희 태후와 광서제는 황급하게 시안으로 몸을 피했다. 1644년 청이 베이징에 입성한 이래 두 번째 있는 일이었다. 첫 번째는 2차 아편 전쟁 시기인 1860년 영국-프랑스 연합군이 베이징을 공격했을 때였다. 자희 태후의 남편인 함풍제는 러허로 피난을 갔다가 그곳에서 사망했다.

미국은 필리핀에서 2,500명의 병사를 데려왔고, 해병대 482명을 포함한 14보병 사단이 동쪽에서 베이징성을 공격했다. 성벽 위에서 청군이 거세게 저항하자 미군은 돌격대를 조직했다. 웨스트포인트 사관학교 출신인 스물한 살의 젊은 병사 캘빈 타이터스는 "제가 하겠습니다I'll try, Sir!"를 외치며 성벽을 기어올라 미국 국기를 휘날렸다. 그는 이 용감한 행동으로 의회 명예 훈장을 받았다. 미국 제5보병 사단에서는 지금까지도 그의 외침을 구호로 쓰고 있다.

열강의 등등한 기세에 청은 어찌할 바를 몰랐다. 게다가 동남 지방 관인 량광 총독 이홍장, 량장 총독 유곤일劉坤一, 후광 총독 장지동, 민저 총독閩浙總督 허응규許應騤, 산시 순무 원세개(산둥에는 총독이 없음) 등이 중앙 정부의 명령을 어기고 독자적인 행동을 벌였다. 이들은 청 조정이 대외 선전 포고를 하지 않았고 의화단의 위협을 받아 어쩔 수 없이 외국 공관을 공격한 것이라 변명하며 상하이에서 각국 영사들과 동남호보조약東南互保條約을 체결했다. 이 성들은 극단적인 상황이 발생하면 각자 독립을 선포할 계획이었지만 실현되지는 않았다.

1901년 9월, 1년여의 혼란 끝에 이홍장은 조정을 대표하여 미국을 포함한 11개국과 치욕스러운 신축조약에 서명했다. 공식적으로는 중외가 서로 선전 포고를 한 적이 없으니 마지막 조항에서 '조약treaty' 대신 '의정서protocol'라 칭했다. 그러나 일반 중국인들은 모두 이를 신축조약이라 부른다. 이후 청나라는 '신정新政'이라는 정치 개혁을 발표하지만, 대세는 이미 기울어 무너진 왕조의 운명을 되살리지는 못했다.


## '황화(黃禍)', '백인의 의무', 의화단의 악마화

의화단의 공사관 지역 포위에 맞선 미국 군대 파병은 중미 교류사에 커다란 변곡점이 된다. 그동안 미국은 중국에 공식적으로 군사를 파견하거나 중국 내륙에서 중국 군대와 전투를 벌인 적이 없었다. 국제 외교계는 의화단의 공사관 포위 및 교회를 불사르는 방화 행위 등을 야만적인 폭력으로 간주했다. 각 나라 언론도 중국과 중국인을 추악하게 묘사하기 시작했다.

1830년대 미국의 저가 신문인 '페니 프레스penny press' 등은 의화단을 악마로 그리면서 국제적 돌발 사건으로 취급했다. 1870년대 전후 유럽 국가에서 미국 배화법의 영향을 받아 중국인과 '황색 인종'을 차별하는 인종주의 '황화론黃禍論, yellow peril'이 출현했다. 독일 주중 공사 막시밀리안 브란트가 특히 강하게 주장했다.

1899년 2월에 미국-스페인 전쟁이 시작되기 전, 영국 시인 조지프 키플링은 〈백인의 의무The White Man's Burden〉라는 시에서 영국·미국 등 서구 식민주의를 비평하면서도, 서구 문명이 비백인 야만인들을 구해야 한다며 식민주의에 심리적 정당성을 부여했다.[2] 이런 주장은 미국

---

2   "Take up the White Man's Burden/ Send forth the best you breed/ Go bind your sons to exile/ To serve the captives' need (후략) (백인의 짐을 지어라/ 너희가 낳은 가장 뛰어난 자식들을 보내라/ 너

사회에 큰 반항을 불러일으켰다. 시는 그 내용에 관계없이 제목만으로 제국주의의 대명사가 됐다.

유럽 사회에서 의화단 사건, 연합군의 베이징 점령, 황화론과 백인 의무론 등이 주목받으면서 중국은 '낙후', '야만', '악마'로 묘사됐다. 오랫동안 '의화단 반란Boxer Uprising' 사건은 맹목적인 중국 배척과 전형적인 적대의 상징이 됐다. 중국인에게 의화단 운동은 내부 보수주의자들이 외래 식민주의 세력에 대항하다가 실패한 사건이지만, 서구 국가들에게는 중국 보수주의가 서구 진보 문명에 대항한 광기였다.

서구 인사들 생각이 모두 같지는 않았다. 1900년 7월 톈진과 베이징에 전운이 감돌고 있을 때, 영국 아일랜드계 동양학자 겸 방글라데시 고위 관리인 찰스 존스턴은 〈노스 아메리칸 리뷰North American Review〉에 다음과 같은 내용의 비평문을 발표했다. 서구는 문명화된 지 얼마 되지 않았다. 그럼에도 "자신들이 가장 문명화된 지역"이라며 말도 안 되는 소리를 지껄이고 있을 때 중국 문명은 이미 높은 수준에 올라 있었다. "서구가 우월하다는 시각은 그저 자기 만족적인 허상일 뿐이니, 반성해야 한다."

그는 "서구는 전쟁과 파괴를 잘한다. 그러나 이것은 자신들이 믿는 종교가 지난 2,000년 동안 없애려던 것들이다. 따라서 서구 시각에서

---

희의 자식에게 유랑의 설움을 맛보게 하라/ 너희가 정복한 사람들의 요구에 봉사하기 위해)" 그는 시에서 어떤 희생이 따르더라도 "반은 악마이고 반은 아이인 새로 만난 이 무뚝뚝한 사람들"인 동양인에게 빛과 희망을 주기 위해 "여러분이 키워온 최선의 것을 보내는 것"은 미국인에게 달려 있다고 주장했다. 〈매클루어 매거진(McClure's Magazine)〉 1899년 2월호에도 실리며 미국에서 폭발적 인기를 누렸다.

1900년 8월 8일 미국 잡지 〈퍽〉의 표지 풍자만화. 제목은 "첫 번째 임무(The First Duty)"이다. 여기서 의화단은 몸에 'boxer'라고 적힌 추악한 용으로 묘사되고 있다. 용은 '혼란(anarchy)', '살인(murder)', '폭동(riot)' 등의 먼지를 일으키며 베이징성에서 나오고 있다. 그 앞에 유럽 여성으로 상징되는 '문명(civilization)'이 투구를 쓰고 손에는 긴 창을 들고 풀이 죽은 채 앉아 있는 중국 황제에게 엄숙하게 말한다. "우리가 더 큰 문제에 휘말리기 전에 저 용을 죽이시오. 그러지 않으면 내가 손을 쓰겠소." 당시 8개국 연합군이 톈진에서 베이징으로 진격 중이었고, 며칠 후인 8월 14일 베이징성을 공격했다.

'THE WHITE MAN'S BURDEN'

1899년 4월 1일 미국 잡지 〈저지〉에 발표된 "백인의 의무"라는 제목의 풍자만화. 두 사람이 짐을 지고 '문명(civilization)'의 산을 오른다. 이들은 '야만(barbarism)', '압박(oppression)', '미신(superstition )', '우매(ignorance),' '범죄(vice)', '잔인함(brutality)'이라는 바위를 지나야 한다. 산정상에 여신이 '자유(liberty)', '교육(education)'을 들고 서 있다. 앞 사람은 영국으로 중국, 인도, 이집트, 수단, 줄루(영국이 1879년 전쟁을 벌여 1887년 정식 합병) 등을 업었다. 뒷사람은 미국으로 필리핀, 푸에르토리코, 쿠바, 사모아, 하와이 등 새로 병합한 식민지를 업고 있다.

보아도 유럽의 물질적 승리는 아이러니하게도 도덕적 패배를 의미한다"라고 지적했다. 그러나 안타깝게도 이러한 자성의 목소리는 많은 사람에게 전해지지 않았다.

의화단 사건 이후 '황화', '백인의 의무' 논리는 유럽에서 인종주의, 유럽 문명 중심론의 핵심이 되어 중국인을 포함한 '동양인' 멸시의 배경이 됐다. 색스 로머라는 이름으로 알려진 영국 소설가 헨리 워드는 1913년 출판한 소설에서 '푸만저우傅滿洲 박사'라는 캐릭터를 창조하여 이를 구체화시켰다. '푸만저우 박사'는 교활하며 간사하고 악독한 범죄자의 모습을 총망라한 인물로, 의화단 사건이 발발한 지 10여 년 뒤에 탄생했다. 이 캐릭터는 서구의 중국 배척 심리와 맞아떨어지면서 많은 작품에서 활약하다가 1920년대 초에는 영화에도 등장했다. 20세기 중반 이후 대중 매체와 영상 기술의 발달로 푸만저우 박사 이미지는 사람들의 뇌리에 깊이 각인됐다. 미국에서 중국과 중국인을 왜곡하는 데 커다란 역할을 했으며, 오늘날 유럽의 영화나 TV 드라마에서 그 변종을 만나볼 수 있다. 과거처럼 수염을 기르고 긴 손톱이 튀어나온 사악한 모습은 아니다. 푸만저우 박사는 교활한 과학자 등의 모습으로 진화했다.

1929년 미국 파라마운트 영화사가 제작한 영화 〈신비한 푸만저우 박사〉 포스터. 남자 주인공 워너 올랜드가 연기한 푸만저우 박사의 사악한 표정이 인상적이다. "위험한 미스터리 스릴러", "당신은 영원히 잊지 못할 것이다." 등의 광고 문구가 보인다. 배화 분위기 속에서 당시 미국 영화는 미국인이 중국인을 연기했다. 1937년 펄 벅의 소설 《대지》를 토대로 만든 영화도 마찬가지였다.

의화단 사건이 발생한 지 120여 년이 흘렀다. 중국은 엄청난 변화를 거쳐 어떤 면에서는 유럽 국가보다 발전했지만 중국에 대한 편견과 잘못된 인식은 여전히 남아 있다. 19세기를 전후하여 중국이 허약하고 무능한 모습을 보이자 편견은 더욱 굳어졌다. 오늘날 유럽 국가의 절대다수 국민들은 중국이나 동아시아 지역에 와본 적이 없다. 학교에서 중국 근대사를 배운 적이 없어 현대 중국이 이룬 거대한 변화와 성과에 대해 알지 못한다. 유럽 사회에서 여전히 인종·문명 차별이 나타나는 이유가 여기에 있다.

2020년 1월 중국에서 코로나19가 발생하자 캐나다 신문은 이를 '중국 바이러스'라고 했다. 오스트레일리아 일부 신문은 코로나가 발생한 현지 아이들을 '중국 아이들'이라고 했으며 미국 신문은 '아시아 환자'로 묘사했다. 미국 대통령은 공개적으로 코로나19를 '중국 바이러스'라고 했는데 이는 분명한 인종 차별 인식이 담긴 모욕적 표현이자 근대 이후 계속된 중국과 중국인에 대한 편견의 재판再版이다. 전염병과 질병은 서구가 중국과 동양을 악마화하는 데 자주 이용한 이미지였다. 이것이 서구 전체의 인식을 반영한다고 할 수는 없지만 일부 사람의 문명 우열주의, 인종주의적 관념이 여전히 견고함을 보여준다. 이런 측면에서 중외 간 문화 교류는 여전히 중요하고 갈 길이 멀다.


### 부인 외교의 재등장: 황태후와 콩거 부인

1902년 1월 7일 오후, 자희 태후, 광서제, 황실 가족과 수행원들은 산을 넘고 물을 건너 다시 자금성으로 돌아왔다.[3] 콩거 부인은 이날을 "매우 미묘한 하루였다"고 회고했다. 신축조약이 체결되어 중외가 편견과 적대감을 버리고 새로운 우호 관계를 시작하는 날이었기 때문이다.

신축년 음력 11월 28일, 청 조정은 황망했던 1년을 보내며 한 달

---

**3**   이를 회난(回鑾)이라 했다.

앞으로 다가온 설을 준비하고 있었다. 황제가 탄 가마가 역에서 궁으로 돌아가려면 외국 공사관이 있는 둥자오민항 앞을 지나야 했다. 외무부(신축조약에 의해 총리아문은 외무부로 바뀌었다)는 각국 공사들에게 돌발 사건을 우려하여 외부 출입 자제를 당부했다. 자희 태후가 탄 가마가 둥자오민항 남쪽 외국 공사관 직원들의 숙소를 지나가자, 공관 직원들은 자희를 향해 예를 표했고 자희는 몸을 조금 숙여 답했다. 아마도 난생처음 이런 일을 해보았을 것이다. 이후 콩거는 청 조정이 각국 공사를 대하는 태도가 "평상시보다 우호적이지 않았다"고 했다.

1월 28일 오후 6개국 신임 공사들이 광서제에게 국서를 전하기 위해 자금성 정문을 통해 궁에 들어갔다. 광서제와 자희 태후는 건청궁에서 공사들을 만났다. 건청궁은 옹정제 이후 황제들이 중요한 정무를 처리하는 장소였다. 자금성 내에서 가장 중요한 곳으로 '정대광명正大光明'이라고 쓴 편액扁額이 걸려 있었다. 8개국 연합군이 자금성을 점령했을 때, 연합군 장교들이 황제가 앉던 보좌寶座에서 사진을 찍는 등 천조의 체면은 완전히 땅에 떨어졌었다.

외무부는 공사들에게 대전大殿 알현 전후 세 차례씩 허리를 숙이는 의전에 관해 설명했다. 대전에는 광서제가 보좌에, 태후는 그 뒤에 앉아 있었다. 오스트리아 공사 모리츠 치칸 폰 발본 남작은 공사단을 대표하여 간략하게 중외가 우호를 회복하자는 치사를 했다. 광서제도 준비한 짧은 답변 후에 "여러 흠차대인들이 와서 좋습니다. 중외 관계는 잘 되겠지요. 태후께서도 여러분들을 보고 싶어 하셨습니다"라고 했다.

영국 신임 공사 어니스트 메이슨 사토우는 태후 눈에 눈물이 고였고 감정을 누르면서 의화단의 일에 대해 사과하고 재발 방지를 약속했다고 기억했다. 태후는 "여러 흠차 대인을 만나서 기쁩니다. 작년에 대인 여러분들이 놀랐을 때 내 마음도 아주 불안했어요. 이후에는 서로 우의를 중시해서 더욱 친밀해집시다. 여러분들이 베이징에 머무는 동안 평안하기를 바랍니다"라고 말했다.

이번 알현은 청 조정으로서는 엄청난 굴욕이었다. 표면적으로 신축조약 후 중외 관계의 회복이라는 그럴싸한 명분이었지만, 자희 태후, 광서제, 조정 전체는 겸손과 나약함을 표하는 외에 다른 방법이 없었다. 넓은 국토와 4억의 인구를 가진 대국의 운명이 극소수 권력자들 손에 좌우된다는 것은 중화 민족의 비극이었다.

자희 태후는 바로 2차 부인 외교를 시작했다. 1902년 2월 1일(음력 섣달 23일) 자희 태후와 광서제는 공사·직원 부인과 아이들을 알현했다. 콩거 부인은 태후가 아는 유일한 사람이었고 경력도 가장 오래되어서 대표를 맡아 행사를 진행했다. 의화단 사건의 상처가 남아 있었고, 일부 나라에서는 반대 의견도 있었다. 콩거 부인은 "울분과 복수심을 가슴에 담고 있다면 영원히 아픈 상처에서 벗어나지 못해 평화롭게 살 수 없다"며 만남을 추진했다.

참석자들은 미국 공사관에 모여 설레는 마음으로 기념사진을 찍고, 중국 측이 마련한 29개의 큰 가마를 타고 자금성으로 향했다. 첫 방문 때와 달리 서원(의난전은 소실됐다)이 아닌 동화문으로 들어가서 양심전에서 알현했다. 양심전은 황제들이 신하들을 만나고 휴식하는 곳으로 장소 선택에 조정이 고심한 흔적이 엿보였다.

콩거 부인은 날씨가 화창하고 공기가 맑아 궁궐 건물이 햇살에 밝게 빛나는 것을 보고 기분이 좋았지만 태후와 황제는 그래 보이지 않

았다. 부인들이 들어오자 태후
는 보살 같은 미소를 띠고 유일
하게 알고 있는 콩거 부인에게
눈길을 주었다. 부인들은 허리
를 숙여 예를 표했다. 콩거 부인
이 대표로 치사를 하자 영사관
비서가 중국어로 통역했다. "세
계는 앞으로 나가고 있으니 중
국도 이 흐름 속에서 위대한 나
라들과 함께하기를 바랍니다.
모든 나라가 하늘에서 부여받
은 책임, 존경, 호의 아래 연합
하여 호혜의 방향으로 나갑시
다." 말을 마치고 다른 사람들

1900년 10월 미국 공사 콩거 부부가 다른 3명
의 여성과 함께 자금성 정문인 오문(午門)을 향
해 걷어가는 모습. 길 양쪽으로 미국 제9 보병단
이 도열해 있다. 병사들은 신임 8개국 연합군 사
령관인 독일의 알프레트 폰 발더제 장군을 환영
했다. 오문 광장은 그들의 임시 주둔지였다. 미국
의회 도서관 소장.

을 소개하자 태후는 친근하게 이들의 손을 잡으며 환영을 표했다.

황제 앞에서 다시 소개가 이어지자 황제도 손을 들어 답했다. 부인
과 아이들은 편전偏殿으로 인도되어 그곳에서 식사를 했다. 태후는 친
근한 목소리로 콩거 부인을 불렀다. 태후는 그녀의 손을 잡더니 3년
전 처음 만났을 때가 생각난 듯 눈물을 훔쳤다. 태후는 잠시 감정을 가
라앉힌 뒤, "나는 최근에 있었던 일들을 무척 후회하고 있어요. 그것
은 아주 잘못된 일이에요. 중국은 여러분의 친구입니다. 다시는 그런
일이 발생하지 않을 것이고 외국 친구들을 보호할 거예요. 다시 친구
가 됩시다"라고 했다. 콩거 부인은 "진심이라는 것을 압니다. 우리는

서로를 더 잘 이해해서 좋은 친구가 될 것이라 믿습니다"라고 답했다.

1900년 가을의 건청궁 모습. 8개국 연합군이 자금성을 점령했을 때 찍은 사진으로 추정된다. 미국 의회 도서관 소장.

태후는 콩거 부인에게 의화단 사건 때 포위되어 고생한 사람이 있는지 물었다. 콩거 부인이 미국 공사관 베인브리지 부인과 프랑스 공사관 소생 부인을 소개하자 태후는 위로를 전했다. 그러고는 큰 진주가 박힌 금반지와 팔찌를 각각 콩거 부인의 손가락과 손목에 끼워주었다. 다른 부인들에게도 귀한 예물을 주었고 통역과 아이들도 예외는 아니었다.

큰 탁자 위에 온갖 산해진미가 가득했다. 융유 황후, 경친왕과 그의 공주들도 참석했다. 중국 관습에 따라 초청자인 태후가 왼쪽에, 그 옆에 콩거 부인이 앉았다. 태후는 술잔을 들고 콩거 부인의 잔을 끌어당겨 가볍게 부닥친 후 "함께"라고 했다. 태후가 자신의 잔과 콩거 부인의 잔을 교환한 뒤 모두에게 건배를 제의하는 것으로 순서는 끝이 났다. 차가 이어지자 태후는 콩거 부인에게 차를 따라주었다. 작은 과자를 콩거 부인의 입에 넣어주며 다른 부인들에게도 권했다.

태후는 궁으로의 복귀, 이홍장의 부고, 콩거 부인이 참관한 중국 학교 등에 관해 환담을 나누었다. 신임 영국 공사 장덕이張德彝, 德明가 무릎을 꿇고 통역을 했다. 그는 1866년 동문관 학생 시절 빈춘을 따라 유럽에 간 것을 시작으로, 1870년 흠차 숭후가 프랑스에 '톈진 교안' 사건을 사과하러 갈 때 영어 통역으로 함께했으며, 1875년 초대 주영 공사 곽숭도郭崇燾의 통역으로 런던에 갔다. 1892년에는 광서제에게 영어를 가르치기도 했다. (광서제는 영어로 공사들을 치하하려 했지만 실현되지는 못했다.) 1902년 초 영국 공사로 임명됐으나, 부임 전이라 이번 알현의 통역을 맡았다. 그는 쉰다섯 살 나이에 경험 많은 외교관이었지만, 태후가 외국인들을 이렇게 정성껏 대접하는 것을 본 적이 없었다. 태후는 술잔, 찻잔, 과자를 친히 손님들의 입까지 건네주었다. 그가 이런 장면을 보면서 무슨 생각을 했는지는 알 수 없다. 후에 런던에 부임했을 때 영국 왕실에서는 누구도 청나라 공사와 그 부인을 이렇게 대접하지 않았다.

1903년 봄, 자희는 여전히 공사 부인들과 만나고 있었다. 프랑스 공사 유경裕庚의 딸 유덕령裕德齡이 갓 돌아와서 통역을 맡았다. 그녀는 2년여 동안 태후 곁에서 '부인 외교'를 지켜본 경험을 황실 생활 회고록으로 남기기도 했다.

상대적으로 판에 박힌 따분한 문서들이 오가는 기존 외교와 달리, 자희 태후의 친밀한 교류는 눈물겨웠다. 그녀는 콩거 부인 등에게 진지하게 사건의 재발 방지를 약속했다. 콩거 부인은 태후의 태도에서 어떻게든 손님들을 편하게 해주려는 마음을 읽었다. "태후의 눈은 밝게 빛나고 친절했으며 작은 변화도 놓치지 않으려 했다. 얼굴에 잔혹함이나 위엄은 찾아볼 수 없었다. 목소리는 낮고 부드러웠으며 친화력으로 가득 찼다. 손길은 부드러웠고 우호적이었다"고 회고했다. 자희 태후는 헤어지기 전, "우리가 자주 만나 서로 잘 이해하고 친구가 될

1902년 2월 1일 자희 태후와 광서제를 알현하기 전 미국 공사관에서 공사 부인들과 자녀, 통역이 함께 찍은 사진. 앞줄 가운데가 콩거 부인이다.

수 있기를 기대합니다"라고 말했다.

2월 27일 자희 태후는 다시 공사 부인들을 만났다. 이번에는 전보다 더 온화했으며, 형식적인 의전들은 모두 사라졌다. 태후는 부인들을 자신의 침궁으로 안내해서 자신이 앉은 온돌 주변에 함께하도록 했다. 첫 번째 알현 이후 태후가 과하게 선물을 주자 공사단은 특별히 서한을 보내 이후에는 주지 말 것을 부탁했다. 그러나 이번에도 태후는 정교하게 남자아이가 새겨진 옥을 콩거 부인의 손에 쥐여 주며 조용히 아무 말도 하지 말라는 눈짓을 보냈다. 콩거 부인은 태후가 영어를 배우고 있는 것을 보고 "나는 전 세계가 격렬하게 비난하는 여인의 몸에서 뿜어져 나오는 좋은 기운을 보았다"며 중국의 변화를 기뻐했다. 알현 후 콩거 공사는 본국에 다음과 같이 보고했다.

태후는 공사 부인들에게 마음속에서 우러나오는 진심을 표하고 이야기 도중 눈물을 보이기도 했다. 그녀가 자유롭게 손님을 만나 최대한의 성의를 표하니 앞으로는 관계가 우호적으로 변할 것이다. 그동안 중국이 외국인과의 교류에서 보여주지 않았던 진심과 존경이 담겨 있었다. 중국인이 보여주는 이런 진지한 태도의 의미가 매우 크다.

자희 태후의 외교는 중미 관계에 상당한 영향을 미쳤다. 그녀가 보여준 우호적 태도는 미국 공사를 통해 미국 국무장관에게 전해졌다. '문호 개방' 정책을 주장한 미국으로서는 환영할 만한 징조가 아닐 수 없었다. 중국은 2년 전처럼 외국인을 적대시하지 않았다. 미국의 정책은 중국 조정의 최고 권력자로부터 실질적인 지지를 받고 있었다.

콩거 부인은 조심스럽게 태후에게 몇 가지 질문을 했다. 조정이 여성의 전족을 금지한 효과를 묻자 태후는 "중국인은 아주 느려요. 이 풍속은 아주 오래된 것이라 더 많은 시간이 지나야 바뀔 거예요"라고 답했다. 맞는 말이지만, 그녀가 1898년의 개혁(백일 개혁)을 진압하지 않았더라면 상황은 매우 달라졌을 것이다.

## 미국 공사관의 애프터눈 티와 중미 여성 모임

콩거 부인은 열정적인 성격이었다. 태후가 공사 부인들을 초대하자 자신도 궁 안 공주와 고관 부인들을 미국 대사관에 초청하고 싶다는 뜻을 밝혔다. 콩거 공사도 이를 지지하여 중국 관리를 통해 태후의 허가를 얻었다. 콩거 부인은 3월에 미국 공사관에서 영국식 다과 모임인 티핀tiffin을 열기로 하고 황족과 관료 부인들을 초청했다. 중국 측에서 참석자를 정하기로 했다.

첫 초청에는 태후의 양녀, 공친왕 손녀, 경친왕 세 공주 등 11명이 선정됐다. 경친왕 세 공주는 이미 두 번 콩거 부인과 만난 적이 있었지만, 다른 황족들은 초면이었고 미국 공사관 방문도 처음이었다. 태후의 양녀는 공친왕의 큰딸 영수고륜榮壽固倫 공주로 일곱 살 때 자안, 자희 양궁 태후에게 입양됐다가 결혼 얼마 후 홀로 되자 자희 태후가 궁으로 불러 함께 생활하고 있었다. '장공주長公主'로 불렸으며 자희에게 직접 간언할 수 있는 극소수 측근 중 1명이었다. 나머지 여성들은 만주 귀족인 기인旗人들이었다. 콩고 부인은 공사관 주변을 꽃으로 장식하고 선교사 단체에서 통역을 불러 접대를 준비했다.

12시 반쯤에 공주들은 8명의 태감, 하급 관리 481명과 병사 60명의 호위를 받으며 도착했다. 콩거 부인은 차를 대접한 뒤 '장공주'의 손을 잡고 식사 장소로 인도했다. 먼저 잔을 들어 "중국 황제, 황태후, 황후의 건강과 행복 그리고 중국 백성의 번영과 축복을 위해 건배합시다. 중미 우호 관계는 계속될 것입니다!"라고 말했다. 장공주도 "황태후께서 안부를 전하셨고 중미 우호 관계가 우리처럼 영원히 계속될 것을 희망하셨습니다"라고 회답했다. 콩거 부인은 젓가락 대신 서양식 포크와 나이프를 준비했다. 중국 여성들은 처음이지만 다른 사람을 보면서 따라 했다. 식사 후에 부인들은 차를 마시고 노래했으며 피아노 연주를 감상하고 사진을 찍은 뒤 헤어졌다.

만남이 만족스럽게 끝나자 콩거 부인은 매우 고무됐다. 중국 여성

들이 자희 태후의 허락 아래 성
사된 차 모임을 통해 "낡은 관
습에서 벗어날 수 있다"고 생각
했다. 많은 이가 생애 처음 외국
인과 만나서 밥을 먹고, 사진을
찍었으며 피아노 감상을 했다.
문밖을 나서본 적 없는 귀족 규
수들로서는 커다란 용기가 필
요한 일이었다.

1900년 가을, 광장에 천막을 친 미군 제9 보병
단. 뒤로 자금성 오문이 보인다.

얼마 후 공주와 여성들은 콩
거 부인을 포함한 11명의 미국 부인들과 일본 공사 우치다 고사이 부
인 등을 애프터눈 티 모임에 초대했다. 자희 태후는 콩거 부인과 일본
공사 부인에게 예쁜 금방울을 목에 단 강아지를 선물로 주었다. 콩거
부인은 공사관에 돌아와서, 태후가 보낸 과일과 과자가 담긴 바구니를
발견했다.

공주들은 찻잔을 들어 중국어로 중미 우호를 기원했고 담소와 식
사를 한 뒤 얼마 전 배운 영어 "Good-bye"로 작별 인사를 했다. 이후
콩거 부인은 자희 태후 및 중국 여성들과 자주 만났다. 이 중미 여성
모임은 활발하게 진행되어, 갈수록 많은 중국 여성이 콩거 부인을 자
기 집으로 초대하는 등 관계가 돈독해졌다. 1900년 이전에는 도무지
상상할 수도 없던 일이었다. 콩거 부인은 어떻게 하면 자희 태후의 이
미지를 바꿀 수 있을지 고민하다가, 그녀의 유화 초상화를 그려 세계
에 공개하기로 했다.

## 태후에서 백악관까지: 콩거 부인, 커꾸냥(柯姑娘), 태후의 초상화

1903년 6월 20일 콩거 부인은 미국에 있는 딸 로라 콩거에게 보낸 서신에서 다음과 같이 이야기했다.

지난 몇 개월 동안 신문에서 자희 태후에 대한 불공평하고 무서운 풍자를 보고 매우 놀랐단다. 세상에 그녀의 진정한 모습을 알려야겠다고 생각했어. 한 가지 아이디어가 떠올랐지. 태후의 허락을 받아 초상화를 그리는 거야. 칼에게 편지를 보냈더니 좋다고 하더구나. 태후에게도 건의했지, 그녀를 알릴 공평한 기회가 필요하다고 말이야. 그녀는 흥미를 보이며 허락했단다. 그림이 완성되면 세인트루이스 박람회에 보내기로 했어. 8월부터 작업을 시작할 예정이다. 생각해보렴! 이 그림이 그녀의 왜곡된 모습을 지우고 진실을 알릴 수 있다면 얼마나 좋을까?
사랑하는 딸아, 의화단에 포위되어 있던 그 암담했던 날들, 괴로움, 피비린내와 비통함을 잊을 수 없단다. 그렇다고 고통으로 맑고 아름다운 햇볕을 막아서야 되겠니? 많은 사람이 내가 보았던 태후의 참모습을 보기를 바란다. 태후는 잘 할 수 있으리라 믿어. 그녀의 본능적인 감각과 지각, 지적 능력은 너무나 탁월하여 누구도 흉내 낼 수 없으니까.

콩거 부인이 언급한 '칼'은 미국의 젊은 화가 캐서린 칼이었다. 그녀는 프랑스 파리 줄리앙 아카데미에서 공부했다. 어머니는 중국 세관 총세무사 로버트 하트의 먼 친척이고 동생 프랜시스 칼은 산둥 즈푸세관의 세무사로 일하고 있었다. 그녀는 어머니와 함께 시베리아를 넘

1903년 12월 26일 미국 공사관에서 열린 콩거 부인 초청 애프터눈 티 모임. 여기 참석한 공주와 여성들은 모두 만주인이었다. 앞줄 가운데가 영수고륜 공주, 왼쪽에서 두 번째가 경친왕 4녀(자희 태후 측근에서 시중들던 유명한 '네 번째 공주四格格')인 듯하다. 뒷줄 가운데가 유덕령이고, 왼쪽 세 번째가 여동생이다. 왼쪽 두 번째는 모친(프랑스인)이었다. 사진을 찍은 후 콩거 부인은 앞줄 가운데 앉고 다른 공사 부인들은 뒷줄에 앉아 또 다른 사진을 찍었다.


어 중국에 와서 아들을 만났으나 어머니는 건강 악화로 세상을 떠났다. 캐서린은 상하이에 머물고 있다가 콩거 부인의 연락을 받았다.

'세인트루이스 박람회'는 1904년, 미국이 루이지애나주를 매입한 지 100주년 되는 해에 미주리주 세인트루이스에서 열린 국제 박람회를 말했다. 원래는 1901년에 참가 신청을 받아 1903년 개최할 예정이었다. 1901년 10월 8일 콩거 공사가 초청장을 전하자, 청 조정은 참가 의사를 밝혔다. 그러나 박람회 개최가 지연되어 1904년에야 열릴 수 있었다.

이보다 앞서 1903년 일본 오사카에서 국제 박람회가 열렸는데, 중국도 처음 참가하여 경험을 쌓았다. 자희 태후는 종친인 부륜溥倫에게 세인트루이스 박람회에 대표단을 이끌고 참가하도록 했고 하트도 특별히 캐서린의 동생 프랜시스를 참관인으로 보냈다.

1903년 8월 5일, 태후는 이화원에서 콩거 부인 인도하에 캐서린을 만났다. 자희 태후는 '커꾸냥柯姑娘, 캐서린의 중국명'에게 호감을 느꼈고 이는 캐서린도 마찬가지였다. 캐서린은 자신이 그린 소품들을 태후에게 보여주었다. 청대 황실에서는 일찍부터 외국 화가에게 황제의

베이징에 머무는 동안 중국 복장을 한 '커꾸냥', 즉 캐서린 칼.

초상화를 의뢰하는 전통이 있었다. 옹정·건륭년 때 이탈리아 예수회 선교사 주세폐 카스틸리오네가 여러 폭의 황제 초상화와 〈건륭황제열병도乾隆皇帝大閱圖〉 등을 그렸다. 따라서 태후의 호의적 반응은 놀랄 일이 아니었다. 자신의 초상화를 미국에 전시하자는 콩거 부인의 제안이 호의라는 것을 태후도 알고 있었다. 태후의 협조 아래 작업이 시작됐다. 그림을 그리는 동안 태후는 편안한 휴식을 취할 수 있었다.

9개월 만에 4폭짜리 거대한 유화가 완성됐다. 통역을 맡은 유덕령의 오빠 유훈령裕勛齡은 그림을 사진으로 찍었다. 왼손을 의자 턱에 올리고 오른발 꽃무늬가 새겨진 전통 신발이 치마 바깥으로 드러난 모습이었다. 만주족 여성들은 전족을 하지 않아서 꽃무늬 신발은 더욱

돈보였다. 그림을 찍은 사진은 워싱턴 스미스소니언 협회의 '아서 M. 새클러 미술관'에 보관되어 있지만, 유화의 행방은 알 수가 없다. 이 그림 외에 또 다른 두 폭의 유화가 있었는데 역시 행방을 알 수 없었다. 한 폭은 태후의 측근이었던 태감 이연영李蓮英이 궁을 나갈 때 가져갔다는 말이 있지만 여전히 진위가 밝혀지지 않고 있다.

캐서린 칼이 그린 자희 태후 초상화. 그림의 행방은 묘연하고 사진만 남아 있다. 스미스소니언 협회 소장.

캐서린은 1904년 4월 20일 (음력 3월 초닷새), 길일에 마지막 작업을 마쳤으며 이 초상화는 태후가 가장 만족하는 작품이 됐다. 이번 그림에서도 태후는 왼손을 의자 턱에 받히고 있으나, 발은 한족 여성의 전통적 예법에 따라 치마 속에 감추어 보이지 않았다. 복장과 액세서리도 이전과 완전히 달랐는데 아마도 태후의 요구에 의해서였을 것이다. 초상화가 완성된 날, 태후는 공사 부인들을 초청하여 감상했는데 모두 좋게 평가해주었다.

이 유화는 높이 2.8미터 폭 1.6미터로, 그림 속 자희 태후는 아주 단정했고 둥근 얼굴이 밝은 빛을 냈으며 위에 '대청국 자희 황태후大淸國慈禧皇太后'라고 적혀 있다. 유훈령이 그림을 사진 찍어 기록에 남겼다. 그림은 태후가 직접 설계한 정교한 남목楠木 액자에 담아 큰 상자

에 넣은 뒤 5마리 용이 수놓아
진 황색 주단으로 포장하여 세
인트루이스로 보냈다. 6월 19일
부륜과 중국 대신들, 세인트루
이스 미술관 책임자들이 보는
앞에서 상자가 열리고, 드디어
황태후 초상화가 세상 밖으로
나와 전시장에 걸렸다.

세인트루이스 국제 박람회
는 1904년 4월 30일 개막되어
12월 1일 폐막 때까지 약 7개월
동안 진행됐다. 60여 개국이 참
가했고 미국은 45개 주 중 43개

캐서린 칼이 1904년 4월 완성한 자희 태후 초상화.

주가 참가했다. 자희 태후의 초상화는 전시회에서 크게 주목받았다.
사람들은 초상화뿐 아니라 중국풍 남목 액자까지 관심을 보였다. 실물
크기 초상화가 서구에 소개되자, 자희를 본 적이 없는 사람들에게 그
림 속 여인은 바로 자희가 됐다. 태후의 감독하에 탄생한 그림 속 태후
는 현실보다 젊고 아름다운 여인의 모습이었다.

1904년 7월 캐서린은 임무를 마치고 미국으로 돌아갔다. 세인트
루이스 국제 박람회가 끝나자 캐서린은 뉴욕에서《중국의 황태후With
Empress Dowager of China, 美國女畫師的淸宮回憶》라는 책을 발간하고 자희 태
후의 생활과 그림 완성 과정을 서술했다. 그녀는 태후의 요구에 따라
그림을 수정하여 완성됐다고 회고했다. '커꾸냥'은 이 그림으로 자신

1904년 봄 베이징역에 태후의 초상화를 실은 열차와 운송을 책임진 중국 관리들 모습.

1904년 6월 전시장에 걸린 자희 태후 초상화.

의 예술 생애에서 빛나는 정점을 경험했다. 1905년 그녀의 책이 출간된 지 얼마 후, 청 조정은 네덜란드 화가 휘베르트 보스를 초청해서 자희 태후의 초상화를 그리게 했다. 그중 한 폭이 지금까지 이화원에 보관되어 있다. 2008년 중국과 네덜란드 양국은 공동으로 이 유화를 보수했는데, 사람들은 '커꾸냥'의 작품으로 오해했다.

세인트루이스 국제 박람회가 끝난 뒤, 주미 공사 양성梁誠은 백악관에서 중국 정부를 대표하여 자희 태후 초상화를 시어도어 루스벨트 대통령에게 기증했다. 양성 공사는 "황태후의 초상화가 미국 국민의 행복과 발전에 영원한 축원이 되기를 바란다"고 했고 루스벨트 대통령은 이 그림을 스미스소니언 협회 산하 박물관에 보내 지금까지 새클러 미술관에 소장되어 있다.

2019년 3월 28부터 6월 23일까지 중미 수교 40주년을 기념하기 위해 이 미술관은 베이징 고궁 박물원과 함께 '바람이 춤추는 자금성風舞紫禁: 청대 황후의 예술과 생활清代皇後的藝術和生活'이라는 예술 전람회를 열었다. 이때 이 유명한 초상화도 대중 앞에 모습을 나타냈다. 미국 매체들은 2018년 큰 인기를 얻은 드라마 〈연희공략延禧攻略〉의 영향을 받은 사람들이 청대 황궁의 복식과 후궁들의 생활에 큰 관심을 보였다고 보도했다. 주최 측도 이 전람회를 통해 과거 제도권 역사 서술에서는 주목하지 않았던 여성들의 생활을 조명했다. 이는 학술계가 젠더 연구 및 세계적인 여성 인권 운동을 중시하는 시대적 흐름과 무관하지 않았다.

돌이켜보면, 자희 태후의 부인 외교는 상당한 성과를 거두었고 오늘날까지 영향을 미쳤다. 짧은 몇 년 동안 자희 태후는 여러 공사 부인들을 만났고, 그들과 우호적인 관계를 맺어 중국의 변화를 알리고 외국에 대한 호감을 나타냈다. 콩거 부인과 중국 여성들이 활발하게 교류했던 애프터눈 티 모임은 전례가 없던 일로, 중외 여성들이 외교에서 보여준 새로운 시도였다. 자희 태후와 친했던 콩거 부인, 유덕령, 커꾸냥 등은 미국에서 태후와 관련된 회고록을 출간하여 태후의 이미지를 세상에 알렸다. 이는 태후에 대한 일반 대중의 과장된 인식을 바로 잡고 중국 문화를 소개하는 데 일조하여

캐서린 칼이 그린 자희 태후 초상화. 나무 액자 위에 '수(壽)'라고 적혀 있다. 지금 워싱턴 새클러 미술관에 완전하게 보관되어 있다. 많은 사람이 이 그림을 통해 자희 태후를 알았지만 배경 이야기를 아는 사람은 거의 없다.

중서 교류사에 의미 있는 한 페이지를 장식했다.

그러나, 자희 태후와 외국 여성들의 교류도 그녀 자신의 권력 농단과 부패 등 근본적인 문제를 변화시키지는 못했다. 그녀가 통치했던 대청 제국은 1902년 거국적인 개혁을 추진했음에도 불구하고 누적된 폐단들을 청산하지 못한 채 빠르게 멸망의 운명을 맞고 말았다.

1908년 자희 태후의 초상화를 백악관에 기부한 지 3년 후 태후와 광서제가 세상을 떠나고 두 살 나이의 부의溥儀가 황제로 등극하니 그가 바로 선통제宣統帝였다. 2년 뒤 우창武昌에서 봉기가 일어나고 각 성

이 호응하면서 신해혁명으로 이어졌다. 1912년 2월 12일, 융유隆裕 황태후가 선통제를 데리고 퇴위 조서를 발표하면서 대청 왕조는 역사 무대에서 완전히 사라졌다.

# 결론: 담배부터 프레더릭 로의 중국 보고서까지

미국은 중국과 멀리 떨어져 있고 서로 다른 발전 과정을 거쳐 왔다. 이러한 역사적 사실이 중국에게 어떤 의미가 있는가? 사람에 따라 의견이 다르고, 변화 또한 다양해서 이 모든 역사 과정을 포괄하는 적절한 답을 찾기가 쉽지 않다. 청나라 시기 중국은 1780년대부터 1880년대까지 100여 년의 오랜 시간을 보내고서야 비로소 이 문제를 이해했지만 깊이가 없었다. 청나라 말기 중국의 눈으로 보면 미국은 구미 여러 나라 중 하나였다. 미국에게 배울 수 있는 가장 중요한 점은, 다른 나라와 마찬가지로 선진 과학 기술이었다. 양무운동에서 알 수 있듯 중국은 미국을 특별히 배워야 할 국가로 보지 않았다. 그러나 미국은 영국, 프랑스 등과 연합하여 꾸준히 무역과 식민지·제국주의 정책을 펼치고 있었다.

청나라 말기, 중국인은 미국이 유럽 열강에 비해 온건하다고 느꼈다. 대중국 외교에서 중립 정책을 취했고 영국·프랑스처럼 살기등등하지도 않았으며 선교사들 또한 교육·위생 사업으로 호감을 주었다. 중국 정부에서 파견한 최초의 유학생들, 용굉, 손문, 호적, 송경령宋慶齡, 손문의 부인·송미령宋美齡, 장제스의 부인 자매 등도 미국을 선택했다. 상대적으로 온건한 '문호 개방' 정책도 큰 몫을 차지하여 중화민국 건립 후 중국과 가장 많이 합작한 나라 역시 미국이었다. 중국은 미국 국내 문제에는 관심이 없었다. 선진 과학 기술 학습과 교육 체제를 배워 중국 자신을 변화시키는 데 집중했다.

명나라 말기부터 청나라 중기까지 유럽에서 온 예수교 선교사들은 중국의 아름다움을 유럽에 소개하며 중국을 이상화했다. 그 결과 '중국풍'이 유럽을 풍미했다. 이들의 최종 목표는 이상적인 국가와 지역 건설이었다.

1776년 프랑스 작가 겸 예술 비평가인 프리드리히 멜키오르 폰 그림 남작은 "우리는 중화 제국을 주의 깊게 연구해야 한다. 선교사들은 일찍부터 먼 지역에서 장밋빛 가득한 소식을 보내와 대중 여론의 관심을 끌었지만, 너무 먼 곳이라 그들의 말을 반박할 수가 없었다. 철학자들은 그들의 보고에서 필요한 것만 취사선택하여 우리 사회의 단점을 비판하거나 없애려 한다. 그래서 중국은 짧은 시간에 예지, 도덕과 좋은 신앙을 가진 낙원이 됐고, 세계에서 가장 오래되고 훌륭한 정부를 가졌으며 숭고하고 아름다운 도덕을 가지게 됐다. 중국의 법, 정책, 예술 및 수공업은 다른 나라들의 모범이 됐다"라고 했다. 여기서 중국을 미국으로 바꾸고, 예수교 선교사와 유럽 철학자를 청나라 말기 미국 유학생과 개혁파 지식인으로 바꿔보자. 당시 미국에 대한 인식이

어떠했는지에 대한 적절한 묘사가 될 수 있다.

청나라 말기 중국은 미국에게 어떤 의미였는가? 이 점 역시 한마디로 말하기는 어렵다. 미국도 중국을 알아가는 데 오랜 시간이 걸렸다. 2차 아편 전쟁 이후 미국 공사가 베이징에 주재한 뒤에야 진정한 관찰과 인식이 이루어졌으며 시기마다 정책도 달라 평가가 일정하지 않기 때문이다. 근본적으로 미국이 중국을 보는 가장 중요한 가치는 거대한 상업 무역 기회와 많은 인구의 소비 시장이었다. 다양한 상황 속에서도 미국 상인과 기업들은 일관되게 중국이라는 거대한 시장을 동경했다. 1784년부터 '중국 무역'을 시작하여 청나라 멸망을 거쳐 중화민국 시기에도 꾸준히 엄청난 이익을 얻었다. 자본과 이윤은 제국 사이의 장벽을 허물었다. 앞서 많은 미국 상인이 아편 무역으로 큰돈을 벌어 본국으로 돌아간 사례를 소개했는데, 다시 담배 산업을 통해 그 과정을 간략하게 살펴보겠다.

## 서양 담배, 동쪽으로 오다

중국에서는 위로는 고관대작, 지식인에서 아래로는 일반 백성과 하층민까지 담배를 즐겨 어디서나 연기를 가득 뿜어내는 모습을 볼 수 있다. 지금 유행하는 전자 담배도 역시 중국인이 발명한 것이다. 심지어 남자가 담배를 피우지 않으면 기백이 부족하다는 말까지 있었다. 지식인들도 "식후 담배가 살아 있는 신선보다 낫다"는 허세를 부리며 담배를 즐긴다. 이런 흡연 문화 때문에 청나라 말기 미국 담배 회사들은 중국을 떠나지 않았다. 중국은 지금도 글로벌 담배 회사들의 주요 시장이다.

1881년 미국의 제임스 본색이 자동 담배 생산 기계를 발명하여 하룻밤 사이에 담배 생산에 경천동지할 만한 변화가 생겼다. 노동자들은 분당 평균 4개비의 담배를 생산했는데 기계는 분당 200개비, 1시간에 1만 2,000개비, 10시간 만에 12만 개비를 만들었다. 미국 역사학자 셔먼 코크란 교수는 노스캐롤라이나의 담배 왕 제임스 듀크가 이 소식을 들었을 때의 반응을 소개했다. 그는 큰소리로 "지도를 가져와!" 하더니 중국 지도 하단에 새겨진 축척과 '인구 4.3억'을 보고는 "여기가 우리가 담배를 팔아야 할 곳이다!"라고 소리쳤다. 4억이 넘는 인구는 중국에 가본 적도 없는 듀크와 경영진을 흥분시켰다. 1880년 6월 미국의 10차 인구 조사에 의하면 미국 인구는 5,019만 명 정도로, 당시 중국 인구의 11%에 불과했다. 중국 시장 조사를 했던 제임스 토머스는 4억 인구가 손마다 담배를 든 모습을 상상했다. 전 세계에서 이런 방대한 소비 시장을 가진 나라는 오직 중국밖에 없었다.

물론 중국인이 모두 담배를 피우는 것은 아니지만 듀크의 꿈은 틀리지 않았다. 1890년 처음 중국에 진출한 듀크의 회사는 연초 재배와 자금력, 기술 등을 중국으로 이전하고 상하이를 근거지 삼아 전국 각지로 소비망을 넓혀나갔다. 엄청난 광고 공세로 시골 농촌 지역까지 파고들면서 판매량은 1902년 12.5억 개비에서 1912년에는 97.5억 개비, 1916년 120억 개비로 14년 만에 10배가 증가했다. 1916년 회사는 총매출 2,075만 달러에 순이익 375만 달러를 기록했다. 1902년 듀크 담배 회사와 영국 담배 회사는 합작하여 브리티시-아메리칸 담배 회사 British-American Tobacco Company, BAT, 英美煙草公司를 세웠다. 이 회사는 중국 담배 시장을 독점하다시피 하면서 1905년 상하이에서 설립한 난양 형제 담배 회사南洋兄弟煙草公司를 비롯한 모든 중국 본토 담배 회사를 제압했다.

16세기 명나라 말기에 중국 차는 서양으로 흘러가고, 서양에서는 담배가 들어와 점차 경제 작물로 자리 잡았다. 중국에는 지역마다 담배에 얽힌 역사가 있다. 날씨가 추운 동북 일대에서는 담배가 추위를 막아준단 말이 유행하면서, 연초가 곡식 재배지를 잠식했다. 담배에

1920년대 작가 예경야(倪耕野)는 브리티시-아메리칸 담배 회사 광고에 출연해 모던한 여성이 소파에 앉아 담배를 피우는 모습을 연출했다. 모델은 치파오(旗袍)를 입고 파마머리에 두 발은 전족하지 않은 상태였다. 당시 많은 광고가 이런 모던한 연출로 소비자를 유혹했다. 특히 젊은 여성의 흡연은 일상적인 테마였다. 이 회사 담배는 지금까지도 중국 시장에서 인기를 얻고 있다.

중독되면 외모가 날로 추레해졌다. 청의 군대는 중원 입성 전에 담배의 심각성을 알아채고는 여러 차례 연초 재배와 '담박꾸丹白桂' 흡연을 금지시켰다.[1] '담박꾸'는 포르투갈어 'tobacco'를 음역한 것이다.

---

**1** 이에 관한 좀 더 자세한 내용은 임경준 〈담배 태우는 만주인들-청초 만주인의 담배 문화와 연금령〉,《명청사 연구》55집 (2021.4)을 참고할 것.

16세기 중엽 이래 동남아에서 활동하던 포르투갈, 스페인 상인들은 도쿠가와 막부 통치하의 일본 상인들과 거래했다. (일본에서는 '남만무역' 혹은 '주인선朱印船 무역'이라 함) 이 담배가 조선을 거쳐 중국 동북 지역에 전해진 것이다. 'tobacco'의 음역도 그나마 원어에 근접한 발음을 유지하고 있었다. 조선에서는 '남초南草'라 했는데, 중국 동북 지역에서도 이 이름으로 불렀다.

미국 담배가 유행하기 전에는 주로 잎담배旱煙을 피웠다. 20세기를 전후로 미국식 담배로 변했는데 브리티시-아메리칸 담배 회사 제품이 가장 유명했다. 상하이에서는 항치영杭稚英, 김설진金雪塵, 이모백李慕白, 주모교周慕橋, 정만타鄭曼陀, 사지광謝之光, 예경야倪耕野 등 당대 미술계 최고 유명 인사들이 이 회사를 비롯한 담배 회사 광고 모델로 등장했다.

19세기 초 영국 동인도 회사는 중국인에게 아편을 피우는 악습을 전해주었고, 19세기 말 브리티시-아메리칸 담배 회사는 담배를 즐기게 했다. 담배는 아편과 다르지만 몸에 좋지는 않다. 외국 회사가 본토 회사를 압도하면서 중국 자본은 대량으로 유출됐고 백성의 체력은 날로 허약해졌다. 1902년 2월 중국, 미국, 영국, 프랑스, 일본 등 13개국 41명 대표가 상하이에서 1차 국제 아편 회의를 열었다. 역사에서는 이를 '만국금연회萬國禁煙會'라 칭하는데, '연煙'은 아편을 가리켰다. 미국이 주도한 이 금연 회의는 금연 성과가 좋았던 상하이에서 거행됐다. 이는 10년 뒤 헤이그에서 국제 아편 협약 체결의 토대가 됐다.

1920년대 중국에서 흡연이 '모던한 소비'의 상징으로 자리 잡자 브리티시-아메리칸 담배 회사는 날로 번창했다. 20세기 후반 중국 인구는 약 13억 명으로 증가했고 그만큼 담배 시장도 커졌다.

19세기 후반부터 담배는 미국의 대중국 무역에서 가장 중요한 수출품 중 하나였다. 미국에게 중국 시장은 국제 무역에서 빼놓을 수 없는 중요한 시장이다. 중국의 번영은 미국과 전 세계에 깊은 영향을 미친다. 1879년 미국의 전임 대통령 그랜트는 베이징을 방문하여 공친왕에게 이 점을 강조한 바 있었다.


## 옛날 문서 더미를 열다: 다원적인 중국과 현대의 우리

1871년 1월 10일(동치 9년 11월 20일), 베이징은 겨울바람이 살을 엘 듯 찼다. 유럽 공사들이 베이징에 주재하기 시작한 지 10년이 됐다. 미국 공사 프레더릭 로는 자금성 부근 둥장미항東江米巷, 즉 둥자오민항에 있는 미국 공사관에서 중국의 실상을 담은 장문의 보고서를 작성해 워싱턴의 해밀턴 피시 국무장관에게 보냈다. 본국 정부가 대중국 정책에 참고할 수 있게 하기 위해서였다.

로는 3대 주중 공사로 1870년 4월 20일 부임했다. '로우페이디鏤斐迪'는 총리아문에서 붙여준 이름이었다. 그는 1862~63년 하원 의원, 1863~67년까지 9대 캘리포니아 주지사를 역임하고 정계에서 예리한 정치적 감각으로 명성을 떨쳤다. 그가 이 보고서를 작성한 1871년은 마침 양국이 왕샤 조약을 체결한 지 27년이 되는 해이자 초대 공사 벌링게임이 베이징에 주재한 지 9년이 되는 시점이었다.

1868년 벌링게임이 중국 사절단을 이끌고 미국을 방문했고 미국 선교사들도 벌떼처럼 중국에 몰려왔으며, 중국 이민자들도 대거 미국에 가는 등 교류는 활발했지만 미국 정계 고위층 인사들은 중국에 대해 잘 알지 못했다. 1870년 여름, 톈진에서 중국 민중들이 프랑스, 영국, 미국 영사관과 선교사를 공격한 여파가 아직 가시지 않은 채, 중외 관계는 호전의 기미가 보이지 않았다. 중국 상황에 어떻게 대응할지를 모색하는 게 급선무였다. 미국의 베이징 공사관 설립 이래, 중국 실정에 관한 장문의 보고서는 이번이 처음이었다.

망망대해 같은 중미 외교 문서 속에서 로의 보고서는 눈에 띄지 않았다. 서류 더미 속에 묻힌 채 중요 사건을 보고할 때도 전혀 언급되지 않았다. 1946년 조지 캐넌은 모스크바에서 소련이 미국의 진정한 위협이라는 내용의 인상적인 보고서를 워싱턴에 보내 전 세계에 냉전의 서막을 알린 바 있었다. 로의 보고서도 이와 같아서 잊혀서는 안 될 만큼 충분한 값어치가 있었다.

로는 중국을 어떻게 이해해야 하는가? 어떻게 대해야 하는가? 하는 질문에 관해 진지한 고민을 담았다. 이는 지금까지도 미국과 서구 국가들에게 매우 도전적인 문제이다. 중국이라는 오랜 역사와 전통, 깊고 두터운 다문화 국가를 이해한다는 것은 결코 쉬운 일이 아니다. 오늘날 중국 땅에서 태어난 사람도 오랜 관찰 끝에 인식할 수 있을 정도이다. 1920년대 중국 역사학자 고힐강顧頡剛은 고대사는 진실인가? 하는 의문을 품고 '겹겹이 쌓아서 만든 중국 고대사관層累地造成的中國古史觀' 이론을 제기했다. 고대사 서술이 "시대가 뒤로 갈수록 전설 속 고대사 시기가 길어지고 중심인물은 위대하게 변한다"며 의문을 제기한 그는 '의고학파疑古學派' 혹은 '고사변파古史辨派'의 시조이자 대표적인 학자였다.

앞서 1909년 일본 동경 대학의 시라토리 구라기치는 '요순우堯舜禹
말살론'을 제기했다. 요·순·우 임금은 본래 존재하지 않았으며 춘추전
국 이후 창조된 신화 속 인물이라는 그의 주장은 일본 학계를 발칵 뒤
집어놓았다. 고힐강은 여기서 한술 더 떠 1923년 "우임금은 벌레다大
禹是殺蟲"라는 주장으로 학계에 파란을 일으켰다. 100여 년 전, 중국과
일본 학계에서 벌어진 고대사 논쟁이지만 오늘날 시사하는 바가 있
다. 오늘날 우리는 20세기 초 학자들에 비해 요·순·우 임금에 대해 얼
마나 더 많이 알고 있을까? 고힐강이 제기했듯이 누적되어 쌓이면서
더욱 확대된 역사의 길을 계속 걸어가고 있지는 않은지 반문해보아야
한다.

상고 시대는 자료가 부족하고 의견만 많아 일치된 결론을 내릴 수
없다. 그러나 명·청 시대는 분명한 해석을 내리기에 충분한 자료가 확
보되어 있다. 또한 자료의 많고 적음이 중요한 것은 아니다. 지금 150
년 전 프레더릭 로의 중국 보고서를 읽어야 하는 이유가 여기에 있다.
우리도 겹겹이 쌓아 올린 청나라 역사관과 마주하고 있지만 고힐강이
말한 고대 역사관과 달리 청나라, 특히 청나라 말기에 대한 우리의 역
사 인식은 근대화론에 기반한다. 그래서 단편적 이해와 비평이 많고
심지어 청조를 폄하한다.

특히 20세기 중후반 중국 사회가 전면적인 근대화 및 글로벌화라
는 큰 물결에 휩쓸리면서 이런 단편적 이해들이 쌓여 오늘날 청나라
에 대한 인식을 형성했다. 현대에 가까워질수록 실제 청나라 사회에서
벗어났고 결국 현재와 분명하게 유리됐다. 오늘날 중국인은 과거와 현

재가 어떤 접점도 갖지 못하는 직선적 역사 관념에 사로잡혔다. 심지어 허버트 스펜서의 사회적 다원주의 혹은 사회 진화론에 빠지고 말았다.

로 공사의 보고서는 역사 발전이 실제로 그렇게 이루어지지 않는다는 사실을 말해준다. '낙후', '보수' 혹은 "정체되어 앞으로 나가지 못하는" 같은 비판이 오히려 당시 중국 사회를 이해하는 중요한 열쇠라고 지적한다. 현재의 사유, 언어, 용어로 당시 사회를 이해하려 한다면 문제가 생길 수 있다. 그래서 어떤 사람들은 과거를 살필 때 일부 철학자와 역사가들이 '공감적 이해'로 부르는 상황 대입을 해보라고 권하는데, 매우 일리 있는 말이다.

20여 년 전, 나는 베이징에서 외교 문서에 섞여 있던 로의 보고서를 처음 읽었다. 중국 사회에 대한 깊은 고찰에 감동했고, 100년 동안 중국 사회에 상전벽해와 같은 격변이 있었음에도 근본적으로는 바뀌지 않은 사회, 정치, 경제, 문화를 체감했다. 그가 제기한 문제들은 학계에 논쟁을 불러왔지만 용어나 연구 방법은 본질적으로 거의 차이가 없었다.

10여 년 후 나는 미국에서 젊은 미국 학생들과 토론하면서 이 보고서를 다시 살펴볼 기회가 있었다. 오늘날 중국인이 이 미국 공사의 중국 보고서를 다시 읽는다면 아마도 많은 깨우침이 있을 것이다. 적어도 우리가 보고 생각하는 중국과 미국 두 나라, 두 개의 세계, 두 문명의 차이가 현실 생활에 그대로 반영되고 있음을 목도할 수 있다.

# 프레더릭 로의 중국 국정 보고서(1871)

## 제1부. 총론과 행정

이 보고서는 중국 역사에 심취해서가 아니고, 중국의 미래를 예견하자는 것도 아니며 중국 현재 상황을 정확하게 묘사하려는 것뿐이다. 우리는 충분한 시간을 가지고 중국과 중국인의 다원화를 관찰해야 한다. 같은 자료도 생각이 다른 사람이 보면 상반된 결론을 내겠지만, 각 결론은 어느 정도 진실하다. 중국 정부가 그렇고, 다른 것도 그렇다. [해석: 로의 말은 명확하다. 오늘날 많은 사람이 "중국은 이렇다", "우리나라는 이렇다", "우리 중국인은 이렇다"라고 할 때, 이러한 개괄적인 묘사가 쉽게 문제를 일으킨다는 점을 잊곤 한다. 공개 장소에서 이러한 묘사는 매우 신중해야 한다.]

황제를 정점으로 하는 수직적인 권위authority는 집행 결과를 책임지지 않는다. 그 때문에 정부는 필연적으로 전제주의absolute despotism에 이른다. 정부와 사회의 다른 측면은 아래에서 위를 향하고 있다. 정부 조직 구조 깊은 곳의 민주주의democracy 원칙이 큰 압박을 주어 관리들은 대중의 의도를 무시하지 못한다. 전제주의와 민주주의despotism and democracy가 일방적으로 한쪽을 통제하는 것이 아니라 혼합되어 있다. 황제는 개인 의지에 따라 절대적 권위absolute authority를 행사하지만, 이러한 권력은 전례와 전통의 제한을 받아, 대중의 지지가 없으면 성과를 내지 못한다. [해석: 이러한 혼합은 확실히 존재한다. 중국 통치의 정점에 있는 황권도 실제로는 많은 제약을 받는다. 이에 관해서는 명·청 시기를 연구한 황런위黃仁宇의 책《만력 15년》과 필립 쿤《영혼을

훔치는 사람들》을 참고할 것.]

황제는 이론적으로 하늘God의 대리인이고, 사람과 신이 부여한 법의 근원이다. 이 땅의 주인이고 국가 모든 자원의 소유자이며 권력, 영광, 관리들의 봉록이 그에게서 나온다. 열여섯에서 예순 살에 이르는 남자 신하들은 그에게 절대적으로 복종한다. 이론적으로 중국 정부는 지구상에서 가장 강력한 정부이다. 한 남자가 자기 마음대로 4억 명을 다스릴 수 있는 나라는 세상에 존재한 적이 없다. 그러나 현실에서 제국 정부의 권력은 허약하다. 백성에 대한 통제는 형식적일 뿐이다. [해석: 로는 군권君權을 하늘에서 받았으니 황제를 '천자天子'라고 한다는 동중서董仲舒, 한나라 정치가의 이론을 알았다. 중국인은 "하늘 아래 모든 땅은 왕의 소유이고 모든 사람은 왕의 신하이다"라고 말한다. 그러나 당시 청 정부는 태평천국과 염군捻軍의 난², 서북 회족 변란 등으로 큰 충격을 받았고, 지방 총독의 권력은 커졌다. 로는 이 시기 중앙 정부의 통제력이 매우 허약해진 것을 보았다.]

중국은 18개의 성이 있는데 성마다 정부가 있고 주요 관리들은 황제가 임명했다. 이론상, 각 성 정부는 제국이 백성에게 행사하는 사법권과 권위에 협조하지만 실상은 달랐다. 여러 방면에서 독립적인 번속국independent tributary states이어서 중앙 권력이 백성에 닿으려면 성 관리들을 거쳐야 했다. 미국 사람은 '주 정부 권력State rights'을 추앙하는데 중국의 성 정부는 미국의 이 꿈day-dreams을 완벽하게 실현한다. [해석:

---

**2**　1851~68년 화베이(華北) 지역에서 발생한 난. 태평천국의 난과 비슷한 시기였으며 이 일로 청 조정은 심각한 타격을 입는다.

여기서 말하는 18개 성은 협의적 개념이다. 명나라 때 15명의 포정사布政司가 관리한 내륙 18개 성을 말한다. 청나라 때 장군·대신이 통제한 동북, 내몽골, 신장, 티베트는 포함하지 않았다. 이 보고서는 1871년에 작성되어 신장, 타이완에는 아직 성이 세워지기 전이었다. 청나라는 강희제 이래 문서에 '동삼성東三省'을 표시했다. 로는 '성'을 번속국으로 생각했는데, 이는 미국 상황에 영향을 받았거나 각 성이 중앙에 세금을 바치는 제도를 보았기 때문이다. 태평천국 이래 독무督撫 권력이 확장되던 시기여서 로는 중국 지방 권력의 성장을 목격했다. 한편 미국은 남북 전쟁이 끝난 후 강화된 연방 정부에 맞서 주 정부 권력 확대를 원하고 있었다.]

성의 관리들이 입법, 사법, 행정 등 모든 권한을 장악하고 있다. 토지세를 징수할 때 중앙 정부가 정한 것보다 높은 세율을 적용하거나 징수 방식을 달리하여 중앙에 보내고 남는 돈을 성 정부 예산으로 사용했다. 특별한 지출이 필요하면 여러 방법으로 세금을 걷었다. 성 정부는 지역의 평화와 안정을 책임지고 적이나 반란군을 진압하며 군대를 유지한다. 이는 성 관리들 책임으로 어떤 법적 조문any fixed rules of law으로 규제할 필요가 없었다. 돌발 사건이 발생하면 중앙 정부는 지방관을 무능 혹은 불성실 등 이유를 들어 파면하거나 강등시켰다. [해석: 로는 서구의 삼권 분립 시각에서 중국 성 정부의 권한을 관찰했다. 여러 방법으로 세금을 걷었다는 말은 함풍·동치 시기 조정이 각 지역 반란을 진압하기 위해 지방관들의 세금 징수를 묵인한 것을 가리킨다. 1853년 장쑤성에서는 세율 1리의 상업세 '이금厘金'을 걷었다. 이후 이금은 중앙 정부 재정을 채우는 주요 세수 항목이 됐다가 국민당 정부가 1931년 폐지했다. 로가 말한 지방관 징계는 그가 경험한 톈진 교안 사건에서 지방관들이 당한 처벌을 말한다.]

중국 법은 직무에 소홀하면 무거운 처벌을 내린다. 반란이 일어나면 여러 방법으로 진압하고, 투항한 도적들에게는 관직이나 돈을 주어 무장 해제시킨다. 무력으로 진압해야 한다면 마키아벨리의 명언을 따른다. "적을 죽이는 것이 가장 좋다. 살려두면 다시 반복할 것이다." 각 성은 독자적으로 평화와 안정을 유지한다.

1885년 10월 30일(광서 11년 9월 23일) 청 조정은 북양대신 이홍장이 원세개를 주조선 총리교섭통상사무대신으로 추천한 사항을 허가했다. 이후 10년 동안 원세개는 이홍장의 수제자로 성장했다. 이후 증국번의 상군-이홍장의 회군-원세개의 북양군으로 세력이 변화했다.

성의 관리들은 추천을 받아 임명한다. 중앙 정부의 비준이 필요하나 추천은 임명과 같은 의미이다. 제국의 관료 조직은 이론적으로는 황제가 임명하지만, 실제로 각 성에는 추천받은 고관들이 주를 이룬다. [해석: 로는 중국 관료 조직의 인재 선발을 언급했다. 청나라 말기 정세가 불안하여 조정은 지방 독무들이 추천한 인재를 중용했다. 그러나 이들 지방관은 서로 결탁하여 세력을 구축했다. 증국번의 상군과 그의 제자 이홍장의 회군, 또 이홍장이 발탁한 원세개의 북양 세력이 전형적인 경우였다.]

## 제2부. 교육과 과거 시험: 늙어서도 열심히 공부하는 것과 배운 것을 실제로 활용하는 것의 모순

이론적으로 관직은 교육받은 똑똑한 사람들이 맡되, 시험을 통과해야 한다. 이 나라에서는 교육을 잘 받고 시험만 붙으면 비천한 사람도 최고 관직에 오를 수 있다. 이 규칙은 엄격하고 공평하여 다른 나라로부터

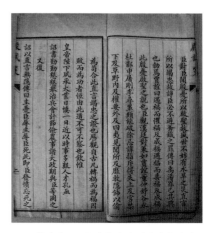

1895년(광서 21), 을미년 과거 회시에서 광서제는 쓰촨(四川) 출신 낙성양(駱成驤)을 장원으로 뽑았다. 사진은 그의 전시 시험 답안지이다.

높은 평가를 받는다. 실제로 출신이 비천한 고관들이 많이 있다. 이 훌륭한 시스템은 중국에서 이미 1,100년 동안 실시됐고 내란과 왕조 교체에도 흔들림 없이 유지됐다. 과거제는 그 어떤 원칙보다 제국의 정치 체제 깊숙이 뿌리 박혀 있으며 사람들은 여전히 이를 따른다. 정책은 자주 변하고 통치 원칙도 변화와 조정을 거치지만 관리 선발 제도만은 예외이다. [해석: 여기서 말하는 과거 제도는 1905년 폐지됐다. 로가 '이론적으로' 과거 시험을 거쳐 관리가 된다고 표현한 것은 실제 과거 시험을 거치지 않고 자리에 오르는 사람들이 있기 때문이다. 좌종당左宗棠은 향시에 붙었지만 회시에 세 차례나 떨어져 (즉, 9년 동안 시험을 보았지만) 결국 막료를 거쳐 관료가 됐다. 그를 수행하여 신장을 평정한 유금당도 공적을 인정받아 새로 설립된 신장성의 초대 순무가 됐다.]

중국은 시험의 공정성에 극도로 주의를 기울여 평등과 정의를 실현했다. 외국인들은 중국에서 많은 매관 행위가 있었다고 하지만, 이것은 재정 적자가 심했을 때 국고를 보충하기 위한 고육지책이었다. 게다가 이렇게 얻은 자리는 직함rank일 뿐 실질적인 관직office은 아니다. 다시 말해서, 이렇게 돈으로 산 직함은 마치 미국 군대의 명예 진급brevet rank처럼 명예만 있고 급료는 없다. 또한 관리가 될 수 있는 자격이 있지만 실제로는 소수만이 조정의 임명을 받는다. [해석: 청 조정은 과거 시험의 공평·공정을 매우 중시했다. 이 보고서 작성 13년 전인 1858년 순톈順天 향시에서 유명한 부정 사건이 발생했다. 이 일로 시험관인 문연각 대학사文淵閣 大學士 일품관一品官 백준柏俊이 수험생에게 뇌물을 받은 혐의로 참형 당하면서 세상을 놀라게 했다. 조정이 얼마나 공정성을 중시했는지 알 수 있는 사건이었다. 응시생들도 여론을 감독하는 역할을 했다. 1705년 순톈 향시 결과 발표 후 낙방한 학생 중 저장성 출신 풍신馮申이 상소를 올려 주 시험관인 왕빈汪霦과 부시험관 요사류姚士藟가 불공정했다며 고발했다. 낙방생들 20~30명은 류리창琉璃廠에서 허수아비 둘에 이름을 써서 북을 치며 이목을 끌었다. 이들은 허수아비를 시장으로 끌고 가 허리를 잘라버렸다. 강희제는 신속하게 시험관 둘을 파면시켰다. 명·청 시대에는 연납捐納, 돈으로 관직을 사는 것이 성행했다. 옹정제 시기 유명한 신하 이위李衛가 바로 연납 출신이었다. 청나라 말기, 내우외환으로 국가 재정이 어려워지자, 연납이 극에 달했다. 로가 언급한 'brevet rank'는 1922년 미국의 군대에서 실시한 명예 진급 제도로 실제로 진급의 의미는 없었으며 계급을 사고팔지도 못했었다.]

이 우수한 시스템의 가장 큰 병폐는 오랜 시간 받은 교육이 실제 생활에는 아무 쓸모가 없다는 점이다. 생각해보자. 우리 대학이나 고등 교육 기관의 커리큘럼에 영문《구약》, 그리스어, 히브리어, 아랍어 과정만 개설했다거나 혹은 학생들이 졸업장을 따기 위해 죽어가는 언어만 배운 나머지 머릿속에《모세》,《시편》,《잠언》만 가득하다면 세상이 어떻게 될까? 이런 비유는 사실을 무시하는 것이 아니다. 중국 교육의 본질은 확실히 이렇다. 이 나라의 교육은 오랫동안 많은 시간을 소비한다. 학생들은 인생에서 가장 좋은 시절을 낭비하고 국가나 백성에게는 실제로 조금도 도움이 되지 않는다. [해석: 로가 기독교 경전을 인용하며 비판한 대상은 사서오경이다. 내가 미국 학생들과 이 보고서를 읽었을 때, 어떤 학생은 현대 미국 대학 제도에도 이런 배움과 실용 사이의 모순 문제가 있다고 지적했다.]

### 제3부. 책 속에 황금이 있다: 관리의 꿈, 과거 시험과 민관의 관계

이 사회에서는 전체 교육 과정에서 관리가 되려는 부분이 너무 크게 작용한다. 관직은 명예, 권력, 보수를 보장하니 모든 남자가 추구하는 궁극적 목표였다. 관리의 꿈을 품은 채 빈곤 속에서 오랜 세월 몸부림치다가 3년마다 시행하는 시험에 응시하지만 99%는 낙방한다. 많은 사람이 시험에 붙을 때면 이미 쉰, 예순, 일흔의 나이가 되어 머리와 체력을 깨끗하게 소진한 뒤이다. 시험으로 전문 기능을 얻거나 재능을 과학이나 예술에 쏟는 사람은 거의 없다. 고위직과 권력에 오르는 사람도 있지만 대부분 중도 탈락하고 만다. 대략 1% 사람만이 3년마다 시행되는 시험을 통과해서 베이징에서 치르는 마지막 시험을 거

베이징 과거 시험장인 공원 전경. 미국 공사 부인 콩거가 1899년에 찍었다.

처 최고 학위를 얻는다. 제국의 그 많은 사람이 공명功名을 위해 시험에 온몸을 바치는 것이다. [해석: 청나라의 과거 시험은 현에서 보는 동시童試, 성에서 보는 향시鄉試, 베이징에서 보는 회시會試, 황제 앞에서 보는 전시殿試가 있다. 3년마다 실시되며 합격하면 생원, 공생, 진사가 되는데 로가 말한 최고 학위가 바로 진사이다. 소위 "책 속에 황금이 있고 옥처럼 아름다운 자태가 있다." 하여 과거에만 매달리다가 머리가 백발이 되는 사람이 부지기수였다. 유명한 소설 《요재지이聊齋志異》를 지은 포송령蒲鬆齡도 일생을 과거에 매달렸다. 향시를 통과하지 못하다가 1711년 일흔한 살 나이에 세공생歲貢生, 즉 수재이 됐지만, 4년 뒤에 세상을 떠나고 말았다.

1772년 베이징 회시에서 산시 공생 장정張靜이 몸속에 2쪽짜리 커닝 페이퍼를 숨겼다가 발각됐다. 당시 그는 여든 살로 바로 전해에 건룽제가 노인이 시험을 치러오는 것이 가상히 여겨 은사를 베풀었는데 불과 1년 후 형틀을 차고 말았다. 공명에 대한 지나친 집착의 배경에는 정체된 사회가 있었다. 강희·옹정·건륭 3대에 걸쳐 인구가 급증하면서 과거 시험에 병목현상이 생겼다. 이는 홍수전洪秀全의 태평천국 등 많은 사회 모순이 분출되는 계기가 됐다. 홍수전이 대나무 장대를 들고 일어난 것은 자신이 수차례 과거에 떨어진 것과 관계가 있었다. 청나라 말기에 서구 신식 학문이 몰려오자 사서오경에 기초한 과거 시험은 사회적 변화를 수용하지 못하고 1905년 폐지됐다.]

과거 시험을 통과하지 못한 사람들은 중간 계층인 '사신士紳, literati and gentry' 그룹을 형성한다. 이들은 관리와 백성 사이에서 하층 인사들을 위해 모종의 역할을 했다. 한편 통치 계층은 지방 사무에 이들을 조정자good offices로 이용하기도 한다.

통치 계층은 대부분 자원을 차지할 수 있지만 백성을 제압할 만큼 엄청난 힘을 발휘하지는 못한다. 사신 그룹은 공공 여론을 조성하여 관리들을 압박한다. 일반적으로 백성의 권리가 침해되거나 혹은 백성이 불공평한 압박을 받을 때, 이들은 영향력을 발휘하여 모순을 해결하고 황제 이하 관리들의 행위를 견제한다. 관리들은 이들이 대변하는 민의popular will를 무시하지 못한다. 이런 점에서 본다면 중국 정부는 실제 통치에서 민주적이라고 할 수 있다. [해석: 로는 사신 계층이 관과 백성 사이에서 하는 조정자 역할에 주의하여, 지금도 유행하는 '중간 계층', '공공 여론' 등 수입된 최신 용어로 중국 사회를 묘사했다. 또한 행정 시스템이 실제 운영 과정에서 기층 민의의 영향을 받는 모습에 주목했다. 훗날 중국 사회에서 이 사신 계층이 사라지면서 사회 구조와 행정 운영은 크게 달라진다. 20세기 후반, 중외 학계에서 중국 사신 계층 연구가 많았지만 결국 수십 년 전 로가 했던 간단한 고찰을 크게 뛰어넘지는 못했다.]

많은 돈과 노력을 들여 관리가 되면 이들은 본전을 회수하려 했다. 그리고 대부분 목적을 달성했다. 목적을 위해 수단과 방법을 가리지 않았다. 사실 뒤에는 언제든지 자신의 목을 칠 황제가 있고 앞에는 백성이 있어서, 관리들은 원하는 것을 마음대로 얻을 수는 없었다. 관리들은 안전하게 부당한 소득ill-gotten gains을 얻기 위해 온갖 거짓말과 속임수falsehood and subterfuge로 책임을 회피했다. 누군가 황실에 알린다고 해도 고발인보다 관리들이 유리했다. 철도, 전보 혹은 우편 제도가 발전하지 않아서 수도와 성 사이의 소통에 시간이 걸렸다. 정해진 것이 없는 불확실한 상황에서 관리들은 먼저 중앙과 접촉해 변명할 수 있고, 이를 견제할 신문 등 매체가 없으니 백성의 목소리popular voice는 사건 발생 지역 바깥에 닿지 않았다. 백성은 억울함을 토로하기 위해 폭동과 반란insurrection and rebellion을 일으키곤 했다. [해석: 관리들은 부임 후 관리가 되려고 투자한 돈을 회수하려는 고질병이 있었다. 소위, "3년 청렴하게 지부知府, 부의 지사를 해도 10만 냥을 번다三年清知府, 十萬雪花銀"고 했다. 관리의 부패는 사회 불안의 원인으로 이어졌다. 명·청 시대는 기본적으로 "황권이 기층까지 영향을 미치지 못했다皇權不下縣." 중앙이 정식으로 임명하는 가장 낮은 직급 관리는 현령으로, 이들은 지방 사신의 협조하에 세금 징수 등 업무를 수행했다. 기층의 백성이 관리를 고발하려 해도 안정적이고 합리적이며 공평한 방법이 없었다. 중국은 철로와 전보 시스템을 갓 건설했고, 백성이 이용할 수 있는 현

대적 우편 시스템은 20세기 초에야 완성됐다.]

관리들이 독단적으로 전횡을 휘두르면 백성은 무서운 압박, 불공정한 징벌을 피하려고 거짓말을 할 수밖에 없었다. 관리들은 뇌물을 받으려는 욕심에 가혹한 수단을 동원했다. 이런 관리들에 비해 중국 상인들은 다른 나라의 상인들보다 명예를 중시하고 성실했다.

중국인이 다른 나라 사람들보다 신의를 지킨다고 주장하는 것은 이교도paganism와 기독교의 차이를 간과해서가 아니다. 뇌물의 유혹에 부닥칠 때, 기독교가 계몽enlightening이라는 이름으로 사악한 마음을 통제해서 정직한 미덕을 유지할 수 있을지 의심되기 때문이다. 정부가 전권을 휘두르는 국가에서는 관리와 백성이 명확한 성문법well-defined written law보다 전통과 전례를 더 잘 따르곤 한다. 중국은 우리의 계몽 관념enlightenment은 없지만 이미 문명이 개화enlightened되어 있다. 미국이 중국보다 더 도덕적이라는 생각은 위험하다. [해석: 로는 '공감의 이해同情理解' 경지에 도달했다. 그는 스스로 문명화됐다고 생각하는 기독교 인사들이 중국인들보다 더 뛰어나지 않다고 생각했다.]

우리는 중국 상황을 언급하면서 발전상은 이야기하지 않는다. 이렇게 방대한 사회와 정부 조직이 사분오열되지 않았다는 것은 놀라운 일이다. 각 성이 독립성을 유지하는 상황에서, 중앙 정부는 어떻게 위엄과 권한을 행사할 수 있을까? 고립 상태isolation에서도 온전한 나라를 유지하며, 황제는 정신적·세속적 지도자로서 황권을 발휘한다. 그러나 이보다 더 큰 요인은 관리가 되려는 야심과 관리 임명 형식이다. 이것은 국가를 하나로 묶는 강한 유대로 작용한다. 제국의 지식인들은 경쟁이 극심한 시험을 통해 관리가 되려 하고, 정부에 들어가서도 자리와 권력을 유지한다. 지금 공부하고 있는 사람들도 운이 좋으면 시험을 통과하여 관직에 나갈 것이다. 그러나 이는 또한 사회 발전의 큰 장애물이기도 해서 이성과 논쟁으로도 극복하기 어렵다. [해석: 로는 동치제 통치 시기 중앙 정부가 내우외환의 압박 속에서 허약해진 모습을 보았다. 그는 청 정부가 무너지지 않은 이유가 궁금했다. 그는 과거 시험과 관직을 원하는 지식인들의 욕망이 중국을 유지했다고 생각했다. 이는 일면적인 해석으로, 그가 외교관 신분으로 중국 관료 시스템과 접촉하면서 얻은 결론이었다. 그렇지만 그의 문제 제기는 매우 중요한 시도였다.]

## 제4부. 중국어와 양경빈(洋涇浜) 영어

중국어는 커다란 장벽이다. 외국인은 시간과 인내심을 가져야 부분적으로 극복할 수 있는 문제이다. 중국의 언어는 중국인도 오랫동안 익혀야 한다. 하물며 외국인은 어떻겠는가? 소수의 외국인만 중국어에 어느 정도 익숙하다. 이는 오랜 시간 인내심을 가지고 배운 결과이다. 외국인이 완벽하게 중국어를 읽고 쓴다거나 중국인의 도움 없이 공문을 번역해서 분명하게 그 뜻을 상대방에게 전하기는 불가능하다. [해석: 베이징에 중국어를 능숙하게 하는 외국인은 극히 적었다. 미국 공사관에는 1871년부터 1901년까지 30여 년간 저스哲士, Cheshire라는 중국인 통역이 문서를 번역했다. 1902년 미국 국무부는 콩거 공사의 적극적인 요청에 따라 10명의 미국인을 베이징에 보내 중국어를 배우게 했다.]

중국인은 다른 언어의 중요성을 알고 있다. 언어를 알면 그 나라 작품을 읽을 수 있지만 예전에는 이런 노력을 전혀 하지 않았다. 외국인이 중국어로 설명하기 전에 중국인은 어떻게 외국의 중요한 지식을 얻을 수 있을까? 지난 20여 년간 중국이 이룬 성과는 매우 고무적이다. 교재와 사전이 갈수록 많아져서 미래에는 더 많은 성과를 이룰 것이다. [해석: "지난 20여 년간 이룬 성과"는 2차에 걸친 아편 전쟁 이후 등장한 서학 움직임, 특히 양무운동을 말한다. 이전에는 중국 정부 내에 영어, 프랑스어를 하는 사람이 없었지만 1862년 동문관 설치 이후 영어, 프랑스어, 독일어, 러시아어 등은 물론 근대 물리, 화학, 천문학 등 신지식을 가르치면서 근본적인 변화가 시작됐다. 미국 선교사 윌리엄 마틴은 1869년 동문관 총교습總敎習을 맡아 큰 공헌을 했다. 1892년 마틴은 광서제의 영어 교사로 장덕이張德彝, 심탁沈鐸을 추천했다.]

중국 세관, 외국 영사관, 선교와 관련 있는 사람 외에 중국어를 이해하고 말하고 쓸 수 있는 외국인은 많지 않다. 외국 상인들도 이런 노력을 기울이지 않는다. 반대로 외국 회사에서는 영어를 잘하는 중국인을 좋아하지만 유럽 시장 정보를 중국 상인에게 흘릴까 우려한다. 중국인과의 거래는 중국 중간 상인을 통했는데 이들을 '매판compradores'이라 불렀다.[3]

외국 상인은 매판을 통해 기록이 불가능한 전문 언어인 '양경빈 영어洋涇浜 英語, pidgin English'[4]로 교류했다. 이 언어는 가장 간단한 의미만

---

**3**  이에 대한 좀 더 많은 자료는 하오옌핑《동양과 서양, 전통과 근대를 잇는 상인, 매판》(씨앗을 뿌리는 사람, 2002), 이화승《상인 이야기》(행성B, 2013)를 참조할 것.

**4**  'pidgin'은 '비즈니스'의 중국어 음역이다. 양경빈은 상하이에 있는 프랑스 조계와 공공 조계의 경계 지역을 말한다.

전달하면서 거래를 성사시켰다. 이 영어는 언어의 기본 요소를 갖추지 못해, 개항 항구 주변 중국인이 영어를 배우는 데 걸림돌이 됐다. 그들은 편리성 때문에 더 정확한 영어를 배우려 하지 않았다. 상하이에 있는 미국 회사 경기양행瓊記洋行, Messrs. Augustine Heard & Co.의 젊은 직원 2명이 베이징에서 중국어를 배우고 있다. 그들이 능숙해지면 회사는 중국인과의 거래에서 매판에만 의지할 필요가 없을 것이다. 이 회사가 사업에 필

1870년대 초, 물담배를 피우는 상하이 매판 모습. 미국 의회 도서관 소장.

요한 여러 유용한 지식을 배우면 다른 회사도 따라 할 것이다.


## 제5부. 중화 제국의 몰락: 건륭부터 아편까지

중국은 쇠락하고 있다. 부패 등 사람들의 마음을 아프게 하는 증거들이 많다. 쇠락의 원인과 시작은 쉽게 답할 수 있는 문제가 아니다. 중국의 역사를 보면 왕조는 놀라운 진취적 의식과 방탕한 사치가 번갈아 나타나며 진보와 퇴보가 교차했다. 대부분 황제의 지략, 열정, 충성 등은 좋은 성과를 만들어냈다. 건륭제가 통치하던 시기(1736~96)에는 문제가 없었다. 그는 황실 정원과 놀이터는 물론 전국 각지에 불교

사원, 능, 정자 등을 세우는 데 많은 재정을 투여했다.

건륭 이후 황제들은 비어버린 국고를 채우려고 노력하지 않았다. 이미 가난해질 대로 가난해진 백성은 봉기와 반란으로 불만을 표출했다. 전국 모든 성에서 백성의 반란이 장기화됐다. 결국 1850~65년까지 강남을 휩쓴 태평천국 반란은 중국의 핵심 지역을 철저하게 유린, 파괴했다. 진압 과정에서 봉기를 일으킨 사람들 이외에도 인구와 재산 손실이 엄청났고, 뒤이은 외국과의 전쟁으로 수많은 농민이 곤궁, 빈곤, 기아 상태에 빠졌다. 자료에 의하면 과거 100년 동안 전쟁, 질병, 기근으로 인한 인구 손실은 자연 증가분을 넘어섰다. 지금 중국 인구는 한 세기 전보다 줄었다. 이 계산이 정확하다면 사실 의심할 필요도 없지만, 이것만으로도 쇠락과 퇴보는 면할 수 없을 것이다. [해석: 1870년대, 사람들은 건륭제 시기부터 쇠락이 시작됐다고 했다. 로가 언급한 외국과의 전쟁은 2차 아편 전쟁을 말하며, 태평천국 봉기와 시기가 겹친다. 태평천국의 실패는 2차 아편 전쟁이 끝나고 청 조정이 영국, 프랑스, 미국, 러시아 등과 협력해 진압에 나선 것과 관련이 있다. 현재 서구 학계에서는 태평천국 운동으로 2,000만 명에 가까운 사상자가 발생했다고 한다. 다만 전란 기간의 사망자 수와 관련해 구체적인 기록이나 통계가 없다. 전후 인구 통계로 추산할 뿐이다.]

쇠락의 더 큰 원인은 아편 소비의 급증이다. 아편은 재산과 영혼을 빼앗아 가버렸다. 믿을 만한 통계에 의하면 1800년 중국에 들어온 아편은 4,000상자 정도로, 상자당 133파운드였다. 1869년 외국이 중국에 판매한 아편은 8만 5,000상자로 이 중 약 5만 3,000상자는 통상 항구에서 관세를 내고 합법적으로 들어왔지만 나머지 3만 2,000상자는 홍콩에서 밀수로 반입됐다. 19세기 초에는 중국 내에서 거의 아편을 만들지 않았음에도, 1869년에 이르자 본토 제련 아편은 보수적으로 잡아도 이미 7만 5,000상자에 달했다. 외국에서 들여온 것까지 합하면 이 해의 아편 소비량은 16만 상자로 무게 2,100만 파운드 또는 1만 500톤에 해당했다. 여러 경로를 통해 중국에 들어온 아편은 약 6,800만 달러어치로 중국이 차와 비단 수출로 벌어들이는 돈의 75%에 해당했다. 그나마 이런 수치는 손실과 피해의 지극히 일부일 뿐이다.

아편이라는 악습에 빠진 백성은 피 같은 재산을 탕진하여 세금을 내지 못했고, 이는 국가 재정 악화로 이어졌다. 독약을 흡입하여 백성은 쇠약해지고 방탕과 태만으로 생산력은 급감했으며 제국은 쇠퇴와 멸망의 길로 들어섰다. [해석: 로가 언급한 본토 아편 재배와 제조는 중요한 문제로, 1869년에 이미 수입 아편량에 근접했다. 학계에서도 연간 소비량의 편차가 크다. 중국학자들은 1869년 수입 아편이 5만 3,413단, 홍콩을 통한 아편이 8만 6,065단으로 총 13만 9,478단이며 금액으로 치면 해관은海關銀 6,195만 403냥이라 했다. 그런데 여기서 홍콩 수입량이 앞서 로가 말한 외국 아편 8만 5,000상자에 근접하니 통계적으로 차이가 크다.

청대 세관 총세무사 10년 보고에서 당시 1단擔, picul은 중국 단위 100근으로 60.453킬로그램, 133.33파운드였다. 로가 말한 '1상자箱, chest'가 바로 1단이다. 이렇게 계산하면 1869년 외부에서 들어온 아편 총량은 약 8,431톤에서 9,672톤 사이가 된다. 여기에 통계에 들어가지 않은 본토 제조 아편을 합치면 당연히 1만 톤을 초과한다.

그렇다면 중국학자가 말한 1869년 수입 아편 총액 해관은 약

6,195만 냥은 어느 정도 수준일까? 1884년 중국이 독일에 의뢰해서 건조한 철갑함선鐵甲艦에 들어간 비용과 비교해보자. 제작에만 '정원호定遠號'가 백은 141만 냥, '진원호鎭遠號'는 142.4만 냥이 들었다. 여기에 운송비와 잡비 56만 냥을 포함하면 모두 339.4만 냥이 함선 제작에 들어갔다. 비용으로 치면 1869년 한해 중국인이 피운 아편은 철갑함선 36척에 해당한다. 1894년 청일 전쟁이 일어나기 25년 전, 북양해군 함대와 대청 제국을 무너트린 일본의 메이지 유신이 불과 1년 지난 시점이었다. 1년에 전함 36척을, 25년이면 900척을 허공에 날렸다는 뜻이다. 이 돈을 사기 진작에 썼다면 어땠을까? 그래도 나라를 지키지 못했을까? 청나라 말기 중국 근대화에 쓰였어야 할 자본을 보이지도 않는 곳에서 아편쟁이들이 피워서 날려버렸다고 해도 과언이 아니다. 중국은 당시 아편이 중국인, 사회, 국가에 끼친 엄청난 해악을 분명히 인식해야 할 것이다.]

### 제6부. 어떻게 중국을 구할 것인가?: 두 개의 길과 딜레마

아편 소비로 구멍 난 나라의 재정 공백을 메우려면 백성의 습관을 고치거나 새로운 산업을 발굴해야 한다. 이 두 가지 방법으로 나라의 쇠퇴를 멈출 수 있을지 진지하게 고민할 필요가 있다. 백성의 습관을 고치려면 도덕심을 배양해서 아편 흡연을 철저하게 없애야 한다. 지배층 교육을 통해 새로운 자원을 개발하고 백성을 조직화하여 지하자원 등 자원 발굴에 나서거나 개발권을 외국인들에게 허가해주어 활력을 되찾아야 한다. [해석: 로는 중국이 양무운동을 통해 유럽을 모방하여 산업화를 이룰 수 있다고 생각했다. 그러나 1871년 당시 실현 가능성

은 분명하지 않았다.]

중국의 대중 교육은 기독교 선교사들의 노력과 영향으로 효과를 거두었다. 중국 관리들도 총명하고 신중하니, 열정으로 가득 찬 베이징 거주 외국 사절단 대표들이 진행하는 교육을 받아야 한다. 외국 사절단은 관리들을 개화시키고 중앙 정부의 권력을 강화시켜야 한다. 중앙 정부가 공평하고 합리적으로 명령을 집행해야 비로소 역량과 권위를 가질 수 있고 지금보다 존경받을 수 있다. [해석: 로는 유럽 시각에서 유럽의 역량으로 중국을 개조시킬 수 있으리라는 강렬한 희망을 드러냈다. 선교사와 외교관의 역할을 강조했는데 이는 1870년 발생한 톈진 교안敎案과 관련이 있었다.]

또 다른 길은 직접적이지만, 효과가 있을지는 의문이다. 그것은 '대중적 방법popular course'인 '무력force'을 쓰는 것이다. 베이징에 주재하는 외교 대표들이 가장 빠르게 중국을 '개방opening up'시킬 수 있다고 믿는 수단이다. 상인들은 새로운 산업 자원과 경로를 개척하려면 무력에 호소하는 수밖에 없다고 말한다. 선교사들도 같은 생각이다. 도덕적 설교는 오래 걸릴 뿐만 아니라 더 많은 정력을 소모하기 때문이다. 선교사들은 백성에게 최선의 결과를 가져오려는 전쟁은 도덕적이고 의롭다고 믿는다. 그들은 "땅과 거기에 충만한 것과 세계와 그 가운데에 사는 자들은 다 여호와의 것The earth is the Lord's and the fullness thereof,《시편》 24편 1절"임을 믿는다. 그들은 자신들이 '전능하신 신the Almighty'의 대리인이라 믿고 기독교화와 부활을 실현하려 한다. 자신들의 임무가 신속하게 이루어질수록 중국인과 세계에 좋다고 믿는다. 미신을 타파하기 위해 무력은 절대로 필요하다고 믿는다. 군대를 사용하여 상대를 굴복시키는 것은 '주the Master'의 위대한 사업을 실현하는 정당한 행위라고 믿는다. 이러한 논리를 반박하는 말은 너무 많으니 여기서 되풀이하지 않겠다. [해석: 로는 중국에 있는 선교사들도 무력 사용에 공감한다고 생각했다. 다만 일반 상인들과 달리 무력을 종교적 수단으로 본다고 지적했다. 실제로 19세기 유럽 선교사들은 본국의 전함을 타고 중국에 왔지만 대부분 사회 선교나 교육·위생 사업에 뛰어들었다. 미국 선교사 윌리엄 마틴은 적극적으로 무력 사용을 언급하지 않았다. 선교 지역을 크게 파괴할 수 있었기 때문이다.]

평화적인 개조 작업은 오랜 시간과 인내심이 필요하며 종사자들의 시간, 인내심, 노동력이 합쳐져야만 가능하다. 무력을 신봉하는 사람들은 과거에 그런 식으로 중국의 문호를 개방한 사실에 근거하여, 앞으로도 오직 무력만이 직면한 문제와 의심의 울타리를 넘을 수 있다고 믿는다. 나는 이러한 논리에 절대 동의하지 않는다. 정의와 도덕은 제쳐두고 정략과 편의의 문제로만 세상을 바라본다면 항구적인 발전은 그만큼 난관에 부딪힐 수밖에 없다. 더 많은 이익 때문에 무력 사용을 고민하는 일이 반복될 것이다.

그러나 모든 역량을 동원하여 중국의 쇠퇴를 막고, 외국과 평화로운 관계를 지속하는 한편 교육을 통해 중국을 회복시킬 수 있으리라는 의견에 별로 기대하지 않는다. 중앙 정부의 우유부단함 때문에 다른 국가들의 인내심이 바닥나고, 지방 정부와 백성은 조약을 어긴다. 외국 상인들이 더 많은 특허권을 요구하면서 조만간 큰 피해를 자초할 것이다. [해석: 로의 정세 분석은 매우 날카롭다. 그의 예언대로 이후 20년 동안, 중외 관계는 날로 악화되어 외국 은행은 관세를 담보로

1900년 12월 8일 미국 잡지 〈저지〉에 실린 삽화로 제목은 "누군가는 물러서야 한다(Someone Must Back up)"이다. 의화단 운동과 8개국 연합군 침략 시기, 중미 양국이 좁은 길에서 서로 만나는 장면을 묘사했다. 오른쪽은 의화단원이 '중국'이라고 적힌 괴물을 타고 있다. 그는 오른손에 피가 가득 묻은 큰 칼을, 왼손에 '4억 야만인'이라고 쓴 깃발을 들고 있다. 맞은편에 자동차를 탄 엉클 샘이 보인다. 차 뒤에 "문명, 무역"이라고 쓰여 있고 차체는 '진보'로 장식되어 있다. "반드시 무력"이라고 쓴 대포를 장착한 채 멈추라고 손짓하고 있다. 차에 실린 기계, 전신주, 면포, 음악, 교육 등은 중국에 팔러 온 상품을 의미했다.

각종 차관을 앞다투어 들여왔다. 교안과 무력 충돌, 청일 전쟁 이후 각국의 영토 분할, 세력 확장 등이 뒤를 이었다. 강유위는 온건한 수단으로 사회 개혁을 주장하는 무술변법을 펼쳤으나 100일 만에 좌절하고 말았다. 내우외환 등 총체적 난국 상황은 "서양을 멸하고 청을 살리자扶淸滅洋"는 기치를 내건 의화단 운동으로 폭발했다. 그 결과 8개국 연합군이 베이징을 점령했고 청 조정은 치욕스러운 신축조약을 맺었으며, 일부 관리들이 숙청당하고 유배 보내졌다.]

## 제7부. 중국 문명을 소홀히 하면 안 된다: 서구는 어떻게 허약한 중국을 대할 것인가?

미래를 예측할 때 유럽 국가들은 제조업에서 어느 정도 인도와 중국에 의지하고 있다는 점을 고려해야 한다. 이들 정부는 자국 생산자들의 어려움을 해소하려고 무역을 이용한다. 상황이 달랐다면 이런 방식을 고수하지 않을 것이다. 다행히도 미국은 중국과 다른 국가를 대상으로 이런 정책을 고려하지 않을 것이다.

중외는 평화로운 관계를 유지해야 한다. 어려움도 있다. 우리는 북미 대륙 인디언과의 전쟁, 흑인 노예 해방을 통해서 다른 인종races과 문명civilizations이 만나면 "피할 수 없는 충돌irrepressible conflict"이 발생한다는 것을 경험한 바 있다.

외국인들은 중국의 지혜와 문명의 가치를 저평가하는 실수를 범하곤 한다. 중국인을 인디언, 흑인과 비교하거나 인도, 남양 제도(미크로네시아 지역) 주민과 동일 선상에 놓고 이야기한다는 것은 불공평하며 올바른 평가도 아니다. 중국인의 지적 수준, 산업, 행정 능력은 이교도 국가 사람보다 우수하다는 것이 증명됐다. 교육이 실용적이지 못해 문제이긴 하지만, 복잡한 학습에서 우수한 인지 능력을 발휘한다. 중국 상인들은 무역에서 외국인들과 경쟁할 때, 유리한 자리를 확보해서 좋은 성과를 만들어냈다.

농부는 근면, 소박하고 고생을 마다하지 않으며 적은 소득에도 만족하며 질서 의식이 높다. 다만, 현대 과학을 접하지 못해 쉽게 미신에 빠진다. 황제를 세속적, 종교적 지도자로 추앙하며 발명이나 개혁을 믿지 않는다. 절대다수의 백성은 외국인을 본 적이 없고 외국인이 자신과는 완전히 다른 종류의 사람이며 잔인하고 냉혹하며, 탐욕스럽고 폭력적이고 목적을 위해 수단을 가리지 않는다고 믿는다.

역사는 이러한 편견이 허구라는 것을 입증했다. 외국인들은 중국 문명Chinese civilization과 야만 상태barbarism를 구별하지 못한다. 그들은 중국인이 열등 인종an inferior race이며 자신들이 이익을 얻는 데 방해가 된다고 생각한다. 스스로 '고급 문명superior civilization'이라는 자만에 취해 중국인의 권리와 권익을 무시한다. 이들은 미국 대법관이 했던 다음의 말을 인용한

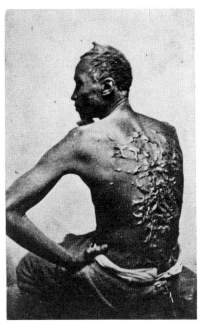

1864년 3월 흑인 노예 고든이 루이지애나주의 면화 농장에서 배턴루지 부근 북부군 부대로 탈출하여 자유를 얻었다. 북부군 종군 기자가 찍은 이 사진은 가혹한 매질과 학대를 당한 끔찍한 모습을 담고 있어 노예제의 폐해를 선전하는 데 인용됐다. "매 맞은 피터(Whipped Peter)"로 불린 고든은 북부군에 입대하고 전투에 참여했다.

다. "흑인에게는 백인이 존중해야 할 권리가 없다(A negro has no rights that a white man is bound to respect)." 말문이 막히게 하는 이 말에 일부 미국인이 환호했다. 중국에 거주하는 외국인들은 언어가 아닌 행동으로 이렇게 표현한다. "중국인에게는 백인이 존중해야 할 권리가 없다." [해석: 로는 단호하게 유럽인의 문명 우열론을 비판한다. 흑인은 백인의 권리를 향유할 수 없다는 말은 1857년 3월 6일 미국 대법원

대법관 로저 토니가 '드레드 스코트 대 샌드퍼드 사건Dred Scott v. Sandford' 판결 때 한 말이다. 스코트는 흑인 노예로 북부 자유주에서 미주리주로 이주한 후 자유 신분을 요구하는 소송을 제기했다. 토니 판사는 스코트에게 자유를 줄 수 없으며 흑인은 미국 시민권을 획득할 수 없다고 판결했다. 대법원은 7대 2로 이 판결을 통과시키면서 미국 연방 대법원 역사에 오점을 남겼다. 로가 말한 '일부 미국인'은 바로 이 대법관들을 말한다. 남북 전쟁이 종식되면서 노예제는

1898년 1월 26일 미국 잡지 〈퍽〉의 표지 풍자만화로 제목은 "본 적 없는 긴급 상황(An Unforeseen Emergency)"이었다. 이홍장이 황제에게 깊이 허리 숙여 절하고 있었다. 황제가 "가장 똑똑한 신하여. 공자님은 이런 상황에서 우리에게 어떤 교훈을 주었던가?"라고 묻자 이홍장은 "폐하, 공자는 이미 사라진 지 오래입니다. 아마 이런 상황은 꿈에도 생각하지 못했을 것입니다"라고 답한다. 그 뒤로 영국, 독일, 일본, 프랑스 군함이 기세등등하게 몰려오고 있다.

폐지됐으나 일상 속 인종 분리 정책과 차별은 이후에도 오랫동안 유지됐다. 이 문제는 1960년대에 이르러서야 근본적으로 해결됐다. ]

조정은 무능하고 허약하여 조약국 열강treaty powers의 연합 행동이나, 강대국the first-class powers에 의해 무너질 수 있다. 이 조정이 무너진다면 어떻게 될 것인가? 누가 대신할 것인가? 나는 어떤 외국 정부도 중국을 정복해서 번속국a dependency으로 만들려 하지 않을 것이며, 이런 시도를 다른 조약국들이 받아들이지 않을 것으로 생각한다. 서구의 중국 분할divide and parcel out은 현실적이지 않다. 일부 국가 – 아마도 미

국이 그중 하나겠지만-가 중국 땅 접수를 반대하고 다른 국가의 관행에 맞설 것이기 때문이다. 앞으로 어떤 일이 발생하든 명백한 사실은 중국은 반드시 중국인 스스로 통치해야 한다는 것이다China must be governed by the Chinese. [해석: 로는 청 조정의 무능을 목도하고 각 조약국이 연합하면 충분히 전복시킬 수 있다고 보았다. 그의 말대로 29년 후인 1900년 8개군 연합군은 베이징을 점령했고 태후와 황제는 시안으로 도망갔다. 신축년 이후 청 조정은 새로운 개혁 정책을 실시했지만 힘이 부족하여 10년 후 망하고 말았다. 로가 각국이 중국을 분할할 수 없다고 말한 것은 열강의 도덕적 판단을 높이 평가한 것이기는 했지만, 자신의 조국인 미국이 반대할 것이라고 예측했기 때문이었다. 그러나 십수 년 후 중국은 분할됐다. "중국인은 반드시 중국인 스스로 통치해야 한다"는 로의 말은 '민족 자결주의' 사상에 기반한 것이다. 1860년대에 처음 제기됐다가 1차 세계 대전 이후 미국 대통령 윌슨과 소련 지도자 레닌이 제창함으로써 현대 국제 관계 원칙 중 하나가 됐다.]

현재 관직에 나가지 않은 지식인 중 넓은 마음, 개명한 사상을 가진 사람이 있다면 그들에게 기회를 줄 수도 있다. 외국은 자신의 이익과 중국의 미래를 위해 무능하고 허약한 정부를 무너트리고 새로운 정부를 세울 수 있다고 생각한다. 그러나 나는 어떤 사람도 지금 관리들보다 더 잘하지는 못할 것이라고 생각한다. 지금 요직에 있는 사람들은 적어도 지난 10년간 외국 외교 대표들과 직접 교섭하면서 많은 것을 배웠기 때문이다. 서구에 대해 잘 알고 있으며 서구 국가들도 이들과 우호적 관계를 유지함으로써 이익을 얻을 수 있다.

그러나 그들은 새로운 지식 습득이 매우 느리다. 우리가 이 정부와 백성이 원하는 목표에 도달할 때까지 인내심을 발휘할 수 있을지 모르겠다. 관리들의 어려움과 곤경을 고려하여 다른 나라들이 더 많은 선의와 인내심을 발휘해주기 바란다. 외국 정부의 불가능한 특권 요구는 악독한 것이다. 외국은 자만에 빠져 무시를 일삼는다. 그러다가는 자칫 그동안 기울인 노력이 수포로 돌아갈 수 있다. 외부인은 이러한 상황을 이해하지 못한다. 이는 때로 백성의 강력한 비판을 불러일으키고 다른 국가가 중국 고관에게 압력을 행사하는 원인이 되기도 한다.

나는 외국 정부가 중국 정부나 백성과 교류할 때 공정해야 하고, 동시에 인내심과 양보가 필요하다고 생각한다. 그들은 중국이 조약을 지키도록 요구하고, 중국에 있는 자국민들을 보호해야 한다. 용감하고 안전하게 상호 교류를 촉진해야 호혜가 가능하다. 평화로운 상태가 유지되어야 개혁이 효과를 발휘한다. 평화가 깨져서 전쟁이 발발하면 무력에 의한 강제적 압박이 실시된다. [해석: 로는 미국 정부가 중국에 있는 미국 시민을 보호해야 한다고 건의했다. 1900년 의화단에 포위되어 있던 공사관 직원들을 구해낸 것처럼 말이다. 그러나 가장 좋은 방법은 중국 정부와 평화적 관계를 유지하는 것이며, 이런 상태에서 개혁이 촉진되어야 하고 외국의 강제적 압박으로 진행된 개혁은 좋지 않다고 했다.]


## 역사의 연속성

10여 년 전 나는 베이징 미국 대사관에서 유학 비자를 받기 위해

인터뷰를 했다. 내가 미국에 가서 중국 역사를 연구할 것이라고 하자 담당자는 그 이유를 물었다. 나는 로 보고서에 나오는 한마디를 인용했다. "시각이 다르면 서술도 달라진다." 면접관은 긍정적인 시선으로 동감을 표했다. 물론 그녀는 100여 년 전 자신의 선배였던 로가 그 추운 겨울, 베이징에서 썼던 장편의 보고서에 대해서는 알지 못했을 것이다.

미국 정계에서 로는 특별히 빛나는 정치가가 아니어서 이름조차 들어보지 못한 사람이 많다. 그는 동시대 사람들에게 어떻게 중국을 관찰하고, 이해하고, 응대해야 하는지에 대해 자세한 기록을 남겨놓았다. 그의 눈을 통해 우리는 1870년대 청대 중국을 볼 수 있다. 유럽 각국이 무력과 자본을 앞세워 식민지 개척에 앞서고 있을 때 중국은 얼마나 무력했던가? 유럽 열강이 군사·종교·상업·외교적 압력과 위협을 일삼고, 심지어 자신들의 뜻에 따라 '개혁'을 강요하면서, 얼마나 많은 간섭을 했던가? 유럽을 모델로 삼아 사회 개혁을 추진하면서, 체제 내적인 어려움으로 인해 발걸음을 떼기가 얼마나 어려웠던가?

로는 조정의 신뢰를 받던 즈리 총독 이홍장에게 깊은 동정을 느꼈다. 1875년 이홍장은 "각국이 통상 선교를 이유로 수도와 주요 도시에 무리 지어 몰려들었다. 말로는 잘 사귀어 보자고 하지만, 속으로는 나라를 통째로 삼키려는 계략을 숨기고 있다. 여러 나라가 한 나라의 운명을 얽어매고 있으니 수천 년 이래 없던 변국變局이다." 하며 무력감을 토했다. 분노와 고심 끝에 그는 자강 운동을 시작했다. 이런 인식 하에 사람들은 간단한 결론을 도달했다. "낙후되면 당한다." 다시 말하면, 청대 중국이 이렇게 당한 것은 군사와 시스템이 낙후했기 때문이었다. 이 간단명료한 논리는 한 시절을 풍미했다. 단선적linearise이고 직관적인 '진보' 역사관이야말로 상처투성이의 과거와 단절할 수 있는 유일한 방법이었기 때문이다.

100여 년 전, 로는 워싱턴 정계에 보고서를 보냈다. 동시에 중국이라는 땅에서 진행되던 숨 막히는 역사의 한 장면을 남겨주었다. 이 보고서를 읽는 사람들은 전통과 현대, 고유와 외래의 충돌로 생긴 간극을 느낄 수 있다. 우리가 1800년 이래의 중국 역사를 돌아다보면, 그 감각은 더욱 현실적으로 다가온다. 이 역사적 장면은 우리에게 그다지 낯설지 않다. 그것은 오늘날에도 여전히 존재한다. 우리 사회에 어렴풋이 숨어 있거나, 또는 만연해 있음을 보게 된다. 역사는 시공을 연결하는 고리, 이른바 '전통'이 된다. 그것이 좋든 나쁘든!

청나라 시인 납란성덕納蘭性德은 1682년 강희제를 수행하여 관외 바이랑허白狼河에서 머물던 밤에 시 〈여몽령如夢令〉을 지었다. 청나라 말기 중국 사회와 그 운명을 시에 대입해서 읽으면 마치 중미 관계의 문학적 주석 같다. 로의 보고서를 읽고 난 뒤의 느꼈던 복잡한 감정이 되살아나는 듯하다. 전문은 다음과 같다.

萬帳穹廬人醉, 星影搖搖欲墜
끝없이 늘어선 천막 속에서 사람들은 술에 취해 노래하고,
별의 그림자들은 흔들거리며 쏟아질 것 같다
歸夢隔狼河, 又被河聲攪碎
저만치 랑허 물결 소리에 집에 가려는 꿈이 깨어버렸다
還睡, 還睡

1900년 9월 27일 톈진에서 찍은 이홍장 사진. 미국 의회 도서관 소장.

자야 하는데, 자야 하는데

解道醒來無味

깨어봐야 견디기가 힘들기만 할 테니

# 역자 후기

중국이 미국에 버금가는 강대국으로 부상하면서 양국 간 무역 갈등은 날로 뜨겁게 달아오르고 있다. 미국이 바이든 정부 출범 이후에도 전방위적인 압박을 멈추지 않자, "패권 경쟁", "세계 경제의 숨은 뇌관" 등으로 표현되는 날카로운 대립에 세계 각국도 긴장을 늦추지 못한다. 이에 중국은 중국공산당 창당 100주년을 맞아 "우리를 괴롭히는 외부 세력은 14억 명으로 만든 강철 만리장성에 부딪혀 피 흘릴 것"이라는 거친 표현까지 쓰면서 "중화 민족이 당하는 시대는 끝났다"고 대내외에 선언했다. 날로 고조되는 상황에 대중들은 두 나라의 대립에 깊은 관심을 보이고 있지만, 안타깝게도 양국 무역의 역사에 대해서는 잘 알지 못한다.

서구 열강들에게 중국은 무한한 부의 원천이었다. 미국은 230여 년 전(본서의 시작인 1784년)부터 중국 무역에 뛰어들어 다사다난한 교류를 이어왔다. 다른 나라들에 비해 시기는 늦었지만, 미국 상인들은 신흥 국가의 패기를 앞세워 비단, 칠기, 차 등 중국 상품을 싣고 대양을 건넜다. 우아하고 깊은 풍미의 중국 문물은 미국 땅에 '중국풍'이라는 새로운 바람을 일으켰다.

50여 년의 평화로운 무역사는 1840년 아편 전쟁을 계기로 급격한 변화를 맞았다. 미국을 포함한 서구 열강들은 제국주의, 식민주의 침략으로 중국의 문을 강제로 열고 영토를 분할하여 자원을 탐했다. 그러나 안타깝게도 '천조'의 자만에 빠진 늙은 제국은 제대로 대응하지 못하고 혼란에 빠졌다. 시대의 변화를 반영하지 못한 외교 의전인 고두叩頭와 반기독교 운동인 교안敎案이 충돌의 주요 원인이었다.

함포를 앞세운 해양 세력 앞에서 중국은 '공전절후空前絶後: 이전에도, 이후에도 없을 사태', '풍우표요風雨飄搖: 폭풍에 흔들리는 모습'에서 '판상어육板上魚肉: 도마 위에 놓인 생선'이 되는 치욕을 맛보았다. 한 치 앞을 내다볼 수 없는 폭풍 속에서 중국은 태평천국, 동치중흥, 백일 개혁 등 내적 혼란을 겪었다. 이 과정에서 미국은 비교적 온건한 입장을 유지했으며 중국은 이에 호감을 표했다.

금을 쫓는 노동자들과 미래를 꿈꾸는 어린아이들이 미국행 배에 몸을 실은 것도 이때였다. 미국 공사를 중국 흠차대신으로 임명하여 외교를 맡기는 파격도 있었다. 그사이 미국 상인들은 국제적 금지 약물인 아편으로 엄청난 돈을 벌어들인다. 아이러니하게도 이는 미국이라는 신흥 국가의 건설 자금으로 쓰인다.

1898년, 쓰러져 가는 나라를 지켜보던 중국 백성들이 들고일어났다. 그러나 산둥 지역 반기독교 운동으로 촉발된 이 사건은 맨손으로

는 낡은 제국을 지킬 수 없다는 한계를 보여주었다. 의화단拳民, Boxer
은 서구 연합군에 의해 처참하게 파괴된 황실 정원 원명원처럼 엄청
난 상처를 남겼다. 이후 제국은 운명의 날을 기다리며 마지막 숨을 거
칠게 몰아쉴 뿐이었다.

19세기 초, 중국은 전제 왕권 국가에서 짧은 공화정을 거쳐 사회주
의 정부 수립으로 이어지는 정치적 급변 속에 있었다. 이 시기 미국을
비롯한 서구 열강들이 아편과 이념을 앞세워 중국을 침탈했으며 그들
이 안겨준 치욕의 기억은 중국인의 뇌리에 깊이 각인되었다.

그 후 중국은 개혁개방, 50여 년의 중흥을 거쳐 세계 무대로 돌아
왔다. 오늘날 중국은 과거의 역사를 거울삼아 대국의 풍모를 되찾으려
는 움직임이 뚜렷이 감지되지만, 미국의 태도는 19세기 때와 크게 다
르지 않다. 대중국 외교는 여전히 경제 논리가 중요한 축을 이루고 있
다. '죽의 장막' 너머를 보는 시각에 변화가 없는 한 정치적으로나 경
제적으로 양국의 마찰은 당분간 계속될 것이다.

중미 양국은 한국의 전통 수립과 근대화 과정에서 큰 영향을 미쳐
왔고 한국은 여전히 양국 충돌의 최전선에 있다.

21세기에 한·중·미 삼국은 경제·외교적으로 매우 밀접하게 연결
되어 있다. 서로의 이익에 따라 외교 정책을 바꾸고, 무역 상황에 따라
경제가 요동칠 만큼 큰 영향을 주고받는다. 이런 상황에서 양국 갈등
은 한국의 정치, 경제, 통일, 환경, 문화 등 사회 전반에 미칠 수밖에 없
다. 우리는 위기와 기회 속에서 매번 선택의 순간을 마주할 것이고 갈
등이 격화할수록 삼국 사이의 복잡해진 방정식을 풀기 위해 골머리를
앓을 것이다. 그러나 입장을 바꾸어 생각하면, 양국에게 한국은 전략

적으로 포기할 수 없는 매력적인 파트너라는 의미이다. 따라서 앞으로 전개될 상황에 대응하려면 과거 역사를 충분히 이해하고 서로 간의 시각과 입장을 조절할 수 있는 지혜가 필요하다.

오늘날 젊은 세대는 과거의 기억에서 자유롭지 못한 기성세대와 다르다. 전쟁이나 체제·이념에 얽매이지 않고, 한자를 배우지 않았지만 소통에 어려움이 없다. 반도체나 K-컬처 등으로 대표되는 국가적 자신감도 강점이다. 그러나 지나친 반중 정서는 우려스럽다. 150여 년 전 중국 주재 공사를 지낸 프레더릭 로는 "중국은 차이로 가득한 나라이다. 어떤 개괄적 묘사도 완전히 믿을 만하거나 정확하지 않다. 만약 어떤 사실을 참이라고 증명하는 사례가 50개라면 이를 부정하는 증거도 100개가 있다"라는 교훈을 남겼다. 보고 싶은 것만 보거나 단편적인 사건에 일희일비하지 않고 새로운 시각과 자신감으로 복잡한 문제를 풀어가기를 기대한다.

독자들이 본서를 통해 중서 교역에 관한 관심을 가진다면 중국 역사 전반에 이해의 폭을 넓힐 좋은 기회가 될 것이다. [1]

---

[1]    당시 동아시아 무역과 중서 교역에 관심을 가지고 있다면 최근 출간된 다음 자료를 참고하기 바란다. Ronald C. Po(布琮任) *The Blue Frontier: Maritime Vision and Power in the Qing Empire*(Cambridge University Press, 2018. 8)과 *Tonio Andrade The last embassy: The Dutch Mission of 1795 and the Forgotten History of Western Encounters with China*(Princeton University Press, 2021. 6) 岡美穗子,《War and Trade in Maritime East Asia》(Springer Singapore, 2022.1) 岩井茂樹,《朝貢, 海禁, 互市:近世東亞伍百年的跨國貿易眞相》(臺灣八旗文化, 2022.3)

# 부록

## 청나라 중국 연호표

| 한문 연호 | 만문 연호(로마자 병기) | 서력 연도 |
| --- | --- | --- |
| 천명(天命) | Abkai fulingga | 1616~1626 |
| 천총(天聰) | Abkai sure | 1627~1635 |
| 숭덕(崇德) | Wesihun erdemungge | 1636~1643 |
| 순치(順治) | Ijishūn dasan | 1644~1661 |
| 강희(康熙) | Elhe taifin | 1662~1722 |
| 옹정(雍正) | Hu waliyasun tob | 1723~1735 |
| 건륭(乾隆) | Abkai wehiyehe | 1736~1795 |
| 가경(嘉慶) | Saicungga fengsen | 1796~1820 |
| 도광(道光) | Doro eldengge | 1821~1850 |
| 함풍(咸豐) | Gubci elgiyengge | 1851~1861 |
| 동치(同治) | Yooningga dasan | 1862~1874 |
| 광서(光緒) | Badarangga doro | 1875~1908 |
| 선통(宣統) | Gehungge yoso | 1909~1911 |

# 청나라 시기 미국 대통령

|  | 재임 기간 | 이름 | 당 |
|---|---|---|---|
| 1대 | 1789.4.30~1797.3.4 | 조지 워싱턴 | 무당적 |
| 2대 | 1797.3.4~1801.3.4 | 존 애덤스 | 연방당 |
| 3대 | 1801.3.4~1809.3.4 | 토머스 제퍼슨 | 민주공화당 |
| 4대 | 1809.3.4~1817.3.4 | 제임스 매디슨 | 민주공화당 |
| 5대 | 1817.3.4~1825.3.4 | 제임스 먼로 | 민주공화당 |
| 6대 | 1825.3.4~1829.3.4 | 존 퀸시 애덤스 | 국민공화당 |
| 7대 | 1829.3.4~1837.3.4 | 앤드루 잭슨 | 민주당 |
| 8대 | 1837.3.4~1841.3.4 | 마틴 밴 뷰런 | 민주당 |
| 9대 | 1841.3.4~1845.3.4 | 윌리엄 헨리 해리슨 | 휘그당 |
| 10대 | 1845.3.4~1849.3.4 | 존 타일러 | 휘그당 |
| 11대 | 1845.3.4~1849.3.4 | 제임스 녹스 포크 | 민주당 |
| 12대 | 1849.3.4~1859.3.4 | 재커리 테일러 | 휘그당 |
| 13대 | 1850.3.4~1853.3.4 | 밀러드 필모어 | 휘그당 |
| 14대 | 1853.3.4~1857.3.4 | 프랭클린 피어스 | 민주당 |
| 15대 | 1857.3.4~1861.3.4 | 제임스 뷰캐넌 | 민주당 |
| 16대 | 1861.3.4~1865.4.15 | 에이브러햄 링컨 | 공화당 |
| 17대 | 1865.4.15~1869.3.4 | 앤드루 존슨 | 민주당 |
| 18대 | 1869.3.4~1877.3.4 | 율리시스 그랜트 | 공화당 |
| 19대 | 1877.3.4~1881.3.4 | 러더퍼드 헤이스 | 공화당 |
| 20대 | 1881.3.4~1881.9.19 | 제임스 가필드 | 공화당 |
| 21대 | 1881.9.19~1885.3.4 | 체스터 아서 | 공화당 |
| 22대 | 1885.3.4~1889.3.4 | 그로버 클리블랜드 | 민주당 |
| 23대 | 1889.3.4~1893.3.4 | 벤저민 해리슨 | 공화당 |
| 24대 | 1893.3.4~1897.3.4 | 그로버 클리블랜드 | 공화당 |
| 25대 | 1897.3.4~1909.3.4 | 윌리엄 매킨리 | 공화당 |
| 26대 | 1901.3.4~1909.3.4 | 시어도어 루스벨트 | 공화당 |
| 27대 | 1909.3.4~1913.3.4 | 윌리엄 하워드 태프트 | 공화당 |

## 청나라 말기 미국 주중 공사

|  | 영문 이름 | 중문 이름 | 임기 |
|---|---|---|---|
| 1대 | 앤슨 벌링게임 | 蒲安臣 | 1861~1867 |
| 2대 | 로스 브라운 | 勞文羅斯 | 1868~1869 |
| 3대 | 프레더릭 로 | 鏤斐迪 | 1870~1873 |
| 4대 | 벤저민 에이버리 | 艾忭敏 | 1874~1875 |
| 5대 | 조지 수어드 | 西華 | 1876~1880 |
| 6대 | 제임스 에인절 | 安吉立 | 1880~1881 |
| 7대 | 존 러셀 영 | 楊約翰 | 1882~1885 |
| 8대 | 찰스 덴비 | 田貝 | 1885~1898 |
| 9대 | 에드윈 콩거 | 康格 | 1899~1905 |
| 10대 | 윌리엄 록힐 | 柔克義 | 1905~1910 |
| 11대 | 윌리엄 캘훈 | 嘉樂恒 | 1910~1911 |

## 청나라 말기 중국 주미 공사

|  | 이름 | 임기 |
|---|---|---|
| 1대 | 진난빈(陳蘭彬)-정사<br>용굉(容宏)-부사 | 1875~1882 |
| 2대 | 정조여(鄭藻如) | 1882~1885 |
| 3대 | 장음환(張蔭桓) | 1885~1889 |
| 4대 | 최국인(崔國因) | 1889~1893 |
| 5대 | 양유(楊儒) | 1893~1896 |
| 6대 | 오정방(伍廷芳) | 1896~1902 |
| 7대 | 양성(梁誠) | 1902~1907 |
| 8대 | 오정방(伍廷芳) | 1907~1909 |
| 9대 | 장음당(張蔭棠) | 1909~1911 |

# 참고 문헌

## 한국

《청선고(淸選考)》. 서울: 탐구당, 1972년.

구범진:《청나라: 키메라의 제국》. 서울: 민음사, 2012년.

국사편찬위원회편:《고종시대사》. 서울: 국사편찬위원회, 1967년.

＿＿＿.《동문휘고》. 서울: 국사편찬위원회, 1978년.

김윤식:《김윤식 전집》(상·하권). 서울: 아세아문화사, 1980년.

＿＿＿.《음청사(陰晴史)》. 서울: 국사편찬위원회, 1958년.

＿＿＿.《천진담초(天津談草)》. 서울대학 규장각 장서, 교편목록: 75-103-27-K.

김지남·김경문 편찬, 이담 속찬:《통문관지》. 조선, 1898년 각본.

사역원 편찬:《동문고략》. 한성: 사역원 목활자판, 1851년.

일본문제연구회편:《조선외교사무서》. 서울: 성진문화사, 1971년.

임기중 묶음:《연행록 전집》. 서울: 동국대학 출판부, 2001년.

전해종:《한중 관계사 연구》. 서울: 일조각, 1970년.

최소자:《명청 시대 중한 관계사 연구》. 서울: 이화여자대학 출판부, 1997년.


## 중국


《大明會典》. 北京, 1587年印本.

《大淸通禮》. 台北: 台灣商務印書館, 1978年翻印版.

《大淸會典》. 北京, 1899年印本.

《大淸會典事例》. 北京, 1899年印本.

《東亞世界的近代: 19世紀》. 東京: 岩波書店, 2010年.

《理藩院則例》. 香港: 蝠池書院, 2004年翻印版.

《張蔭桓日記》. 上海: 上海書店出版社, 2004年.

《籌辦夷務始末(道光朝)》. 北京: 中華書局, 1964年.

《籌辦夷務始末(同治朝)》. 北京: 中華書局, 2008年.

《籌辦夷務始末(鹹豐朝)》. 北京: 中華書局, 1979年.

《淸嘉慶朝外交史料》. 北京: 故宮博物院, 1932年.

《淸季中日韓關系史料》. 台北: Academia Sinica 近代史研究所, 1972年.

《淸光緖朝中日交涉史料》. 北京: 故宮博物院, 1932年.

《淸史稿》. 北京: 中華書局, 1977年.

《淸實錄》. 北京: 中華書局, 1985-1987年.

葛兆光:《宅玆中國: 重建有關"中國"的曆史論述》. 北京: 中華書局, 2011年.

顧廷龍·戴逸主編:《李鴻章全集》. 合肥: 安徽敎育出版社, 2008年.

高宗魯搜集譯注:《中國留美幼童書信集》. 珠海: 珠海出版社, 2006年.

郭廷以:《近代中國史》. 台北: 台灣商務印書館, 1966年.

_____.《近代中國的變局》. 台北: 聯經出版公司, 1987年.

仇華飛:《早期中美關系硏究(1784-1844)》. 北京: 人民出版社, 2005年.

祁韻士:《皇朝藩部要略》. 台北: 成文出版社, 1968年翻印版.

吉辰:《昂貴的和平: 中日馬關議和研究》. 北京: 生活·讀書·新知三聯書店, 2014年.

單士元:《伍國公使覲見同治帝交涉始末》, 載中國第一曆史檔案館編:《清代檔案史料叢編(第十三輯)》(北京: 中華書局, 1990年), 第431-455頁.

唐仕春主編:《近代中國社會與文化流變》. 北京: 社會科學文獻出版社, 2010年.

戴海斌:《晚清人物叢考》(初編·二編). 北京: 生活·讀書·新知三聯書店, 2018年.

董文煥:《峴樵山房日記》. 北京: 北京圖書館出版社, 1996年.

駱寶善·劉路生主編:《袁世凱全集》. 鄭州: 河南大學出版社, 2012年.

梁嘉彬:《廣東十三行考: 鴉片戰前廣東國際貿易交通史考》. 台中: 東海大學, 1960年.

梁啟超:《飲冰室合集》. 上海: 中華書局, 1936年.

呂芳上·陳雅鈴編:《清季華工出國史料, 1863-1910》. 台北: Academia Sinica 近代史研究所, 1995年.

禮部纂修:《禮部則例》. 北京, 1844年印本.

賴惠蘭:《清末留美幼童之研究》. 台北: 中國文化大學中美關系研究所, 1984年.

劉本森:《帝國的角落: 英國租占威海衛研究(1898-1930)》. 北京: 社會科學文獻出版社, 2018年.

劉浦江:《正統與華夷: 中國傳統政治文化研究》. 北京: 中華書局, 2017年.

李劍農:《中國近百年政治史》. 北京: 中華書局, 2019年.

李國榮主編, 覃波·李炳著:《清朝洋商秘檔》. 台北: 崧博出版事業有限公司, 2018年.

李文傑:《中國近代外交官群體的形成(1861-1911)》. 北京: 生活·讀書·新知三聯書店, 2017年.

李雲泉:《朝貢制度史論: 中國古代對外關系體制研究》. 北京: 新華出版社, 2004年.

李定一:《中美早期外交史, 1784-1894》. 台北: 傳記文學出版社, 1978年.

李孝聰:《記康熙〈皇輿全覽圖〉的測繪及其版本》, 載《故宮學術季刊》第30卷 第1期 (2012年), 第55-85頁.

孟森:《清代史》. 台北: 正中書局, 1960年.

茅海建:《近代的尺度: 兩次鴉片戰爭軍事與外交》. 上海: 上海三聯書店, 1998年.

_____.《天朝的崩潰: 鴉片戰爭再研究》. 北京: 生活·讀書·新知三聯書店, 1995年.

伏爾泰著, 鳴模信·沈懷潔·梁守鏘譯:《路易十四時代》. 北京: 商務印書館, 2018年.

相藍欣:《義和團戰爭的起源: 跨國研究》. 上海: 華東師範大學出版社, 2003年.

徐國琦著, 尤爲群譯:《中國人與美國人: 一部共有的歷史》. 成都: 四川人民出版社, 2019年.

孫宏年:《清代中越宗藩關系研究》. 哈爾濱: 黑龍江教育出版社, 2004年.

孫明:《生活的史學》. 上海: 上海人民出版社, 2015年.

孫衛國:《大明旗號與小中華意識: 朝鮮王朝尊周思明問題研究, 1637-1800》. 北京: 商務印書館, 2007年.

宋念申:《發現東亞》. 北京: 新星出版社, 2018年.

楊國強:《衰世與西法: 晚清中國的舊幫新命和社會脫榫》. 北京: 中華書局, 2014年.

閻宗臨:《中西交通史》. 桂林: 廣西師範大學出版社, 2007年.

鳴義雄:《條約口岸體制的醞釀: 19世紀30年代中英關系研究》. 北京: 中華書局, 2009年.

王立新:《美國傳教士與晚清中國現代化: 近代基督新教傳教士在華社會·文化與教育活動研究》. 天津: 天津人民出版社, 2008年.

_____.《躊躇的霸權: 美國崛起後的身份困惑與秩序追求(1913-1945)》. 北京: 中國社會科學出版社, 2015年.

王信忠:《中日甲吾戰爭之外交背景》. 北京: 國立清華大學出版事務所, 1937年.

王芸生:《六十年來中國與日本》. 北京: 生活·讀書·新知三聯書店, 2005年.

王元周:《小中華意識的嬗變: 近代中韓關系的思想史研究》. 北京: 民族出版社, 2013年.

_____.《中華秩序的理想·事實與想象》. 南京: 江蘇人民出版社, 2017年.

王重民:《徐光啟集》. 北京: 中華書局, 1963年.

王之春:《清朝柔遠記》. 北京: 中華書局, 1989年.

王鐵崖:《中外舊約章彙編》. 北京: 生活·讀書·新知三聯書店, 1982年.

王希:《原則與安協: 美國憲法的精神與實踐(增訂版)》. 北京: 北京大學出版社, 2014年.

容尚謙著, 王敏若譯:《創辦出洋局及官學生歷史》. 珠海: 珠海出版社, 2006年.

牛軍:《近代朝鮮的開港: 以中美日三國關系爲中心》, 北京: 社會科學文獻出版社, 2008年.

_____.《冷戰與新中國外交的緣起, 1949-1955(修訂版)》. 北京: 社會科學文獻出版社, 2013年.

鬱慕俠:《上海鱗爪》. 上海: 上海書店出版社, 1998年.

任智勇:《晚清海關再研究: 以二元體制爲中心》. 北京: 中國人民大學出版社, 2012年.

張雙智:《清代朝覲制度研究》. 北京: 學苑出版社, 2010年.

張雲樵:《伍廷芳與清末政治改革》. 台北: 聯經出版公司, 1987年.

蔣廷黻:《近代中國外交史資料輯要》(上·中卷). 台北: 台灣商務印書館, 1959年.

_____.《中國近代史》. 長沙: 嶽麓書社, 1987年.

張存武:《清韓宗藩貿易》. 台北: Academia Sinica 近代史研究所, 1985年, 第二版.

錢鋼·胡勁草:《大清留美幼童記》. 香港: 中華書局(香港)有限公司, 2003年.

_____.《留美幼童: 中國最早的官派留學生》. 上海: 文彙出版社, 2004年.

錢實甫編:《清代職官年表》, 北京: 中華書局, 1980年.

錢亦石:《中國外交史》. 北京: 生活·讀書·新知三聯書店, 2014年.

丁名楠:《帝國主義侵華史》. 北京: 人民出版社, 1961年.

丁韙良等譯:《萬國公法》. 北京: 崇實館, 1864年.

鄭鶴聲:《近世中西史日對照表》. 北京: 中華書局, 1981年.

_____.《中國近世史》. 上海: 上海書店, 1992年.

周健:《維正之供: 清代田賦與國家財政(1730-1911)》. 北京: 北京師範大學出版社, 2020年.

周振鶴撰集, 顧美華點校:《《聖諭廣訓》集解與研究》. 上海: 上海書店出版社, 2006年.

珠海容閎與留美幼童研究會主編:《共同的容閎: 紀念容閎畢業於美國耶魯大學 150 周年活動紀實》. 珠海: 珠海出版社, 2006年.

中國曆史博物館編:《中國近代史參考圖錄, 1840-1919》. 上海: 上海教育出版社, 1986年.

中國第一曆史檔案館編:《光緒朝朱批奏折》. 北京: 中華書局, 1996年.

_____.《英使馬戛爾尼訪華檔案史料彙編》. 北京: 國際文化出版公司, 1996年.

中山大學曆史系編:《林則徐集·日記》. 北京: 中華書局, 1962年.

陳彬龢:《帝國主義侵略中國史》. 上海: 世界書局, 1927年.

陳尚勝:《中國傳統對外關系研究》. 北京: 中華書局, 2015年.

戚其章主編:《中日戰爭》. 北京: 中華書局, 1989-1996年.

胡祥雨:《清代法律的常規化: 族群與等級》. 北京: 社會科學文獻出版社, 2016年.

胡繩:《帝國主義與中國政治》. 北京: 人民出版社, 1996年, 第7版.

黃嘉謨主編:《中美關系史料·光緒朝》. 台北: Academia Sinica 近代史研究所, 1988年.

黃純艷:《宋代朝貢體系研究》. 北京: 商務印書館, 2014年.

## 일본

岡本隆司:《屬國與自主之間: 近代中朝關系與東亞的命運》. 名古屋: 名古屋大學出版
　　會, 2004年.

岡本隆司·川島真編:《中國近代外交的胎動》. 東京: 東京大學出版會, 2009年.

檀上寬:《明代海禁＝朝貢體系與華夷秩序》. 京都: 京都大學學術出版會, 2013年.

大久保利謙編:《森有禮全集》. 東京: 宣文堂書店, 1972年.

島善高編:《副島種臣全集》. 東京: 慧文社, 2004年.

夫馬進:《朝鮮燕行使與朝鮮通信使》. 名古屋: 名古屋大學出版會, 2015年.

濱下武志:《近代中國的國際契機: 朝貢貿易體系與近代亞洲經濟圈》. 東京: 東京大學
　　出版會, 1990年.

＿＿＿.《朝貢體系與近代亞洲》. 東京: 岩波書店, 1997年.

川島真:《中國近代外交的形成》. 名古屋: 名古屋大學出版會, 2004年.

阪野正高:《近代中國外交史研究》. 東京: 岩波書店, 1970年.

彭澤周 (伊原澤周):《明治初期日韓清關系研究》, 東京: 塙書房, 1969年.

和田春樹·中野聰·川島真等編:《東亞近現代通史》第1卷

## 영문 자료

Alexander, William, and George Henry Mason. *Views of 18th Century China Costumes, History, Customs.* New York: Portland House, 1988.

*Banquet to His Excellency Anson Burlingame and His Associates of the Chinese Embassy by the Citizens of New York on Tuesday, June 23, 1868.* New York: Sun Book and Job Printing House, 1868.

Berard, Adrienne. *Water Tossing Boulders: How A Family of Chinese Immigrants Led the First Fight to Desegregate Schools in the Jim Crow South.* Boston: Beacon Press, 2016.

Bieler, Stacey. *"Patriots" or "Traitors"?: A History of American-Educated Chinese Students.* Armonk, NY: M. E. Sharpe, 2004.

Blakeslee, George H. ed. *China and the Far East: Clark University Lectures.* New York: Thomas Y. Crowell & Co., 1910.

Bradley, James. *The China Mirage: The Hidden History of American Disaster in Asia.* New York: Back Bay Books, 2016.

*British Documents on Foreign Affairs: Reports and Papers from the Foreign Office Confidential Print. Series E. Asia, 1860-1914.* Lanham, MD: University Publications of America, 1994.

Bromley, Isaac H. *The Chinese Massacre at Rock Springs, Wyoming Territory, September 2, 1885.* Boston: Franklin Press, 1886.

Buck, Pearl S. *The Good Earth.* New York: J. Day Co., 1931.

_____. *China: Past and Present.* New York: J. Day Co., 1972.

Burbank, Jane, and Frederick Cooper. *Empires in World History: Power and the Politics of Difference.* Princeton, NJ: Princeton University Press, 2010.

Calhoun, Craig, Frederick Cooper, and Kevin W. Moore. *Lessons of Empire: Imperial Histories and American Power.* New York: New Press, 2006.

Carl, Katharine A. *With the Empress Dowager of China.* New York: The Century Co., 1907.

Carr, Caleb. *The Devil Soldier: The American Soldier of Fortune Who Became a God in China.* New York: Random House, 1992.

Chien, Frederick Foo. *The Opening of Korea: A Study of Chinese Diplomacy, 1876-1885.* Hamden, CT: Shoe String Press, 1967.

*China Imperial Maritime Customs Decennial Reports, 1882-91.* Shanghai: Statistical Department of the Inspectorate General of Customs of China, 1893.

Chu Shih-Chia. "Tao-Kuang to President Tyler." *Harvard Journal of Asiatic Studies* 7, no. 3 (1943): 169-173.

Cochran, Sherman. *Big Business in China: Sino-Foreign Rivalry in the Cigarette Industry, 1890-1930.* Cambridge, MA: Harvard University Press, 1980.

Cohen, Paul A. *History in Three Keys: The Boxers as Event, Experience, and Myth.* New York: Columbia University Press, 1997.

Cohen, Warren I. *America's Response to China: A History of Sino-American Relations.* 4th Edition. New York: Columbia University Press, 2000.

Conger, Sarah Pike. *Letters from China: With Particular Reference to the Empress Dowager and the Women of China.* Chicago, IL: A. C. McClurg and Co., 1909.

Cooper, Frederick. *Colonialism in Question: Theory, Knowledge, History.* Berkeley: University of California Press, 2005.

Crossley, Pamela Kyle. *A Translucent Mirror: History and Identity in Qing Imperial Ideology.* Berkeley: University of California Press, 1999.

_____. Helen F. Siu, and Donald S. Sutton, eds. *Empire at the Margins: Culture, Ethnicity, and Frontier in Early Modern China.* Berkeley: University of California Press, 2006.

Curzon, George N. *Problems of the Far East: Japan-Korea-China.* 2nd ed. London: Longmans, Green, 1894.

Dams, Bernd H. and Andrew *Zega. Chinoiseries*. New York: Rizzoli, 2008.

Davids, Jules, ed. *American Diplomatic and Public Papers: The United States and China, 1861-1893*. Wilmington, DE: Scholarly Resources, 1979.

Dennett, Tyler. *Americans in Eastern Asia: A Critical Study of the Policy of the United States with reference to China, Japan and Korea in the Nineteenth Century*. New York: Macmillan, 1922.

Der Ling. *Two Years in the Forbidden City*. New York: Moffat, Yard and Company, 1911.

_____. *Old Buddha*. New York: Dodd, Mead & Company, 1929.

Deuchler, Martina. *Confucian Gentlemen and Barbarian Envoys: The Opening of Korea, 1875-1885*. Seattle: University of Washington Press, 1977.

Di Cosmo, Nicola. "Qing Colonial Administration in Inner Asia." *International History Review* 20, no. 2 (1998): 287–309.

Donahue, William J. "The Francis Terranova Case." *The Historian* 43, no. 2 (1981): 211–224.

Di Cosmo, Nicola. "Qing Colonial Administration in Inner Asia." *International History Review* 20, no. 2 (1998): 287–309.

Elliott, J. H. *Empires of the Atlantic World: Britain and Spain in America, 1492-1830*. New Haven, CT: Yale University Press, 2006.

Elliott, Mark C. The Manchu Way: *The Eight Banners and Ethnic Identity in Late Imperial China. Stanford,* CA: Stanford University Press, 2001.

Elverskog, Johan. Our Great Qing: *The Mongols, Buddhism, and the State in Late Imperial China*. Honolulu: University of Hawaii Press, 2006.

Em, Henry H. *The Great Enterprise: Sovereignty and Historiography in Modern Korea*. Durham, NC: Duke University Press, 2013.

Esherick, Joseph. *The Origins of the Boxer Uprising*. Berkeley: University of California Press, 1987.

"Execution of an Italian at Canton: A Review on the London Quarterly Review for January 1834." *North American Review* 40, no. 86 (1835), 58–68.

Fairbank, John King, ed. *The Chinese World Order: Traditional China's Foreign Relations*. Cambridge, MA: Harvard University Press, 1968.

_____. *The United States and China*. 4th Edition. Cambridge, MA: Harvard University Press, 1976.

_____. and S. Y. Têng, eds. *Ch'ing Administration: Three Studies*. Cambridge, MA: Harvard University Press, 1960.

_____. and S. Y. Têng. "On the Ch'ing Tributary System." *Harvard Journal of Asiatic Studies* 6 (1941): 135–246.

Foreign Relations of the United States. Washington, DC: United States Government Printing Office, 1861–1912.

Frank, Caroline. *Objectifying China, Imagining America: Chinese Commodities in Early America*. Chicago, IL: University of Chicago Press, 2011.

Gaddis, John Lewis. *On Grand Strategy*. New York: Penguin Press, 2018.

Gallagher, John, and Ronald Robinson. "The Imperialism of Free Trade." *Economic History Review* 6, no. 1 (1953): 1–15.

Grosier, Jean-Baptiste. *A General Description of China*. London: Paternoster-Row, 1788.

Hanway, Jonas. *An Essay on Tea*. London, 1757.

Hayter-Menzies, Grant. *The Empress and Mrs. Conger: The Uncommon Friendship of Two Women and Two Worlds*. Hong Kong: Hong Kong University Press, 2011.

Headley, J. T. *The Life and Travels of General Grant*. Philadelphia, PA: Hubbard Bros., 1879.

Hevia, James L. *Cherishing Men from Afar: Qing Guest Ritual and the Macartney Embassy of 1793*. Durham, NC: Duke University Press, 1995.

Ho, Pingti. "In Defense of Sinicization: A Rebuttal of Evelyn Rawski's 'Reenvisioning the Qing.'" *Journal of Asian Studies* 57, no. 1 (1998): 123-55.

\_\_\_\_. "The Significance of the Ch'ing Period in Chinese History." *Journal of Asian Studies* 26, no. 2 (1967): 189-95.

Hobsbawm, Eric. *The Age of Empire,* 1875-1914. New York: Vintage Books, 1989.

\_\_\_\_. *Nations and Nationalism since 1780: Programme, Myth, Reality.* London: Cambridge University Press, 1990.

Holder, Charles F. "America's Treatment of the Chinese." *North American Review* 171, no. 525 (1900): 214-220.

Hostetler, Laura. *Qing Colonial Enterprise: Ethnography and Cartography in Early Modern China.* Chicago: University of Chicago Press, 2001.

Honour, Hugh. Chinoiserie: *The Version of Cathy.* London: John Murray, 1961.

Hsü, Immanuel C. Y. *China's Entrance into the Family of Nations: The Diplomatic Phase, 1858-1880.* Cambridge, MA: Harvard University Press, 1960.

Hunt, Lynn, *Measuring Times, Making History.* Budapest: Hungary: Central European University Press, 2008.

Hsu, Shuhsi. *China and Her Political Entity: A Study of China's Foreign Relations with Reference to Korea, Manchuria and Mongolia.* New York: Oxford University Press, 1926.

Hunt, Michael H. *The American Ascendancy: How the United States Gained and Wielded Global Dominance.* Chapel Hill, NC: The University of North Carolina Press, 2007.

Impey, Oliver. *Chinoiserie: The Impact of Oriental Styles on Western Art and Decoration.* New York: Charles Scribner's Sons, 1977.

Inglis, Lucy. *Milk of Paradise: A History of Opium.* New York: Pegasus Books, 2019.

Iriye, Akira. "Imperialism in East Asia." In *Modern East Asia: Essays in Interpretation,* edited by James B. Crowley, 122-50. New York: Harcourt, Brace, and World, 1970.

Jacobson, Dawn. *Chinoiserie*. London: Phaidon Press Ltd., 1993.

Johnston, Charles. "The Struggle for Reform in China." *North American Review* 171, no. 524 (1900): 13–25.

*Journals of the Continental Congress, 1774-1789*. Vol. 29 (1785). Washington, DC: United States Government Printing Office, 1933.

Kayaoğlu, Turan. *Legal Imperialism :Sovereignty and Extraterritoriality in Japan, the Ottoman Empire, and China*. New York: Cambridge University Press, 2010.

Kennedy, Paul M. *The Rise and Fall of the Great Powers: Economic Change and Military Conflict from 1500 to 2000*. New York: Random House, 1987.

Killie, Charles A. *50 Views of Siege of Peking*. N. p., 1900.

*Korea, the Ryukyu Islands, and North-East Asia, 1875-1888*. Vol. 2 of *Asia, 1860-1914, part I, series E of British Documents on Foreign Affairs, Reports and Papers from the Foreign Office Confidential Print*. Frederick, MD: University Publications of America, 1989.

*Korean-American Relations: Documents Pertaining to the Far Eastern Diplomacy of the United States*. Volume 1 edited by George McAfee McCune and John A. Harrison. Volume 2 edited by Spencer J. Palmer. Berkeley: University of California Press, 1951 and 1963.

Kuhn, Philip A. *Soulstealers: The Chinese Sorcery Scare of 1768*. Cambridge, MA: Harvard University Press, 1990.

Larsen, Kirk W. "Comforting Fictions: The Tributary System, the Westphalian Order, and Sino-Korean Relations." *Journal of East Asian Studies* 13, no. 2 (2013): 233–57.

_____. *Tradition, Treaties, and Trade: Qing Imperialism and Chosŏn Korea, 1850-1910*. Cambridge, MA: Harvard University Asia Center, 2008.

Lee, Yan Phou. *When I Was A Boy in China*. Boston: Lothrop Publishing Company, 1887.

Lensen, George Alexander. *Balance of Intrigue: International Rivalry in Korea and Manchuria, 1884-1899*. Tallahassee: University Presses of Florida, 1982.

Lewis, Mary Dewhurst. *Divided Rule: Sovereignty and Empire in French Tunisia, 1881-1938*. Berkeley: University of California Press, 2014.

Lew-Williams, Beth. *The Chinese Must Go: Violence, Exclusion, and the Making of the Alien in America*. Cambridge, MA: Harvard University Press, 2018.

Lin, Hsiao-Ting. "The Tributary System in China's Historical Imagination: China and Hunza, ca. 1760-1960." *Journal of the Royal Asiatic Society*, 3rd ser., 19, no. 4 (2009): 489-507.

Liu, Lydia H. *The Clash of Empires: The Invention of China in Modern World Making*. Cambridge, MA: Harvard University Press, 2004.

Liu, Xiaoyuan. *Recast All under Heaven: Revolution, War, Diplomacy, and Frontier China in the 20th Century*. New York: Continuum, 2010.

Lowe, Lisa. *Immigrant Acts: On American Cultural Politics*. Durham, North Carolina: Duke University Press, 1996.

Lowe, Lisa. *The Intimacies of Four Continents*. Durham, North Carolina: Duke University Press, 2015.

Martin, William. A. P. *A Cycle of Cathay*. New York: Fleming H. Revell Company, 1896.

Masuda, Erika. "The Fall of Ayutthaya and Siam's Disrupted Order of Tribute to China (1767-1782)." *Taiwan Journal of Southeast Asian Studies* 4, no. 2 (2007): 75-128.

Mayo, Marlene J. "The Korean Crisis of 1873 and Early Meiji Foreign Policy." *Journal of Asian Studies* 31, no. 4 (1972): 793-819.

Michie, Alexander. *The Englishmen in China during the Victorian Era: The Career of Sir Rutherford Alcock*. London: William Blackwood and Sons, 1900.

Morison, Samuel Eliot, and Henry Steele Commager. *The Growth of the American*

*Republic*. New York: Oxford University Press, 1942.

Morse, Hosea Ballou. *The International Relations of the Chinese Empire*. New York: Longmans, Green, 1910–18.

Mosca, Matthew W. *From Frontier Policy to Foreign Policy: The Question of India and the Transformation of Geopolitics in Qing China*. Stanford, CA: Stanford University Press, 2013.

Nathan, Andrew J. and Robert S. Ross. *The Great Wall and the Empty Fortress: China's Search for Security*. New York: W. W. Norton & Company, 1997.

Norman, E. Herbert. *Japan's Emergence as a Modern State: Political and Economic Problems of the Meiji Period*. New York: Institute of Pacific Relations Publication Office, 1946.

"Papers of George Washington." National Archives of the United States.

Perdue, Peter C. "Boundaries, Maps, and Movement: Chinese, Russian, and Mongolian Empires in Early Modern Central Eurasia." *International History Review* 20, no. 2 (1998): 263–86.

_____. *China Marches West: The Qing Conquest of Central Eurasia*. Cambridge, MA: Harvard University Press, 2005.

Pitts, Jennifer. *A Turn to Empire: The Rise of Imperial Liberalism in Britain and France*. Princeton, New Jersey: Princeton University Press, 2005.

Peyrefitte, Alain. *The Immobile Empire: The First Great Collision of East and West*. Translated by Jon Rothschild. New York: Alfred A. Knopf, 1992.

Polo, Marco. *The Travels*. London: Penguin Books, 2015.

Pomeranz, Kenneth. *The Great Divergence: China, Europe, and the Making of the Modern World Economy*. Princeton, NJ: Princeton University Press, 2000.

Pritchard, Earl H. *Anglo-Chinese Relations during the Seventeenth and Eighteenth Centuries*. New York: Octagon Books, 1970.

Rawski, Evelyn S. *Early Modern China and Northeast Asia: Cross-Border Perspectives*.

Cambridge: Cambridge University Press, 2015.

_____. "Reenvisioning the Qing: The Significance of the Qing Period in Chinese History." *Journal of Asian Studies* 55, no. 4 (1996): 829-50.

Rockhill, William Woodville. "Diplomatic Missions to the Court of China: The Kotow Question I." *American Historical Review* 2, no. 3 (1897): 427-442.

_____. "Diplomatic Missions to the Court of China: The Kotow Question II." *American Historical Review* 2, no. 4 (1897): 627-643.

Rowe, William T. *China's Last Empire: The Great Qing.* Cambridge, MA: Belknap Press, 2009.

Rudolph, Jennifer. *Negotiated Power in Late Imperial China: The Zongli Yamen and the Politics of Reform.* Ithaca, NY: Cornell University East Asia Program, 2008.

Scott, David. *China and the International System, 1840-1949: Power, Presence, and Perceptions in a Century of Humiliation.* Albany: State University of New York Press, 2008.

Sievers, Sharon L. *Flowers in Salt: The Beginnings of Feminist Consciousness in Modern Japan.* Stanford, CA: Stanford University Press, 1983.

Sloboda, Stacey. *Chinoiserie: Commerce and Critical Ornament in Eighteenth-Century Britain.* Manchester, UK: Manchester University Press, 2014.

Staunton, George Thomas. *Narrative of the Chinese Embassy to the Khan of the Tourgouth Tartars in the Years of 1712, 13, 14, & 15.* London: John Murray, 1821.

Treat, Payson J. *The Far East: A Political and Diplomatic History.* New York: Harper and Brothers, 1928.

Turner, Frederick Jackson. *The Significance of the Frontier in American History.* American Historical Association, 1894.

Van Dyke, Paul A., ed. *Americans and Macao: Trade, Smuggling, and Diplomacy on the South China Coast.* Hong Kong: Hong Kong University Press, 2012.

von Gumpach, Johannes. *The Burlingame Mission: A Political Disclosure.* Shanghai, n.p.,

1872.

Wakeman, Frederic, Jr. *The Great Enterprise: The Manchu Reconstruction of Imperial Order in Seventeenth-Century China*. Berkeley: University of California Press, 1985.

Wang, Yuanchong. *Remaking the Chinese Empire: Manchu-Korean Relations, 1616-1911*. Ithaca, NY: Cornell University Press, 2018.

Weinberg, Albert K. *Manifest Destiny: A Study of Nationalist Expansionism in American History*. Baltimore, MD: Johns Hopkins University Press, 1935.

Westad, Odd Arne. *Restless Empire: China and the World since 1750*. New York: Basic Books, 2012.

Wheaton, Henry. *Elements of International Law*. London: Humphrey Milford, 1936.

White, G. Edward. "The Lost Episode of Gong Lum v. Rice." *Green Bag* 18, no. 2 (2015): 191-295.

Williams, Frederick Wells. *Anson Burlingame and the First Chinese Mission to Foreign Powers*. New York: Charles Scribner's Sons, 1912.

Williams, S. Wells. *The Middle Kingdom: A Survey of the Geography, Government, Education, Social Life, Arts, Religion, &c., of the Chinese Empire and Its Inhabitants*. New York: Wiley and Putnam, 1848.

_____. *Narrative of the American Embassy to Peking in July 1859*. Shanghai: Office of the North China Herald, 1859.

Wills, John E., Jr., ed. *China and Maritime Europe, 1500-1800: Trade, Settlement, Diplomacy, and Mission*. New York: Cambridge University Press, 2011.

_____. *Embassies and Illusions: Dutch and Portuguese Envoys to K'ang-hsi, 1666-1687*. Cambridge, MA: Harvard University, Council on East Asian Studies, 1984.

_____. "Tribute, Defensiveness, and Dependency: Uses and Limits of Some Basic Ideas about Mid-Ch'ing Foreign Relations." *American Neptune* 48, no. 4 (Fall 1988): 225-29.

Winichakul, Thongchai. Siam Mapped: *A History of the Geo-Body of a Nation*. Honolulu, HI: University of Hawaii Press, 1994.

Wong, J. Y. *Yeh Ming-Ch'en: Viceroy of Liang Kuang 1852-8*. New York: Cambridge University Press, 1976.

Wong, R. Bin. *China Transformed: Historical Change and the Limits of European Experience.* Ithaca, NY: Cornell University Press, 1997.

Wongsurawat, Wasana. *The Crown and the Capitalists: The Ethnic Chinese and the Founding of the Thai Nation*. Seattle, WA: University of Washington, 2019.

Woodside, Alexander Barton. *Vietnam and the Chinese Model: A Comparative Study of Vietnamese and Chinese Government in the First Half of the Nineteenth Century*. Cambridge, MA: Harvard University Press, 1988.

Wright, Mary C. *The Last Stand of Chinese Conservatism: The T'ung-Chih estoration, 1862-1874*. Stanford, CA: Stanford University Press, 1957.

Yung, Wing. *My Life in China and America.* New York: Henry Holt and Company, 1909.

Zatsepine, Victor. *Beyond the Amur: Frontier Encounters between China and Russia, 1850-1930*. Vancouver, Canada: UBC Press, 2017

# 중국과 미국, 무역과 외교 전쟁의 역사

| | |
|---|---|
| 초판 1쇄 발행 | 2022년 4월 13일 |

| | |
|---|---|
| 지은이 | 왕위안총 |
| 옮긴이 | 이화승 |

| | |
|---|---|
| 펴낸곳 | (주)행성비 |
| 펴낸이 | 임태주 |

| | |
|---|---|
| 편집총괄 | 이윤희 |
| 책임편집 | 김지호 |
| 디자인 | 페이지엔 |

| | |
|---|---|
| 출판등록번호 | 제2010-000208호 |
| 주소 | 경기도 파주시 문발로 119 모퉁이돌 303호 |
| 대표전화 | 031-8071-5913 |
| 팩스 | 0505-115-5917 |
| 이메일 | hangseongb@naver.com |
| 홈페이지 | www.planetb.co.kr |

ISBN 979-11-6471-182-6 03900

행성B는 독자 여러분의 참신한 기획 아이디어와 독창적인 원고를 기다리고 있습니다.
hangseongb@naver.com으로 보내 주시면 소중하게 검토하겠습니다.